管理者之道

Management Ways

张晓成 著

企业管理出版社
EMPH
ENTERPRISE MANAGEMENT PUBLISHING HOUSE

图书在版编目（CIP）数据

管理者之道 / 张晓成著. —北京：企业管理出版社，2020.5

ISBN 978-7-5164-2129-1

Ⅰ. ①管… Ⅱ. ①张… Ⅲ. ①企业管理—研究 Ⅳ. ①F272

中国版本图书馆CIP数据核字（2020）第054711号

书　　名：管理者之道
作　　者：张晓成
责任编辑：陈　静
书　　号：ISBN 978-7-5164-2129-1
出版发行：企业管理出版社
地　　址：北京市海淀区紫竹院南路17号　　邮编：100048
网　　址：http://www. emph. cn
电　　话：编辑部（010）68701661　发行部（010）68701816
电子信箱：78982468@qq. com
印　　刷：三河市荣展印务有限公司
经　　销：新华书店
规　　格：170毫米 × 240毫米　16开本　21.25印张　396千字
版　　次：2020年5月第1版　　2020年5月第1次印刷
定　　价：79.00元

自序

从一个在生产车间里专注于产品加工工艺的技术人员，直至一个拥有数万名员工和数百亿元营业收入的大公司的顶层管理者，我已在不同企业的不同岗位上“摸爬滚打”了近40年。

当号角已日渐低沉，而暮鼓却愈发悠远之时，能将既往工作经历中的诸多体会与感悟加以梳理，提炼出若干管理的精要，为现在或未来的管理者，尤其是企业管理者所用，供其经常翻阅以分析、解决大大小小、形形色色的企业管理问题，这对我来说不能不是一桩值得欣慰的事情。

于是，我拟着手写下这本被我称为《管理者之道》的书。

企业是人类经济活动的基本单元，企业的成长从来就不是一帆风顺的，这在过去、现在和可以预见的将来可能都会如此。所以，我衷心地希望这本《管理者之道》能够帮助管理者更加合理、高效地管理企业，使企业可以在其自身发展的同时，不断地造福于它的员工、它的股东和它生于斯、长于斯的自然界与人类社会。

张晓成

二零一八年春

目录

第 1 章　理论与方法　// 001

1.1　主要内容　// 001

1.1.1　关于管理学理论的话题　// 001

1.1.2　遵循 PDCA 程序链，往往事半功倍　// 015

1.1.3　先搞清楚“3W1H”是至关重要的　// 016

1.1.4　法宝：建立或完善企业制度体系　// 017

1.1.5　金钥匙：落实或提升执行能力　// 017

1.2　常见问题诊断　// 018

1.2.1　不学无术　// 018

1.2.2　华而不实　// 018

1.3　改进的方法措施　// 018

1.3.1　学习，丰富知识的办法　// 018

1.3.2　实践，培养能力的途径　// 019

1.4　参考资料：值得推荐的一份管理类经典著述的清单　// 019

1.4.1　管理理论　// 019

1.4.2　管理方法　// 020

1.4.3　实践出真知　// 020

1.4.4　管理者　// 020

1.4.5　员工　// 020

1.4.6　变革之风劲吹　// 021

第 2 章　企业文化　// 023
2.1　主要内容　// 023
2.1.1　企业文化，是否是企业之魂　// 023
2.1.2　形成企业文化　// 024
2.1.3　推广企业文化　// 025
2.1.4　发展企业文化　// 026
2.2　常见问题诊断　// 027
2.2.1　照搬照抄、千人一面　// 027
2.2.2　停于纸面、止于口头　// 028
2.2.3　全盘否定、朝令夕改　// 028
2.2.4　亘古不变、一潭死水　// 028
2.3　改进的方法措施　// 029
2.3.1　强化企业主要领导的引领作用　// 029
2.3.2　提升企业文化建设的组织实施能力　// 029
2.4　参考资料：《华为基本法》第一章　公司的宗旨　// 030
2.4.1　核心价值观　// 030
2.4.2　基本目标　// 031
2.4.3　公司的成长　// 031
2.4.4　价值的分配　// 032

第 3 章　战略管理　// 033
3.1　主要内容　// 033
3.1.1　制订战略重要吗　// 033
3.1.2　战略的层次　// 034
3.1.3　战略管理的过程　// 034
3.1.4　战略分析方法和管理工具　// 035
3.1.5　一份好的战略报告包括哪些内容　// 040
3.2　常见问题诊断　// 041
3.2.1　没有战略　// 041

3.2.2 战略制订有问题吗 // 041
3.2.3 战略没有执行到位 // 041
3.2.4 是否进行了战略检查 // 042
3.2.5 战略改进，不该缺失的一环 // 042
3.3 改进的方法措施 // 042
3.3.1 制订或修订战略 // 042
3.3.2 提升战略管理能力 // 043
3.4 参考资料：某企业战略报告（2017—2026 年）（简版） // 043
3.4.1 公司概况 // 043
3.4.2 战略分析 // 044
3.4.3 战略目标 // 048
3.4.4 行动计划 // 048
3.4.5 实现战略目标的措施 // 049
3.4.6 战略地图 // 050

第 4 章 组织架构 // 053
4.1 主要内容 // 053
4.1.1 应该建立怎样的组织架构 // 053
4.1.2 常见的组织架构 // 054
4.1.3 编制组织架构方案 // 058
4.1.4 如何保证组织的有效运行 // 059
4.2 常见问题诊断 // 059
4.2.1 组织架构方案先天不足 // 059
4.2.2 组织效能下降 // 060
4.2.3 组织架构不符合战略需要了吗 // 060
4.3 改进的方法措施 // 061
4.3.1 对组织架构方案进行修订 // 061
4.3.2 对组织架构进行调整 // 061
4.3.3 对组织架构进行变革 // 061

4.4 参考资料：某企业组织架构方案 // 062
4.4.1 组织架构调整、设置的依据 // 062
4.4.2 公司组织架构设置的原则 // 062
4.4.3 新的组织架构 // 062
4.4.4 组织架构图 // 063
4.4.5 组织架构说明书 // 063

第5章 行政管理 // 065
5.1 主要内容 // 065
5.1.1 行政，那些关乎决策与执行的事 // 065
5.1.2 办公室事务 // 066
5.1.3 决策 // 071
5.2 常见问题诊断 // 078
5.2.1 公文种类选用不当 // 078
5.2.2 印章管理不严 // 078
5.2.3 会议组织一塌糊涂 // 079
5.2.4 档案管理不规范 // 079
5.2.5 个人决策就单单是“个人说了算”吗 // 079
5.2.6 集体决策的误区 // 080
5.3 改进的方法措施 // 081
5.3.1 建立或完善行政管理制度体系 // 081
5.3.2 落实或提升行政管理的执行能力 // 081
5.4 参考资料 // 081
5.4.1 某企业公文处理办法 // 081
5.4.2 某企业“年度工作会”会议计划 // 085

第6章 人力资源管理 // 087
6.1 主要内容 // 087
6.1.1 人，最重要的资源 // 087

6.1.2 人力资源规划 // 088
6.1.3 职位管理 // 088
6.1.4 招聘 // 093
6.1.5 劳动合同关系 // 100
6.1.6 薪酬福利 // 106
6.1.7 业绩考核 // 114
6.1.8 培训 // 119
6.1.9 职业发展计划 // 120
6.2 常见问题诊断 // 123
6.2.1 人力资源规划是可有可无的吗 // 123
6.2.2 因人设岗和人浮于事 // 123
6.2.3 在招聘光环的背后 // 124
6.2.4 解聘和辞职中的风险 // 125
6.2.5 实施业绩考核时的困惑 // 126
6.2.6 职业发展计划——一个不容忽视的问题 // 126
6.3 改进的方法措施 // 126
6.3.1 建立或完善人力资源管理制度体系 // 126
6.3.2 落实或提升人力资源管理的执行能力 // 127
6.4 参考资料 // 127
6.4.1 某企业职位管理办法 // 127
6.4.2 某企业年度培训计划（简版） // 131

第 7 章 财务管理 // 133
7.1 主要内容 // 133
7.1.1 资金，财务管理的焦点 // 133
7.1.2 筹资管理 // 133
7.1.3 投资管理 // 142
7.1.4 经营资金管理 // 156
7.1.5 收益分配管理 // 165

7.1.6 预算管理 // 168
7.1.7 财务分析 // 173
7.2 常见问题诊断 // 182
7.2.1 负债性筹资比重过高 // 182
7.2.2 负债性筹资的方式单一 // 182
7.2.3 重投资轻经营现象普遍 // 183
7.2.4 忽视投资后评价环节 // 183
7.2.5 “二金”占压资金严重 // 184
7.2.6 费用高企——花钱如流水 // 185
7.2.7 预算管理只是财务部门的事吗 // 186
7.2.8 预算管理过程中的缺陷 // 186
7.3 改进的方法措施 // 188
7.3.1 建立或完善财务管理制度体系 // 188
7.3.2 落实或提升财务管理的执行能力 // 189
7.4 参考资料 // 189
7.4.1 某企业资金管理办法 // 189
7.4.2 某企业年度（损益）预算报告 // 191

第8章 市场营销 // 195
8.1 主要内容 // 195
8.1.1 市场营销，企业的生命之本 // 195
8.1.2 市场分析与选择 // 195
8.1.3 制订营销策略 // 209
8.1.4 开展营销业务 // 228
8.2 常见问题诊断 // 229
8.2.1 市场也是企业一切经营活动的起点吗 // 229
8.2.2 市场选择偏离了企业定位 // 230
8.2.3 产品策略其实更为关键 // 230
8.2.4 渠道设计适合吗 // 230

8.2.5 销售回扣的“暗”流涌动 // 231
8.2.6 缺乏真实、准确、完整的营销计划 // 231
8.3 改进的方法措施 // 232
8.3.1 建立或完善市场营销制度体系 // 232
8.3.2 落实或提升市场营销的执行能力 // 232
8.4 参考资料 // 232
8.4.1 某企业销售合同管理办法 // 232
8.4.2 某企业微波炉产品的市场营销计划 // 239

第 9 章 产品研发 // 243
9.1 主要内容 // 243
9.1.1 研发，企业发展的不竭动力 // 243
9.1.2 研发规划 // 244
9.1.3 研发组织形式 // 245
9.1.4 研发实施 // 246
9.1.5 研发成果产业化 // 253
9.1.6 技术保障体系 // 259
9.2 常见问题诊断 // 273
9.2.1 研发规划合理吗 // 273
9.2.2 研发项目可行性研究安在 // 274
9.2.3 研发项目的组织管理一塌糊涂 // 274
9.2.4 研发成果产业化，路在何方 // 275
9.3 改进的方法措施 // 276
9.3.1 建立或完善产品研发制度体系 // 276
9.3.2 落实或提升产品研发的执行能力 // 276
9.4 参考资料 // 276
9.4.1 某企业产品质量事故处理规范 // 276
9.4.2 某企业产品研发项目实施方案（简版） // 279

第 10 章　生产运营　// 283
10.1　主要内容　// 283
10.1.1　生产运营，企业基本的“看家本事”　// 283
10.1.2　生产设施配置　// 284
10.1.3　生产计划　// 289
10.1.4　生产执行　// 296
10.1.5　生产控制　// 297
10.2　常见问题诊断　// 298
10.2.1　生产设施配置不合理　// 298
10.2.2　编制主生产计划的策略呢　// 299
10.2.3　缺乏生产计划的严肃性　// 299
10.2.4　作业现场管理混乱不堪　// 299
10.2.5　生产分析会上的“老生常谈”应该休矣　// 300
10.3　改进的方法措施　// 300
10.3.1　建立或完善生产运营制度体系　// 300
10.3.2　落实或提升生产运营的执行能力　// 301
10.4　参考资料　// 301
10.4.1　某企业采购管理办法　// 301
10.4.2　某企业主生产计划　// 304

第 11 章　信息化　// 309
11.1　主要内容　// 309
11.1.1　信息正影响和改变着一切　// 309
11.1.2　企业需要怎样的信息化系统　// 310
11.1.3　信息化系统建设　// 311
11.1.4　发挥信息化系统价值创造的作用　// 314
11.2　常见问题诊断　// 315
11.2.1　缺乏总体规划　// 315
11.2.2　“贪大求全”、与实际需求脱节　// 315

11.2.3 建设与使用“两张皮” // 316
11.3 改进的方法措施 // 316
11.3.1 发挥信息化系统总体规划的引领作用 // 316
11.3.2 提升信息化系统建设的组织实施能力 // 317
11.4 参考资料：某企业信息化系统总体规划（简版） // 317
11.4.1 适用范围 // 317
11.4.2 信息化系统现状分析 // 318
11.4.3 信息化系统的建设目标（2016—2020） // 320
11.4.4 建设原则 // 320
11.4.5 应用体系 // 320
11.4.6 技术体系 // 321
11.4.7 数据体系 // 322
11.4.8 管控体系 // 322
11.4.9 分年度实施计划 // 322
11.4.10 保障措施（略） // 324
11.4.11 其他 // 324

第 1 章

理论与方法

1.1 主要内容

1.1.1 关于管理学理论的话题

管理学是一个浩繁的体系，就像河汊众多、支流密如蛛网、几乎横贯了南美洲大陆的亚马孙河一样。

1.1.1.1 现代管理学的诞生

许多史实都证明，自从有了人类的群体行为，就出现了人类的管理行为并逐步产生了诸多的管理思想和管理方法。而现代管理学则出现在西方第二次工业革命之初，以美国的泰勒（F. W. Taylor）的名著《科学管理原理》（1911 年），以及法国的亨利·法约尔（Henri Fayol）的名著《工业管理和一般管理》（1916 年）为其诞生的标志。

（1）泰勒制

在《科学管理原理》[①] 中，泰勒提出了有别于传统个人经验管理的科学管理，即泰勒制。

泰勒制的核心是提高劳动生产率。其采取的方法，一是制订工作定额；二是挑选和培训“第一流的工人”；三是实施标准化管理——要使工人掌握标准化的操作

① Frederick Winslow Taylor. The Principles of Scientific Management[M]. [S. l.] : Ezreads Publications, LLC, 2010.

方法，使用标准化的工具、机器和材料，并使作业环境标准化；四是实行差别化的计件工资制；五是强调工人和雇主之间的“精神革命”——工人和雇主都必须认识到提高效率对双方都有利，都要来一次“精神革命”，相互协作，共同为提高劳动生产率而努力；六是将计划职能同执行职能分开，变传统的经验工作为科学工作；七是实行“职能工长制”；八是实行例外原则——规模较大的企业，高级管理人员应把例行的一般日常事务授权给下级管理人员去处理，自己只保留对例外事项（重要事项）的决定权和监督权，等等。

泰勒制的一些管理方法，譬如实行工时定额、标准化生产、计件工资制、组织中的分权授权等，时至今日仍为企业广泛应用。

（2）亨利・法约尔的“管理五要素”

在《工业管理和一般管理》[①] 中，亨利・法约尔提出了“管理五要素”。这五要素由计划（Planning）、组织（Organizing）、指挥（Commanding）、协调（Coordinating）、控制（Controlling）构成（见图 1.1）。

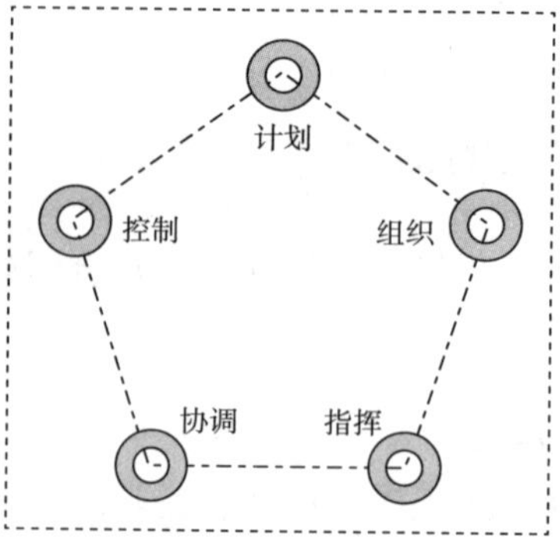

图 1.1　管理五要素

其中，一是计划，即提前对经营、管理活动做出安排部署，包括未来要达到的目标结果、实现目标结果的路线图和时间表，以及相应的保障措施；二是组织，即搭建企业内部的组织架构；三是指挥，即对团队做出工作安排，下达工作任务；四是协调，即通过沟通协商，让人与人、团队与团队之间消除分歧，最大限度地保持统一与和谐，形成合力；五是控制，即在计划执行中，对执行的过程和结果进行检验，对出现的问题及时进行调整，并对相关责任部门或责任人予以必要的奖惩。

亨利・法约尔的“管理五要素”也是管理者应具备的五种能力，即使现在仍为无数的管理者认可。

---

① Henri Fayol. General and Industrial Management[M]. Rev ed. Eastford, CT : Martino Fine Books, 2013.

在此处，还需要讨论在管理工作，尤其是在编制各种计划时可能会用到的甘特图（Gantt Chart）——一种以发明人，即泰勒合作者的美国的甘特（H. L. Gantt）的姓氏命名的图表，常见的为横道式（见图 1.2）。

该图在横轴上划分出连续的时间刻度（季、月、日、小时等），在纵轴上根据起始时间的早晚，由上到下罗列出各个计划任务内容（或项目内容、工作内容等），然后在图中依次画出连接各个计划任务起止时间点的横道，以简单明了地表示各个计划任务的先后顺序、起止时间与持续时间长度。同时，在进行过程控制时，还可以在图上及时标注各个计划任务的执行进度以及最后完成的时间等，用以随时了解计划的实际执行情况，并与计划进度等进行对比检查和跟踪控制。

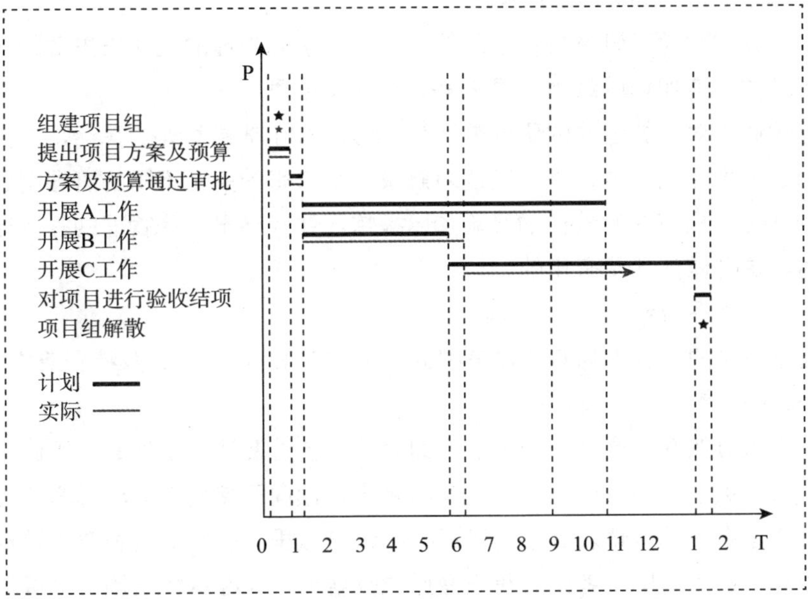

图 1.2　甘特图

1.1.1.2　管理学的繁荣

随着理论研究者和实践者的努力，在 20 世纪初诞生的管理学早已呈现出空前的繁荣，新理论新思想不断产生，流派迭出。

美国的哈罗德•孔茨（Harold Koontz）先后在 1961 年和 1980 年发表了论文《论管理理论的丛林》[①] 和《再论管理理论的丛林》[②]。

① Harold Koontz. The Management Theory Jungle[J]. The Journal of the Academy of Management (Vol. 4, No. 3). Briarcliff Manor, NY : Academy of Management, 1961.

② Harold Koontz. The Management Theory Jungle Revisited[J]. The Academy of Management Review (Vol. 5, No. 2). Briarcliff Manor, NY : Academy of Management, 1980.

除了以泰勒的科学管理和亨利·法约尔的职能管理为代表的古典管理学派之外，哈罗德·孔茨认为：到20世纪60年代初期，管理学已经形成了包括管理过程学派、经验学派、人类行为学派、社会系统学派、决策理论学派、数学学派等6个主要学派；而在此基础上，到20世纪80年代初期，管理学至少已出现了包括经验或案例流派、人际关系流派、群体行为或组织行为流派、协作社会系统流派、社会技术系统流派、决策理论流派、系统流派、数学或“管理科学”流派、权变或情境化流派、经理角色流派、运作（理论）流派等11种流派。

（1）经验或案例流派

该流派主要的代表人物有美国的德鲁克（P. F. Drucker）、欧内斯特·戴尔（Ernest Dale）、斯隆（A. P. Sloan Jr.）等。

这一流派常常通过研究各种不同的个案，来学习管理的成功与失败的经验，从而理解管理并知道如何以某种方式去有效地开展管理。

但仅仅通过对既往经验的研究就认为能够理解和掌握管理的真谛，未免有些狭隘。因为过去发生的事情，不一定能对解决一个未来的完全不同的管理问题起到什么帮助的作用。只有在对既往的经验加以提炼，并找寻出一些管理的基本原则和基本规律时，这种做法才是有用的。

（2）人际关系流派

该流派主要的代表人物有澳裔美国的梅奥（G. E. Mayo）、罗特利斯伯格（F. J. Roethlisberger）等。

这一流派显然基于这样一个观点，即管理总会涉及让人来做事，因此研究管理就应该以人际关系为中心。该流派的学者更多地倾向于使用个体心理学方法，关注作为社会心理存在的个体及其行为动机。在该流派里，有些学者将管理活动与领导行为等同起来；另有些学者则聚焦于激励或领导力，并在这类主题上形成了许多重要成果。

不可否认，无论是在管理情境还是在其他场合里，对人类相互作用的研究都是十分有益的，但不能说人际关系可囊括所有的管理领域。

（3）群体行为或组织行为流派

该流派主要的代表人物有美国的亚伯拉罕·马斯洛（Abraham Maslow）、弗雷德里克·赫茨伯格（Fredrick Herzberg）、麦格雷戈（D. M. McGregor）、德裔美国的库尔特·勒温（Kurt Lewin）等。

这一流派的观点与人际关系流派的观点密切相关，并容易与其混淆。该流派倾向于依赖社会学、文化人类学和社会心理学而不是个体心理学来研究管理，主要强调的是群体行为或组织行为模式，而不仅仅是人际关系。因此，这一流派涵盖了从小群体及其文化和行为模式到大群体的行为特性的不同研究领域。

“组织”可大可小，且至少可分为“正式组织”和“非正式组织（又称非正式群体）”；组织行为的模式——态度、愿望、言行和偏见等，有些来自企业内部的群体，而很多也可能来自企业外部的环境。因此，对组织行为进行分析、研究的确是管理的一个重要方面，但显然这并不是管理的全部。

（4）协作社会系统流派

该流派主要的代表人物有意大利的维尔弗雷多·帕雷托（Vilfredo Pareto）、美国的切斯特·巴纳德（Chester Barnard）等。

这一流派是对人际关系流派和群体行为流派的一种修正，体现在某些行为科学家更多地关注了作为协作社会系统中的人际关系——两个或更多人之间在观念、力量、愿望和思考上进行协作互动。后来，越来越多的学者拓展了这个概念，将其应用到任何有协作的、有目的的群体互动关系或行为系统中，并赋予它以“组织理论”这样一个相当宽泛的名称。

该流派的问题是，有时的确很难发现作为各种类型的协作社会系统中的管理者通常指的是谁。因此，这一流派虽然涉猎宽泛，但仍然忽视了许多对管理者来说重要的概念、原则和技术。

（5）社会技术系统流派

该流派是管理学的新流派之一，主要的代表人物是英国的特里司特（E. L. Trist）。

特里司特及其在英格兰塔维斯托克（Tavistock）研究所的助手们，在研究煤矿采掘生产率问题时发现仅仅分析社会系统是不够的，技术系统（机器和方法）也会对社会系统产生重要影响。换句话说，个人态度和群体行为在很大程度上受到人们工作中的技术系统的影响。因此，这一流派的立足点是社会系统和技术系统必须结合在一起考虑，管理者的主要任务就是确保这两个系统的和谐。

该流派更多地应用于技术系统与人及其工作密切联系的工业工程领域。作为一种管理学流派，即使其没有囊括管理学的所有方面，但还是对企业运作的特定方面做出了一些有意义的贡献。

（6）决策理论流派

该流派主要的代表人物有美国的西蒙（H. A. Simon）、马奇（J. G. March）等。

这一流派基于这样一种信念：由于管理者的主要任务之一是决策，所以管理理论的核心就应该是决策，全部的管理思想也都应该围绕决策来构建。

这尽管具有一定的合理性，但忽略了这样一个事实，那就是管理比决策要复杂得多。其实，对大多数管理者来说，如果决策目标是明确的，如果赖以做出决策的环境因素能被相当精确地预见到，如果能获得充足和有用的信息，如果组织架构能提供关于决策责任的清晰说明，如果做出决策的人具有胜任力，如果存在许多让其他的管理活动有效进行的前提条件的话，决策反而是一件相对容易的事情。

（7）系统流派

该流派主要的代表人物有美国的卡斯特（F. E. Kast）、约翰逊（R. A. Johnson）、罗森茨韦格（J. E. Rosenzweig）等。

这一流派注重运用系统的观点来研究和分析管理思想，对管理理论的完善起到了很大的帮助作用。系统在本质上是一系列相互联系、相互依赖、相互作用、向其环境开放并为环境所影响的事物的有机集合。因此，当管理者制订计划时，自然要考虑如市场、技术、社会力量、法律和规则这些外部变量；当管理者为业绩的实现设计一种组织结构时，他们不可避免地要受到人们行为模式的影响，而这种行为模式很多是人们从企业之外的环境中带到其工作中来的。

企业里有计划系统、组织系统和控制系统，而且在这些系统中，还可以再区分出许多子系统，如授权系统、网络计划系统和预算系统等。

（8）数学或“管理科学”流派

该流派主要的代表人物有英国的帕特里克·布莱克特（Patrick Blackett）及其英国曼切斯特大学的运筹学小组、兰彻斯特（F. W. Lanchester）、希尔（A. V. Hill）、美国的伯法（E. S. Buffa）等。

这一流派的学者将管理活动视作一种对数学概念、符号和过程的推演，核心是建立数量模型和优化模型。他们有时也自诩为“管理科学家”，坚信各类管理问题都可以通过逻辑数学运算来解决。

然而，正像来自“管理科学家”阵营内部和外部的许多批评者所认为的那样，任何对科学领域感兴趣的人，都不会忽视数量分析模型的巨大作用，但如果只是沉迷于狭隘的数学分析就很难被视作一个完整的、真正意义上的管理科学的单独流派了。

（9）权变或情境化流派

该流派主要的代表人物有美国的弗雷德·卢桑斯（Fred Luthans）、菲德勒（F. E. Fiedler）、英国的琼·伍德沃德（Joan Woodward）等。

这一流派属于给管理理论与管理实践带来很大冲击的流派之一。从本质上说，该流派强调了这样一个事实，即没有什么普遍适用的“最好的”管理理论和方法，管理者在实践中做什么完全取决于给定的环境条件——情境。

权变管理类似于情境管理，这两个术语往往互为同义词。但有些学者对这两个词语进行了区分：情境管理意味着管理者做什么仅仅依赖于给定的情境，而权变管理意味着在情境变量和提出的管理解决方案之间存在一种积极的互动关系。因此，权变理论不仅要考虑给定的情境的影响，而且也要考虑对此情境所提出的解决方案可能招致的企业行为模式的变化。

（10）经理角色流派

该流派主要的代表人物是加拿大的亨利·明茨伯格（Henry Mintzberg）。虽然早已有学者研究了从高层到基层经理的实际工作，但亨利·明茨伯格使这一流派成了人们所关注的焦点。

这一流派的本质是对经理们实际在做什么进行观察，并从观察中得出关于经理活动（或经理角色）是什么的结论。

在亨利·明茨伯格看来，经理角色主要有以下 3 类行为、10 种角色。

一是人际关系类行为，包括形象者（作为组织的代表承担礼仪和社会责任）角色、领导者角色、联络者（特别是与外部联系）角色。

二是信息类行为，包括监测者（获取关于企业运作的信息）角色、发送者（向下属传递信息）角色、发布者（向组织外部发布信息）角色。

三是决策类行为，包括创业者或投资者角色、排除障碍和解决问题者角色、资源分配者角色、谈判者（与各种人及群体打交道）角色。

但亨利·明茨伯格所观察到的经理角色显然是不充分的——经理们承担的更多的诸如计划、组织、协调、控制等基本的管理职能不见了，人们去哪里寻找像设计组织架构、评价下属以及决定战略这些无疑是经理们的重要活动呢？这无疑提出了一个严肃的问题：经理角色流派是否足以能够成为管理实践的理论基础。

当然，即便如此，观察经理们实际在做什么仍然是有价值的。一个高效的管理者可以用这些观察结果与经理们的基本职能相比较，并用二者的差异作为一种辨识清单以确定有哪些基本的管理活动被忽略了。

（11）运作（理论）流派

该流派是在亨利·法约尔的职能管理理论的基础上发展起来的，主要的代表人物有美国的哈罗德·孔茨和西里尔·奥唐内尔（Cyril O'Donnell）等。

这一流派旨在将管理学领域中那些支撑管理实践的概念、原则、理论和技术等，尽可能地统一起来。

该流派认为，一个关于管理理论的核心内涵应该只存在于管理活动之中：诸如直线职能制、部门化、管理幅度（包括跨度和层级）限制、管理评价以及各类管理控制技巧等，涉及了只有在管理活动中才会被发现的概念和理论。但另一方面，这一流派也具有兼容性，它借用了来自其他领域的相关知识。这些相关知识包括对管理活动和问题及其解决方案的现场研究、系统理论和决策理论的应用、激励和领导行为的理论、个体和群体行为理论，以及数量模型和工程技术运用等。

运作（理论）流派的知识体系可以用图 1.3 很好地反映出来。

在该图表中，运作（理论）流派包括一个特有的基本管理科学与理论的核心，外加从其他学派中兼收并蓄而来的知识——主要是圆圈内那些最有用的，并直接与管理活动相关的知识。

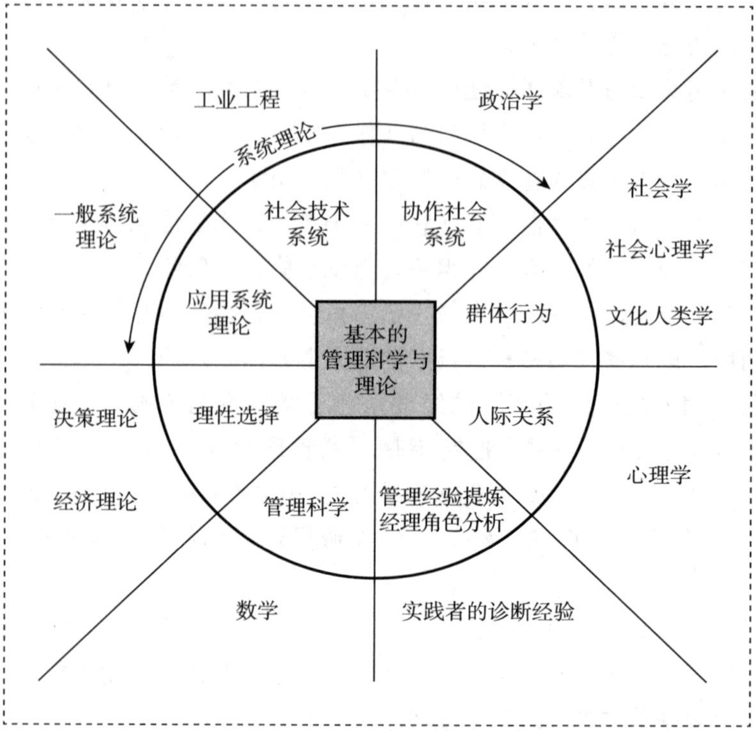

图 1.3　运作（理论）流派的知识体系

1.1.1.3　管理学的发展

在哈罗德·孔茨对“管理的丛林”进行归纳、总结之后，即 20 世纪 80 年代以后，又有企业竞争力、企业再造、知识管理、后现代和数字时代管理等多种管理学的新流派或新思潮面世。

（1）企业竞争力流派

该流派主要的代表人物有美国的波特（M. E. Porter）、伯格·沃纳菲尔特（Birger Wernerfelt）、加里·哈默尔（Gary Hamel）和印度的普拉哈拉德（C. K. Prahalad）等。

在 1980 年和 1985 年出版的《竞争战略》①和《竞争优势》②中，波特认为企业竞争优势主要来自企业外部，取决于企业所在产业的赢利水平和企业在该产业中的市场竞争地位——具体表现为五种竞争力：供应商的讨价力、客户的还价力、新进入者的潜力、替代品的威胁（力）、同业者的竞争（力），即由波特五力模型（见图 1.4）构成。

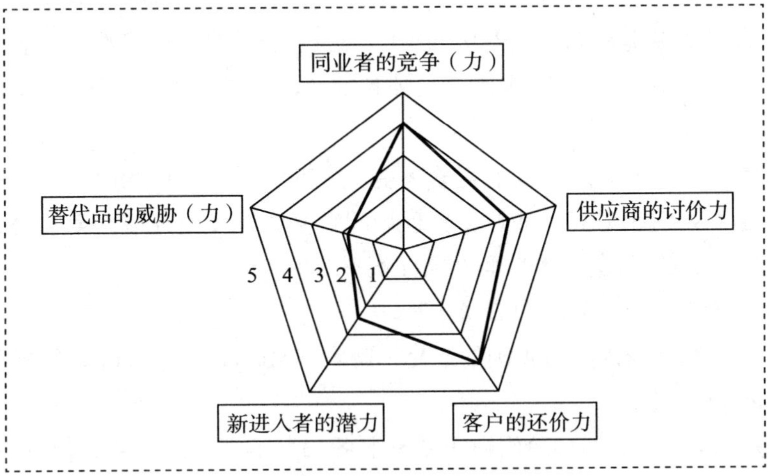

注：其中的深色折线为某一企业实际的五力情况，代表其在所在产业中的市场竞争地位。

图 1.4　波特五力模型

为此，企业可以制订适合自身的一般性产业战略——由三种战略构成，即成本领先战略、差异化战略和专一化战略，以保持自身持续的市场竞争优势。

在 1984 年发表的《企业资源基础理论》③论文中，伯格·沃纳菲尔特认为企业是一个资源集合体。企业竞争优势重在企业内部，企业拥有或者控制的有形资源和无形资源影响着企业的竞争优势和收益水平，企业成长战略的实质就是在现有资源运用和新资源培育之间寻求平衡。

在 1990 年发表的《公司的核心竞争力》④论文中，普拉哈拉德和加里·哈默尔也认为企业竞争优势重在企业内部，但并不是其占有、控制的资源大小，而更多地

① Michael E. Porter. Competitive Strategy : Techniques for Analyzing Industries and Competitors[M]. New York : Free Press, 2004.

② Michael E. Porter. Competitive Advantage : Creating and Sustaining Superior Performance[M]. New York : Free Press, 1998.

③ Birger Wernerfelt. A Resource-based View of the Firm[J]. Strategic Management Journal (Vol. 5 No. 2). Hoboken, NJ : John Wiley & Sons, 1984.

④ C. K. Prahalad, Gary Hamel. The Core Competence of the Corporation[J]. Harvard Business Review (May-June). Brighton, MA : Harvard Business Publishing, 1990.

取决于企业自身的“核心竞争力”——核心竞争力是组织汇聚起来的学习能力，尤其是如何协调各种生产技能和如何把多种技术整合在一起的能力。是否形成了某个企业的核心竞争力，至少有三种辨别方法：一是核心竞争力能够提供进入各种市场的潜在机会；二是核心竞争力应该通过最终产品对客户利益做出显著贡献；三是核心竞争力应当难以被竞争对手所模仿——如果该核心竞争力是各种生产技能与技术的复杂融合，则模仿就非常困难。竞争对手或许能够获得构成核心竞争力的一些技术，但它想或多或少地复制其内部协调与学习的综合模式十分困难。一些企业为提高自身产品的性价比，喜欢采取将产品外包或“OEM”方式，但这对提高企业的核心竞争力来说收效甚微。

总体来看，这一流派对企业的竞争环境、内部资源和自身竞争能力等进行了分析研究，为企业如何制订竞争战略、合理地配置资源以及提升核心竞争力等提出了较为系统的方式方法，曾受到管理学界的普遍关注。

（2）企业（业务流程）再造流派

该流派主要的代表人物有美国的迈克·哈默（Meker Hammer）、詹姆斯·钱皮（James Champy）等。

在 1993 年迈克·哈默和詹姆斯·钱皮联名出版的《再造企业》① 和 1995 年詹姆斯·钱皮独自出版的《再造管理》② 中，迈克·哈默和詹姆斯·钱皮认为自 20 世纪 70 年代以来，没有一个管理思潮能将美国企业的竞争力倒转过来，如目标管理、多样化、Z 理论、零基预算、价值分析、分权、质量圈、追求卓越、文件管理、走动式管理、矩阵管理、内部创新、一分钟决策等。为应对信息技术革命和世界经济长期低速增长带来的竞争态势，必须进行企业再造。企业再造就是“为迅速地改善成本、质量、服务、速度等现代企业重大的运营基准，应对业务流程进行的根本性地重新思考并彻底改革”。即通过对企业原来生产经营过程的各个方面的每个流程进行全面、认真的研究分析，对其中不合理、不必要的流程进行彻底的变革，重新设计和安排企业整个的生产经营过程涉及的战略、组织、营销、生产、质量控制等各个流程，使之合理化。也就是要“从头改变，重新设计”。

企业再造的原则一是坚持以流程为中心；二是坚持对工作团队实行人本管理；三是坚持以顾客为导向进行流程改革，并以为顾客提供价值的大小来判断流程改革的业绩。

① Meker Hammer, James Champy. Reengineering the Corporation : A Manifesto for Business Revolution[M]. New York : Harper Collins Publishers, 1993.

② James Champy. Reengineering Management : The Mandate for New Leadership[M]. New York : Harper Collins Publishers, 1995.

企业再造的步骤：首先是对原有流程进行全面的功能和效率分析，发现其存在的问题；其次是设计新的流程方案并进行评估；然后是制订与新的流程方案配套的组织架构、人力资源配置和业务规范等的改进计划，形成完整的企业再造方案；最后是推进实施，并对企业再造实行运行控制和持续改进。

这一流派所阐述的管理思想曾引发震动效应，在很短的时间里就成为管理学术界和企业界热议的话题。其中，国际商用机器公司（International Business Machine，IBM）的信贷公司通过流程改造，一个信贷通才代替了原来多位信贷专才，并将向客户提供金融借贷服务的作业时间由原来的 7 天减少到 4 小时的案例，更被传为了佳话。当然，相反的例子也很多——不少企业进行的企业再造似乎并不怎么成功，只是走上一条开始时兴师动众、大张旗鼓，到头来却半途而废、悄无声息之路而已。

（3）知识管理流派

该流派主要的代表人物有美国的达文波特（T. H. Davenport）、日本的野中郁次郎（Ikujiro Nonak）和竹内光隆（Hirotaka Takeuchi）等。

达文波特的著作涉及领域广泛，包括流程再造、知识管理，以及信息技术和互联网在商业中的应用等。对知识管理，其认为：知识是结构性经验、价值观念、关系信息以及专家见识的流动组合。知识为评估和吸纳新的经验和信息提供了一种框架。知识产生并运用于知识者的大脑；而在企业中，知识是一种资源，是一种可加工的物质对象，不仅仅存在于文件或数据库中，也存在于组织机构的日常工作、流程、惯例及规范中，可以通过计算机和网络进行标识、存储、处理和传播。知识管理分为两个重要方面：知识的创造和知识的利用。“数据—信息—知识”的递进概念，使知识管理与信息技术紧密相关，而信息技术在知识的管理和控制方面扮演着不可替代的角色[①②]。

在 1995 年出版的《知识创造公司》[③] 中，野中郁次郎和竹内光隆认为，日本企业的成功并非只在其优良的生产技术，与顾客、供货商和政府部门间的良好关系，终身雇用制度，或者重视年资等这些为人们熟知的“日式管理”特色，而在其“知识创造能力”。他们对西方管理学界单纯强调技术层面的知识管理的观点予以质疑，指出企业知识可以分为显性知识（如流程、制度、专利、著作权、数据资料、信息

① Thomas H. Davenport, Laurence Prusak. Working Knowledge : How Organizations Manage What They Know[M]. Brighton, MA : Harvard Business Review Press, 2000.

② Thomas H. Davenport. Thinking for a Living : How to Get Better Performance and Results from Knowledge Workers[M]. Brighton, MA : Harvard Business Review Press, 2005.

③ Ikujiro Nonak, Hirotaka Takeuchi. The Knowledge-creation Company : How Japanese Companies Create the Dynamics of Innovation[M]. Oxford, UK : Oxford University Press, 1995.

化应用系统等）和隐性知识（如工作经验、技术诀窍等），二者之间既有区别也有联系——依据 SECI 模型进行知识转化与螺旋上升（见图 1.5），但只有后者才是竞争对手难以模仿的。

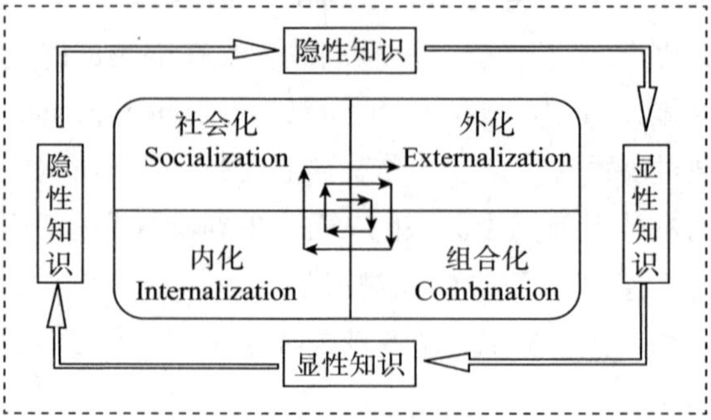

图 1.5　SECI 模型——知识转化与螺旋上升

在 SECI 模型中，一是社会化（Socialization），即从隐性知识到隐性知识，是共享个人经验并产生新的隐性知识的过程；二是外化（Externalization），即从隐性知识到显性知识，是知识创造的关键，通过这一过程创造了新的显性知识概念；三是组合化（Combination），即从显性知识到显性知识，是组织把各个显性知识概念进行组合，形成显性知识系统的过程；四是内化（Internalization），即从显性知识到隐性知识，是通过实际操作来学习显性知识，并把显性知识再转化为隐性知识的过程。正是这四个过程不断地循环往复和螺旋上升，从而推动了企业知识创造能力的蓬勃发展。

作为管理大师的德鲁克其实早在 1959 年就发现企业是否成功的关键正向知识要素转变，并在 1966 年首次揭示了劳动力将向知识工作者（Knowledge Worker）转变的趋势①。自二十世纪七八十年代以后，德鲁克更是多次提及未来的典型企业以知识为基础，由各种各样的知识工作者（主要是专才而非通才）组成；这些知识工作者根据来自上级、同事、客户与合作伙伴的大量信息，进行自主决策和自我管理，开展富有成效的创新工作等的观点②③。

21 世纪初，更有一些学者将上述知识管理的技术观点和行为观点进行综合，提出：在全球化和知识化的阶段，持续成长成为企业管理的目标，知识管理成为企业

① Peter F. Drucker. The Effective Executive : The Definitive Guide to Getting the Right Things Done[M]. New York : Harper Collins Publishers, 2006.

② Peter F. Drucker. Management Challenges for the 21st Century[M]. Rev ed. Oxford, UK : Butterworth-Heinemann, 2007.

③ Peter F. Drucker, Joseph A. Maciariello. Management[M]. Rev ed. New York : Harper Collins Publishers, 2008.

管理的主题。企业应重点关注知识管理对提升企业经济效益和实现企业总体战略目标所发挥的正向作用，而不必在意对知识管理是采取信息化处理方式还是人际交互方式。这就要求一个组织不仅要应用信息技术开发显性知识资源，更要关心人的能动性，关心如何创造与竞争对手相比更为优异的环境来吸引人才、培养人才，以及更有效地进行隐性知识的共享和转化。这无论是对软件、互联网这样的知识密集型行业，还是对钢铁、石油、化工这样的资本密集型行业，知识的创造、传播、共享和利用，都是企业能够保持持续竞争优势的关键。

（4）后现代和数字时代管理思潮

所谓后现代（Postmodern）和数字时代（Digital Age）管理，应该指世纪之交在经济与社会环境发生巨大变化后的企业管理。但客观地说，在 21 世纪刚开始不足 20 年的时候，就认为其已成为一种管理流派，恐怕还为时尚早——今天还主要停留在对后现代和数字时代管理的一些概念进行定义或对其演变态势进行大胆推测阶段，个别理论和方法还未真正系统化，带有普遍意义的实证案例还不多。因此，在这里暂且将其视为管理学的一种新思潮来看待可能会更为妥当。

该新思潮主要的代表人物前者有美国的汤姆·彼得斯（Tom Peters），后者有美国的埃里克·布林约尔弗森（Erik Brynjolfsson）和安德鲁·麦卡菲（Andrew McAfee）等。

在 20 世纪 80 年代，汤姆·彼得斯与他人合作或独自出版了《追求卓越》《渴望卓越》《乱中取胜》等畅销书，而自 1992 年以来又先后有《解放管理》①《“哇！”的追求》②《重新想象》③等著作面世。

在其后期的著作中，汤姆·彼得斯认为，今天这个时代的标志性关键词是诸如“混沌”（Chaos）、“疯狂”（Crazy）以及“湍变”（Turbulent），而今天企业管理的最大问题是缺少疯狂，因此应进行永恒的管理革命，用疯狂的管理手段来对付疯狂的世界。他宣扬“五人原则”——每十亿美元收入，幕僚人数不超过五人；鼓吹“四大短命（Ephemeral）”——组织短命、团队短命、产品短命、市场短命。他提倡企业放弃等级阶层，接受灵活的、自由流动的组织结构，以此形成高效率的公司网状结构；面对混乱、毁灭、白领阶层消失、正在持续变化的商业环境，企业必须超越传统经营理念和商业价值观，不断学习、不断探索、不断试验、乐于冒险、敢于失

① Tom Peters. Liberation Management[M]. New York : Random House Publishing Group, 1994.

② Tom Peters. The Pursuit of Wow! : Every Person’s Guide to Topsy-Turvy Times[M]. New York : Knopf Doubleday Publishing Group, 1994.

③ Tom Peters. Re-imagine! Business Excellence in a Disruptive Age[M]. London : Dorling Kindersley Publishing, 2006.

败，大胆地拥抱一个更加激进的商业未来。在他看来，现代管理所倡导的管理系统、管理规划、管理控制以及管理结构都已经无法适应后现代时期管理的现实，后现代管理将把企业管理的重点放在员工身上、客户身上。为此，领导应将“组织”“管理”这些传统字眼摒弃不用，采用“商业就是表演、领导就是表演、管理就是表演”的做法；应该不要时钟，不要办公室，只要业绩；要解放员工，鼓励释放创业活力；组织应该解体，走向人人做项目之路；摒弃垂直整合，走向网络联盟，等等。

在《第二次机器时代》① 一书中，埃里克·布林约尔弗森和安德鲁·麦卡菲将瓦特发明蒸汽机带来的工业革命称之为第一次机器时代的革命，而将计算机信息化带来的经济和社会生活的革命称之为第二次机器时代的革命。他们认为，就像经济全球化是 20 世纪末期最重要的话题一样，数字技术（其核心是硬件、软件和网络）变革将会成为 21 世纪初期最普遍的话题，成为驱动经济生活和社会生活发生难以想象的巨大变革的根本力量。当然，数字技术在给人们带来极大便利的同时，也将给各种职业带来颠覆性的改变，现行的各种公司也将被迫转型或者消亡。

在其最新的《机器、平台、大众》② 一书中，安德鲁·麦卡菲和埃里克·布林约尔弗森指出，我们正生活在一个奇怪的时代：机器（人）比任何人都更会玩围棋，像苹果和谷歌这样的新贵摧毁了像诺基亚这样曾经的产业中坚力量，来自大众的想法往往比大企业实验室、研究院更具有创造性，等等。他们认为，怎样才能掌握数字时代经济和社会生活转变的真谛：那就重新思考去整合“人脑与机器、产品与平台、精英与大众”的关系吧——在这三对关系因素里，任何时候天平都会偏重于后一个因素，即机器、平台、大众。这对如何成功经营企业的领导者来说是至关重要的。

1.1.1.4 对运用管理学理论的建议

客观地说，在过去的近 110 年时间里，各种各样的管理流派和管理思潮都在某些方面对现代管理学的发展做出了或多或少的贡献，但又或多或少地存在着某些不足。

照我看，尽管不同的管理学理论看似纷乱、繁杂，但从内容上大体仍可划分为两大类——均可采取两种管理视角，即人本方式、机械方式：一类重在探究企业内部的组织架构、运行控制方式，以及对有限资源最佳配置的原理和方法等；而另一类则重在探究企业如何与外部环境发生交互作用，在不断强化自身的竞争优势使自

① Erik Brynjolfsson, Andrew McAfee. The Second Machine Age : Work, Progress and Prosperity in a Time of Brilliant Technologies[M]. New York : W. W. Norton & Company, Incorporated, 2014.

② Andrew McAfee, Erik Brynjolfsson. Machine, Platform, Crowd : Harnessing Our Digital Future[M]. New York : W. W. Norton & Company, Incorporated, 2017.

己销售的产品或服务为市场所接受的同时，从外部环境中获取自己最大利益的原理和方法等，即“管理学理论 2×2 体系”（见图 1.6）。

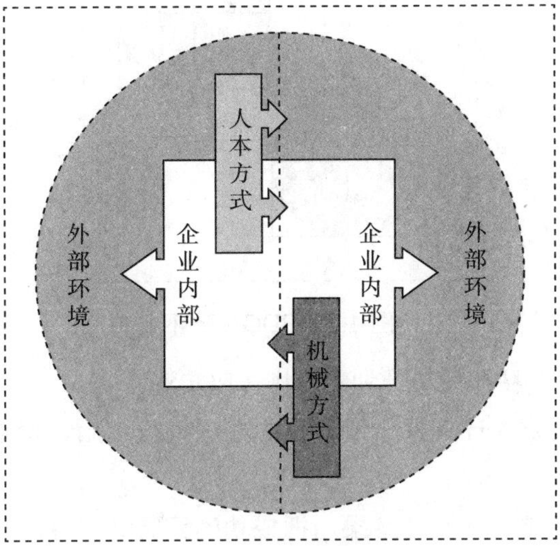

图 1.6 管理学理论 2×2 体系

因此，在这里建议管理者应按照上述“管理学理论 2×2 体系”，将各种管理学流派予以合并、融通去考虑其具体的运用问题。即作为管理者，无论采取人本方式还是机械方式，或者二者兼具地去观察、分析和处理企业管理中的实际问题，只要你不是为了单纯地做学问，就应该既考虑企业内部的组织设计与运行控制，也考虑企业与外部环境发生的交互作用。道理其实很简单，因为不管把企业内部的组织设计和运行控制做得再怎么好，这也只是过程，不是目的，最终还是要把自己企业的产品或服务推向市场去获益才行……否则企业都生存不下去，还谈什么发展呢？

1.1.2 遵循 PDCA 程序链，往往事半功倍

PDCA 是在美国的休哈特（W. A. Shewhart）最早提出的 PDS（Plan-Do-See）的基础上，由美国的戴明（W. E. Deming）改进而来的一种用于全面质量管理（Total Quality Management，TQM）的工作程序，又称戴明环。

PDCA 是由计划（Plan）、执行（Do）、检查（Check）、处置（Act）4 个英文单词的首字母构成的程序链（见图 1.7）。

其中：

一是计划环节，要通过市场调查、用户访问，摸清用户对产品质量的要求；确定质量政策和质量目标，编制质量计划。

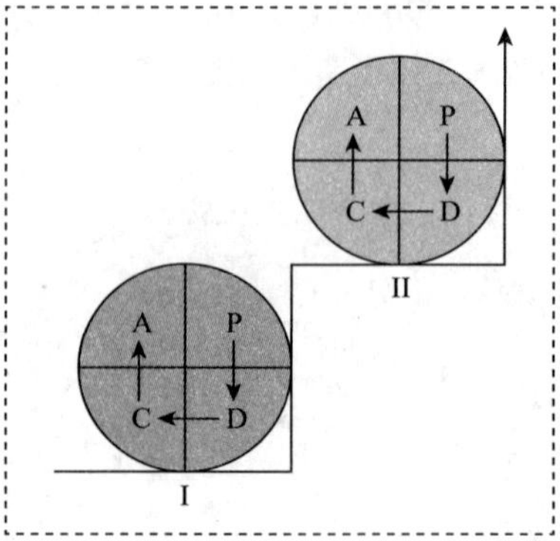

图 1.7　PDCA 循环

二是执行环节，要按照质量计划的安排予以实施。

三是检查环节，要在计划执行过程之中或者执行之后，检查执行情况，看是否符合计划的预期结果。

四是处置环节，要根据检查结果，把成功的经验纳入标准化，巩固成绩；或把存在的问题纳入下一个更高层次的 PDCA 循环去解决。

尽管 PDCA 最初是用于 TQM 的工作程序，但它其实也可以应用到企业管理的各个领域。在企业中要完成某一项工作任务，甚至是想做成任何一件事情，遵循 PDCA 程序链，往往可以事半功倍。

1.1.3　先搞清楚“3W1H”是至关重要的

在第二次世界大战中，美国陆军兵器修理部在美国的哈罗德·拉斯韦尔（Harold Lasswell）提出的“5W 分析法”的基础上创立了“5W2H 分析法”，即由“谁做（Who）—做什么（What）—为何要做（Why）—在何时做（When）—在何处做（Where）—如何做（How）—要花费多少钱去做（How much）”7 个英语特殊疑问词组成的分析链。这个分析链简单、好记，被广泛用于业务分析、工作设计和管理决策中。

其实只要记住其中的“3W1H”，即由“谁做（Who）—做什么（What）—为何要做（Why）—如何做（How）”4 个英语特殊疑问词组成的分析链即可。因为这样更为简便！事实上，在我看来，“在何时做（When）”“在何处做（Where）”“要花费多少钱去做（How Much）”完全可以归入“如何做（How）”之中。

因此，在企业中启动一项工作，乃至于在做任何事情之前，先搞清楚“3W1H”是至关重要的。这有助于管理者厘清做事的思路，排除不必要的干扰项，杜绝盲目性；也有助于管理者在工作设计中避免遗漏关键因素，从而完整、全面地考虑问题，做出正确的决策。

1.1.4　法宝：建立或完善企业制度体系

依据自己的管理实践，我认为，建立或完善企业的制度体系是解决各种经营、管理问题的一大法宝。

企业制度是企业制订的各种规定、办法等文件。

依我看，尽管企业制度林林总总，看似复杂，但可以大体分为三种类型：一是涉及工作内容的制度，二是涉及工作程序的制度，三是较为完整的，既涉及工作内容也涉及工作程序的制度。

每一类职能工作或业务工作的全部制度就构成了该类职能工作或业务工作的制度体系，如人力资源管理制度体系、财务管理制度体系、市场营销制度体系、研发管理制度体系等。而分门别类的制度体系汇集起来就构成了某一企业完整的制度体系。

对一个新设立的企业，管理者的首要任务之一就是要建立企业基本的制度体系。

对一个存续企业，管理者也要定期（如每 1 ～ 3 年）对企业的管理制度进行一次全面梳理；在梳理的基础上，进行“废、改、立”——对过期失效或完全不适用的管理制度予以作废、终止，对沿用的管理制度予以修改、完善，对尚未建立的管理制度予以订立、补充。

为什么要这样做？因为在这里讨论的是企业，是一个正式组织，而不是针对一个个人或一个非正式群体。个人或非正式群体是可以不要制度来约束自身行为的，可以“随心所欲”、凭个人意愿行事；而企业则必须靠制度体系来规范所有成员的工作行为，使大家能够“拧成一股绳”去完成共同的目标任务。

1.1.5　金钥匙：落实或提升执行能力

“执行，执行，还是执行！”

我不清楚这句话最早是谁说的，但它显然已经成了“放之四海而皆准”的管理真谛之一。

依据自己的管理实践，我认为，落实或提升执行能力往往是解决企业各种经营、管理问题的一把金钥匙。

为什么要如此地强调执行？因为如果执行不到位，那么再新奇的设计，再理想的商业模式，再周密的计划、方案、办法、措施等，就都无法实现，一切就都是空话！这就像三国时的马谡一样，因拒不执行军令而丢掉街亭，结果不仅自己被斩，还导致蜀汉损兵折将、失地陷城，只能被迫怏怏地退回汉中，将诸葛孔明匡扶汉室的宏图大业付之东流。

1.2 常见问题诊断

1.2.1 不学无术

管理者在企业中从事的往往是一些相对复杂的工作，应具备一定的管理学知识。但的确有不少企业的管理者缺少理论武装，在这方面表现为“不学无术”——其或者是“转行”来做管理工作的，没有接受过系统的管理知识教育，连一些基本的管理理论和方法都不了解；或者是很多年都未进行过知识更新，以前掌握的管理学知识严重老化，已无法适应企业发展的新态势。

如此一来，一则是内部管理千疮百孔，需要协调的矛盾很多，存在的风险很大；二则是企业决策常常挂一漏万，甚至把企业带入了歧途都不知道，还一脸的“茫然”和“无辜”。

1.2.2 华而不实

几乎谁都知道“纸上谈兵”的典故，而今天在一些企业里照样可以看见诸如赵括般的影子——自以为饱读了管理“兵书”就可以指挥企业的“千军万马”，结果只能是华而不实，讲理论时夸夸其谈，但一遇到企业的各种实际问题就束手无策、一败涂地了。

这样的管理者，在面对某一具体工作任务时，往往忘记了已在 1.1.3 节中讨论过的“3W1H”如何使用：既不清楚该工作任务谁做更为合适，该工作任务包括哪些内容、实质是什么、核心或关键点在哪里，也不了解为什么要做、具体理由是什么、做成了有什么意义，当然，就更不用指望其还能知道该工作任务应该如何去做了。

1.3 改进的方法措施

1.3.1 学习，丰富知识的办法

在任何时候，学习都是一桩不过时的事。

通过学习，管理者最大的收获是知识，譬如数理、工程、文史、政法、财经、管理类知识等。其中，既包括基本的理论知识，也包括具体的应用知识——否则就无法满足企业生存、发展的需要，也无法适应这个不断变化的社会。

学习的第一途径是读书，无论是纸质图书，还是电子图书、网络资料，都要有计划地进行阅读；其次是求教，无论是向身边的师长求教，还是向一切懂行的个人或组织求教，要像一块海绵一样吸取他人的经验与教训，甚至做到“不耻下问”。只有这样，管理者才能够成为安泰俄斯——古希腊神话中以地母盖娅为后盾的大力士，而知识正是自己的大地母亲。

1.3.2　实践，培养能力的途径

对于培养各种管理能力来说，实践不可或缺。哪怕是学习，有实践和没有实践的人对知识的获知程度也是不一样的。正如商学院，尤其是欧美的商学院在录取工商管理硕士（MBA）时，通常都要求申请者具备三年以上的工作经验。

通过实践，管理者可以培养自身的计划能力、组织能力、指挥能力、协调能力、控制能力以及决策能力，也可以培养自身的逻辑分析能力、创新思维能力、对突发事件的应变能力、对复杂问题的处理能力，还可以培养自身在某一领域内的专业能力，譬如文字和语言表达能力、数理计算能力和工程设计能力、资料检索和信息获知能力、各类工具的使用能力，以及自身修为方面的能力，包括与人共处的能力、心理承受能力、自我控制能力，等等。

实践培养能力，不要以为只是动口动手，还应该在身体力行的同时做到动脑动心。要善于将自己在各种管理实践活动中的经验与教训加以总结、提炼，直至上升到理论高度，才能在实践中持续获得新的能力，以不断丰富自己的能力体系。

1.4　参考资料：值得推荐的一份管理类经典著述的清单①

1.4.1　管理理论

《管理：使命、责任、实务》　作者：彼得·德鲁克

《科学管理原理》　作者：弗雷德里克·泰勒

① 这是本书作者认为值得推荐的一份管理类经典著述的清单——共 30 部，均为中文版，并依据涉及的内容进行了大体分类。建议读者可结合各自的实际情况，有选择地进行泛读或精读。

《工业管理与一般管理》 作者：亨利·法约尔

《管理学》 作者：斯蒂芬·罗宾斯，玛丽·库尔特

1.4.2 管理方法

《竞争优势》 作者：迈克尔·波特

《改变世界的机器——精益生产之道》 作者：詹姆斯·沃麦克，丹尼尔·琼斯，丹尼尔·鲁斯

《转危为安》 作者：爱德华·戴明

《六西格玛管理法：世界顶级企业追求卓越之道》 作者：彼得·潘迪，罗伯特·纽曼，罗兰·卡瓦诺

《第五项修炼：学习型组织的艺术和实践》 作者：彼得·圣吉

1.4.3 实践出真知

《管理的实践》 作者：彼得·德鲁克

《基业长青》 作者：吉姆·柯林斯，杰里·波勒斯

《从优秀到卓越》 作者：吉姆·柯林斯

《谁说大象不能跳舞》 作者：郭士纳

《杰克·韦尔奇自传》 作者：杰克·韦尔奇，约翰·拜恩

《我在通用汽车的岁月》 作者：艾尔弗雷德·斯隆

1.4.4 管理者

《卓有成效的管理者》 作者：彼得·德鲁克

《高效能人士的七个习惯》 作者：斯蒂芬·柯维

《经理人员的职能》 作者：切斯特·巴纳德

《领导者》 作者：沃伦·本尼斯，伯特·纳努斯

《管理工作的本质》 作者：亨利·明茨伯格

1.4.5 员工

《Z理论》 作者：威廉·大内

《动机与人格》 作者：亚伯拉罕·马斯洛

《管理行为》 作者：赫伯特·西蒙

《工业文明的社会问题》　作者：乔治·埃尔顿·梅奥

《工作的动机》（双因素理论）　作者：弗雷德里克·赫茨伯格，伯纳德·莫斯纳，巴巴拉·斯奈德曼

《企业的人性面》　作者：道格拉斯·麦格雷戈

1.4.6　变革之风劲吹

《变革的力量》　作者：约翰·科特

《再造企业》　作者：迈克尔·哈默，詹姆斯·钱皮

《追求卓越》　作者：汤姆·彼得斯，罗伯特·沃特曼

《看得见的手》　作者：小艾尔弗雷德·钱德勒

第2章

企业文化

2.1 主要内容

2.1.1 企业文化，是否是企业之魂

企业文化是什么？

企业文化是企业在其经营、发展过程中逐渐形成，并为企业上下所普遍认可和共同遵从的核心价值观、使命感和行为规范。

企业文化主要包括企业精神、愿景和经营管理理念等。

企业精神，指企业一致推崇的群体意识和心理特征，体现了企业倡导的核心价值观。譬如，大庆油田的企业精神是“爱国、创业、求实、奉献”，由“为国争光、为民族争气”的爱国主义精神，“独立自主、自力更生”的艰苦创业精神，“讲求科学、三老四严”的科学求实精神，“胸怀全局、为国分忧”的奉献精神所构成。

愿景，指企业为之奋斗的美好愿望和远景目标，体现了企业的神圣使命。常见的愿景，一类表述较为直接和具体，譬如腾讯的愿景是“成为最受尊敬的互联网企业”，麦当劳（McDonald's）的愿景是“成为世界最佳用餐体验的快餐服务商”；另一类表述则较为间接和抽象，譬如茅台集团的愿景是“酿造高品位的生活”，通用电气（General Electric Company，GE）的愿景是“使世界更光明”。但也有这两类表述兼而有之的，譬如迪士尼（Disney）的愿景就是“成为全球的超级娱乐公司”和“使人们过得快活”等。

经营管理理念，指企业开展各种经营、管理活动时所坚持的各种准则，体现了企业始终如一的行为规范和行动作风。譬如，海尔的经营管理理念就有：生存理

念——“永远战战兢兢、永远如履薄冰”；用人理念——“人人是人才，赛马不相马”；职能工作服务理念——“您的满意就是我们的工作标准”；质量理念——“高标准、精细活、零缺陷”；市场理念——“市场唯一不变的法则就是永远在变”“只有疲弱的思想，没有疲弱的市场”“否定自我、创造市场”“绝不对市场说：不”；市场竞争理念——“打价值战，不打价格战”；营销理念——“先卖信誉、后卖产品”；售后服务理念——“客户永远是对的”；出口理念——“先难后易”；资本运营理念——“东方亮了再亮西方”；技术改造理念——“先有市场、再建工厂”；技术创新理念——“市场的难题就是我们创新的课题”，等等。

企业文化通常是一个体系，既有整体文化，又有某一领域的局部文化；既有母公司文化，又有子公司文化，等等。

显然，企业文化属于与企业物质体系相对应的企业精神体系的范畴。其源于企业的物质基础、物质成果和物质成果的创造过程，同时又反过来作用于企业的物质体系，推进企业的物质基础得以夯实和增强，物质成果得以繁荣和进步，物质成果创造过程得以提升和优化，等等。当然，其前提是，这是一种积极向上、优秀进步的企业文化，而不是相反。

对任何一家企业来说，其优秀的企业文化可以凝聚、引导、规范和激发全体员工去积极关注企业的前途和命运，主动承担责任和义务，勇于维护企业的声誉，乐于为企业不断超越自己、实现新的发展目标而努力奋斗。

一个伟大的企业，尤其是那些百年老店，一定有其富含自身独特基因的伟大的文化。

所以，作为管理者，如果相信灵魂的力量——就像相信精神的力量一样，那就注意形成和倡导自己的企业文化，并把它发扬光大吧。

2.1.2 形成企业文化

真正的企业文化不可能购买或为他人所赠予，更不可能从他人处“剽窃”，而只能出自企业，形成于企业的经营、管理活动之中，并伴随着企业的成长、发展而从无到有，不断地繁衍、壮大，根深叶茂。

形成企业文化通常需要经历培育、提炼和确立三个阶段。

一是培育阶段。企业需要对自身在长期经营、管理活动中企业创始人或企业领袖的所作所为和重要语录、员工的突出事迹和感人话语、企业战胜各种艰难险阻获得的重要成就和取得的宝贵经验等进行记载、汇集、留存和积淀，并开展广泛的宣传、教育活动，营造企业文化孕育、生长的良好氛围。

二是提炼阶段。企业要做出专门的计划安排，对上述经记载、汇集、留存和积淀的企业创始人或企业领袖的所作所为和重要语录、员工的突出事迹和感人话语、企业战胜各种艰难险阻获得的重要成就和取得的宝贵经验等加以归纳、总结，由表及里、删繁就简，进行深层次的发掘、提炼，以形成企业文化，包括企业精神、愿景和部分经营管理理念等的雏形。

三是确立阶段。企业要对上述经发掘提炼而形成的企业文化的雏形组织研讨，广泛征询意见，从历史、现实和未来等多个层面进行反复论证，取得各层级干部、员工的共识，以最终确立具有企业自身特点的、为企业所普遍认可和共同遵从的企业文化，包括企业精神、愿景和部分经营管理理念等。

2.1.3 推广企业文化

推广企业文化，其实早已隐含、发轫于 2.1.2 节所述的形成企业文化的过程之中——对形成企业文化的参与者来说，其形成过程本身就是对企业文化由认知到最终认同的一个推广过程。

而形成企业文化之后，企业要做的推广工作主要包括以下三个方面。

其一，在利用媒介和推广手段上，一是广为宣传，譬如布置企业展馆和电子屏，制作企业文化手册、画册、光盘，绘制板报、张贴宣传画和悬挂横幅、标语、口号，在内部报纸、刊物、网站，以及外部传统媒体和新媒体上刊登文字、图片和播发视频等推广企业文化；再如参加产品技术展览会或专业服务展示会，举办新产品发布会和用户服务体验活动等，通过产品载体或服务行为载体向客户、供应商和社会各界来推广企业文化；二是进行教育和培训，如在各类会议中安排专题教育、推行领导现身说法和师长言传身教，并广泛实施新员工培训、员工素质能力培训和干部轮训等来推广企业文化；三是开展正向或反向激励，如对践行企业文化的人与事进行表彰、奖励，对违背企业文化的人与事予以谴责、处罚等来推广企业文化。

其二，在推广方向上，既可以实施纵向推广，也可以实施横向推广。前者指利用上述媒介和推广手段，使企业文化得以历史传承与代际接续，要能够承前启后、薪火相传；后者指利用上述媒介和推广手段，使企业文化得以由此及彼、相互影响，能够在企业上下级之间、同级之间、各职能部门和业务单元之间，以及企业内部与企业外部之间进行全方位的传播。

其三，在推广范围上，既可以实施对内推广，也可以实施对外推广。前者指利用上述媒介和推广手段，使企业文化在企业内部形成广泛影响，发挥其内聚力量的作用；而后者则指利用上述媒介和推广手段，使企业文化向企业外部扩散，发挥其外塑形象的作用。有时，对内推广和对外推广会相互转换。譬如，某一公司以前自己承担产品制造任务，后来将产品制造任务转移给了外部的一家代工企业，其关于产品制造的经营管理理念就由对内推广转换成了对外推广。同样，假定还是该公司，以前在俄罗斯和巴基斯坦分别通过当地的一家分销商销售自己的产品，后来通过投资并购将该两家分销商变成了自己在俄罗斯和巴基斯坦的销售子公司，由此，其关于产品营销的经营管理理念也就由对外推广转换成了对内推广，等等。

2.1.4 发展企业文化

企业文化也是需要不断发展的。这就像《长江之歌》里唱的那样“你从远古走来，巨浪荡涤着尘埃；你向未来奔去，涛声回荡在天外……”

其中的道理其实很简单，因为时代在发展，社会在进步，企业文化自然也不例外。

发展企业文化，并不是对既往的企业文化全盘否定、另搞一套，而应该坚持“扬弃”的观点和原则。即继承和发扬既有企业文化中积极、合理的元素，否定和抛弃既有企业文化中消极、已不合理的元素，对企业文化进行调整、优化、完善和更新，在内容和组成结构上做到实事求是和与时俱进，以符合企业现在与未来发展的需要。

发展企业文化，涉及企业文化审视和企业文化更新两个阶段。

在企业文化审视阶段，企业开展的主要工作包括以下两个方面。

其一，有计划地对既有的企业文化进行梳理，搞清楚企业文化体系有哪些组成部分，企业文化体系是否已基本完整、有无多余或缺项，各组成部分之间存在何种相互关系，这些组成部分是如何产生的、具体的表述和释义是什么、是否存在除文字表述外的其他表现形式，等等。

其二，开展企业文化综合评估。一是参与评价者的范围应覆盖企业各层级的干部和基层员工，并可以依据“二八定律”进行选取——“二八定律”是博弈论中的重要概念，又称帕雷托法则（Pareto’s Principle），为维尔弗雷多·帕雷托在19世纪末20世纪初提出的。该法则认为，在任何一组事物中重要的往往只占一小部分，约20%，而其他不太重要的却占了大部分，约80%，因此应重点关注占20%的所谓“关键少数”。二是评估内容，应包括评估企业文化各组成部分的符合性——是否符合企业的实际情况且程度如何；有效性——是否能够发挥凝聚、引导、规范和激发作用且程度如何；前瞻性——是否适用于企业发展的需要且程度如何，等等。

在企业文化更新阶段，企业开展的主要工作包括以下两个方面。

其一，依据对企业文化审视的结论，对其进行删减、增补和更正。一是对企业文化体系中某一组成部分，以及某一组成部分的内容或形式已基本不具备符合性、有效性和前瞻性的，或已重叠、“多余”的，予以删除、减少。二是对企业文化体系中某一组成部分，以及某一组成部分的内容或形式有缺项的，予以增加、补充。三是对企业文化体系中某一组成部分，以及某一组成部分的内容或形式的符合性、有效性和前瞻性等已降低的，予以更改、修正。而这很像我们已在 1.1.4 节中提及的，“……在梳理的基础上，进行‘废、改、立’——对过期失效或完全不适用的管理制度予以作废、终止，对已有的管理制度予以修改、完善，对尚未建立的管理制度予以订立、补充”。显然，利用这一点可以非常方便地开展企业文化的删减、增补和更正工作。

其二，对上述经删减、增补和更正后的企业文化组织研讨，广泛征询意见，从历史、现实和未来等多个层面进行反复论证，取得各层级干部、员工的共识，以最终形成更新后的企业文化。

2.2　常见问题诊断

2.2.1　照搬照抄、千人一面

今天，多数企业都有了企业文化，即便少数企业还没有企业文化，其也应该“正在来的路上”。但客观地说，这些所谓的企业文化，的确有不少或者是照搬照抄别人的企业文化，人有我有，都脱离了自己企业的实际；或者是千人一面，过于通俗和空泛，而缺少了个性。

前者，譬如某一家较为知名的信息技术公司的愿景是“创世界一流高科技企业”，于是很多大大小小的信息技术公司就群起效仿，在确定自己的愿景时以“成为世界领先的高科技企业”“成为全球知名的高科技企业”等自居，完全忽视了企业的实际情况——其中，有的企业现在不过是在一个很小的区域内负责批发、零售他人生产的电子元器件的小公司而已，却定下如此宏大的愿景，真不知道这是否只是“南柯一梦”，企业的客观条件，以及攻克前进道路上各种艰难险阻的决心和毅力是否真的能够坚持到实现这一愿景的那一天？

后者，譬如走进不少企业，常常可以发现其企业精神都有“团结”“凝聚”“务实”“高效”“开拓”“进取”“拼搏”“创新”等标准的“字眼”，而没有把企业精神与企业的历史、现在和未来，以及企业的自身定位、经营和管理行为特征等相结合，看不出这样的企业精神承载了企业什么样的文化基因和核心价值观，这样的企业精神是否能够对企业上上下下真正起到凝聚、引导、规范和激发的作用？

2.2.2 停于纸面、止于口头

企业创始人或企业领袖往往对企业文化的形成、推广和发展起着关键作用。但也的确有不少企业，其企业文化只停于企业的通知、通告等公文，仅止于企业领导的口头表述，而缺少其他各层级干部、员工的共同参与，无法得到所有人发自内心的认同和坚守，也无法在实际工作中得到大家的贯彻、执行。

在这种情形下，所谓的企业文化或者只是企业领导们拔得高、叫得响、拉拉大旗、装装门面的一种“作秀”，却无法真正发挥凝聚、引导、规范和激发的作用；或者只是见于企业的旗帜、徽章、标语、口号、着装、礼仪等外在形式之上，而企业文化的丰富内涵无法被理解和融入企业每一个人的日常工作中去，成为每一位干部员工身体力行、用以克服各种困难的思想武器和推动企业不断前进的精神力量。

2.2.3 全盘否定、朝令夕改

企业文化的形成通常需要一个较长的时间，是一个从企业文化的逐步积淀、培育，到有计划地对其合理元素进行发掘、提炼，再到论证并最终确立的完整过程。因此，企业文化一旦形成并经推广，在广泛、深入地融入企业每一位干部员工的内心之后，应该保持相对稳定，不能动辄全盘否定或朝令夕改——遗憾的是，的确有不少企业却这样做了。

譬如，当某一企业的主要领导发生变化后，新的领导对该企业原有的企业文化并不认可，于是全盘否定——或者另起炉灶，再搞一套；或者不置可否，但从此弃之不用。

再如，有的企业尚没有对自身的企业文化元素认真地发掘、提炼，也没有经过组织讨论、征询意见和反复论证，就匆忙确立了自己的企业文化。结果企业文化只能是朝令夕改——或者三天两头地在企业精神组成的词句上加加减减，或者动不动就修改企业愿景：今年还是“成为世界知名的电池公司”，明年就变成了“成为世界知名的清洁能源的高科技企业”，等等。

2.2.4 亘古不变、一潭死水

在企业文化的问题中，与 2.2.3 节所述的“全盘否定、朝令夕改”的情形基本相反的是“亘古不变、一潭死水”。

“亘古不变”是指把企业文化视为一种永世的真理，一旦被企业创始人或企业领袖所“钦定”，则后来者就谁也不能触碰，即使当年培育企业文化的“土壤”已不复存在，企业的业务属性和管理方式也发生了极大的变化，也不得对企业文化加以“扬弃”，进行必要的更新，以符合企业现在与未来发展的需要。

“一潭死水”即企业文化总是呈现出一种死气沉沉、毫无生机和活力的沉闷状态。譬如，有的企业从不进行企业文化培训与宣传工作，新员工进入公司已五六年仍不知道企业精神是什么、愿景究竟如何。遇到节假日，企业可以组织春游、聚餐活动或者发放各种纪念品等，却丝毫见不到企业文化身在何方、有什么具体表现、能够施展出什么精神力量？

2.3　改进的方法措施

2.3.1　强化企业主要领导的引领作用

企业文化既然是企业之魂，那么企业主要领导，尤其是作为企业灵魂人物的企业创始人或企业领袖就理所应当地在企业文化的建设中发挥重要的引领作用。

一是企业主要领导应该高度重视企业文化，要把企业文化作为事关企业发展的头等大事之一，认真策划、精心组织，切实履行自身在企业文化建设中应负的职责和义务。

二是企业主要领导要亲自参与企业文化建设，包括出思路，定原则，开展深入调研，直接听取干部员工的意见，提炼精神内核和组织反复论证等具体工作，以身作则，勇作表率，成为企业文化大旗重要的、最佳的旗手。

2.3.2　提升企业文化建设的组织实施能力

企业文化不是企业每一个人脖颈上的“幸运锁”，也不是企业大门上的“门神”或“桃符”，而是凝聚、引导、规范和激发全体员工的精神武器，是企业不断超越自己、实现新的发展目标的精神力量。

因此，作为管理者，要切实履行计划、组织、指挥、协调、控制职能，包括拟定企业文化建设的《实施方案》，按照《实施方案》的要求配置人力、物力、财力资源，部署落实工作责任，对实施中出现的问题及时予以协调和调整等，以完成企业文化形成、推广和发展的全部工作目标。

2.4 参考资料：《华为基本法》第一章 公司的宗旨①

2.4.1 核心价值观

（追求）

[第一条] 华为的追求是在电子信息领域实现顾客的梦想，并依靠点点滴滴、锲而不舍的艰苦追求，使我们成为世界级领先企业。

为了使华为成为世界一流的设备供应商，我们将永不进入信息服务业。通过无依赖的市场压力传递，使内部机制永远处于激活状态。

（员工）

[第二条] 认真负责和管理有效的员工是华为最大的财富。尊重知识、尊重个性、集体奋斗和不迁就有功的员工，是我们事业可持续成长的内在要求。

（技术）

[第三条] 广泛吸收世界电子信息领域的最新研究成果，虚心向国内外优秀企业学习，在独立自主的基础上，开放合作地发展领先的核心技术体系，用我们卓越的产品自立于世界通信列强之林。

（精神）

[第四条] 爱祖国、爱人民、爱事业和爱生活是我们凝聚力的源泉。责任意识、创新精神、敬业精神与团结合作精神是我们企业文化的精髓。实事求是是我们行为的准则。

（利益）

[第五条] 华为主张在顾客、员工与合作者之间结成利益共同体。努力探索按生产要素分配的内部动力机制。我们决不让雷锋吃亏，奉献者定当得到合理的回报。

（文化）

[第六条] 资源是会枯竭的，唯有文化才会生生不息。一切工业产品都是人类智慧创造的。华为没有可以依存的自然资源，唯有在人的头脑中挖掘出大油田、大森林、大煤矿……精神是可以转化成物质的，物质文明有利于巩固精神文明。我们坚持以精神文明促进物质文明的方针。

这里的文化，不仅仅包含知识、技术、管理、情操……也包含了一切促进生产力发展的无形因素。

（社会责任）

[第七条] 华为以产业报国和科教兴国为己任，以公司的发展为所在社区做出

---

① 黄卫伟，吴春波．走出混沌 [M]．增订版．北京：人民邮电出版社，2002 年．
其原文各节“一、核心价值观”“二、基本目标”“三、公司的成长”“四、价值的分配”中的一、二、三、四，已由本书作者依次替换为 2.4.1 ～ 2.4.4。

贡献。为伟大祖国的繁荣昌盛，为中华民族的振兴，为自己和家人的幸福而不懈努力。

2.4.2　基本目标

（质量）

[第八条] 我们的目标是以优异的产品、可靠的质量、优越的终生效能费用比和有效的服务，满足顾客日益增长的需要。

质量是我们的自尊心。

（人力资本）

[第九条] 我们强调人力资本不断增值的目标优先于财务资本增值的目标。

（核心技术）

[第十条] 我们的目标是发展拥有自主知识产权的世界领先的电子和信息技术支撑体系。

（利润）

[第十一条] 我们将按照我们的事业可持续成长的要求，设立每个时期的合理的利润率和利润目标，而不单纯追求利润的最大化。

2.4.3　公司的成长

（成长领域）

[第十二条] 我们进入新的成长领域，应当有利于提升公司的核心技术水平，有利于发挥公司资源的综合优势，有利于带动公司的整体扩张。顺应技术发展的大趋势，顺应市场变化的大趋势，顺应社会发展的大趋势，就能使我们避免大的风险。

只有当我们看准了时机和有了新的构想，确信能够在该领域中对顾客做出与众不同的贡献时，才进入市场广阔的相关新领域。

（成长的牵引）

[第十三条] 机会、人才、技术和产品是公司成长的主要牵引力。这四种力量之间存在着相互作用。机会牵引人才，人才牵引技术，技术牵引产品，产品牵引更多更大的机会。加大这四种力量的牵引力度，促进它们之间的良性循环，就会加快公司的成长。

（成长速度）

[第十四条] 我们追求在一定利润率水平上的成长的最大化。我们必须达到和保持高于行业平均的增长速度和行业中主要竞争对手的增长速度，以增强公司的活力，吸引最优秀的人才，实现公司各种经营资源的最佳配置。在电子信息产业中，

要么成为领先者，要么被淘汰，没有第三条路可走。

（成长管理）

[第十五条] 我们不单纯追求规模上的扩展，而是要使自己变得更优秀。因此，高层领导必须警惕长期高速增长有可能给公司组织造成的脆弱和隐藏的缺点，必须对成长进行有效的管理。在促进公司迅速成为一个大规模企业的同时，必须以更大的管理努力，促使公司更加灵活和更为有效，始终保持造势与做实的协调发展。

2.4.4 价值的分配

（价值创造）

[第十六条] 我们认为，劳动、知识、企业家和资本创造了公司的全部价值。

（知识资本化）

[第十七条] 我们是用转化为资本这种形式，使劳动、知识以及企业家的管理和风险的累积贡献得到体现和报偿；利用股权的安排，形成公司的中坚力量和保持对公司的有效控制，使公司可持续成长。知识资本化与适应技术和社会变化的有活力的产权制度，是我们不断探索的方向。

我们实行员工持股制度。一方面，普惠认同华为的模范员工，结成公司与员工的利益与命运共同体。另一方面，将不断地使最有责任心与才能的人进入公司的中坚层。

（价值分配形式）

[第十八条] 华为可分配的价值，主要为组织权力和经济利益；其分配形式是：机会、职权、工资、奖金、安全退休金、医疗保障、股权、红利，以及其他人事待遇。我们实行按劳分配与按资分配相结合的分配方式。

（价值分配原则）

[第十九条] 效率优先、兼顾公平、可持续发展，是我们价值分配的基本原则。

按劳分配的依据是：能力、责任、贡献和工作态度。按劳分配要充分拉开差距，分配曲线要保持连续和不出现拐点。股权分配的依据是：可持续性贡献、突出才能、品德和所承担的风险。股权分配要向核心层和中坚层倾斜，股权结构要保持动态合理性。按劳分配与按资分配的比例要适当，分配数量和分配比例的增减应以公司的可持续发展为原则。

（价值分配的合理性）

[第二十条] 我们遵循价值规律，坚持实事求是，在公司内部引入外部市场压力和公平竞争机制，建立公正客观的价值评价体系并不断改进，以使价值分配制度基本合理。衡量价值分配合理性的最终标准，是公司的竞争力和成就，以及全体员工的士气和对公司的归属意识。

第3章

战略管理

3.1 主要内容

3.1.1 制订战略重要吗

战略是确定企业定位、未来中长期（5～10年以上）发展目标、围绕这一目标开展的行动计划，以及确保行动计划得以完成的措施。《孙子兵法》之《计篇》中讲，“以谋为上，先谋而后动”。此处的“谋”其实就是指的一种战略。

对一个持续经营的企业来说——假定其不是一个“赌徒”般的投机类企业，战略的重要作用至少体现在：可以正确评价企业的外部环境，有助于企业应对危机和抓住机遇；可以发现企业内部的种种不足，以引导企业自身不断变革；可以跳出眼前的“一时辉煌”，着眼于未来，主动把握企业发展的方向，使企业保持基业长青。

一说“短期发展靠机遇，中长期发展靠战略”，这是有一定道理的。一个只想赚点快钱的企业，也许抓住一次机会“捞一票”就行，但一个十年、二十年，甚至是一间百年老店，要想连续取得成功，没有正确的战略指引则是非常困难的。

在世界范围内，无论是本科还是研究生阶段，几乎所有的商学院都会为学生开设“战略”这门课。尽管业内对企业采取什么战略以及如何制订战略现在还存有争议，但有一点早已形成了共识，那就是企业必须制订战略，而不能总是“摸着石头过河”，走一步看一步。

所以，制订战略重要吗？答案是不言而喻的。

3.1.2 战略的层次

对一些中小型企业或区域性企业来说，当自身向市场销售的产品或服务相对单一时，一般只需要制订公司层面的战略。而对大型企业或跨国公司来说，其向市场销售的产品或服务往往是多元的，这时除了公司层面的战略外，不同业务单元（事业部、区域分部、子公司等），还要制订各自业务单元层面的战略。

公司层面的战略关注的是整体的企业定位、整体的未来中长期发展目标、整体的行动计划，以及确保整体的行动计划得以完成的措施。相应的，业务单元层面的战略则仅专注于自身业务定位、自身业务未来中长期发展目标、自身业务计划，以及确保自身业务计划得以完成的措施。

我个人对企业还需要制订职能部门层面的战略不太认可。这无论是对中小型企业或区域性企业，还是对大型企业或跨国公司来说，都如此。因为企业职能部门层面尽管也要明确自身职能工作计划，但这主要是从属、被动地配合支持公司层面的战略或各业务单元层面的战略更好地实施而已，其自身的自主性、主动性相对较弱，前瞻性和全局性也远达不到战略的高度，应该只能归入企业的“策略”一类。

3.1.3 战略管理的过程

战略管理的过程一般分为战略分析、战略制订、战略执行、战略检查和战略改进五个环节。

一是战略分析——要对内部自身的优势与劣势、外部环境的机会与威胁，以及竞争情况、现有业务发展情况等进行分析，以确定是否需要进军某一新的业务领域，或对某一现有业务进行调整等。其常用的分析方法将在3.1.4节中讨论。

二是战略制订——要根据分析环节得出的结论，确定组织的定位、未来中长期发展目标、实现发展目标的行动计划，以及确保行动计划得以完成的措施，并绘制战略地图。对最终确定的战略，要按照管理权限，经公司董事会或经营管理层审议批准后予以发布、执行。

三是战略执行——在执行中，应进行广泛宣传和培训，使上上下下都知晓战略、认同战略；管理者尤其是主要领导要通过编制工作计划，对原有的组织架构进行调整或建立新的组织架构，发出工作指令，协调内外部关系，对各职能部门和业务单元进行有效控制，共同努力去实现组织的未来中长期发展目标。

四是战略检查——要在战略执行之中或者执行之后检查执行情况，看是否偏离或达到了战略的预期结果。这包括检查企业的定位是否偏离，中长期发展目标是否实现，行动计划是否吻合，确保行动计划得以完成的措施是否落实到位，等等。

五是战略改进——要根据检查环节得出的结论，对成功的经验进行总结，对存在的问题提出解决方案，或者及时改进，或者纳入下一个战略管理过程中去解决。

需要强调的是：由于战略具有前瞻性和全局性，是事关企业未来中长期发展方向的大事，所以，要做好战略管理，作为管理者尤其主要领导，就请立即行动起来，带头参与、亲自组织“顶层设计”和着力落实好战略执行吧！

3.1.4　战略分析方法和管理工具

在战略管理中，常用的分析方法和管理工具包括 SWOT 分析、波士顿矩阵分析、波特五力模型分析、战略地图等，具体可根据战略分析的需要加以选择和使用。

3.1.4.1　SWOT 分析

企业可以采用 SWOT 分析方法对某一新的业务领域进行分析，以得出企业是否应该进军和应该如何进军该新的业务领域的结论。

SWOT 由优势（Strengths）、劣势（Weaknesses）、机会（Opportunities）、威胁（Threats）4 个英文单词的首字母组合而成。其中，优势（S）和劣势（W）来自企业内部自身，而机会（O）和威胁（T）则来自外部环境。

关于 SWOT 分析的来源，可谓众说纷纭，包括美国的阿尔伯特 • 汉弗莱（Albert Humphrey）、安德鲁斯（K. R. Andrews）、海因茨 • 韦里克（Heinz Weihrich）等都被认为是 SWOT 分析的创始人。但客观地说，对于这一点，现在并无定论。

开展 SWOT 分析，先是将与企业密切相关的内部自身的优势、劣势和外部环境的机会、威胁，通过调查分别罗列出来，并按照矩阵形式排列。其中，优先排列那些对公司发展有直接、重要影响的因素，而靠后排列那些间接、次要影响的因素。

SWOT 分析图通常设计成一个 2×2 矩阵（见图 3.1）。

S 自身优势 1.×× 2.×× 3.×× …	W 自身劣势 1.×× 2.×× 3.×× …
O 环境机会 1.×× 2.×× 3.×× …	T 环境威胁 1.×× 2.×× 3.×× …

图 3.1　SWOT 分析图

然后，可以将列入矩阵的各种因素进行相互匹配和综合分析，从中找到既存在自身优势又有环境机会的交集，即选择了 SO 型战略，以确定企业的定位和未来中长期发展目标。

经过 SWOT 分析确定的 SO 型战略，通常被直观地设计成两个圆形的重叠部分（见图 3.2）。

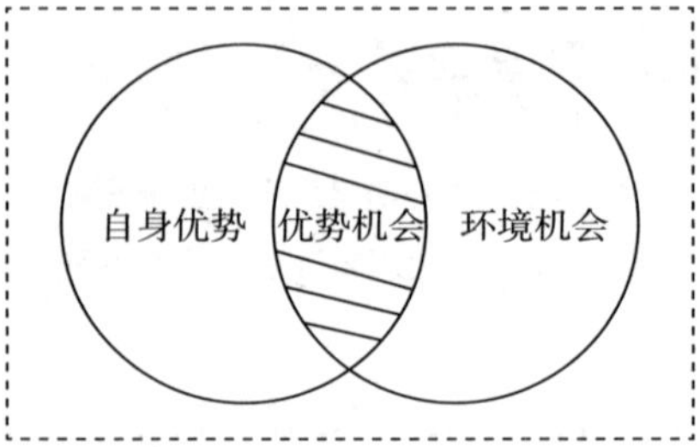

图 3.2　SWOT 分析确定的 SO 型战略

当然，可以根据企业自身情况和所处的环境情况，选择利用环境机会、克服自身劣势的 WO 型战略，或利用自身优势、规避环境威胁的 ST 战略，甚至在内外交困、万不得已的情况下选择 WT 型战略，即清理、退出，或向碾杀自己的竞争者“俯首称臣”，先卧薪尝胆再寻机会重出江湖，等等。

作为一种定性分析方法，SWOT 分析虽然直观、简便，但不可避免地带有精度不够的缺陷；且因判断的主观性较强，不同的人使用可能得出不同的结论。所以，在进行 SWOT 分析时要注意这一方法的局限性，在罗列作为判断依据的各种内外部因素时，要尽量真实、客观，并最好掌握一些定量数据做支撑，以弥补 SWOT 分析的不足，使战略选择更加科学合理。

3.1.4.2　波士顿矩阵分析

波士顿矩阵分析因波士顿咨询集团（Boston Consulting Group，BCG）首创而得名。

企业可以采用波士顿矩阵分析方法，对某一现有业务在市场上的业绩表现和该业务占用公司资源的情况进行考量，以此确定该业务在公司中的地位，并为企业制订战略提供依据。

波士顿矩阵分析图通常设计为一个 2×2 矩阵（见图 3.3）。

一是“明星（Stars）”业务，指那些业务增长率高且市场占有率高，但也许还不会产生正现金流的业务。如目前[①]国家电网的电动汽车充电业务等。因此，该业务属于成长性好、有前途，但也具有较大风险的业务。为维持其市场地位，可能仍

① 在本书中，“目前”均指截至 2019 年 12 月 31 日。

需不断投入现金。所以，通常的投资建议是加大资源投入，采取增长战略。

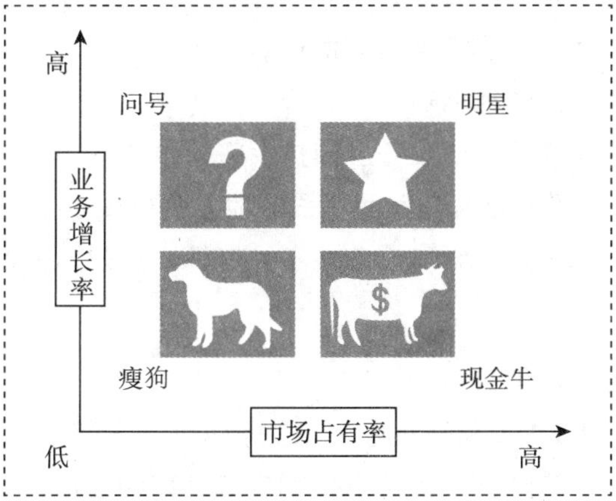

图 3.3 波士顿矩阵分析

二是“现金牛（Cash Cows）”业务，指那些业务增长率低但市场占有率高，可以产生不错的正现金流的业务。如联合利华（Unilever）的旁氏、力士、夏士莲、奥妙等品牌的产品业务。因此，该业务属于成长性一般，但风险小，有持续、可观的现金流的业务。所以，通常的投资建议是维持资源占用，采取稳定战略。

三是“问号（Question Marks）”业务，指那些业务增长率高但市场占有率低，产生正现金流的可能性不大的业务。如近些年涌现出的共享单车、共享图书、共享雨伞等业务。因此，该业务属于成长性好、可能有前途，但自身还存在较大问题的业务。所以，通常的投资建议是认真研判，如可以转化为明星类业务，就加大资源投入，采取增长战略；否则就停止资源投入，采取收缩战略。

四是“瘦狗（Dogs）”业务，指那些业务收入增长率低且市场占有率也低的业务。如电子信息企业中的机械加工或手机维修业务等。因此，该业务常常是微利甚至是亏损的，还要占用公司很多资源，是公司资源的漏斗。“瘦狗”过去往往是帮助公司发展的“现金牛”，只是慢慢演变成了现在的“瘦狗”，这样一种“怀旧情节”经常会让管理者瞻前顾后、反复思量，但维持下去又得不偿失。所以，通常的投资建议是停止资源投入，采取收缩战略，甚至清理退出，把资源转移到更需要投入的领域。

和 SWOT 分析一样，波士顿矩阵分析的优点也是直观、简单，可以方便企业安排业务组合，进而选取相应的战略，包括放弃“瘦狗”业务、加强对“明星”业务的投资，等等。

但波士顿矩阵分析不是万能的，其也为不少企业所诟病。

譬如，波士顿矩阵分析假设公司的各种业务是相互独立的，但事实往往并非如此——“现金牛”业务和“瘦狗”业务可能就是互补的，如果公司放弃“瘦狗”业务，那么“现金牛”业务也会受到影响。

再有，波士顿矩阵分析假设业务规模扩大将导致成本下降，但到处可见的是收入规模上去了，成本并没有下降，反而花钱的地方变得更多了——广告费支出多了，信息化系统折旧多了，新技术研发投入多了，等等，正是这些额外的投入把规模推上去的。

3.1.4.3 波特五力模型分析

企业可以采用如 1.1.1 节所述的波特五力模型对某一新的业务领域或某一现有业务进行竞争力的优劣势分析，以得出是否应该进军和应该如何进军该新的业务领域，或是否应该调整和应该如何调整该现有业务的结论。

譬如，当同业者的竞争力较强时，企业可以依据自身情况，一是采取成本领先战略或（和）专一化战略，通过降低成本或（和）摊薄固定成本，与同业竞争者开展价格竞争；二是采取差异化战略，不与同业竞争者在同一领域进行捉对厮杀等。

又如，当供应商的讨价力较强时，企业可以依据自身情况，一是采取成本领先战略，消化供应商的部分或全部的涨价；二是采取差异化战略，将供应商的部分或全部的涨价转移给客户；三是采取专一化战略，用大宗、批量采购使供应商放弃部分或全部的涨价意图等。

再如，当客户的还价力较强时，企业可以依据自身情况，一是采取成本领先战略或（和）专一化战略，通过降低成本或（和）摊薄固定成本，消化客户的部分或全部的压价；二是采取差异化战略，提供的产品或服务“独此一家”“别无分号”，使客户打消部分或全部的压价意图，等等。

与 SWOT 分析和波士顿矩阵分析一样，波特五力模型分析的优点也是直观、简捷，可以使企业依据自身所在产业中的市场竞争地位选取某种战略或某几种战略进行组合，以保持较好的市场竞争优势。

但波特五力模型分析在实际应用中也存在一定的不足。最典型的不足，一是假定企业可以充分占有行业信息，而实际上这一点几乎是不可能的；二是假定企业与同业者之间只有竞争关系，但实际上企业与同业者之间也可能存在合作共赢关系，不一定非要“零和博弈”；三是假定企业所处行业的市场容量是有限的，只有通过夺取同业者的市场份额来提升自己的市场份额，但实际上市场“蛋糕”是可以做大的——与同业者联手或通过创新拉动市场、开辟市场，等等。

因此，在使用波特五力模型方法时要避免“机械式”地生搬硬套，最好灵活运用多种战略分析方法来分析企业的内外部因素，使最终的战略选择更符合企业实际和企业自身的客观发展规律。

3.1.4.4　战略地图

战略地图源自平衡计分卡（Balanced Score Card，BSC）。

平衡计分卡最早由美国的卡普兰（R. S. Kaplan）和诺顿（D. P. Norton）提出，其不再采用传统的只从企业财务维度对组织进行业绩评价的做法，而是以系统性、前瞻性的思维——既考虑企业财务状况，也考虑企业内部和外部、短期和长期、固有和发展等非财务状况，“平衡”地从企业的财务、客户、内部运营、学习与成长四个维度选取指标和指标值，以此作为对企业战略的执行情况进行业绩评价的一种管理工具。平衡计分卡也被广泛地应用于对企业整体，或企业的职能部门和业务单元，以及对员工个人工作的业绩评价之中。

战略地图则是以平衡计分卡的财务、客户、内部运营、学习与成长四个维度的目标为核心，通过分析这四个维度目标之间相互依存和相互作用的基本关系而绘制的涉及总体发展目标、策略、分解目标等的战略示意图（见图 3.4），是企业进行战略管理的一种动态管理工具。

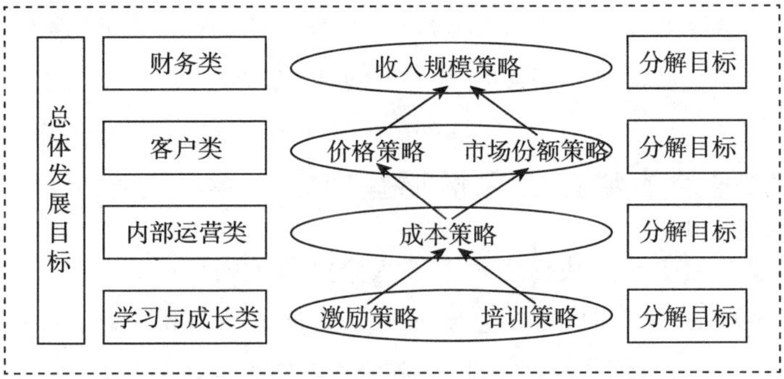

注：学习与成长类分解目标有激励计划、培训计划；内部运营类分解目标有成本费用占收入比、流动资产周转率；客户类分解目标有打折促销计划、市场占有率、网点数量；财务类分解目标有产品订货额、主营业务收入等，可依据企业战略的具体要求按年度予以确定

图 3.4　战略地图

其中，战略地图中财务、客户、内部运营、学习与成长四个维度目标之间的基本关系包括：提高组织及员工的学习与成长能力，使企业的内部运营效率更高，给客户带来的产品或服务的价值体验更好，实现的股东收益回报（财务）更多；一旦客户和股东满意并予以积极回馈，企业则会通过进一步提高组织及员工的学习与成长能力，使企业的内部运营效率再更高，给客户带来的产品或服务的价值体验再更

好，实现的股东收益回报（财务）再更多，以此循环往复，从而推升企业的战略优势和实现企业的战略目标。

在实际应用中，战略地图可以根据总体发展目标下，财务、客户、内部运营、学习与成长四个维度的策略和分解目标的变化情况进行动态调整，绘制更新后的战略地图（见图 3.5）。

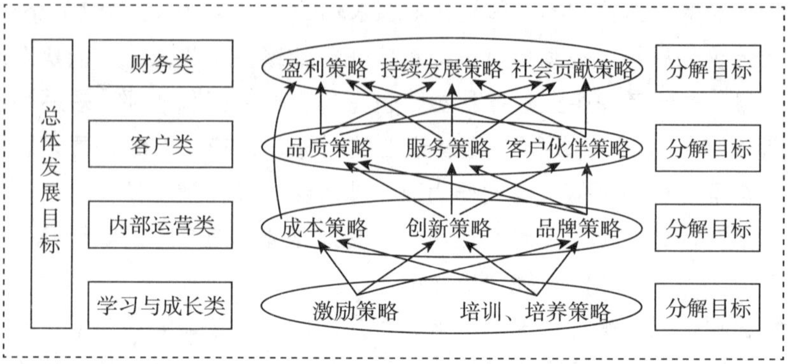

注：学习与成长类分解目标有激励计划、业绩辅导率、培训计划、职业发展计划；内部运营类分解目标有成本费用占利润比、流动资产周转率、技术投入占收入比、研发项目计划完成率、专利数量、标准数量、品牌推广计划；客户类分解目标有高新产品获奖数量、新产品占比、售后服务响应率、客户满意度、客户黏性、企业美誉度；财务类分解目标有净利润、每股收益、经济增加值、中长期资产保值增值率、公益性捐赠额、节能降耗和减排数量等，可依据企业战略的具体要求按年度予以确定。

图 3.5　更新后的战略地图

3.1.5　一份好的战略报告包括哪些内容

一份好的战略报告至少应该包括以下六个方面的内容。

一是企业概况——公司属性、主要业务、人员、财务状况等。

二是战略分析——要对企业内部自身的优势和劣势、外部环境的机会和威胁，以及竞争状况等进行分析，以做出战略选择的结论。

三是战略目标——企业的定位和未来中长期发展目标。

四是行动计划——围绕未来中长期发展目标开展业务与管理工作的路线图和时间表。

五是实现战略目标的措施——设置组织架构，配置人力资源，提供资金和物资资源，提升信息化水平，改进研发效率，强化生产与供应链管理，制订市场营销策略，推进国际化经营等，以及对完成战略与否的责任单位和负责人进行奖惩的措施。

六是附有可动态绘制、不断更新的战略地图。

3.2　常见问题诊断

3.2.1　没有战略

“某企业根本就没有战略”，这听起来似乎不合理，但在现实中其实并不罕见。存在这种问题的企业，或者在发展上停滞不前，失去前进方向；或者像没头的苍蝇到处乱撞，撞到哪里是哪里，反正哪个方向都一样。

还有一种情况是企业自认为自己有战略，而实际并没有，只不过是把自己具体的业务经营计划当成了战略而已。这样的经营计划和真正的战略相比，其前瞻性和全局性都不具备，也不可能正确地引导企业走向未来。

3.2.2　战略制订有问题吗

在战略制订环节，经常出现以下问题。

一是自下而上，把职能部门和业务单元的工作计划简单地汇总起来就形成一份所谓的战略报告。这样的战略离开了“顶层设计”，缺少前瞻性和全局性，不可能对企业未来的发展方向产生根本性的影响力。

二是自上而下，完全不与职能部门和业务单元进行沟通，不听取基层单位的意见，只是找几个所谓的“能人”闭门造车攒了一份所谓的战略报告。这样的“战略”既脱离企业实际，不接地气，也很难让基层单位接受，下一步在贯彻执行该“战略”时一定是困难重重。

三是内容缺失、不完整。战略报告或者缺乏对企业自身优劣势的分析，缺乏对环境提供机会和存在威胁的分析，无法帮助企业扬长避短；或者只提出了企业的一个模糊的定位和一个论证不充分的未来中长期发展目标，但缺乏围绕这一定位和未来中长期发展目标展开的行动计划；或者也列出了行动计划，但缺乏确保行动计划得以完成的措施，没有战略地图，也没有明确完成战略的责任单位和负责人，以及对其完成战略与否进行必要的奖惩等内容。

四是对最终确定的战略报告，没有按照管理权限，经公司董事会或经营管理层审议批准后予以发布、执行，而是被封存或仅仅作为管理者口头偶尔道出的一种“谈资”。

3.2.3　战略没有执行到位

在战略执行环节，经常出现的问题恰恰是执行不到位。

一是虽然名义上对战略报告予以了发布、执行，但没有进行广泛宣传和培训，没有使上下各层级，甚至每一位干部员工都知晓战略，从而在思想上认同战略、在行动上执行战略。

二是没有按照战略管理的需要，及时对原有的组织架构进行调整或建立新的组织架构，并配置相应的人力、财力、物质等资源。

三是管理者，尤其是主要领导，没有开展指挥、辅导、激励员工并协调各相关职能部门和业务单元的工作，无法形成整个团队的合力去很好地实现组织的未来中长期发展目标。

3.2.4 是否进行了战略检查

在战略检查环节，经常出现的问题，或者是从来就不对战略执行的情况进行检查；或者是虽然进行了检查，但检查不认真，只是走走形式，敷衍了事，既没有发现战略执行中的问题，也没有揭示产生这些问题的根源所在。

3.2.5 战略改进，不该缺失的一环

在战略改进环节，经常出现的问题，或者是没有对检查环节得出的经验、教训进行总结；或者是没有对存在的问题提出解决方案——是及时对战略进行适当调整，还是对行动计划或相关配套措施予以完善，或者是建议纳入下一个战略管理过程中去解决。

这些改进工作应该构成战略管理过程中不该缺失的一环，遗憾的是现在却缺失了。

3.3 改进的方法措施

3.3.1 制订或修订战略

作为管理者，应该意识到战略对企业生存、发展的极端重要性，要经常思考战略问题，研究战略问题，把握好战略发展方向，保证企业沿着正确的发展轨道前行。

一是对尚未制订战略的，要立即着手制订战略。

二是对已经制订战略的，要定期对战略报告进行修订完善。修订完善工作包括：根据企业发展的实际情况和外部环境的变化情况，对企业定位和未来中长期发展目标进行调整；对战略报告冗余繁杂、文不对题的地方进行删减；对战略报告不完整、存在缺失的地方进行补充，如增补战略分析中的定量分析、增补战略地图等。

三是对已制订或已修订完善战略的，要按照管理权限，将战略报告经公司董事会或经营管理层审议批准后予以发布、执行。

3.3.2　提升战略管理能力

作为管理者，应该知道战略不是企业用以修饰甚至炫耀自己的“孔雀毛”，而是企业发展的行动指南。因此，制订或修订完善战略的目的，不是把战略成果束之高阁，而是要认真贯彻落实战略，提升企业的战略管理能力。

一是对已发布、执行的战略，做好广泛宣传和培训，使之深入基层和每一个干部员工心中。

二是切实履行计划、组织、指挥、协调、控制职能，牢记根本、不忘初心，在实际的经营活动中很好地贯彻战略、执行战略，始终不偏离企业定位，保证企业沿着战略指引的方向稳步、健康发展，以最终实现企业确定的未来中长期发展目标。

3.4　参考资料①：某企业战略报告（2017—2026 年）（简版）

近期，战略发展部在进行广泛、深入的调查研究的基础上，完成了公司未来中长期发展战略报告（2017—2026），现特提请公司战略指导委员会商议。

3.4.1　公司概况

公司的企业性质为股份有限公司。

公司的主营业务为向市场提供光纤光缆、电线电缆产品及园区经营服务等。

公司现有员工约 1200 人，平均年龄约 43 岁。公司占地约 500 亩（约为 33.33 万平方米），建有办公楼、平面厂房、产成品和原材料库房等，建筑面积约 13 万平方米。

截至 2016 年 12 月 31 日，公司总资产约 17.7 亿元、所有者权益约 12.3 亿元、资产负债率约 30.5%；当年实现营业收入约 12.3 亿元、利润总额约 300 万元、净利润约 100 万元、销售利润率约 0.2%、净资产收益率约 0.08%。

其中，光纤光缆板块实现营业收入约 10.2 亿元、利润总额约 1.1 亿元、销售利润率约 10.8%；电线电缆板块实现营业收入约 1.8 亿元、亏损；园区经营服务板块实现营业收入约 3000 万元、利润总额约 100 万元、销售利润率约 3.3%。

① 在本书第 3 章至第 11 章的“参考资料”中，所提及的“某企业”均为虚拟企业，请勿与现实中的某一企业混为一谈；所涉及的具体内容及有关数据等，也并非现实中某一企业的实际情况，但具有普遍的代表性，旨用以分析和解决问题。

3.4.2 战略分析

本报告拟采用以下分析方法进行战略分析。

3.4.2.1 SWOT 分析

当前，公司既面对着外部环境的某些机会和威胁，也存在着内部自身的一定优势和劣势。

（1）外部环境机会

一是国内相关产业持续发力。

为贯彻《关于制定国民经济和社会发展第十三个五年规划的建议》，实施“供给侧改革”“中国制造 2025”等，国家将重点关注高铁、城轨、电动汽车、通信网、物联网等装备制造，以及与此相关的基础设施建设领域的投资与发展。

按照《国家信息化发展战略纲要》，要以信息化驱动现代化，加快建设网络强国，持续推进“宽带中国”“互联网 +”“智慧城市”“智慧农村”战略。

根据《中长期铁路网规划》，2016—2030 年期间国家铁路建设量保持在较高水平；“十三五”期间城轨新增里程数年均约 900 千米以上，相对于 2015 年约 470 千米几乎翻倍。

二是对新经济体国家出口持续增长。

线缆行业国际市场的总容量约 5400 亿美元。“十二五”期间，线缆产品出口额约 290 亿美元，较“十一五”期间年均增长约 9.3%；线束产品出口额约 450 亿美元，较“十一五”期间年均增长约 6.7%。以上两类产品分别保持贸易顺差，主要出口地为新经济体国家。

随着“一带一路”倡议的实施，预计“十三五”期间，线缆产品出口额仍会继续扩大。2016 年底前已有国内线缆企业陆续在海外建厂，以扩展自身的国际业务。

三是国内市场需求稳中有进。

线缆行业国内市场的总容量约 1.4 万亿元。其中，电线电缆约占 85%，光纤光缆虽然只约占 15%，但其每年的增长情况基本上都达到了两位数（见表 3.1）。

表 3.1 “十二五”期间中国线缆行业增长率（%）

年份	全行业	电线电缆	光纤光缆
2011	27.6	27.8	24.7
2012	10.2	9.6	18.5
2013	10.4	10.7	8.0
2014	5.9	5.2	11.4
2015	4.1	2.7	15.4

光纤光缆：结合英国商品研究局（CRU）、博思等机构披露的数据，根据 4G

扩容、4G+ 网络优化，以及预计 2019 年 5G 启动建设、网络应用升级和全光网建设等因素，使 2016 年国内的光纤用量超过 2.2 亿芯公里，而整个“十三五”期间预计光纤用量仍将保持在这一水平区间内（见表 3.2）。

表 3.2　光纤用量（百万芯公里）

地区	2010年	2011年	2012年	2013年	2014年	2015年	2016年	2017年	2018年	2019年	2020年
北美	29	38	37	34	40	44	47	48	49	49	50
西欧	19	21	21	24	29	28	30	30	29	29	28
东欧	8	12	12	11	13	12	14	14	15	17	18
中国	85	97	120	131	155	203	220	221	213	204	219
其他亚太地区	29	28	31	37	45	46	51	54	57	60	63
新兴市场	17	21	24	26	28	30	33	35	37	40	43
世界范围 总计	187	217	245	263	310	363	395	402	400	399	421

电线电缆：由于高铁、城市轨道交通、电动汽车等装备制造，以及与此相关的基础设施建设等因素，预计 2016 年国内的高铁车辆缆、城轨车辆缆约 20 亿元，轨道交通工程建设用缆、电动汽车等用线束约 100 亿元，而整个“十三五”期间电线电缆将保持年均约 3% 的增长率。

（2）外部环境威胁

一是世界经济不振。

受到地缘政治冲突、中东问题、单边主义与经济全球化受挫等因素的影响，世界经济增长和复苏势头总体表现羸弱。

二是中国经济增速放缓。

中国经济虽然仍保持较高的增长速度，但 GDP 增速自 2015 年起已回落至 7% 以下，根据 2016 年政府工作报告，预计 2017 年 GDP 增速约 6.5%，已进入“新常态”。

三是进入欧美发达国家市场不易。

线缆行业国际市场的总容量约 5400 亿美元，但欧美发达国家市场增速较小，并且多被当地行业领先企业占领，高端产品更难以进入。

四是国内劳动力成本持续上升。

按常住地分，2016 年国内城镇居民人均可支配收入约 33600 元，比上年增长约 7.8%，扣除价格因素，实际增长约 5.6%。随着“十三五”社会人均可支配收入的继续增长，预计公司面临的劳动力成本上涨的压力将进一步加大。

（3）内部自身优势

一是产业结构稳步调整。

2014—2016 年，公司持续进行产业结构调整，包括重点发展光纤光缆产业，建立“光棒纤缆一体化”的合资企业；停止通信缆产品生产，推进能源传输电缆项目的产业化；园区经营服务已启动运营，提高了资产利用率和效益等。至 2016 年底已基本形成新的光纤光缆、电线电缆和园区经营服务等产业板块。

二是管理水平有所提升。

通过岗位价值评估，建立新的职位管理体系，实行定编定岗，精简部分富余人员；围绕岗位职责和任务完成情况，建立更加科学完善的薪酬管理及业绩考核体系。在业绩考核中，引入平衡计分卡考核方式，明确财务、客户、内部运营和学习与成长四类考核标准，细化完善业绩考核工作；通过业绩考核，兑现季度奖金和年度奖金，使员工收入与公司、所在部门以及个人的业绩考核紧密联系，提高员工工作的积极性、主动性及计划性，强化过程与结果相结合的日常管理规范，有效确保了公司年度预算目标落地。

三是产品与工艺技术继续推进。

截至 2016 年底，公司拥有有效专利 64 件，其中发明专利 14 件、实用新型专利 50 件。近三年的专利申请及专利授权数均有所提高（见表 3.3）。

表 3.3　近三年的专利申请及专利授权数

专利	2014年				2015年				2016年			
	发明	实用新型	外观设计	合计	发明	实用新型	外观设计	合计	发明	实用新型	外观设计	合计
申请数	0	3	0	3	0	4	0	4	2	5	0	7
授权数	0	3	0	3	0	4	0	4	1	5	0	6

在新产品研发方面，成功生产新产品 G. 652D、G. 655、G. 657 光纤，为机车牵引系统开发的高性能屏蔽电缆已批量交付客户。

在工艺技术创新方面，优化改善光纤各性能参数的测试效率及测试装置，提升光纤拉丝速度，达到国内领先水平。

四是经营业绩好转。

得益于持续调整公司产业结构和持续提升内部管理水平，以及抓住光纤光缆市场的良好机遇，使公司在 2014—2016 年期间营业收入逐年递增，并在 2016 年实现扭亏为盈（见表 3.4）。

表 3.4　近三年主要经营指标的完成情况

主要经营指标	2014年	2015年	2016年
营业收入（亿元）	9.5	12.1	12.3
利润总额（亿元）	−0.37	−0.38	0.03
净利润（亿元）	−0.41	−0.43	0.01
资产总额（亿元）	19.9	18.9	17.7
所有者权益（%）	13.2	12.8	12.3
资产负债率（%）	33.5	32.3	30.5

（4）内部自身劣势

一是未实现“光棒纤缆一体化”。由于合资企业自主光棒技术不成熟和连续亏损，导致公司转让了部分股权，已成为合资企业的财务投资人，对其不再具有控股地位。要实现 “光棒纤缆一体化”，还需要重新布局。

二是能源传输电缆市场开发乏力。机车缆已成功投产多年，资产占用大，但市场开发不畅，订单少、生产线开工不足，营业收入规模无法摊销固定性成本、费用，导致持续亏损。

三是人员结构不合理。人员偏多、收入水平偏低，骨干人才流失、年龄老化。

综上，形成的 SWOT 分析如图 3.6 所示。

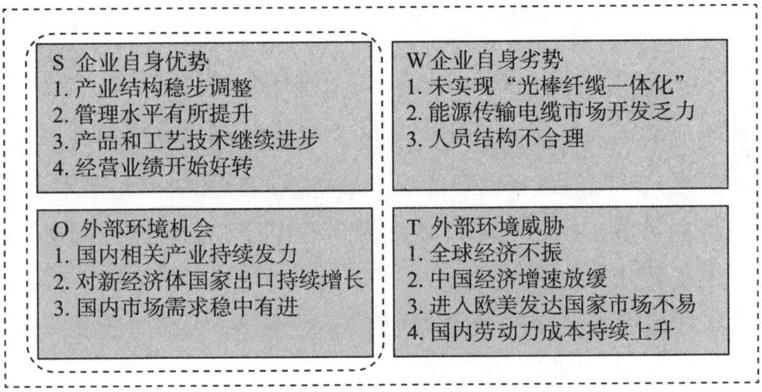

图 3.6　SWOT 分析

通过 SWOT 分析得出了如下结论。

公司宜采取择优去劣的 SO 战略，继续进行产业结构调整，资源向光纤光缆产业和能源传输电缆产业集聚；拓展园区经营服务，建立中小企业孵化器，培育和挖掘新的产业发展机会；抓住“一带一路”机遇，扩大国际贸易出口；继续提升管理水平，降低成本费用；招募人才，培养人才，促进人才成长。

3.4.2.2　波士顿矩阵分析

公司现有业务无一为“明星”业务；光纤光缆业务介于“现金牛”业务和“问号”业务之间；电线电缆业务中的机车缆，以及园区经营服务属于“问号”业务，而电线电缆业务中的 OEM 通信缆（贸易）属于“瘦狗”业务。

公司现有业务的波士顿矩阵分析如图 3.7 所示。

通过波士顿矩阵分析得出了如下结论。

对光纤光缆业务，加大对光棒和光缆的投入，在保持光纤“现金牛”地位的同时，提高整个光纤光缆业务的市场占有率，使其发展成为“现金牛”业务和“明星”业务。

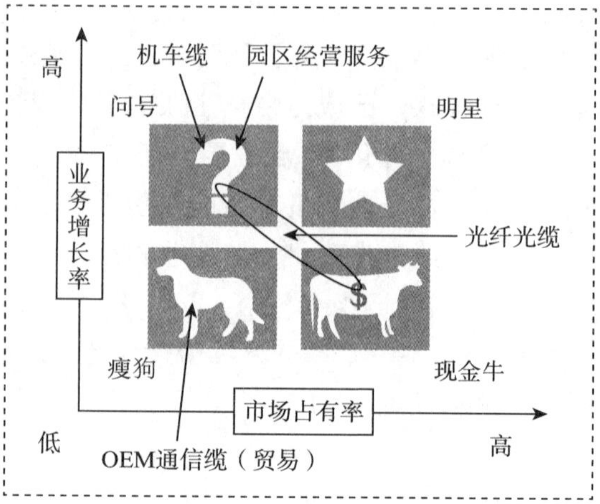

图 3.7 波士顿矩阵分析

对电线电缆业务中的能源传输电缆和园区经营服务，继续加大投入，强化机车缆的市场开发力度，对船舶缆、太阳能缆及核电站缆等加快产品研发和产业化步伐，提高园区及服务业务的市场占有率，使能源传输电缆和园区经营服务由“问号”业务向“明星”业务转化。

逐步中止电线电缆业务中的 OEM 通信缆（贸易），从该“瘦狗”业务中退出。

3.4.2.3 波特五力模型分析（略）

3.4.3 战略目标

一是企业定位：成为一家专注线缆产业及相关产业资产运营的优秀公司。

二是未来中长期发展目标（2017—2026 年），如表 3.5 所示。

表 3.5 公司未来中长期发展目标（2017—2026 年）

主要指标	2016年实际（亿元）	2021年目标（亿元）	复合增长率CAGR（%）	行业复合增长率CAGR（%）	2026年目标（亿元）	复合增长率CAGR（%）	行业复合增长率CAGR（%）
营业收入	12.30 (4.90)*	8.00	10.3	4.0	15.50	14.1	4.0
利润总额	0.03 (0.02)*	0.40	82.1	4.0	1.70	33.6	4.0

注：* 为不合并“光棒纤缆一体化”合资企业后的可比数据。

3.4.4 行动计划

一是营业收入的路线图和时间表（2017—2026 年），见表 3.6。

表 3.6 营业收入（亿元）

业务	2016 年实际	2017 年目标	2018 年目标	2019 年目标	2020 年目标	2021 年目标	2022 年目标	2023 年目标	2024 年目标	2025 年目标	2026 年目标
光棒	–	–	0.0	0.0	0.2	0.4	0.8	1.2	2.0	2.5	3.0
光纤	2.8	2.8	3.0	3.0	3.1	3.2	3.2	3.4	3.4	3.5	3.6
光缆	–	0.2	0.4	0.7	1.0	1.2	1.5	1.5	1.8	2.0	2.4
OEM 通信缆	1.7	1.4	0.9	0.5	0.2	0.0	–	–	–	–	–
机车缆	0.1	0.3	0.5	0.7	0.8	1.0	1.2	1.5	1.6	1.8	2.0
船舶缆	–	–	0.1	0.2	0.2	0.3	0.3	0.4	0.4	0.5	0.5
太阳能缆 核电站缆	–	0.1	0.2	0.3	0.5	0.6	0.6	0.8	0.8	0.9	1.0
园区出租	0.2	0.3	0.3	0.3	0.4	0.4	0.4	0.5	0.5	0.6	0.6
园区服务	0.1	0.2	0.2	0.2	0.3	0.3	0.3	0.4	0.4	0.5	0.5
创业投资	–	–	0.0	0.1	0.1	0.2	0.2	0.3	0.3	0.3	0.4
海外出口	–	0.1	0.1	0.2	0.3	0.4	0.6	0.8	1.0	1.3	1.5
其他	0.0	0.0	0.0	0.0	0.0	0.0	0.0	0.0	0.0	0.0	0.0
合计	4.9	5.4	5.7	6.2	7.1	8.0	9.1	10.8	12.2	13.9	15.5

二是利润总额的路线图和时间表（2017—2026 年），见表 3.7。

表 3.7 利润总额（万元）

业务	2016 年实际	2017 年目标	2018 年目标	2019 年目标	2020 年目标	2021 年目标	2022 年目标	2023 年目标	2024 年目标	2025 年目标	2026 年目标
光棒	–	–	−5000	−3500	−2000	−1000	0	2000	4000	7000	9000
光纤	7600	7600	7900	8200	8400	8500	8600	8700	8800	9000	9200
光缆	–	0	100	120	160	200	260	280	310	350	400
OEM 通信缆	−300	−200	−150	−100	−50	0	–	–	–	–	–
机车缆	−1500	−600	0	300	500	700	800	900	1000	1100	1200
船舶缆	–	–	−1000	−600	−300	0	80	160	230	320	400
太阳能缆 核电站缆	–	−1000	−600	−300	0	100	200	300	400	500	600
园区出租	400	600	700	800	900	1000	1100	1200	1300	1350	1400
园区服务	−300	−100	−50	0	100	200	220	260	300	350	400
创业投资	–	–	−200	−100	0	100	140	180	220	260	300
海外出口	–	−100	−200	−100	0	100	130	160	200	240	300
其他	−5700	−5700	−5700	−5700	−5800	−5900	−5900	−6000	−6050	−6120	−6200
合计	200	500	−4200	−980	1910	4000	5630	8140	10710	14350	17000

3.4.5 实现战略目标的措施

第一，发展光纤光缆产业。

一是募集资金，引进光棒生产技术或投资设立光棒合资企业，发展光棒产业，打破制约光纤光缆产业发展的瓶颈；二是建设 2 ～ 3 条新的拉丝生产线，开发新型光纤产品，扩大光纤合资企业的生产能力，为公司提供持续的“现金牛”保障；三是组建光缆事业部，建设光缆生产线，发展光缆产业，并保证光纤产业扩张。

第二，拓展能源传输电缆产业。

一是在现有机车缆产品的基础上，发展船舶缆、太阳能 / 核电站缆、电动汽车用束线等相关产品，依靠产品差异化战略，成为特种能源传输电缆产业领域的领先者；二是对公司现有的“瘦狗”业务进行处置，逐步退出 OEM 通信缆（贸易）业务。

第三，创新园区经营服务模式。

一是进一步盘活土地厂房资源，扩大招租面积和服务项目，不断提升物业管理资质水平；二是设立创业投资公司，建立中小企业孵化器，对入园企业进行培育、辅导，通过入资参股、控股等方式，挖掘、培育公司新的产业增长点。

第四，开展国际贸易出口。

抓住“一带一路”机遇，利用优惠政策和物流便利条件，积极开展对西亚、南亚、中东欧和新兴经济体国家的线缆出口。

第五，多渠道募集资金。

一是利用上市公司平台优势，择机增发股份，募集新建产业化项目的发展资金；二是通过资产担保、信誉担保等提高银行等债务融资比例，筹措业务发展的流动资金。

第六，强化内部管理提升。

一是梳理各职能部门权责，完善工作标准和管理流程，持续开展管理提升；二是成立人力资源、“两金”压降、成本管理、新产品攻关、质量管理、信息化等专项小组，公司分管领导挂帅，直面问题关键点，明确任务责任，限期完成整改，提质增效。

3.4.6 战略地图

为保证战略得以贯彻实施和进行对照检查，特绘制以下战略地图（见图 3.8）。

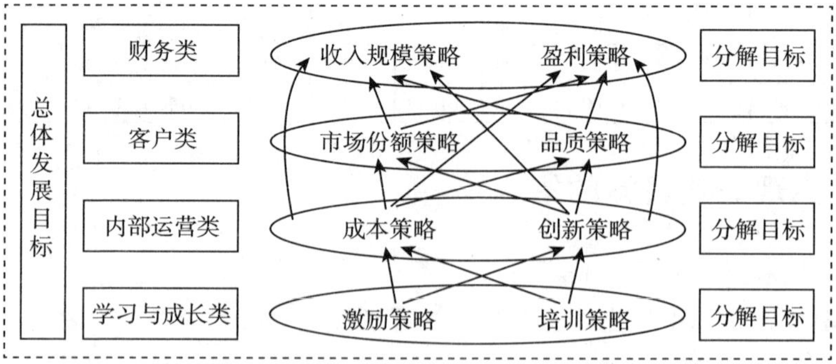

图 3.8 战略地图

总体发展目标——2021 年营业收入 8 亿元，利润总额 4000 万元；2026 年营业收入 15.5 亿元，利润总额 1.7 亿元。

学习与成长类（各年度）分解目标——不同部门和业务单元的业绩奖金计划，不同层级干部、员工的业绩奖金计划，骨干人才期权计划等；新员工培训计划，干部培训计划，各类专业人员培训计划，新产品技术和工艺技术培训计划，新业务、新技能培训计划等。

内部运营类（各年度）分解目标——毛利率、成本费用利润率、应收账款的周转率、存货的周转率、资产负债率、流动比率、速动比率、现金比率；技术投入占收入比、专利数量和标准数量、研发项目计划完成率、产业化项目计划完成率等。

客户类（各年度）分解目标——产品订货量和销售量、各类产品市场占有率、1 ～ 3 年上市的新产品占比、高新产品获奖数量、售后服务响应率、客户满意度等。

财务类（各年度）分解目标——主营业务收入、销售利润率、利润总额、净利润、每股收益、净资产收益率、资产报酬率等。

第 4 章

组织架构

4.1 主要内容

4.1.1 应该建立怎样的组织架构

毋庸置疑，企业是一个组织。一个企业必须建立一定的组织架构并有效运行，才能清晰地界定组织中不同的工作角色，包括明确其工作职责和彼此之间的工作关系，使彼此同心协力，以保证组织自身战略目标的实现。

那么，应该建立怎样的组织架构？要回答这样一个看似简单的问题其实并不容易。因为企业各不相同，即使同一家企业在不同的发展阶段或不同的环境条件下也是不一样的。

尽管如此，仍有下面一些建立组织架构的基本原则可供选择。

一是要服务于企业定位。就像一家做产品的公司，一般都有负责产品生产的单位。即使这家公司将生产外包了，也会设置外包管理单位来负责外包合同的履约和外包环节产品的品质控制，等等。

二是需统一指挥。要实行“一元化”领导，避免多头指挥、政出多门，让下级无所适从。

三是管理跨度应合理。管理跨度（横向）是与管理层级（纵向）对应的。管理跨度过小，则管理层级增加，管理效率降低；管理跨度过大，则管理者常常自顾不暇，对下级失去指挥和控制，也无法达到原本希望在管理扁平化后，提高管理效率的目的。

四是要实行专业化分工与协作。专业的部门做专业的事，可以提高工作效率。但专业化分工也不能过细，还需要不同专业部门间的协作配合；否则，既容易产生专业性疲劳、厌倦，失去工作乐趣，还会因部门设置过多、臃肿，而降低了工作效率。

五是职责与职权需匹配。任何部门都会承担一定的工作职责，同时也被赋予了相应的权力，即职权。职责与职权应该相互依存、相互匹配。

六是执行和监督应分设。一个部门，不能既执行任务，又承担监督职责。那样，风控就形同虚设。就像竞技运动，同一个人不能既是运动员又是裁判员。

除此之外，在自己的管理实践中还不时会有人问我：应该将企业的某项职能工作或某项业务分离出去，单独组建某个职能部门或某个业务单元吗？要回答这个问题，我认为，恰恰还有另外一个基本原则可以应用，这就是“共性与差异性判定”原则。

七是共性与差异性判定。如果判定企业的某项职能工作或某项业务与其他职能工作或其他业务的共性少，而差异性多，则应该将某项职能工作或某项业务分离出去，单独组建某个职能部门或某个业务单元；反之，则大可不必。

4.1.2 常见的组织架构

常见的组织架构可以归纳为职能部门架构、业务单元架构、股权管理架构、矩阵管理架构和外包集成架构等。

当然，除了这些常见的组织架构外，随着知识经济和信息社会带来市场需求的快速多变，在企业中还越来越多地可以见到那种为完成某一具有一定复杂性的工作任务而设置起来的临时性组织，如 ×× 小组、×× 项目部等。这样的临时性组织在其存续期间多采用某种矩阵管理架构。显然，既然是临时性组织，其会因某一工作任务产生而组建，也会因该工作任务完成而解散。解散时，其成员通常或者重回原抽调单位，或者进入另一新的临时性组织，当然也可能随该工作任务成果转入某一新设立的组织架构，如 ×× 事业部、×× 公司等。

4.1.2.1 职能部门架构

这种组织架构以承担不同职责的若干职能部门构成（见图 4.1）。它主要适用于中等规模、经营业务相对较为单一的企业。

其特点是专业化程度高，各司其职、分工明确，组织架构较为稳定，但部门间协作配合的主动性和对外界环境的应变性往往不尽如人意。

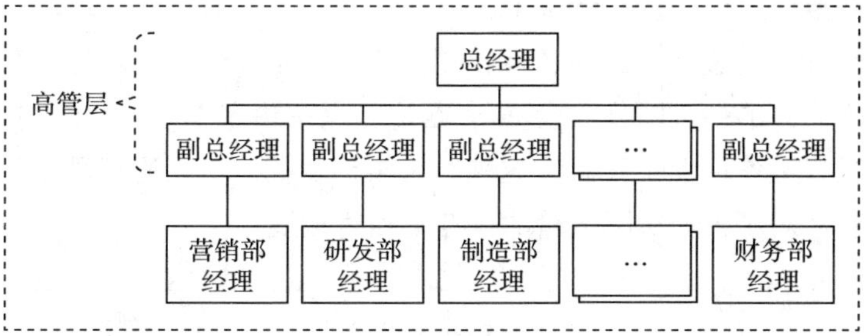

图 4.1　职能部门架构

4.1.2.2　业务单元架构

这种组织架构又称分部式架构，是由不同的业务单元（事业部、区域分部、子公司等）所构成（见图 4.2）。它主要适用于规模较大并开展多元化经营的企业。

其特点是实行分级管理，各业务单元独立核算和自负盈亏；有利于调动各业务单元的积极性，能对市场变化做出快速反应；但各业务单元的职能部门与总部的一部分职能部门会重复设置，资源占用大，且把握集权（总部）与分权（各业务单元）的尺度较难，容易出现为维护自身利益而上下博弈的问题。

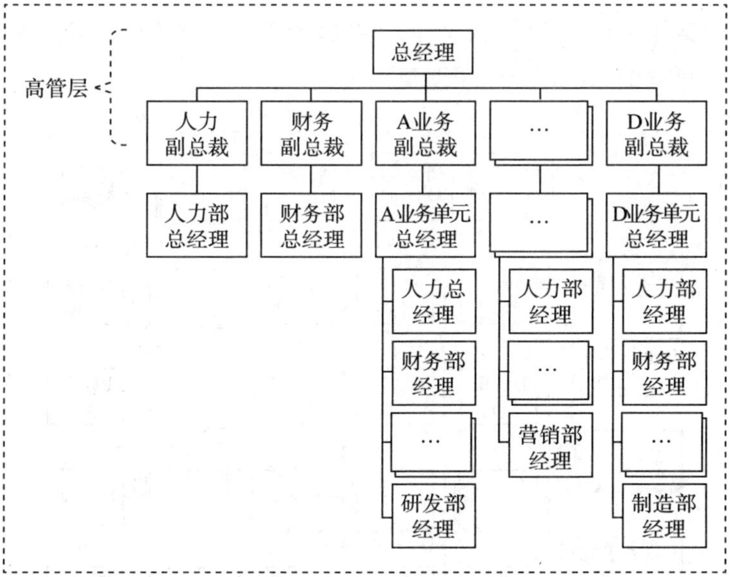

图 4.2　业务单元架构

4.1.2.3　股权管理架构

这种组织架构由母公司和直接控股或参股的子公司构成（见图 4.3）。它主要适用于投资控股类企业。在这种组织架构中，母公司根据持股大小，或采取对子公司董事会决策施加决定性影响、委派子公司高管人员等手段对子公司进行操控，或仅以股东的身份参与子公司董事会决策。

其特点是可以通过产权纽带“以小博大”，实现以相对少量的自有资产控制大量的社会资产的目的；可以分散投资，“西边不亮东边亮”，减小单一投资的风险，同时也便于股权运作；但也正因为这种组织架构发挥的作用通常局限在股权管理层面，所以母公司对子公司实际运营的操控则相对较弱。

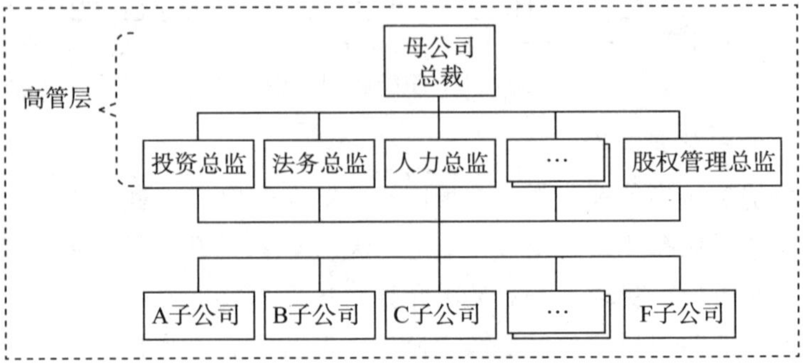

图 4.3　股权管理架构

4.1.2.4　矩阵管理架构

这种组织架构由纵向职能线和横向业务线的交叉矩阵构成（见图 4.4）。它突破了传统的统一指挥的原则，创造了双重指挥链。

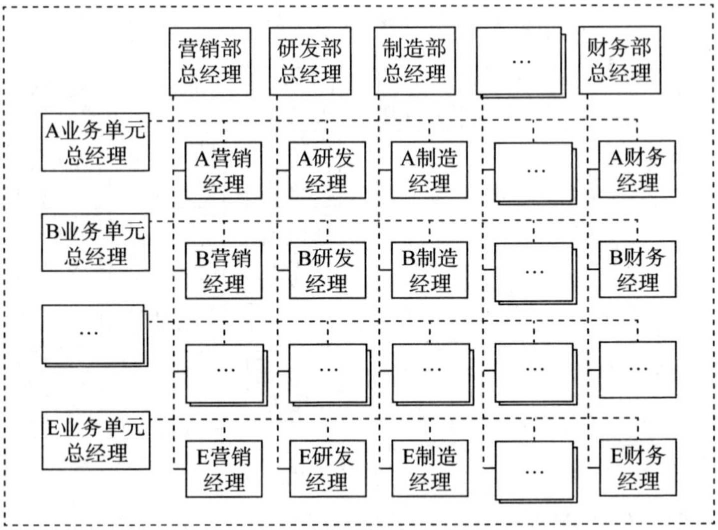

图 4.4　矩阵管理架构——职能线与业务线

其特点是由职能部门统一为业务单元提供各种专业化的职能支持，避免了每一业务单元独自设置职能部门带来的重复设置，减少了资源浪费；缩短业务单元与职能部门之间的信息传递路径，有利于提高包括职能部门在内的公司整体对复杂环境的适应能力，并对市场变化做出快速反应；但双重指挥链让矩阵架构中的每一个人都有两个直接领导，这种下属会听命于两个直接领导的指挥容易造成组织内部的混乱，也大大增加了沟通协调的频次。

当然，也可以根据企业的实际需要，设计其他的矩阵管理架构，常见的如研发部门由基础平台线和产品应用线组成的矩阵管理架构（见图 4.5），以及市场营销部门由客户线和产品线组成的矩阵管理架构（见图 4.6），等等。

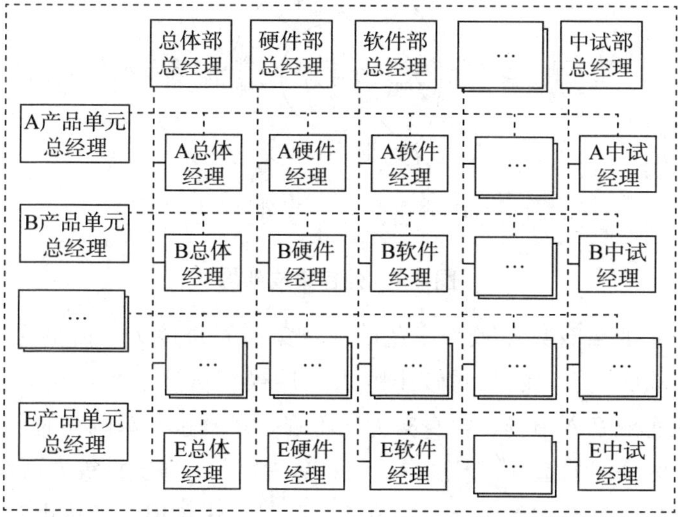

图 4.5　矩阵管理架构——基础平台线与产品应用线

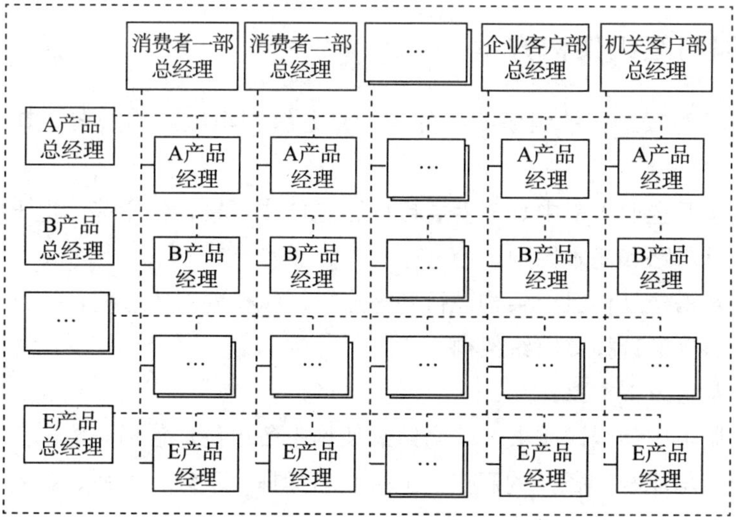

图 4.6　矩阵管理架构——客户线与产品线

4.1.2.5 外包集成架构

这种组织架构主要由一个负责外包集成的部门构成（见图 4.7）。它通过合同契约的方式，将营销、研发、制造等传统企业主要的经营活动，外包给了企业外部的专业公司承担。

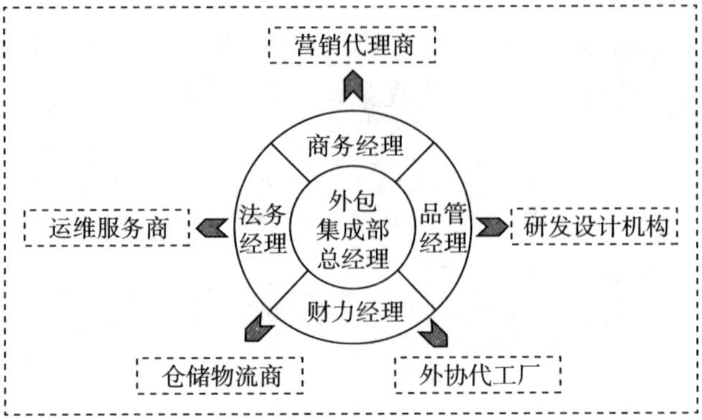

图 4.7 外包集成架构

其特点是企业自身具备较为出色的业务集成管理能力，因而可以实现“小而精”——靠“软实力”，以相对较小的人员规模和资产占用，实现较大的主营业务收入，但在企业初入市场、自身实力还不强、声誉也不够响亮时，不易受到承担外包业务的专业公司的重视，无法在价格、交货期、财务支持等方面获得优惠待遇，可能遇到交货延误甚至被“抛单”的风险；同时，这种组织架构也对企业是否能够洞察市场的潮流变化和及时拿出领先一步的商业模式提出了挑战。

4.1.3 编制组织架构方案

建立一个有效运行的组织架构的第一步是编制组织架构方案。其工作内容和程序如下所述。

一是要按照企业未来中长期发展目标和定位或愿景、使命等，提出搭建何种组织架构的设计思路和基本原则。

二是应对搭建某种组织架构进行利弊分析、纵横向对比分析，论证其是否相对最佳，并最终确定选择该组织架构。

三是绘制组织架构图。

四是编制组织架构说明书，载明组织架构中各单位，包括职能部门、业务单元等的工作职责与职权，各自的汇报（上级）与指挥（下级）关系、配合协作关系和与外界环境的交互关系等事项。

五是在上述相关工作的基础上，编制组织架构方案。该方案中应包括组织架构设计或调整的依据、组织架构图、组织架构说明书等内容。

六是确定组织架构方案的实施计划和相应的甘特图——明确目标、路线图和时间表，以及相应的保障措施等。

七是对组织架构方案（附：实施计划和相应的甘特图），按照管理权限经审批后予以发布、执行。

4.1.4　如何保证组织的有效运行

企业按照组织架构方案，建立了某种组织架构以后，如何保证组织的有效运行就成了管理者需要经常关注的事情。

一是建立和完善保证组织有效运行的制度体系。组织架构是企业的“硬”骨架，而制度体系则是企业的“软”组织。要保证组织有效运行，必须建立和完善相应的制度体系，包括企业的授权管理制度、决策制度、费用管理制度、业绩考核制度、内部控制制度、风险管理制度、效能评价制度等，明确相关的工作内容和工作程序，使组织能够规范、有序、高效地运行。

二是合理配置人力资源。在企业中，目标任务是组织去完成的，而工作是人去干的。组织没有人不行，人配置不合理也不行。因此，要对组织架构方案确定的各单位的工作职责进行分解，设置各单位承担具体工作职责的不同职位，进而进行职位分析，确定不同职位的人员编制和对任职者提出的涉及品行、知识、能力、个性等的任职要求，并将能够履行岗位职责、完成目标任务的人员招募到相应的职位上，使其施展才华、做出贡献，让组织真正活起来、动起来。

4.2　常见问题诊断

4.2.1　组织架构方案先天不足

编制组织架构方案是企业建立某种组织架构的首要环节，但已发布、执行的组织架构方案有时也会出现先天不足的问题。

一是组织架构设计不合理，不符合企业的定位和未来中长期发展目标。譬如，一个定位于股权管理的投资控股公司，却没有设计股权管理部门，子公司董事会拟决策的议案由子公司通过电子邮件直接发给母公司派出的董事，而派出的董事或者只向母公司的主要领导口头汇报一下，或者完全不通气，就单凭自己的意见代替了股东的意见参与子公司董事会的决策，使母公司对子公司的管理变成了母公司派出董事自己的个人事务。长此下去，子公司的发展又怎么可能满足整个投资控股公司的定位和未来中长期发展目标的要求呢？

二是方案不完整，“缺斤少两”。或者绘制了组织架构图，但缺少组织架构说明书；或者虽有组织架构说明书，但说明书过于简单，没有详细说明组织架构中各单位的工作职责，出现了大量的职责重叠或职责遗漏的问题；再者，虽然编制了组织架构方案，但没有编制与组织架构方案配套的实施计划，为组织架构方案发布后的具体执行造成了种种困难。

4.2.2 组织效能下降

组织效能下降是组织运行中最常见的问题。

一是组织架构中各单位，包括职能部门、业务单元等的工作职责与职权不清，彼此推诿扯皮，工作效率低下。

二是汇报和指挥关系出现混乱，不是下级们一头雾水、不知所措，就是上级间互不信任、矛盾重重。

三是内部协作配合不畅，与环境交互关系受阻，沟通协调的成本提高，“众人拾柴火焰高”的日子已一去不复返。

四是审计监督机制或者不健全，或者形同虚设，风险失控、失职渎职事件屡有发生，甚至出现内偷外盗和重大的资产损失。

4.2.3 组织架构不符合战略需要了吗

确保实现自身的未来中长期发展目标，是企业建立某种组织架构的出发点和判断其是否合理的重要标准。

因此，当企业战略发生变化时，管理者就应该认真思考这种组织架构是否已不符合战略需要了？如果是，就应该当机立断，对组织架构进行相应的变革。

在这里，经常可以看到两种截然相反却很有意思的情形：一种是企业战略已发生了变化，而企业的组织架构并未随之进行调整或变革；另一种是企业战略并未发生变化，但最近几年企业的组织架构已变化了多次——原因竟然是这家企业的“头儿”又换了几茬了！

4.3　改进的方法措施

4.3.1　对组织架构方案进行修订

对组织架构方案进行梳理，对方案中设计不合理、不符合企业定位和未来中长期发展目标的地方进行调整、对方案不完整，“缺斤少两”的地方进行补充，包括增补组织架构图或者组织架构说明书，对组织架构说明书予以完善，以及补充与组织架构方案配套的实施计划等。

最后，别忘了对修订后的组织架构方案及实施计划予以发布，以正式开始执行。

4.3.2　对组织架构进行调整

当组织效能下降时，管理者就应该考虑是否需要对组织架构进行调整了。

调整应该采取逆向操作，瞄准问题，哪里有问题就调整哪里。譬如，组织架构中各单位工作职责不清的，就应该对这些工作职责重新划分，对新产生的工作职责由哪一单位来承担予以明确界定；管理层级过多的就压缩管理层级，管理跨度过大的就减小管理跨度；内部协作配合不畅的，就应该简化管理程序，出台内部协作配合的激励措施；未设置审计监督部门的，要尽快建立；风险失控、失职渎职的，要建立风险防范机制和责任追究制度，加大追责的力度，给内偷外盗、造成资产损失者以震慑。

4.3.3　对组织架构进行变革

当企业战略发生变化时，管理者就应该首先考虑是否需要对组织架构进行变革了。

说到变革，并不是要砸碎一切旧的，建立完全新的。那样震动巨大，往往也不符合企业实际。依据自己的管理实践，我建议可采取渐进式，分步但有计划地推进组织架构的变革。

一是查找问题，发现变化后的企业战略与现有组织架构不相符合的问题点，并对主要问题和次要问题、不易解决的复杂问题和容易解决的简单问题加以判别和划分。

二是编制组织架构变革方案，包括按照变化后的企业定位和未来中长期发展目标，提出搭建何种新的组织架构的设想；按照建立组织架构的基本原则，对搭建某种新的组织架构进行利弊分析、纵横向对比分析，论证其是否相对最佳，并最终确定选择该新的组织架构；绘制新的组织架构图；编制新的组织架构说明书，载明组织架构中各单位，包括职能部门、业务单元等的工作职责与职权，各自的汇报和指挥关系、配合协作关系和与外界环境的交互关系等事项，并最终形成完整的组织架构变革方案。

三是确定组织架构变革方案的实施计划，包括明确目标、路线图和时间表，以及相应的保障措施。注意在计划实施步骤上，要优先安排那些主要而容易解决的简单的组织架构变革问题，最后安排那些次要且不易解决的复杂的组织架构变革问题。同时，在实施计划中，要对组织架构变革带来震动和利益损失较大的群体，做出预先的工作安排或费用补偿计划。

四是对组织架构变革方案（附：实施计划）予以发布、执行。在执行前，要进行广泛的正向宣传，开展大量的沟通协调工作，以得到组织上下的普遍认同。

4.4 参考资料：某企业组织架构方案

4.4.1 组织架构调整、设置的依据

一是经公司第二届董事会第九次会议审议、确定的公司愿景——“成为生产、销售燃气灶具、燃气热水器等家用燃气机具及相关零配件的区域性著名企业”，以及公司的使命——“燃情温暖千万家”。

二是经公司第二届董事会第十一次会议审议、批准的公司未来十年（2016—2025年）的中长期发展战略。

4.4.2 公司组织架构设置的原则

一是统一指挥。

二是精简高效。

三是实行专业化分工与协作。

四是确保监督与风险可控。

4.4.3 新的组织架构

拟对原有的公司办公室、党群办公室、人事科、计划调度科、财务科、技术部、研究室、营销科、供应科、运输科、检测中心、设备科、动力科等十三个职能科室和一车间、二车间等两个生产车间进行调整和撤并，设置综合管理部、人力资源部、财务部、技术质量部、设备动力部、采购部、仓储部等七个职能部门和燃气灶具（含燃气烤箱等产品）事业部、燃气热水器（含燃气采暖壁挂炉等产品）事业部等两个业务部门。

4.4.4　组织架构图

组织架构图如图 4.8 所示。

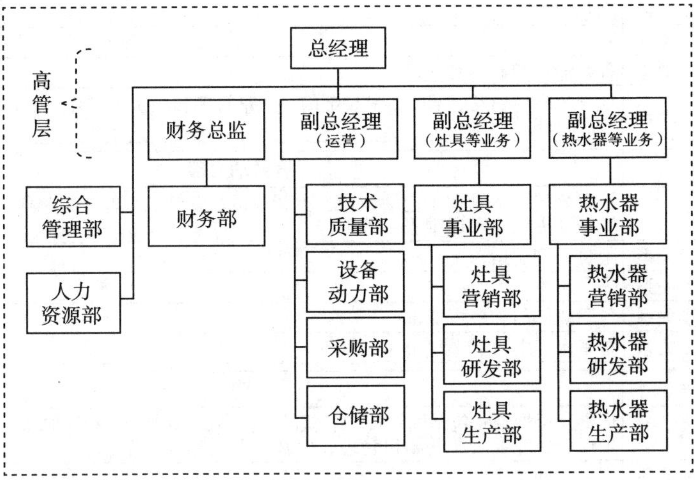

图 4.8　组织架构图

4.4.5　组织架构说明书

组织架构说明书见表 4.1。

表 4.1　组织架构说明书

部门名称	综合管理部
工作职责/任务	负责公司高管层（董事会）秘书事务、基本规章制度建设、合同法律评审及法律诉讼、文件收发和档案管理、党群事务、行政后勤、协调公司内外部关系等工作
汇报（上级）关系	公司总经理
指挥（下级）关系	—
内部配合协作关系	各职能部门和各事业部
外部环境交互关系	地方政府部门和党群部门、行业协会、重要合作伙伴等
部门名称	人力资源部
工作职责/任务	负责公司组织机构设置、人力资源制度建设、干部和员工管理（包括招聘、劳动合同、职位、薪酬、福利、考核、奖励、培训）等工作
汇报（上级）关系	公司总经理
指挥（下级）关系	—
内部配合协作关系	各职能部门和各事业部
外部环境交互关系	地方政府人社部门和党群部门、人力资源服务企业、猎头等
部门名称	财务部
工作职责/任务	负责公司财务制度建设、预算、核算、决算、分配、税务、合同财务评审、资产管理、资金管理等工作
汇报（上级）关系	财务总监
指挥（下级）关系	—
内部配合协作关系	各职能部门和各事业部
外部环境交互关系	地方政府税务部门、商业银行、非银行金融机构、重要的商业伙伴等

续表

部门名称	技术质量部
工作职责/任务	负责公司研发项目管理（包括规划、立项、验收等）、知识产权管理、质量管理体系建设和运维，原材料、元器件、在产品、产成品的质量检验等工作
汇报（上级）关系	副总经理（运营）
指挥（下级）关系	—
内部配合协作关系	各职能部门和各事业部
外部环境交互关系	地方政府计划发展部门、科技部门，质量管理和知识产权管理中介机构，行业学会、科研院所等

部门名称	设备动力部
工作职责/任务	负责公司设备管理（包括购置、更新改造、安装、大修、维修等），水、电、燃气等动力供应和运维服务等工作
汇报（上级）关系	副总经理（运营）
指挥（下级）关系	—
内部配合协作关系	各职能部门和各事业部
外部环境交互关系	自来水、电力、燃气公司等

部门名称	采购部
工作职责/任务	负责公司物资（包括固定资产、低值易耗品、原材料、零部件等）和服务的集中采购、供应商资源的归口管理，以及采购运输等工作
汇报（上级）关系	副总经理（运营）
指挥（下级）关系	—
内部配合协作关系	各职能部门和各事业部
外部环境交互关系	供应商等

部门名称	仓储部
工作职责/任务	负责公司物资（包括周转或闲置的固定资产、低值易耗品、原材料、零部件、半成品、产成品等）的仓储管理等工作
汇报（上级）关系	副总经理（运营）
指挥（下级）关系	—
内部配合协作关系	各职能部门和各事业部
外部环境交互关系	—

部门名称	灶具事业部
工作职责/任务	负责公司燃气灶具（含燃气烤箱等）产品的市场营销、发运、售后服务，新产品研发项目实施和技术工艺革新，产品加工制造等工作
汇报（上级）关系	副总经理（灶具等业务）
指挥（下级）关系	灶具营销部、灶具研发部、灶具生产部
内部配合协作关系	各职能部门和各事业部
外部环境交互关系	批发商、零售商、消费者，外协加工单位等

部门名称	热水器事业部
工作职责/任务	负责公司燃气热水器（含燃气采暖壁挂炉等）产品的市场营销、发运、售后服务，新产品研发项目实施和技术工艺革新，产品加工制造等工作
汇报（上级）关系	副总经理（热水器等业务）
指挥（下级）关系	热水器营销部、热水器研发部、热水器生产部
内部配合协作关系	各职能部门和各事业部
外部环境交互关系	批发商、零售商、消费者，外协加工单位等

第5章

行政管理

5.1 主要内容

5.1.1 行政，那些关乎决策与执行的事

几乎所有的企业在进行组织架构设置时，都会设置一个负责企业日常行政管理的部门，常用的称谓是办公室，或综合部、行政部等。这个部门通常要承担诸如公文、印章、会议、档案管理，以及外联公关、信息披露、舆情控制等大量的行政事务。

首先，这些行政事务是为了保证企业具备基本的工作秩序并按照这些工作秩序正常运行，不至于因这些基本的工作秩序缺失而使企业陷入混乱不堪的境地；其次——虽然是其次，却更为重要，这些行政事务是为了保证企业能够进行科学的高层决策和使这些决策能够得以有效执行。

对任一事物，譬如解决企业的某一问题或完成企业的某一工作，只要有两种或两种以上的多个方案，就需要进行分析、比较，做出某种选择的结论，即进行决策。同样，一旦做出了某种决策，就希望该决策能够得到执行，并产生与决策结论一致或基本一致的结果。

但科学决策和有效执行决策，是需要行政来保证的。譬如，制订决策制度，确定决策程序，准备决策资料，印发决策文件，跟踪决策执行情况，对决策执行结果向决策机构进行反馈、报告等。

因此，作为管理者，必须了解且最好掌握行政的那些关乎决策与执行的事。

5.1.2 办公室事务

办公室事务通常包括公文、印章、会议和档案管理，以及外联公关、信息披露、舆情控制等。

5.1.2.1 公文

公文，又称公务文件，是企业在经营、管理活动中按照特定的体式、经过一定的处理程序形成和使用的公务文书，是企业请示和答复问题、报告情况和交流经验、布置和商洽工作，甚至传达政令政策的重要工具。

（1）公文划分及种类

公文通常划分为正式公文和非正式公文两类。

第一类是正式公文。

正式公文是使用范围可以覆盖企业内外、有规范格式，且使用文头和印章的公文。其中，有规范格式指按照国家《党政机关公文格式》GB/T 9704—2012 执行；使用文头和印章指内资企业一般使用套红文头和红色印章，外资或合资企业一般使用蓝色文头和蓝色印章。

正式公文主要分为以下几种。

一是决定，适用于对企业的重要事项做出安排部署、奖惩有关单位及人员、变更或撤销下级单位不适当的决定等。

二是通知，适用于发布企业规章制度、任免人员、转发上级单位和无隶属关系单位的公文、批转下级单位的公文、要求下级单位办理和需要有关单位周知或者执行的事项等。

三是通报，适用于表彰先进、批评错误、传达重要精神或者重要情况等。

四是请示，适用于向上级单位请求指示或请求批准。

五是报告，适用于向上级单位汇报工作、反映情况，或答复上级单位的询问等。

六是批复，适用于对下级单位请示事项的答复。

七是函，适用于无隶属关系单位之间商洽工作、询问和答复问题。

第二类非正式公文。

非正式公文是使用范围只覆盖企业内部、有企业特定格式，可以使用文头但一般不使用印章的公文。

非正式公文的种类主要分为以下几种。

一是会议纪要，适用于记载、传达会议情况和议定的事项，包括总经理办公会会议纪要、专题办公会会议纪要等。

二是会议决议，适用于会议审议、通过的重大决策事项，包括董事会会议决议、总经理办公会会议决议等。

三是签报，指企业内部的请示、报告等。

（2）公文形成与使用程序

正式公文和非正式公文的形成与使用程序有所不同。

正式公文的形成程序包括草拟、会签、审批、核稿、印制纸质文档或生成电子文档、用印、分发等环节；其使用程序包括签收、分办、审批、分送、阅办，以及阅办结束后的立卷、归档等环节。

非正式公文的形成程序与正式公文的形成程序相比，一般没有核稿和用印环节，而只有草拟、会签、审批、印制纸质文档或生成电子文档、分发等环节；其使用程序与正式公文的使用程序相比也更为简单，不再有签收、分办、审批、分送环节，而只有阅办，以及阅办结束后的立卷、归档等环节。

5.1.2.2　印章

企业印章是企业权力的标志，也是企业合法履行经营、管理职能的特殊象征。

企业印章通常分为实物印章和电子印章。企业印章主要有企业公章（即企业法定名称章）、财务专用章、发票专用章、合同专用章、报关章和其他业务专用章，职能部门和业务单元公章，以及企业法人代表印鉴、总经理印鉴等。

企业新刻、更名后新刻，或遗失补刻各类实物印章，需依据所在地公安机关的具体规定，持相关申请材料到该公安机关办理审批手续，经批准后到该公安机关核准的制章单位进行刻制。

企业制作电子印章，应依照实物印章的印模，利用合规的电子印章生成器进行制作，并存储于 USB 秘钥、IC 卡或指纹仪等电子信息载体之中。

使用企业印章，需经过内部用印的申请和批准手续后，方可在企业及各职能部门和业务单元的正式公文，或协议、合同、授权委托书、申报材料、审批材料、证明材料、财务报告、报表、证书、奖状、介绍信、请柬、便签等纸质或电子的文字或音像材料上用印。

对企业的各种印章，无论是实物印章还是电子印章，都需要安排专人进行保管，并落实具体的管理责任。

5.1.2.3　会议

会议是企业安排多人参加的，分析、研究、审议、决策有关事项的集会。其特点是有组织、有计划，有主持人、出席人和列席人，有相关议题和议案材料，并可以根据需要在会后形成会议纪要和会议决议等。

（1）会议形式与种类

企业常见的会议形式有现场会议、电话会议、视频会议、通信会议等。

企业常见的会议种类有股东会或股东大会、董事会和总经理办公会议，以及监事会（按照《公司法》的相关规定，某些类型的公司也可不设监事会）和各种专题会议——中层干部会、市场分析会、研发项目协调会、生产调度会、预算与决算会议、年度工作会议等。

不同的会议具有不同的会议议题。

对股东会或股东大会会议，主要有以下议题。

一是选举和更换由非职工代表担任的董事、监事，决定有关董事、监事的报酬事项，组成董事会、监事会；审议批准董事会和监事会工作报告。

二是审议批准年度财务预算方案、决算方案、利润分配方案和弥补亏损方案；审议批准投资计划、在一年内购买或出售资产超过公司最近一期经审计总资产一定比例的事项。

三是审议批准股权激励计划、《公司章程》修订案，对公司增加或者减少注册资本、发行债券和对外担保，对公司合并、分立、解散、清算或者变更公司形式，以及对聘用、解聘会计师事务所做出决议。

四是审议批准依照法律、行政法规、部门规章或《公司章程》规定应当由股东会或股东大会决定的其他事项。

对董事会会议，主要有以下议题。

一是选举产生董事长和副董事长。

二是审议批准董事会工作报告的建议，召集并向股东会或股东大会报告工作。

三是审议批准年度财务预算方案、决算方案、利润分配方案和弥补亏损方案的建议；审议批准投资计划的建议；在股东大会授权范围内，审议批准公司对外投资、出售或抵押资产、发行债券、对外担保、关联交易等事项。

四是审议批准《公司章程》修改草案的建议；审议批准公司增加或者减少注册资本方案的建议，重大资产收购或者公司合并、分立、解散及变更公司形式方案的建议，以及聘请或更换会计师事务所的建议。

五是聘任或者解聘总经理、董事会秘书，并根据总经理的提名，聘任或者解聘副总经理、财务负责人等高级管理人员，决定其报酬事项和奖惩事项；听取总经理的工作汇报并检查经营管理层的工作。

六是审议批准公司内部机构的设置和公司的基本管理制度、公司重大信息披露事项。

七是审议批准法律、行政法规、部门规章或《公司章程》规定应当由董事会决定的其他事项。

对总经理办公会，主要有以下议题。

一是研究公司年度预算、决算、投资计划和公司内部机构设置、基本管理制度等重大议题，报董事会审议批准。

二是研究、确定对董事会有关决议的执行计划。

三是研究、确定在预算范围内的市场营销、研发、生产运营和人力资源管理、财务管理等经营、管理事项。

四是研究、确定除由董事会确定的公司基本管理制度以外的公司其他的规章制度，研究、确定除由董事会聘任或者解聘以外的公司中高级管理人员的聘任或者解聘。

（2）会议的组织程序

对某些已成为例会的会议，如总经理办公会，以及中层干部会、研发项目协调会、生产调度会等，应按照企业会议制度确定的组织程序召集、举行。

对其他的会议，如股东会或股东大会、董事会会议，以及市场分析会、预算与决算会议、年度工作会议等的组织程序可以分为会前筹备、会中服务或配合、会后跟踪落实等三个环节。

在会前筹备环节，一是编制会议计划：确定会议的形式是现场会议还是其他形式，会议的时间、地点、参会和列席人员范围和主要的议题等。其中，对已纳入年度预算的应列明预算出处，对未纳入年度预算的应单独编制专项预算，并与会议计划一同报批；二是在会议计划经批准后，发出会议预通知——此环节根据实际情况，也可能省略；三是编制完成会议议案材料、会议日程、会议主持稿等，并发出会议正式通知。

在会中服务环节，要明确会议纪律，并按照会议计划做好与会人员的迎来送往、食宿和会议室安排、会议文件发放等服务、配合工作。

在会后跟踪落实环节，要根据会议安排，整理会议文件并下发与会单位，还应通过电话、邮件、现场检查等方式对会议精神和会议要求的贯彻情况进行跟踪落实。

5.1.2.4　档案

档案是企业在经营、管理活动中直接形成且按企业档案管理制度集中保管的、以多种形式存在的各种原始记录，是企业从事经营、管理行为的佐证材料，是企业具有保存价值的无形资产的组成部分，既可以为现时也可以为未来的经营管理工作服务。

（1）档案分类

档案依据不同的划分标准，可以划分为以下几种类型。

一是按照其内容性质的不同，可以分为购销合同档案、技术档案、生产运营档案、人事档案、财务档案等；也可以分为文书档案和非文书档案，前者如各类公文，后者如各类报表、合同、协议、单据、证照等。

二是按照其表现形式的不同，可以分为文字档案和非文字档案，如照片、音频、视频，以及各种实物材料等。

三是按照其记录载体的不同，可以分为纸质档案和电子档案。

四是按照其保存时间的不同，可以分为15年及以下的短期档案、16～50年的长期档案、永久档案等。

五是按照其保密等级，可以分为保密档案和非保密档案，并实行不同的管理方式与手段。

（2）档案形成

档案形成应该按照企业档案管理制度，做到真实、准确。即某一经营、管理活动的原始记录确实存在，且的确与该经营、管理活动密切相关。

档案形成的工作程序是：由某一经营、管理活动相关的项目承办人负责对在该经营、管理活动中形成的各种原始记录进行收集、整理和立卷，经项目负责人和职能部门或业务单元领导签字后，集中在每年一定时间内向档案室移交。

收集是将暂时在企业档案室保管的企业收文和发文、已签署的协议合同、重要的请示及批复原件，以及临时在项目相关人员处保管的其他的原始记录等收集在一起。

整理是对收集到的某一经营、管理活动的原始记录进行筛选，剔除与其完全不相关或基本不相关的原始记录，而保留与其密切相关的原始记录。

立卷是将整理后的某一经营、管理活动密切相关的原始记录，按照其发生的时间顺序放置在档案盒内或装订在一个档案卷宗里，并附上原始记录清单，填写档案编号。

（3）档案归档

按照企业档案管理制度，档案归档应该及时、完整。

所谓及时，一是对企业印发的公文，应在完成文印后立即送企业档案室暂时保管；二是企业收到的公文应在阅办结束后的当年内立卷、归档；三是个人收到的公文，应在收到的当日送交办公室进行统一签收和分办；四是有关投资、采购和销售合同、协议及重要批复等应在签署后五个工作日内将正本送企业档案室暂时保管；五是企业已形成的上一年的所有档案，应在次年的一季度或上半年内向企业档案室移交、归档。

所谓完整，一是应将企业自身已形成的全部档案进行归档；二是应将由合资合同、合作协议等明确由企业最终归档的、已中止或到期解散的被投资公司、合作机构等的全部档案向企业进行移交、归档。

在档案归档时，企业档案室必须对档案认真验收，并填写《档案归档登记表》。

（4）档案保存

档案保存的关键是安全和保密。

在安全上，一是保存档案的库房和设施应具备良好的卫生环境和防盗、防火、防晒、防潮、防尘、防污和防有害生物侵蚀等条件；二是档案库房、阅览室等应分设；三是档案管理人员应定期对档案贮存情况进行检查，填写档案检查记录，对保管过程中出现的安全隐患问题及时予以处置；四是要严格履行借阅审批程序，并对借阅档案进行记录，防止在借阅档案时发生拆页、抽页、涂改、剪裁、撕毁、污染和丢失问题。

在保密上，应严格执行保密纪律，加强对机密、秘密档案的管理，保守档案秘密。

（5）档案利用

档案利用的关键是便捷和价值挖掘。

在便捷上，一是要按照《档案法》和企业档案管理制度等定期对库存档案组织鉴定，并对鉴定后应该销毁的库存档案及时予以销毁，减少不必要的档案库存量，以提高档案查询和利用效率；二是档案库房应设有专门存放各类档案载体的档案柜，做到分类摆放，合理排列，并定期进行库存档案的清理和盘点工作，做到总目录与分目录、分目录与子目录、子目录与库存档案相符，以便于查询和利用。

在价值挖掘上，档案管理人员要不断探索档案资源开发利用的形式，积极对档案信息进行加工整理，汇编、撰写参考资料，为企业市场营销、产品研发、生产运营、投资决策等提供良好的服务。

5.1.3　决策

人们几乎总在不经意地进行着各种各样的“决策”，譬如早上想几点起来？中午该吃什么？晚上去影院吗？和小朋友应该怎样谈心？回父母家是带盒糕点还是带些水果？显然，这种司空见惯、我们并无意识就做出的所谓“决策”，并不属于本书要讨论的范畴。

5.1.3.1　决策是什么

决策是什么？正如 5.1.1 节提及，“对任一事物，譬如解决企业的某一问题或完成企业的某一工作，只要有两种或两种以上的多个方案，就需要进行分析、比较，做出某种选择的结论，即进行决策”。因此，决策既是一种对多方案进行分析、比较和选择的行为，又是一个对多方案进行分析、比较和选择的过程。

决策通常都具有一定的复杂性，是经过对多方案的认真分析，在反复比较不同方案可能导致的最终结果优劣的情况下做出的慎重选择。这种决策的复杂性，与最终决策结果的显著性和风险性成正比。由此才有所谓“重大决策”“高风险决策”等说法——对这样的决策，往往需要利用多种决策分析方法，组织多人一同参与，花费更多的时间和精力进行反复研究、做出判断。

同时，需要指出的是，即便群策群力、抽丝剥茧地做出了某一决策，其最终结果也具有一定的偶然性。假定抛开决策是否执行到位的问题不谈，一个好的决策也可能带来不好的结果——因为环境因素往往不可控，当初决策的依据变了；反之，一个不好的决策也可能带来好的结果——但这种好的结果往往只是一种机缘巧合，就像某种游戏里的扔钱币或掷骰子，与决策无关，只与运气有关。尽管如此，从原理上讲还是好的决策带来好的结果的可能性要大得多。

因此，作为管理者，不能不重视决策。

5.1.3.2 决策分析方法

常用的决策分析方法，一是如 3.1.4 节所述的三种定性的战略分析方法——SWOT 分析、波士顿矩阵分析和波特五力模型分析等；二是将在本书后面的章节中讨论的若干定量分析方法——净现值法、现值指数法、内部收益率法、投资回收期法、会计收益率法等；三是会在这里重点讨论的决策树 (Decision Tree) 分析和由其构成的决策分析模型方法等。

（1）决策树分析

进行决策树分析，首先要绘制决策树。

企业可把供决策选择的每一个方案画成一个树枝，并在该树枝上标注该备选方案的计划投入量、预计产出量和该产出可能出现的概率，以此类推，由初次选择的树干延伸至最后选择的树梢，从而绘制成由所有备选方案组成的一棵大树的图样（见图 5.1）。

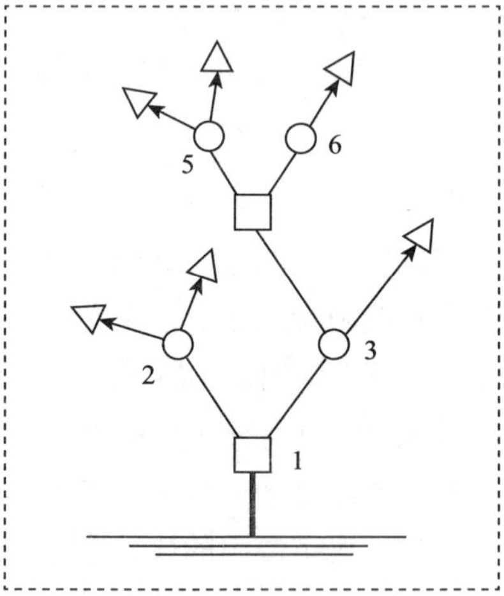

图 5.1 决策树

在该图表中，□是决策点，即进行方案选择的点；○是方案点；△是结果点，可以在其旁标注某一方案的计划投入量、预计产出量和该产出可能出现的概率；

→是从方案点引出到结果点的箭头连线，为“概率枝”，某一方案点所有概率枝的概率之和应为 1。

接下来，是利用绘制好的决策树进行决策分析。

这是从决策树上找出预计产出量与该产出可能出现概率的乘积、与计划投入量之间正偏差最大的那一树枝所对应的方案，为最终决策方案的过程。

譬如，某公司为开拓国际市场，拟在海外投资设立若干代表处。经市场预测，出现销售很好的概率为 0.7，出现销售不好的概率为 0.3。决策的备选方案有 4 个：方案 1 是在海外同时设立 10 个代表处，需投资 6000 万元，期限 10 年，如销售很好每年可盈利 1000 万元，如销售不好每年将亏损 260 万元；方案 2 是在海外先设立 3 个代表处，需投资 2000 万元，期限 10 年，如销售很好每年可盈利 265 万元，如销售不好每年也可赢利 60 万元；方案 3 是在方案 2 的基础上，如销售很好，3 年后再增加投资设立其余的 7 个代表处，需增资 4200 万元，期限 7 年，增资后每年可新增盈利 700 万元；方案 4 是在方案 2 的基础上，即使销售很好，3 年后也不再增加投资 4200 万元去设立其余的 7 个代表处，即维持方案 2 不变。

相应的决策树分析如图 5.2 所示。

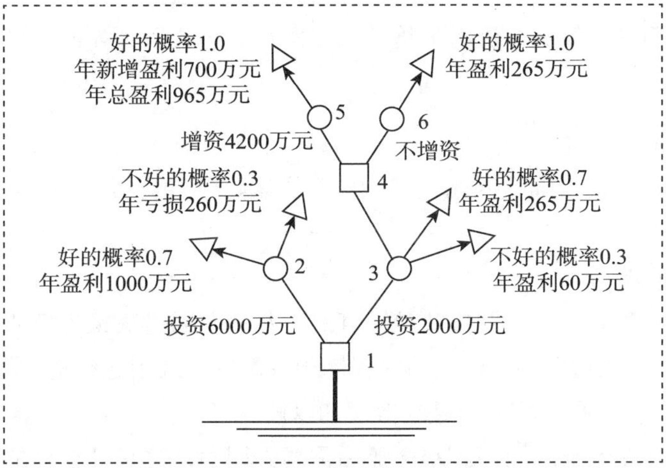

图 5.2　决策树分析实例

假定此时不考虑资金的时间价值——对此将在本书后面的章节中讨论。

方案点○ 2 即方案 1 的投入产出结果 =（0.7×1000×10）+[0.3×（−260）×10]−6000= 7000−780−6000 = 220（万元）

方案点○ 3 即方案 2 的投入产出结果 =（0.7×265×10）+（0.3×60×10）−2000= 1855+180−2000=35（万元）

方案点○ 5 即方案 3 的投入产出结果 =[1.0×（265+700）×7]-4200= 6755-4200= 2555（万元）

方案点○ 6 即方案 4 的投入产出结果 =1.0×265×7=1855（万元）

因此，在决策点□ 4，由于方案 3 与方案 4 相比，其投入产出结果更佳，因此放弃方案 4，而选择方案 3。

再推至决策点□ 1，由于方案 1 与方案 2 相比，其投入产出结果更佳，因此本应选择方案 1，但考虑在方案 2 的基础上通过增资方式形成的方案 3 与方案 1 相比，其投入产出结果更佳，因此最终该公司在开拓国际市场时放弃方案 1，而选择了方案 3，即选择了先在海外投资设立 3 个代表处，如销售很好，3 年后再增加投资设立其余的 7 个代表处的方案。

（2）决策分析模型

决策分析模型是由“决策树”构成的、涉及众多的层次和备选方案的一个相对复杂，甚至十分浩繁的决策分析架构。

由于决策分析模型的复杂程度通常较高，所以其往往需要计算机信息化系统提供相关的运算支持。但尽管如此，其建模的逻辑运算关系与上述的决策树分析的原理基本一致。作为管理者，除非要亲自参与具体的建模工作，否则只需要对其有所了解，能够使用其计算结果进行最终的决策即可。也正因为如此，这里就不再对其做具体讨论了。

5.1.3.3 决策过程

决策过程一般分为确认问题、编制备选方案、选择方案（进行决策）、对方案进行验证等环节。

（1）确认问题

启动任一决策前，首先要搞清楚：真的存在需要通过决策来解决的问题吗？这样的问题是否无足轻重，可以通过简易程序予以解决？或者这样的问题是否已经“有章可循”，完全可以通过既往的经验做法加以解决？

如果的确存在这样的问题，那么随后需要弄明白：这是什么样的问题？是哪一业务或管理领域的？会造成什么后果？为什么会出现？会在何时何地以什么方式发生？左右其变化或限制其发生的因素是什么？这很像我们已在 1.1.3 节中提及的“在企业中启动一项工作，乃至于在做任一件事情之前，先搞清楚‘3W1H’是至关重要的”一样。

（2）编制备选方案

一是罗列出备选方案。要注意：备选方案应该由问题而生，而不能“文不对题”，偏离方向；备选方案多比少好，但也不是“多多益善”，需要进行择优筛选；备选方案之间应具备投入条件和产出结果等的可比性，不能“风马牛不相及”，否则就无法达到从中做出正确选择的目的。

二是编制备选方案。首先要对备选方案的内外部影响因素进行分析，包括对内部的人、财、物、管理水平等因素和对外部市场、技术、环保、政策法律、竞争对手等因素进行分析等；其次要对备选方案进行优劣评价，做出经济效益和社会效益分析对比的结论。

同时，编制备选方案可以依靠个人经验或集体智慧，也可以向他人学习求教，或采取委托外部专业机构进行编制等方式。

（3）选择方案（进行决策）

选择方案（进行决策）就是利用决策分析方法，对备选方案进行分析、说明和阐述，对备选方案开展质询和论证，进行会议票决，或在听取他人意见后由决策承担者独自做出决定等。

（4）对方案进行验证

对方案进行验证包括进行计算机模拟测试或小范围的真实测试，也可以在实施中验证，或通过实施后评价进行验证等。当然，该环节可视企业实际和该决策事项的具体情况，安排或不安排。

5.1.3.4　个人决策与集体决策

企业决策主要有两种形式，一种是个人决策，另一种是集体决策。前者往往是一些普通的、局部的、常规的、简易的决策，多见于企业的中低层面；后者则往往是一些重要的、全局的、特殊的、复杂的决策，多见于企业的中高层面。

（1）个人决策

顾名思义，个人决策就是由企业组织中的个人，按照个人的学识、能力和个人意志等进行选择、独自做出的决策。

个人决策的长处，一是对问题和备选方案的感知更直接、更敏感，决策者容易透过问题的表面现象去把握问题的本质：二是决策的速度更快、效率更高，也不易受到决策时间、地点等因素的影响；三是责权利三者统一且风险自担，有助于决策者毫不犹豫地做出果敢的决定。

个人决策的不足之处主要是受限于决策者的学识、能力和个人意志等，或者因决策者循规蹈矩、畏缩不前，而错失果断、合理的决策良机，或者因决策者刚愎自用、固执己见，而做出武断、错误的决策等。

个人决策包括上述决策过程的各个环节，但在实际的个人决策中通常会有所简化，甚至会完全忽略其中的某些环节。

（2）集体决策

集体决策则是由企业组织中两人或两人以上的群体，按照集体的智慧、集体的力量和集体的意志等进行选择、共同做出的决策。

与个人决策相比，集体决策的长处在于：一是由于依靠了集体的智慧、集体的力量和集体的意志，从而提高了决策结果的合理性和正确率；二是能够集思广益，甚至集中了不同领域专家的知识、经验等，从而避免了片面性，使决策意见更为周全，能够胜任相对特殊和更为复杂的决策问题；三是因其拥有更大的参与性，易于调动组织成员的积极性，从而增强了决策方案的可接受性和决策后对决策方案的实际执行力。

与个人决策相比，集体决策的不足之处在于：一是因参与者相对较多，对备选方案进行说明、阐述、质询、论证等往往耗费较多的时间和精力，可能招致其决策的速度更慢、效率更低，甚至会贻误稍纵即逝的商战机会；二是在集体决策中，有时或出现少数人控制的现象，使集体决策“形同虚设”，实际是“一言堂”“个人说了算”；或参与者受到从众压力的影响，不想成为“异族”，只喜欢附和他人或一味地同意前人意见，导致决策变成了结论自然趋同的一种形式，那些真正合理的决策方案可能“胎死腹中”，而未成为最终的选择方案。

集体决策也包括上述的决策过程的各个环节。

除此而外，为规避集体决策存在的不足，企业还可以遵守以下一些程序原则。

一是对重大决策或高风险决策，决策会议应以现场方式进行，且应由会议主席本人担任主持人。

二是会议主席可以在会前分别征询决策参与者的意见，但不宜表明自己的带有倾向性或结论性的意见。

三是决策参与者应该为奇数，且最好为 5 ～ 7 人。奇数是为了避免票决时出现平局。最好 5 ～ 7 人是因为人数太少，很容易出现“寡不敌众”，不同意见的方案可能被轻易否决；而人数太多，“七嘴八舌”的，又影响了决策的速度和效率。

四是提交决策会议审议的多个备选方案的顺序应由抽签决定，且应在全部的备选方案都已进行说明、阐述后再安排统一的质询、论证。

五是质询、论证的发言顺序应按决策参与者的职位高低倒排，即职位越低的越先发言，而会议主席则应最后发言。

六是票决，最好是依照投票、开票方式。如果是举手表决的，会议主席应最后举手，而其他参与者则应同时举手。

同时，为规避集体决策存在的不足，还可以采取以下一些方法。

一是头脑风暴法，即召开创造性、发散性思维的决策会议，备选方案可以是“星星点点”“支离破碎”，也可以完全没有备选方案；对决策参与者的质询、论证发言，要求不重复、不质疑、不反驳，只可以进行补充。该决策方法通常适用于初次决策，而不适用于最终决策。

二是专家意见法，又称德尔菲法（德尔菲是希腊的一个地名，德尔菲的阿波罗神殿为预卜未来的神谕之地。因此，这种决策方法以“德尔菲”命名）。该方法由美国的兰德公司 (RAND Corporation) 于 20 世纪 40 年代在总结他人观点的基础上形成。其要求专家，即决策参与者之间不进行横向互动，只与工作人员发生关系；专家独立思考，匿名填写调查问卷；经工作人员统计，将汇总意见反馈给专家后，由专家再次独立思考，匿名填写调查问卷；以此反复几轮，最终形成专家基本一致的意见。其优点是决策参与者彼此不受干扰、具有广泛的代表性，较为可靠；缺点是可能因多次填写调查问卷而耗时较长。

三是电子会议决策法，即将决策参与者的意见分别形成统一格式的电子文档，然后由工作人员以匿名方式将其投影到决策会议的电子屏幕上，再由决策参与者最终选择某一最佳方案。其优点是彼此不受干扰、会议时间较短；缺点是互动性差。

四是名义集体决策法，即先由决策参与者进行个人决策，分别发表自己的意见并记录在案，然后再召开决策会议进行质询、论证，最终选择某一最佳方案。在决策会议上，决策参与者可以放弃自己原先个人决策时的意见，但应说明放弃的理由。其优点是可以召开决策会议进行表决，但不会限制、影响决策参与者的独立思考和充分发表个人意见的机会。

5.1.3.5　决策结果

对备选方案进行决策的结果通常有以下三种可能。

一是批准、选择了某一备选方案，决策阶段结束。随后，将由决策阶段转入执行阶段。

二是在对某一或某一些备选方案进行修改、完善后，再一次进行决策。

三是否决了所有的备选方案。接下来的情形，或者是就此问题提出新的备选方案，以供再次决策；或者是不再围绕此问题进行决策，即该问题的决策被无限期搁置了。

对这样的决策结果，管理者会喜欢哪一种呢？反正我喜欢第一种——因为先不管决策结果实际执行怎样，但至少从决策效率上讲第一种是最好的。

5.1.3.6　决策执行的监督

对某一问题的解决，重在决策，也重在执行。而执行，即便是所谓的“自动执行”，也需要监督。

这种监督工作通常由企业负责日常行政事务的办公室承担。

一是通过面对面交流、电话或邮件询问、现场或发文调查等方式跟踪决策的执行情况。

二是对执行良好的予以肯定、表彰，对尚未执行或执行缓慢的予以提示、督促，对执行出现偏差的予以批评、指正，对执行中需要其他职能部门或业务单元配合的事项予以沟通、协调。

三是向做出某一决策的决策机构，如董事会、总经理办公会等报告该决策的执行情况，反映决策执行中出现的重大问题，并提出相关的改进建议等。

5.2 常见问题诊断

5.2.1 公文种类选用不当

一些企业经常出现公文种类选用不当的问题。

譬如，没有根据行文目的来选用恰当的公文种类：请求上级指示或请求上级批准的，本应使用正式或非正式公文中的“请示”，却使用了正式或非正式公文中向上级汇报工作、反映情况的“报告”。报告是不需要批准、同意的，而在现实中那些已提交“报告”很久的企业，仍在那里苦苦地等待着上级单位“批复”的情形其实并不少见。

再如，没有根据行文关系来选用适当的公文种类：行文单位是上级单位的，本应选用“请示”“报告”等上行文种，却选用了“决定”“通知”“通报”等下行文种；反之，行文单位是下级单位的，本应选用“决定”“通知”“通报”等下行文种，却选用了“请示”“报告”等上行文种。另外，无隶属关系单位之间商洽工作、询问和答复问题等，本应选用“函”等平行文种，却选用了“通知”“通报”等下行文种，或“请示”“报告”等上行文种。如此这般，有时真的会耽误工作，甚至会使单位与单位之间伤了和气。

5.2.2 印章管理不严

企业出现印章管理不严的问题，主要表现，一是印章使用未履行审批手续；二是私自携带印章外出；三是印章未实行专人保管等。其结果可能招致因套用、冒用、乱用印章而引发的一系列管理问题，如出现虚假的财务报表、发票、委托书、介绍信、证明材料，或在未经审核批准的、不合理的协议、合同上用印等，最终可能给企业造成无法挽回的巨大损失。

5.2.3　会议组织一塌糊涂

尽管压缩企业管理费用的呼声常常会涉及“会议”，但开会在企业经营、管理活动中仍是不可或缺的。其实，必要的开会不可怕，可怕的是开了会，“劳民伤财”，却完全没有达到开会的目的。

究其原因，主要是会议组织出了问题。

譬如，某企业召开年度工作会议，在会前，没有编制会议计划，只简单确定了会议的时间、地点、参会人员范围，却没有认真考虑会议的主题，自然也就没有准备相关的会议文件等，结果年度工作会开成了一场“团拜会”，既没有对上一年工作进行总结，也没有对当年工作进行部署；在会中，会议组织者只负责了与会人员的迎来送往、食宿安排等，却没有强调会议纪律，也没有开展会议过程的监管，结果会场里参会者稀稀拉拉，不请假就离开会议，或随意接打电话的人比比皆是；在会后，由于原本就没有安排什么会议主题，也没有什么成型的会议文件需要整理，因此也就没有会议精神和会议要求需要传达、贯彻，自然也就不需要搞什么监督落实了。

像这种组织得一塌糊涂的会议，企业最好还是不开为上。

5.2.4　档案管理不规范

企业常见的档案管理不规范的问题有以下两种。

一是档案形成的责任不清，不能保证档案形成的真实性和准确性。许多企业不是由某一经营、管理活动相关的项目承办人负责对在该经营、管理活动中形成的各种原始记录进行收集、整理和立卷，而是由档案管理人员来负责此项工作，结果因档案管理人员对该经营、管理活动并不知晓，从而导致与此相关的各种原始记录的收集、整理和立卷工作无法完成或基本无法完成。

二是未严格执行档案归档的制度要求，不能保证档案归档的及时性和完整性。一些企业的收文和发文、已签署的协议合同、重要的请示及批复原件等并未立即交由企业档案室暂时保管，而是临时存放在项目相关人员处，甚至随意地乱扔乱放，结果导致与经营、管理活动相关的原始记录大量散失，一些重要的收文发文、协议合同、单证票据、请示批复等也了无踪迹；更有甚者在法庭上因不能出示本应存在的证据材料，最终输掉官司，给企业造成了不可估量的损失。

5.2.5　个人决策就单单是“个人说了算”吗

个人决策存在以下主要问题。

一是以为个人决策就不需要使用多种决策分析方法，也完全不需要通过决策过程中确认问题、编制备选方案、选择方案、对方案进行验证等环节，而只是拍拍脑门、找找“第六感觉”就可以进行决策了。

二是以为个人决策就不需要听取他人的意见，不需要在集思广益、博采众长后再做出慎重、合理的决定，而是过分地相信自己的知识、经验与能力可以超越其他任何人，自己完全可以“力拔山兮气盖世”“独断专行”地做出决策。于是最后可能才有了“四面楚歌”“无颜见江东父老”的那出《霸王别姬》的“好戏”上演了。

因此，个人决策并不单单是“个人说了算”。

5.2.6 集体决策的误区

集体决策常见以下误区。

误区 1：集体决策肯定优于个人决策吗？答案：不一定。

譬如，企业刚刚起步、规模很小，“总共才有十几个人、七八条枪”，遇到的问题也不复杂，这时搞集体决策，实属“高射炮打蚊子”——小题大做，浪费资源不说，还可能错失良机。再如，有些决策，可能本身面对的就是操作层面的问题，这时做做分析判断，搞搞个人决策就完全可以了，既快又好，显然也不适合搞什么集体决策。

误区 2：集体决策的不足无法避免吗？答案：不一定。

集体决策的不足主要是决策效率较低、决策容易受少数人控制或参与决策者面临从众压力等。但不能因这二三项不足，就轻易否定集体决策在企业“重大决策”“高风险决策”中发挥的重要作用。事实上，通过采取如 5.1.3 节所述的集体决策时的一些程序原则和决策方法，完全可以有效克服或降低上述这二三项不足带来的负面影响。譬如，通过对备选方案的预先熟悉、相互沟通和对决策参与者人数的适当控制等，就可以化解集体决策的“效率较低”的定势；同样，通过对备选方案说明、阐述和质询、论证，直至举手表决、投票表决等顺序的合理安排，以及采纳如专家意见法、电子会议决策法、名义集体决策法等集体决策方法，就可以突破集体决策容易出现的“决策受少数人控制”或“参与决策者面临从众压力”等的困局。

误区 3：集体决策和个人决策是“两股道上跑的车”“风马牛各不相及”吗？答案：不一定。

尽管集体决策和个人决策各自有施展“拳脚”的舞台，但有时如能将二者相结合，发挥各自的长处，弥补各自的不足，反倒可以使决策过程更加高效、合理，使决策结果更符合市场竞争的最终需要。因此，简单地用“少数服从多数”的原则搞集体决策或一味地坚持“单枪匹马”搞个人决策都不见得是好事，尤其是对总经理办公会等决策的事项，最好还是采取集体审议与个人负责相结合的决策形式为好。

5.3　改进的方法措施

5.3.1　建立或完善行政管理制度体系

正如我们已在 1.1.4 节中提及的,“建立或完善企业的制度体系是解决各种经营、管理问题的一大法宝”。对于行政事务这一制度化（如规范性）要求更为突出的管理领域来说，这一点尤其重要。

因此，管理者应该做的，一是对企业的行政管理制度体系进行全面梳理；二是在梳理的基础上，进行“废、改、立”——对过期失效或完全不适用的行政管理制度予以作废、终止，对沿用的行政管理制度予以修改、完善，对尚未建立的行政管理制度予以订立、补充。

5.3.2　落实或提升行政管理的执行能力

正如我们已在 1.1.5 节中提及的，“落实或提升执行能力往往是解决企业各种经营、管理问题的一把金钥匙”。

因此，管理者应该做的，一是按照行政管理制度规定的内容、方法和工作程序，全面落实公文、印章、会议和档案管理，以及外联公关、信息披露、负面舆情控制等办公室事务，进而为企业能够进行科学的高层决策提供服务保证，并对这些决策能够得以有效的执行进行核查监督；二是搭建行政管理机构，落实责任人，做到责任明确、目标清晰、考核到位、奖罚分明；三是提供必要的资源保障和内外部关系的沟通协调等。

5.4　参考资料

5.4.1　某企业公文处理办法

为进一步规范公司的公文处理，提升公司的公文管理水平，特制订并实施本办法。

5.4.1.1 发文处理

发文处理包括遵循拟文要求，确定发文种类、版头、文件字号、字体大小、版式，并履行发文程序等内容。

（1） 拟文要求

一是原则。

要求情况属实，观点明确，表述准确，结构严谨，条理清楚，字词规范，标点正确，篇幅简短。

二是具体内容。

要根据行文目的、与主送者的行文关系和发文者的职权，确定公文类别。

结构层次序数：第一层为“一、”，第二层为“（一）”，第三层为“1.”，第四层为“（1）”，第五层为“①”。

拟制紧急公文，应当体现紧急的原因，并根据实际需要确定紧急程度。

引用公文应当先引标题，后引发文字号，前者加书名号，后者加括号。引用外文应当注明中文含义。日期应写明具体的年、月、日。

使用简称时，一般先用全称，然后注明简称并加圆括号。公文中的外国人名和机构名称，应当在第一次出现时注明准确的中文译名，一般先写中文，然后写外文并加圆括号。

公文中的数字，除成文日期、部分结构层次序数和在词、词组、惯用语、缩略语、具有修辞色彩语句中作为词素的数字必须使用汉字外，其余应当使用阿拉伯数字。数字、年份应保持完整，不得回行。应使用国家法定计量单位。

（2） 发文种类

一是正式文件，主要分为决定、通知、通报、报告、请示、批复、函等，均为公司文件，由公司领导签发。

二是非正式文件，主要分为会议纪要、签报等。其中，总经理办公会议纪要，由公司总经理签发；部门会议纪要，由主持会议的部门领导签发。签报均由签报部门的领导签发，或由联合签报的部门领导签发。

（3）发文版头

各种正式文件，采用“×× 公司文件”红字版头。

在非正式文件中，总经理办公会议纪要，采用“×× 公司 总经理办公会议纪要”红字版头；部门会议纪要，采用“×× 公司 部门会议纪要”红字版头。签报无红字版头，但采用专用签报纸。

（4）发文文件字号

各种正式文件，字号采用“×× 公司 × 字〔××××〕××× 号”格式（其中：“×”为拟文部门代字，“〔××××〕”为年份，“×××”为文件序号。具体如 ×× 公司财字〔2018〕36 号等）。

在非正式文件中，会议纪要的字号采用“（××××）第 ××× 期”格式（其中“××××”为年份，“×××”为期号，每年单独编成流水序号）。签报无字号。

（5） 发文字体和大小

公文的大标题使用二号宋体字加粗；公文的小标题使用三号宋体字；公文的其他部分（包括正文、附件等），一律使用三号仿宋体。

（6） 发文版式

第一，正式文件。

文件标题打印在红色间隔线以下，主送者之上，居中排列；人名、地名、词组不能分隔成两行；出现三行标题的，一般采用长、短、短的顺序排列。

上行文件应当在首页注明签发人姓名。签发人姓名与文件字号平行打印在红色间隔线上，字号居左，签发人居右。

文件如有附件，应在正文之下（空一行）、成文日期之前注明附件顺序和名称。附件应当与文件正文一起装订，并应在附件左上角标注“附件”字样及附件序号数。

当文件排版后所剩空白处不能容下印章时，应采取调整行距、字距的措施，务使印章与正文同处一页，不得采取标识“此页无正文”的方法解决。

文件的印发单位和时间应位于文件末页的最后一行，并打印在主题词、抄报者和抄送者下方。其中，印发单位居左，一律标印“××× 部 / 室”；印发时间居右，为打印完成的日期。

文件用纸一般采用国际标准 A4 纸，左侧装订。

第二，非正式文件。

一是会议纪要。

文件标题打印在红色间隔线以下，正文之上，居中排列；人名、地名、词组不能分隔成两行；出现三行标题的，一般采用长、短、短的顺序排列。

文件字号平行打印在红色间隔线上，居中排列。

总经理办公会议纪要的文件印发单位标印“办公室”，部门会议纪要的文件印发单位标印“××× 部 / 室”，平行打印在文件字号和红色间隔线之间，靠左排列。

文件如有附件，应在正文之下（空一行）注明附件顺序和名称。附件应当与正文一起装订，并应在附件左上角标注“附件”字样及附件序号数。

文件印发时间应位于文件末页的最后一行，并打印在主送者和抄送者下方。印发时间为打印完成的日期。

文件用纸一般采用国际标准 A4 纸，左侧装订。

二是签报。

文件标题打印在红色间隔线以下，主送者之上，居中排列；人名、地名、词组不能分隔成两行；出现三行标题的，一般采用长、短、短的顺序排列。

文件如有附件，应在正文之下（空一行）注明附件顺序和名称。附件应当与正文一起装订，并应在附件左上角标注“附件”字样及附件序号数。

文件用纸一般采用国际标准 A4 纸，左侧装订。

（7）发文程序

第一，正式文件。

主办部门拟稿→ 主办部门领导审核→ 有关部门会签（需要会签的）→ 公司办公室核稿→ 公司领导签发→ 公司办公室登记、编号、打字→ 主办部门校对→ 公司办公室印刷、用印→ 主办部门封发。

第二，非正式文件。

一是会议纪要。

总经理办公会议纪要：公司办公室拟稿→ 公司办公室领导核稿→ 公司领导签发→ 公司办公室登记、编号、打字、校对、印刷、分发。

部门会议纪要：部门拟稿→部门领导核稿、签发→部门登记、编号、打字、校对、印刷、分发。

二是签报。

主办部门拟稿→ 主办部门领导审核→ 有关部门会签（需要会签的）→ 公司办公室登记、编号→ 公司领导审批或圈阅→ 主办部门阅处。

5.4.1.2 收文处理

收文处理包括履行收文程序和予以收文催办等内容。

（1）收文程序

公司办公室在收文登记本上填写收文时间、编号、来文单位、公文字号、密级、紧急程度、标题、份数等，并在公文左下角加盖“收文章”→ 公司办公室领导审核、提出拟办意见→ 送公司领导批示、圈阅或者交有关部门办理。

对公司办公室领导审核，仅针对收到下属单位的公文。公司办公室领导进行审核的重点：是否符合行文规则；是否符合法律、法规和政策的有关规定；文种使用、公文格式是否规范等。经审核，对不符合本办法规定的下属单位的公文，可以在说明理由后退回来文单位。

对需要两个以上部门办理的收文，公司办公室领导在提出拟办意见时，应当明确主办部门。

对紧急公文，公司办公室领导在提出拟办意见时，应当明确办理时限。

对外出参加重要会议等带回的文件，应开列清单，及时交公司办公室进行收文处理。

（2）收文催办

送公司领导批示或者交有关部门办理的收文由公司办公室负责催办。紧急公文要跟踪催办。

5.4.1.3　附则

公文中涉及电子公文的处理办法，依据本办法和公司 OA 系统的有关规定另行制订。

本办法由公司办公室负责解释。

本办法从发布之日起实行。

5.4.2　某企业“年度工作会”会议计划

根据公司年度工作安排，经商相关公司领导，综合管理部拟定了以下召开公司××××年年度工作会的会议计划。

5.4.2.1　会议主题

对去年经营管理工作进行总结和表彰，对今年经营管理工作进行部署，认清形势、分析问题、提出措施、凝聚力量，全面完成××××年的经营预算目标，进一步提升资产经营质量，推动公司持续健康发展、再上新台阶。

5.4.2.2　会议时间和地点

会议时间为××××年××月××日-××××年××月××日，会期共 2.5 天。

会议地点为××会议中心。

5.4.2.3　参会人员

会议出席人员为公司领导、各职能部门和各业务单元的正职（含主持工作的副职）领导，共计××人。

会议列席人员为各职能部门和各业务单元其他领导，共计 ×× 人。

5.4.2.4 会议议程

会议主要议程见表 5.1。

表 5.1 会议主要议程

时间			内容	发言人	主持人	地点
××日	上午	9:00～10:30	总经理年度工作报告	×××	×××	五岳厅
		10:45～11:45	举行上年度经营业绩表彰活动		×××	五岳厅
	下午	2:00～5:30	对当前形势和市场竞争环境的分析报告	×××	×××	五岳厅
××日	上午	9:00～11:45	会议讨论		×××	五岳厅
	下午	2:00～5:30	会议讨论		×××	五岳厅
××日	上午	9:00～10:45	会议讨论		×××	五岳厅
		11:00～11:45	会议总结讲话	×××	×××	五岳厅

会议其他内容为 ×× 日晚 7:00 ～ 9:00 计划安排观看一场文娱演出或电影。

5.4.2.5 会议费用安排

会议预计发生费用 ×× 万元，已纳入年度费用预算，见表 5.2。

表 5.2 会议费用预算（万元）

用途	计算明细	费用小计
租用会议室	每小时单价×使用小时数+茶水服务费	××
宿	每天单价×天数×人数	××
食	早餐单价×用餐次数×人数	××
	中、晚餐单价×用餐次数×人数	××
租用车辆	每小时单价×使用小时数	××
观看文娱演出或电影	每人票价×人数	××
其他		××
费用合计		××

5.4.2.6 会议承办和负责人

综合管理部将设立会议秘书组和会务组，具体负责会议的组织、承办工作。其中，秘书组负责人 ×××，会务组负责人 ×××，总负责人 ×××。

第 6 章 人力资源管理

6.1 主要内容

6.1.1 人，最重要的资源

任何企业要发展，都必须具备一定的资源，而人就是其中最重要的资源。注意，这里表述的是“最重要的资源”，而不是“最重要的资源之一”。

人力资源之所以成为企业最重要的资源，在于人力资源所具有的主观能动性，而这种主观能动性是企业其他一切资源，如资金资源、物资资源、信息资源、客户资源等所不具备的。也正是人力资源的这一特质，使人力资源成了使企业其他资源能够有效发挥作用的火车头或推进器。

因此，作为一名管理者，如果其工作职责之一是合理配置企业资源的话，那么就不可能不对企业的人力资源给予格外的关注。

如果认可 1.1.1 节所述的亨利・法约尔的“管理五要素”，那么人力资源管理就是对企业的人力资源进行计划、组织、指挥、协调、控制，以期发挥人力资源对企业价值创造的最大作用。

人力资源管理由人力资源规划、职位管理（包括职位设置与职位评估等）、招聘、劳动合同关系（包括考勤管理与休假管理等）、薪酬福利、业绩考核、培训、职业发展计划等若干模块组成。这些模块相互联系、相互作用，共同保证了人力资源管理体系的正常运行。

6.1.2 人力资源规划

人力资源规划是企业为实施自身战略，根据企业发展需求情况和企业现状编制的人力资源的中短期工作计划。通过人力资源规划，企业可以在数量和类型上分析职位需求与人力资源现状之间的差距，提出在什么时候、以什么方式提供和保有相应的人力资源，以保障企业实现自身的战略发展目标。

所以，一份人力资源规划的内容应包括：预测企业未来中短期的人力资源需求；分析现有的人力资源，找出其与未来需求之间的差距，提出人力资源的发展目标；编制实现人力资源发展目标的行动计划，以及确保行动计划得以完成的措施。

对人力资源规划，应按照管理权限经审批后予以发布、执行。

6.1.3 职位管理

职位管理是人力资源管理的基石。

无论是设置承担具体工作职责的不同职位并进行职位分析，进而确定不同职位的人员编制和对任职者的任职资格，以编制人力资源规划、组织招聘、培训，还是对不同的职位进行职位评估，确定职位估值，进而确定职位级别，以核定任职者的薪酬福利、差旅待遇、职权大小，甚至内部股权分配的比例等，都与职位管理紧密相关。

职位管理通常包括职位设置、职位分析、职位评估和职位调整等具体工作。

6.1.3.1 职位设置

职位设置建立在对组织架构相应工作职责进行分解的基础之上，设置的职位应满足无遗漏且无冗余原则，并与承担的管理职责或业务目标任务相适应。

职位设置可由人力资源部门与拟设置职位的职能部门或业务单元提出建议，填写《职位设置与变动审批表》，经履行授权范围内的相关审批程序后生效。

6.1.3.2 职位分析

职位分析包括若干工作步骤。

首先，调查了解某一岗位职责的数量多少和履行职责的难易程度。采用的方法有观察法——直接对某一岗位任职者的工作行为进行观察、记录，形成结论；记录法——让某一岗位任职者在笔记本上记录自己的工作行为以供查阅，形成结论；问卷法——让某一岗位任职者和其上级等在一份涉及岗位职责和职责数量、难易程度的多项选择题问卷上填答，形成结论；问询法——与某一岗位任职者和其上级等进行交谈，问询其涉及岗位职责和职责数量、难易程度的情况，形成结论。

其次，根据某一岗位调查了解的结论，确定该岗位的人员编制数量和对任职者品行、知识、能力、个性等的任职资格要求。其中，确定某一岗位人员编制数量的原则是精干高效、宁缺毋滥，且应高低搭配、梯次合理。

最后，根据对某一岗位调查了解的结论和对任职者的任职资格要求，确定该岗位的职责内容和工作程序，编制职位说明书等。

职位说明书通常被设计成一张纵横结构的多栏式表格，包括职位名称、所在职能部门 / 业务单元、编制人数、直接上级职位、直接下级职位、职位级别、总体工作目标、工作职责、协作关系、任职资格、签字栏等内容。

6.1.3.3 职位评估

在企业经营中，管理者经常遇到的是资产评估——有形资产和无形资产评估、实物资产或股权资产评估等，而职位评估与资产评估类似，只不过评估的标的变成了职位。

职位评估是在职位分析的基础上，利用一定的职位评估方法或工具，对不同职位的价值进行评估，以确定职位相对估值大小的行为。

（1）职位评估的关键点

开展职位评估，要注意把握职位评估的一些关键点。

一是应设立职位评估小组，并安排小组成员接受职位评估的专业培训。

二是职位评估的对象不是任职者，而是任职者所在的工作岗位。

三是应对所有工作岗位进行职位分析，形成职位说明书，作为职位评估的依据。

四是职位评估应遵循预先确定的评估指标和评估方法，不允许随意改变评估标准，使评估结果失去公允性。

五是职位评估得出的估值只是某一职位的相对价值，而不是该职位的绝对价值。

（2）职位评估方法或工具

常用的职位评估方法或工具有分类法、排列法、评分法、因素法和参照法等。其中，分类法和排列法属于定性评估方法，评分法和因素法属于定量评估方法，而参照法则是介于定性和定量之间的一种评估方法。

第一，分类法。

分类法首先是依据不同的工作性质、工作职责和任职资格，将企业所有职位分为不同的类别，如可分为职能管理类、产品研发类、生产运营类、市场营销类等；其次是给每一类职位确定一个估值的范围，如市场营销类职位的估值范围是 420 ～ 540；最后是在同一类职位中对不同职位的估值进行主观性的大小排序，从而确定某一职位大致的估值。

分类法的特点是简便易行，但估值的准确性不高、主观性较大。

第二，排列法。

排列法是依据不同的工作性质、工作职责和任职资格，对企业所有职位进行强制排序打分的职位评估方法。其中较为常见的是双职位对比排列法——对企业所有职位进行两两对比；对估值相对较高的职位计 1 分，对另一个职位计 0 分；在所有职位两两对比打分后，将每一个职位的分数进行加总；认定总分最高的职位的估值也最高，依次降序排列，最终得出企业所有职位的大体估值。

排列法的特点与分类法类似，也是简便易行，但估值的准确性不高、主观性较大。

第三，评分法。

评分法是现在国内一些咨询公司为企业进行职位评估时经常采用的方法。其做法首先是将企业所有职位的工作职责和任职资格整理成具体条款；其次是对每个条款进行打分，再将每一个职位得到的条款分数加总；最后是认定某一职位得到的总分即为该职位的估值。

评分法的特点是估值的准确性较高、客观性较大，但没有将企业所有职位的工作职责和任职资格进行抽象化提取，而是一个不漏地都要整理成具体条款、入册、赋予分值，由此带来了较为繁杂的工作量。

第四，因素法。

因素法不去关心每一个具体职位的工作职责和任职资格，而是将企业所有职位的工作职责和任职资格抽象成若干个因素，然后根据每一个具体职位涉及这些因素的程度不同，进行各因素打分，再按权重等数量关系计算出某一职位最终的得分，即为该职位的估值。

在因素法中使用较为普遍的有合益集团（Hay Group）工作评估法（Job Evaluation Methodology，JEM）和美世（Mercer）国际职位评估（International Position Evaluation，IPE）系统。

一是合益集团 JEM。

合益集团 JEM 由专业技能、解决问题、承担责任 3 个因素和涉及的 8 个维度（包括技术知识、管理技能和人际关系技能 3 个维度，思维环境和思维挑战 2 个维度，行动自由度、责任大小和责任效果 3 个维度）等构成（见图 6.1）。

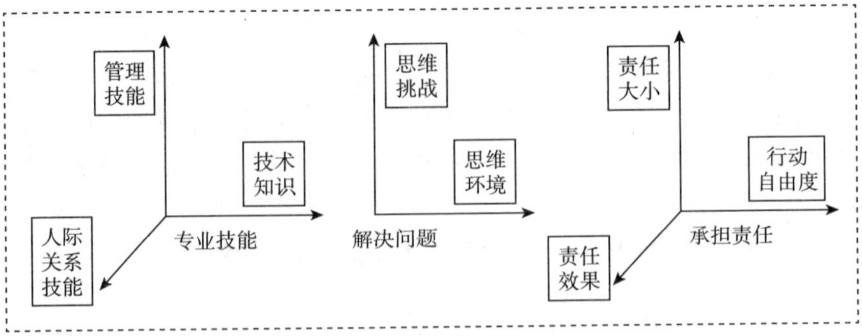

图 6.1　合益集团 JEM 的因素构成

在进行职位评估时，由职位评估小组按照职位说明书，逐一分析某一职位在某一因素的某一维度中的情况并予以评估打分，再按权重等数量关系计算出该职位的最终得分，即为该职位的评估值。

其中，专业技能得分和承担责任得分都是绝对分，而解决问题得分是相对分（百分比），需按权重等数量关系计算加总后，该职位的最终得分才是绝对分。

譬如，假设一个企业某一职位的专业技能得分为 930 分，解决问题得分为 72%，承担责任得分为 1010 分，而专业技能和解决问题的权重为 40%，承担责任的权重为 60%，那么该职位的最终评估得分 =[专业技能得分 ×（1+ 解决问题得分）× 专业技能和解决问题的权重]+ 承担责任得分 × 承担责任的权重 =[930×（1+72%）×40%]+1010×60%≈1246（分）。

上述承担责任与专业技能和解决问题之间的权重，按照某一职位的“形状构成”确定——对“上山形状”的职位，承担责任与专业技能和解决问题相比更为重要，权重比应大于 50% ： 50%，如可以选取 60% ： 40% 或 70% ： 30% 等，如公司总经理、公司副总经理（分管营销）等职位；对“平路形状”的职位，承担责任与专业技能和解决问题相比，重要程度大体相当，权重比一般为 50% ： 50%，如主任会计、招聘主管等职位；而对“下山形状”的职位，承担责任与专业技能和解决问题相比不那么重要，权重比则应小于 50% ： 50%，如可以选取 40% ： 60% 或 30% ： 70% 等，如工艺工程师、设备维修技工等职位。

二是美世 IPE 系统。

美世 IPE 系统由影响、沟通、创新、知识 4 个因素和涉及的 10 个维度（包括影响、贡献和组织 3 个维度，沟通和架构 2 个维度，创新和复杂性 2 个维度，知识、团队和宽广度 3 个维度）等构成（见图 6.2）。

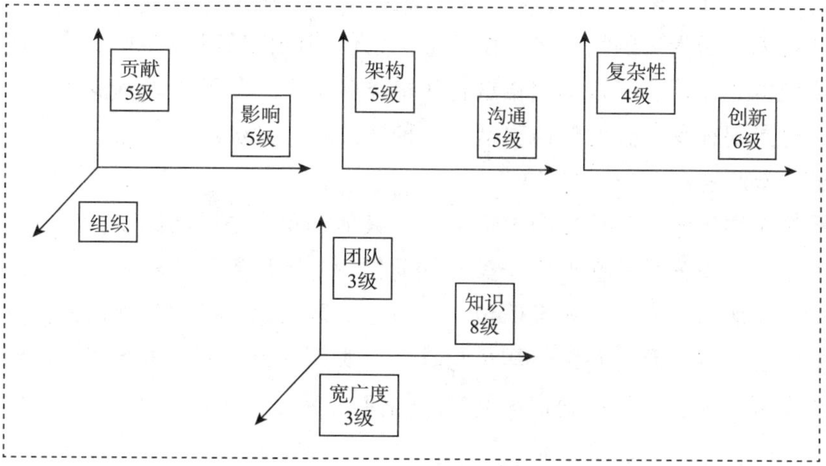

图 6.2　美世 IPE 系统的因素构成

影响分为交付性、操作性、战术性、战略性、远见性5个级别，贡献分为有限的、部分的、直接的、明显的、主要的5个级别，组织则按照企业的主营业务收入规模和人员数量，并结合企业类型（如产业型企业、装配型企业、零售型企业、贸易型企业等）确定不同的组织规模系数。

沟通分为传达、交流、影响对方、谈判、战略性谈判5个级别，架构分为内部共享、外部共享、内部分歧、外部分歧4个级别。

创新分为跟从、核查、修正、改进、创造或概念化、科学或技术的重大突破6个级别，复杂性分为明了的（即不需要调查分析）、困难的（即需要开展单维度调查分析）、复杂的（即需要开展二三个维度的调查分析）、多维的（即需要开展较为全面的调查分析）4个级别。

知识分为有限工作知识、基本工作知识、工作知识、专家、行业专家、职能专才和组织通才、宽广实际经验的杰出人才、宽广且深远实际经验的企业领袖8个级别，团队分为团队成员、团队领导、多团队领导3个级别，宽广度分为国内的、洲际的、全球的3个级别。

在进行职位评估时，由职位评估小组按照职位说明书，逐一确定某一职位在某一因素和某一维度中处于何种级别并予以打分，然后将组织规模系数植入职位评估工具，通过按权重等数量关系计算出某一职位的最终得分，即为该职位的评估值。

理论上，利用美世职位评估工具得出的某一职位的IPE最低为26分、最高为1225分。

其中，IPE 26～50分的被列为PC（Position Classes，职位等级）40，IPE 51～75分的被列为PC 41，……以此类推，按每隔IPE 25分提高1个PC，直至IPE 1201～1225分的被列为PC 87，这样一共有48个PC。显然，利用美世IPE系统进行评估，任一家企业的任一个职位就都被纳入这48个PC之中了。

由此可见，因素法的特点是职位评估的估值准确性较高、客观性较大，且对企业所有职位的工作职责和任职资格进行了抽象化提取，从而大大减少了职位评估的工作量，也是现在受到企业普遍欢迎的一种职位评估方法。

第五，参照法。

参照法是利用已有的标准职位估值，与其他的职位进行类比以得出其他的职位估值的方法。其首先是从企业每一类别的职位中，选出若干个具有一定代表性且容易评估的标准职位，对这些标准职位用评分法或因素法进行职位评估，得到这些标准职位的估值；其次是再将某一职位与其同一类别的标准职位进行对比，对该职位价值进行主观性评价，从而确定该职位的估值。

严格地说，参照法并不是一种独立的职位评估方法，其介于定性和定量职位评估方法之间。也正因为如此，参照法的特点是，相对于分类法和排列法来说，使职位评估变得更为准确和客观；相对于评分法和因素法来说，使职位评估变得更为简单和易行。

6.1.3.4 职位调整

当企业战略发生变化，导致组织架构发生变化，或组织架构虽然没有发生变化，但组织的工作职责发生了变化，企业都需要及时调整相关职位。

职位调整主要包括增加职位、减少职位、对现有职位重新评估等。

一是增加职位，这与新设置职位一样，也需遵循无遗漏且无冗余原则，并与承担的管理职责或业务目标任务相适应。在操作上，可由人力资源部门与拟增加职位的职能部门或业务单元提出建议，填写《职位设置与变动审批表》，经履行授权范围内的相关审批程序后生效。

二是减少职位，需把握与该职位“捆绑”的原工作职责是否已不存在，或已由其他职位承担，以避免减少职位后出现尚有部分工作职责而无职位承担的问题。

三是对现有职位重新评估，这主要针对某一职位承担的工作职责在工作量或工作内容上发生了较大变化的情况。一旦这种情况出现，则需要对该职位重新评估，以确定该职位新的估值水平。

6.1.4 招聘

根据人力资源规划确定的企业人力资源现状与未来需求之间的差距，当某一职位出现空缺时，企业就可以依据职位分析获得的该职位的工作职责和任职资格要求等开展招聘了。

6.1.4.1 招聘途径

招聘途径又称招聘渠道，可以分为内部招聘和外部招聘。

内部招聘面向企业的干部员工，常见的有内部竞聘和组织考察选拔等形式；而外部招聘面向毕业生或社会人士，常见的有媒介 / 广告招聘、校园招聘、政府劳动部门推荐、猎头公司推荐、员工推荐等形式（见表 6.1）。二者在下面将要讨论的招聘标准和甄选方法等方面通常是相同或近似的。

表 6.1　不同的招聘途径及特点

招聘途径 \ 特点		范围	针对性	对企业认知度	费用
内部		小	强	高	少
外部	媒介/广告招聘	大	强	中等	中等
	校园招聘	中等	中等	低	少
	政府劳动部门推荐	小	中等	低	少
	猎头公司推荐	小	强	中	多
	员工推荐	小	强	高	多

6.1.4.2　招聘标准

俗语说“千里马好找，唯伯乐难寻”。但只要把握好招聘标准，管理者就有可能成为一名伯乐，从茫茫人海中找到企业所需要的优秀人才。

所谓招聘标准，其实就是某一职位对任职者提出的任职资格要求。

如果搜罗，在企业对外发布的招聘广告里经常可以发现有关任职资格的长长的内容标签：价值理念、职业操守、道德行为规范、遵纪守法、大局观、战略眼光、团队意识、风险意识、认真细致、积极向上、学历学位、工作经验、×× 专业工作经验、团队管理经验、领导能力、决策能力、计划能力、执行能力、沟通能力、协调能力、解决复杂问题能力、×× 专业能力水平、语言文字能力、外语听说读写能力、办公软件使用能力、性格、气质、健康状况，甚至相貌、身高、年龄（存在法规方面的限制）、性别（存在法规方面的限制）等。

显然，这种任职资格并不是越“高大上”越好，而是“能”“岗”越匹配、越适合越好。

在这里，依据自己的管理实践，我建议使用“五维度招聘标准”来开展招聘工作。

五维度招聘标准由品德作风、学识经验、工作能力、个性与健康状况、既往工作业绩等五个维度的内容构成。

一是品德作风维度，包括遵纪守法、遵从职业操守、工作认真细致、具有风险防范意识等；二是学识经验维度，包括取得 ×× 学历 ×× 学位、具备 ×× 年 ×× 专业的工作经验、×× 年的团队管理经验等；三是工作能力维度，包括通用工作能力及专业工作能力，如较好的公文写作能力、执行能力、活动组织策划能力，取得 ×× 师的资质证书等；四是个性与健康状况维度，包括性格外向或内向、个性随和、善于与人相处、身体健康等；五是既往工作业绩维度，包括在 ×× 时间 ×× 地点取得过 ×× 工作业绩、受到过 ×× 表彰奖励等。

具体的招聘标准可根据需招聘的某一具体职位的任职资格予以确定，但每一维度包括的内容应按重要程度进行选择，最好不要超过 3 项，且应在招聘过程中保持招聘标准使用的一致性。

在这里，需要强调的是，五维度招聘标准中的品德作风维度并不是可有可无的。就像国内一些老戏骨们常说的"要演戏先做人"，其实管理企业也一样。

我个人经常将五维度招聘标准设计成一张带权重比例的 7 级量表（见表 6.2），以方便在招聘工作中实际使用。

表 6.2　五维度招聘标准 7 级量表

五维度标准及权重 \ 分数		1	2	3	4	5	6	7
品德作风维度 权重20%	1.							
	2.							
	…							
学识经验维度 权重15%	1.							
	2.							
	…							
工作能力维度 权重30%	1.							
	2.							
	…							
个性与健康状况维度 权重10%	1.							
	2.							
	…							
既往工作业绩维度 权重25%	1.							
	2.							
	…							

注：表中的权重比例、是否分为 7 级以及各级的分数值，可以根据招聘职位的实际需求情况另行设定。

6.1.4.3　甄选方法

有了招聘标准，接下来的工作就是应用某一种或某几种甄选方法将符合招聘标准的人选拔出来。可供选择的甄选方法主要有 4 类，即职位申请表筛选、笔试、面试、情景测试。

显然，不同甄选方法的信度（指某一方法用于不同对象时结果的一致性和稳定性，即该方法的确是可靠的，不是偶发或不可重复的）和效度（指某一方法用于不同对象时结果的有效性，即该方法的确可以起到甄选的作用）是不一样的。因此，在实际招聘工作中，经常会综合运用下列甄选方法中的若干种来招聘任职者，尤其是那些被企业认为重要、关键职位的任职者。

（1）职位申请表筛选

最简单的职位申请表可能只有应聘者的姓名、电子邮箱、手机号码等寥寥几项内容。这样的职位申请表显然不符合上述的用以甄选任职者的招聘标准。

用以甄选任职者的职位申请表应该包括更多的内容，要基本可以覆盖某一招聘职位的任职资格要求。除了有应聘者的姓名、电子邮箱、手机号码之外，还应包括应聘者的性别、出生时间、学习和工作履历，以及应聘者在品德作风、学识经验、工作能力、个性与健康状况、既往工作业绩等方面的自我评价。必要时，还可以要求应聘者附上相应的文字、图片、视频等客观资料，以佐证应聘者在职位申请表上所做的主观陈述内容的真实性。

对收集上来的职位申请表，由人力资源部门负责招聘的专业人员先初步筛选，然后安排具体用人的职能部门或业务单元做进一步筛选，最后经履行授权范围内的相关审批程序，以确定最终的任职人选。

实际上，仅仅依靠职位申请表筛选就确定任职者的情况并不常见。企业往往是在职位申请表筛选的基础上，再结合使用其他的甄选方法以甄选出最终合适的任职者。

（2）笔试

笔试是根据任职人选书面答题结果来甄选任职者的方法。

笔试可以采用主观性问题笔试和客观性问题笔试。

前者类似命题论文，参加笔试人员可以围绕命题自行阐述自己的观点；因为没有统一的标准答案，在后期评卷时容易因评卷人的不同而产生不一样的评判结果。

后者包括判断型、选择型或填空型问题，由参加笔试人员予以判断、选择，或依据自己的记忆做出填答；有统一的标准答案，在后期评卷时不会因评卷人的不同产生不一样的评判结果。

显然，作为甄选工具，主观性问题笔试的信度会低于客观性问题笔试，但前者能够更广泛地了解参加笔试人员的文字能力、逻辑思维能力、分析归纳能力等。

实际上，企业通常会采取主观性问题笔试和客观性问题笔试相结合的笔试形式来甄选任职者。

（3）面试

面试又称口试或面谈，是由主考人面对面或以电话、视频方式向应聘者提问，由应聘者回答的一种广泛使用的甄选方法。

面试分为开放性面试和结构性面试。

前者的主考人可以是一名；没有既定的问题清单和问题逻辑顺序，以及对这些问题的基本答案；面试时，主考人可以“随意”地向应聘者提出问题，主考人甚至也可以向应聘同一职位的每位应聘者询问不一样的问题。而后者正好与前者相反：主考人最好是三名以上；有既定的问题清单和问题逻辑顺序，以及对这些问题的基本答案，且应从结构性面试题库中随机抽取问题题目；面试时，主考人按照预先设计好的问题清单和问题逻辑顺序询问应聘者，再依据应聘者的回答与基本答案之间的差异情况对应聘者予以评判。

显然，开放性面试的信度和效度会低于结构性面试。但后者不能脱离预先设计好的问题清单和问题逻辑顺序进行提问，灵活性不如前者；且面试的广度和深度受到了局限，主考人不易从面试中发现应聘者所具有的一些特殊潜质。

实际上，企业通常会采取开放性面试和结构性面试相结合的面试形式来甄选任职者。具体做法：在面试中期，采取结构性面试，按照预先设计好的问题清单和问题逻辑顺序询问应聘者，以保证此次面试具备较好的信度和效度；而在面试初期和面试后期，采取开放性面试，这样既可以在面试之初安排一些“聊天”话题，以调节气氛，打消应聘者的紧张情绪，也可以在面试终了前再安排一些“题外话”，以发现应聘者所具有的一些特殊潜质。

（4）情景测试

由于上述的几种甄选方法，主要是通过应聘者的书面或口头的表述来评判应聘者的素质能力，但这难免有“纸上谈兵”或“夸夸其谈”的嫌疑，尤其是不易验证应聘者除语言文字表达能力之外其他工作能力的有无或强弱程度。因此，情景测试这一甄选方法也就应运而生，并得到了广泛应用。

我个人认为：情景测试的基本假设是，人的工作能力主要由工作实践中来，并可以在工作实践中得以检验。因此，要评判应聘者的工作能力，最好的办法当然是把其安排到实际应聘的职位上去试用，在工作中进行考察和判定。但这有一定的用人风险，也不现实。在多数情况下，企业只能采取情景测试，即采取搭建一个模拟的工作场景，让应聘者在这个模拟的工作场景里工作，同时由招聘主管人员对其进行观察，评判其素质能力或根据其工作成果的大小、优劣来甄选应聘者。

常见的情境测试有抽样工作、无领导小组讨论、公文夹批阅和管理游戏等。

其一，抽样工作。

抽样工作是从某一招聘职位的工作职责中抽取一项或二三项有代表性的工作，安排应聘者去实际完成，同时由招聘主管人员对其在实际完成过程中展现出来的素质能力进行观察记录，并对其实际完成的工作成果进行评价的一种甄选方法。

抽样工作具有较好的信度和效度，适合几乎所有职位应聘者的甄选，尤其是那些相对简单、常规性和重复性工作较多的职位。

其二，无领导小组讨论。

无领导小组讨论是安排若干名应聘者集中在一起就某一问题进行小组讨论，事前并不指定小组讨论会的主持人，同时由招聘主管人员对每一位应聘者在讨论过程中展现出来的素质能力进行观察记录、做出评价的一种甄选方法。

无领导小组讨论的话题可以是近期较为热络的社会现象，也可以是与应聘职位有关的某一事件，但不管是哪一类话题都应该避免生僻或过于专业化，以使每一位应聘者都有发言的机会；讨论的主题应该呈中性，即没有绝对的对或错，这样才容易出现正方和反方辩论的情形，以使每一位应聘者都有充分展示自己才华的机会；讨论的内容应该具有一定延展度，可以深度挖掘和广度拓展，以使应聘者有尽情挥洒、自由发挥的余地。

在无领导小组讨论过程中，招聘主管人员所做的唯一工作就是观察、记录。譬如某一应聘者提出了什么观点、是否有新意，在他人的观点与自己不同时怎么处理——是反对、妥协还是附和他人的观点，怎样说服他人接受自己的观点，以及谁在引导讨论展开、谁进行的阶段性总结等，以此对每一位应聘者的分析能力、创新能力、沟通协调能力、领导能力，以及个性特征和情商水平——是否坚持正确观点、能否倾听他人的意见、是否尊重他人等做出评价。

无领导小组讨论主要适合一些管理职位应聘者的甄选，其本身具有较好的信度和效度，但前提是应聘者无既往参与的经验，否则应聘者会带着“表演”的色彩参与无领导小组讨论，从而使其失去了公允性和真实性。

其三，公文夹批阅。

公文夹批阅是把管理者日常工作中遇到的各种类型的公文装入一个公文夹，交由应聘者批阅；再由招聘主管人员根据批阅结果对应聘者做出评价的一种甄选方法。

该公文夹应装入无彼此逻辑顺序、不区分重要程度、有效和无效混杂在一起的各种公文，包括上行的各种报告、请示，下行的各种通知、批复，平行的与相关单位的往来函件，以及各种会议纪要等，并附上当年的日历。其文件形式既有带文头文号的正式文件，也有电话记录、手写便条等；其文件内容可涉及企业经营和管理的方方面面，譬如产品研发进度、原材料供应、市场营销政策变动、部门之间关系、环境安全隐患、某一关键人才跳槽、短期偿债压力、集体福利，甚至还包括了员工夫妻矛盾、子女就业，等等。

对该公文夹，要求应聘者在规定的时间内对每一份文件进行批阅，如提出意见、建议，做出批示或画圈等。待批阅完成后，由招聘主管人员根据批阅结果对应聘者做出评价，包括评价应聘者是否依据文件的轻重缓急程度，有条不紊地对这些公文进行了批阅；是否适当授权下级处理某些文件，而自己只提出了工作建议；是否对已过期失效的文件或不应该由企业负责的问题提出了不予处理的意见，等等。

公文夹批阅适合一些经常需要进行公文批阅的重要管理职位的应聘者甄选，除公文批阅能力以外，往往还能从中发现应聘者具有的计划能力、组织能力、沟通协调能力、分析问题和解决问题的能力等，具有较好的信度和效度。

其四，管理游戏。

管理游戏是由应聘者在计算机上操作管理游戏软件去模拟完成某项任务，同时由招聘主管人员对其在完成任务过程中展现出来的素质能力进行观察记录，并对其实际完成的工作成果进行评价的一种甄选方法。其中，最常见的三种管理游戏为“过小溪”“盖房子”和“经营决策博弈”。

一是“过小溪”。

在“过小溪”游戏中，由若干名应聘者组成的小组会得到模拟的一副滑轮及若干撬棍、木板、绳索等工具，要求小组成员协作配合、共同努力把一根很大的圆木和一块较大的岩石运过一条小溪。在游戏过程中，招聘主管人员可以很好地观察到应聘者所具有的计划能力、组织能力、协调配合能力、分析问题和解决问题的能力等。

二是“盖房子”。

在“盖房子”游戏中，给一名应聘者配备两名招聘主管人员——应聘者扮演建筑队的头儿，而两名招聘主管人员分别扮演建筑队的工人甲和乙。任务要求是由建筑队使用木材把一栋木头结构的大房子盖起来。在游戏过程中，甲和乙将按照游戏预先设定的行为方式行事：甲较为懒惰、全无工作的主动性，像一钟表——“拨一拨、动一动”，如果没有头儿的明确指令，他就什么活儿也不干；乙则表现出鲁莽、爱蛮干、处处帮倒忙，但工作十分主动的特征。甲和乙会以各种方式干扰头儿的想法和做法，使盖房子的任务泡汤。同时，作为招聘主管人员的“甲”和“乙”又会在游戏过程中考察应聘者作为“头儿”的计划能力、组织能力、指挥能力、协调能力、控制能力——即 1.1.1 节所述的亨利 • 法约尔的“管理五要素”，以及应聘者的情绪稳定性等性格特征。

三是“经营决策博弈”。

在“经营决策博弈”游戏中，每三五名应聘者组成一个小组，每个小组代表一家企业，再由若干小组同时在计算机上模拟操演企业间真实的商战决策。每家企业都要在模拟的商战竞争中与其他企业进行各种形式的博弈拼杀。譬如，是采取价格竞争战略，还是产品差异化战略；是以量取胜、薄利多销，还是优质优价、走高端路线；是直销、到处建专卖店，还是搞分销、找代理；是在各种媒介上登载、播发广告，还是举办产品发布会、参加各种专业展会，等等。在游戏过程中，招聘主管人员可以很好地观察到应聘者所具有的分析判断能力、科学决策能力、应变能力，以及竞争意识、风险意识、权变意识和保密意识，等等。

6.1.4.4 入职体检

除了通过上述的甄选方法由应聘者自述或由主考人、招聘主管人员观察外，应聘者的身体健康状况是否符合任职资格的要求，主要由企业对已通过甄选的应聘者安排入职体检的结果来决定。

现在承接入职等一般体检的综合性医院和专门的体检服务机构很多，企业可以根据其地域、价格、服务质量等予以选择。

除非某一任职资格有特殊的要求，否则绝大多数应聘者都应该能够通过企业的入职体检，而企业只需关注应聘者是否存在恶性肿瘤、精神疾病（目前已不包括肝功检查呈“阳性”）等身体健康风险，事前进行规避即可。

6.1.5 劳动合同关系

无论是应届毕业生，还是再次谋职的社会人士，一旦进入某一企业，就将成为该企业的成员，与该企业之间构成雇佣和受雇关系。要在法律层面确立和维系这种雇佣和受雇关系，既涉及签订劳动合同以及专项协议等，也涉及日常的考勤管理和离职管理等事项。

6.1.5.1 签订劳动合同

按照有关法规，“劳动合同是劳动者与用人单位之间确立劳动关系、明确双方权利和义务的协议”“订立劳动合同，应当遵循合法、公平、平等自愿、协商一致、诚实信用的原则”。

劳动合同的内容除了甲（用人单位）乙（劳动者）双方的基本情况、劳动合同期限、工作内容和工作地点、工作时间和休息休假、劳动报酬、社会保险、劳动保护和职业危害防护，以及甲乙双方的盖章签字栏和日期栏等有关法规要求的必备条款外，甲乙双方还可以在劳动合同中约定诸如试用期、劳动合同的履行、变更、解除、终止或续订，双方的法律责任、劳动争议的处理等补充条款。

（1）劳动合同期限与试用期

劳动合同期限分为固定期限劳动合同、无固定期限劳动合同和以完成一定工作任务为期限的劳动合同。

有下列 3 种情形之一时，对乙方提出或者同意续订、订立劳动合同的，除乙方提出订立固定期限劳动合同外，应当订立无固定期限劳动合同。这 3 种情形，一是乙方在该甲方连续工作满 10 年的；二是甲方初次实行劳动合同制度或者国有企业改制重新订立劳动合同时，乙方在甲方连续工作满 10 年且距法定退休年龄不足 10 年的；三是连续订立 2 次固定期限劳动合同，且乙方没有违纪、违法行为，没有因患病、非因工负伤，在规定的医疗期满后发生不能从事原工作，也不能从事由甲方另行安排的工作的情形，或没有因乙方不能胜任工作，经过培训或者调整工作岗位，仍发生不能胜任工作的情形。

甲方自乙方为甲方工作之日起满 1 年，但不与乙方订立书面劳动合同的，视为甲乙双方已订立无固定期限劳动合同。

试用期包含在劳动合同期限内。劳动合同期限 3 个月至 1 年的，试用期不得超过 1 个月；劳动合同期限 1 年至 3 年的，试用期不得超过 2 个月；3 年以上固定期限和无固定期限劳动合同的，试用期不得超过 6 个月。

（2）劳动合同变更

甲乙双方协商一致，可以变更劳动合同约定的内容。变更劳动合同，应当采用书面形式。

（3）劳动合同（提前）解除

甲乙双方协商一致，可以解除劳动合同。

乙方在合同期内提前 30 日以书面形式通知甲方，可以解除劳动合同；乙方在试用期内提前 3 日通知甲方，可以解除劳动合同。

有下列 6 种情形之一的，甲方可以解除劳动合同。这 6 种情形，一是在试用期间乙方被证明不符合录用条件的；二是乙方严重违反甲方规章制度的；三是乙方严重失职，营私舞弊，给甲方造成重大损害的；四是乙方同时与其他用人单位建立劳动关系，对完成甲方的工作任务造成严重影响，或者经甲方提出，拒不改正的；五是因乙方原因致使劳动合同无效的；六是乙方被依法追究刑事责任的。

有下列 3 种情形之一的，甲方提前 30 日以书面形式通知乙方，或者额外支付乙方 1 个月薪酬后，可以解除劳动合同。这 3 种情形，一是乙方患病或者非因工负伤，在病期满后不能从事原工作，也不能从事由甲方另行安排的工作的；二是乙方不能胜任工作，经过培训或者调整工作岗位，仍不能胜任工作的；三是劳动合同订立时所依据的客观情况发生重大变化，致使劳动合同已无法履行，经甲方与乙方协商，未能就变更劳动合同内容达成协议的。

（4）劳动合同（期满）终止

有下列 6 种情形之一的，劳动合同终止。这 6 种情形，一是劳动合同期满的；二是乙方开始依法享受基本养老保险待遇的；三是乙方死亡或者被法院宣告死亡或者宣告失踪的；四是甲方被依法宣告破产的；五是甲方被吊销营业执照、责令关闭、撤销或者甲方决定提前解散的；六是法律、行政法规规定的其他情形。

（5）经济补偿标准

在劳动合同解除或终止且需向乙方支付经济补偿时，按乙方在甲方工作的年限，每满 1 年支付 1 个月薪酬（为劳动合同解除或者终止前 12 个月的平均薪酬）的标准向乙方支付；6 个月以上不满 1 年的，按 1 年计算；不满 6 个月的，向乙方支付半个月薪酬的经济补偿。当乙方月薪酬高于甲方所在地区上年度职工月平均薪酬 3 倍的，向其支付经济补偿的标准按职工月平均薪酬 3 倍的数额计算，支付的年限最高不超过 12 年。

甲方违反有关法规解除或终止劳动合同的，应按照经济补偿标准的 2 倍向乙方支付赔偿金。

6.1.5.2 签订专项协议

除了劳动合同之外，用人单位与劳动者还可以按照“合法、公平、平等自愿、协商一致、诚实信用”的原则，就诸如培训、保密、竞业限制等专门事项签订若干专项协议，以明确用人单位与劳动者在涉及这些专门事项中各自的权利和义务。

专项协议可以与劳动合同一并签订，也可以单独签订。专项协议与劳动合同一样受到有关法规的保护。

（1）培训协议

当用人单位安排劳动者参加公费培训、由用人单位支付培训费用且支付的培训费用达到一定金额时，或当劳动者参加自费培训、由用人单位提供公假且该公假达到一定天数时，通常由用人单位与劳动者签订有关培训协议。

培训协议的内容应包括甲（用人单位）乙（劳动者）双方的基本情况、公费培训的费用界定或自费培训的公假界定、培训服务期的界定、甲方的权利和义务、乙方的权利和义务，以及甲乙双方的盖章签字栏和日期栏等。

培训服务期为乙方完成公费或自费培训后，为甲方继续服务的年限——如该培训服务期大于乙方劳动合同期限时，除非甲方同意，否则劳动合同期限将顺延至该培训服务期满时止。

甲方的权利和义务包括为乙方支付 ×× 金额的培训费用，或为乙方提供 ×× 天的公假及公假待遇——公假期间乙方享有的薪酬、奖金和福利等。

乙方的权利和义务包括通过培训考试并取得相应资格证书，否则应全额退还甲方支付的培训费用或提供的公假待遇；乙方因个人原因中止培训，应全额退还甲方支付的培训费用或提供的公假待遇；如果乙方在培训服务期满前提出辞职，应按照培训服务期尚未期满年限所分摊的比例——培训服务期尚未期满年限 ÷ 培训协议约定的培训服务期，退还甲方支付的培训费用或提供的公假待遇等。

（2）保密协议

为保守用人单位的商业秘密（技术诀窍和商业诀窍，以及与用人单位尚未申报、注册的知识产权有关的秘密等），通常由用人单位与涉及保密事项的劳动者签订有关的保密协议。

保密协议的内容应包括甲（用人单位）乙（劳动者）双方的基本情况、保密事项的界定、涉密等级与涉密人员等级、相应的脱密期时限、甲方的权利和义务、乙方的权利和义务，以及甲乙双方的盖章签字栏和日期栏等。

涉密等级可以分为绝密、机密、秘密等。

涉密人员等级可以分为核心涉密人员、重要涉密人员、一般涉密人员等。

相应的脱密期时限可以分为 3 年、2.5 年、2 年、1.5 年、1 年、0.5 年等。

甲方的权利和义务包括负责对乙方进行保密教育，对乙方不宜公开的保密工作成果做出公正合理的评价，以不影响对乙方的表彰奖励及职位晋升，对乙方承担的保密责任按月支付 ×× 金额的保密津贴等。

乙方的权利和义务包括不向第三方——自然人、法人、其他组织和社会公众，以任何形式披露、泄露所知悉、掌握、管理的涉密事项；除在甲方保密工作中使用之外，乙方不使用甲方的商业秘密为自己或第三方谋取利益；在脱密期限结束前，乙方不以任何理由提出辞职；如违反保密协议，由此给甲方造成的一切直接或间接损失，由乙方承担全部责任。

（3）竞业限制协议

为防止原涉及保密事项的劳动者离职后，引发原用人单位的商业秘密（技术和商业诀窍，以及与用人单位尚未申报、注册的知识产权有关的秘密等）失密，通常由原用人单位与原涉及保密事项的个别关键的劳动者，在其离职前签订有关的竞业限制协议。

竞业限制协议的内容应包括甲（用人单位）乙（劳动者）双方的基本情况、竞业限制的范围和地域、竞业限制期限、甲方的权利和义务、乙方的权利和义务，以及甲乙双方的盖章签字栏和日期栏等。

竞业限制的范围包括具体受竞业限制的企业名单（通常作为附件）和具体受竞业限制的业务清单（通常作为附件）。

竞业限制期限自甲方与乙方终止或解除劳动合同之日起开始计算，可以是 0.5 年、1 年、1.5 年、2 年等，且最长不得超过 2 年。

甲方的权利和义务主要是在竞业限制期限内按月向乙方支付 ×× 金额的经济补偿。

乙方的权利和义务包括在竞业限制期限内，不得以任何形式到与甲方存在竞争业务关系的其他用人单位（可在上述竞业限制的企业名单范围内）就职或为其提供服务，也不得自己或与他人合作开业从事与甲方存在竞争业务关系的业务（可在上述竞业限制的业务清单范围内）；在竞业限制期限内，应每月定期向甲方提交本人签字的书面工作情况证明；如违反竞业限制协议，乙方应向甲方一次性支付 ×× 金额的违约金，并对给甲方造成的直接或间接损失承担全部责任。

6.1.5.3 日常考勤管理

为加强对员工日常工作的管理，企业通常需依照有关法规和企业的工作性质，制订关于员工日常考勤管理的制度并予以执行。

日常考勤管理制度在内容上主要包括：企业是实行定时还是不定时或二者兼有的工作制度，实行定时工作制度的作息时间（如每天8小时，早8点半至晚5点半、含午餐时间半小时，一周工作5天）和考勤方式，或实行不定时工作制度的考勤依据（如工作成果——软件工程师完成的程序、销售人员获得的订单等）和考勤方式，考勤周期自每月××日至下月××日，对员工不能正常考勤（如因公外出、中短期出差）时的申请和核准方式，迟到、早退及处理，对加班的认定和薪酬待遇（如发放加班薪酬或安排倒休），等等。

6.1.5.4 休假管理

除法定的休假外，随着人性化管理日渐浓郁的趋势，今天企业自定的休假也越来越多了。在这种情况下，企业通常也需要依照有关法规和企业自身的情况，制订关于员工休假管理的制度并予以执行。

休假管理制度在内容上主要包括：各类假期的界定（如春节、国庆节等法定假日、年休假、病假、事假、工伤假、婚假、丧假、产假、哺乳假等），各类假期对应的时长和薪酬待遇规定，请假的申请和审批程序，旷工及其处理，等等。

其中，各类假期的界定包括诸如参加学生家长会是否可以算法定假日，还是将其列入事假；除了产假，是否还有陪产假；以及在各类假期越来越多的情况下，是否还保留探亲假，等等。

6.1.5.5 离职管理

企业通常需要建立离职管理的工作程序。这样，一旦出现劳动合同（提前）解除——包括企业和员工双方协商一致解除、企业辞退员工、员工个人辞职等3类情形，或出现劳动合同（期满）终止——包括劳动合同期满不再续订、员工退休等6种情形，就可以按照离职管理的工作程序，办理员工的离职事项了。

（1）在双方协商一致解除劳动合同时

在用人单位和劳动者双方协商一致解除劳动合同并签订《协商解除劳动合同协议》后，由人力资源部门通知该员工，为该员工办理离职手续。

办理离职手续，包括员工交回使用工具或办公电脑、移交文件资料、结清差旅费等往来款项，用人单位核发当月应发给员工的薪酬，以及按照上述《协商解除劳动合同协议》的约定，核发应发给员工的经济补偿，为员工开具离职证明，并办理人事档案、社保及住房公积金转移等相关手续。如该员工签订有《培训协议》等专项协议的，用人单位应该按照专项协议的约定办理。

（2）在公司辞退员工时

在公司确定辞退某一员工后，应将该解除劳动合同的理由通知工会；对需要提前通知员工的，由人力资源部门提前 30 天书面通知员工，或者额外支付员工 1 个月的薪酬；对不需要提前通知员工的，由人力资源部门及时书面通知员工办理离职手续。

办理离职手续，包括员工交回使用工具或办公电脑、移交文件资料、结清差旅费等往来款项，用人单位核发当月应发给员工的薪酬，以及核发应发给员工的经济补偿、为员工开具离职证明，并办理人事档案、社保及住房公积金转移等相关手续。如该员工签订有《培训协议》等专项协议的，用人单位应该按照专项协议的约定办理。

（3）在员工个人辞职时

在某一员工提前 30 天（试用期的员工提前 3 天）提出书面辞职申请后，人力资源部门与该员工面谈，了解其辞职动因等情况；在向具体用人的职能部门或业务单元予以通报后，人力资源部通知该员工办理离职手续，并在该员工提出书面辞职申请的 30 天（试用期的 3 天）内办理完毕。

办理离职手续，包括员工交回使用工具或办公电脑等、移交文件资料、结清差旅费等往来款项，用人单位核发当月应发给员工的薪酬、为员工开具离职证明，并办理人事档案、社保及住房公积金转移等相关手续。如该员工签订有《培训协议》等专项协议的，用人单位应该按照专项协议的约定办理。

（4）在劳动合同期满不再续订时

在某一员工劳动合同期满 30 天之前的 ×× 天前，人力资源部门应同时征求该员工和具体用人的职能部门或业务单元的意见，确定该员工的劳动合同期满是否续订；当有一方提出不再续订的，人力资源部应在该员工劳动合同期满 30 天前通知该员工办理离职手续，并应在劳动合同期满前办理完毕。

办理离职手续，包括员工交回使用工具或办公电脑等、移交文件资料、结清差旅费等往来款项，用人单位核发当月应发给员工的薪酬，以及对公司一方提出不再续订劳动合同的，核发应发给员工的经济补偿，为员工开具离职证明，并办理人事档案、社保及住房公积金转移等相关手续。如该员工签订有《培训协议》等专项协议的，用人单位应该按照专项协议的约定办理。

（5）在员工退休时

在某一员工到达法定退休年龄 30 天之前的 ×× 天前，人力资源部门应将该员工的个人档案资料报送地方社保部门进行有关出身日期、工龄、社保缴纳情况等社保预审，对预审发现的问题补充相关证明资料。

在该员工到达法定退休年龄30天前，人力资源部门应将该员工的个人档案资料报送地方社保部门，同时通知该员工，为该员工办理离职退休手续，并应在该员工到达法定退休年龄前办理完毕。

办理离职退休手续，包括员工交回使用工具或办公电脑等、移交文件资料、结清差旅费等往来款项、核发当月应发给员工的薪酬、为员工办理退休证等。

6.1.6 薪酬福利

薪酬福利是企业对员工工作回馈的报酬，是企业人力成本的组成部分，也是企业对员工最主要的激励手段之一。

6.1.6.1 薪酬

薪酬，也称为薪金或工资（在西方，尤其是在以前，前者多用于白领，而后者多用于蓝领），是企业支付给员工的、以货币形式体现的工作报酬。

（1）薪酬体系应有的三种特性

其一是合理性。

较高的薪酬水平能够得到员工的普遍欢迎，但同时必然会带来企业人力成本的上升。因此，一套合理的薪酬设计方案应当既能使员工获得较高的薪酬，产生一定的满足感，又能使企业的人力成本得到有效控制，最终在销售产品或服务的市场上保持较强的竞争力。

显然，能够使二者相互平衡的薪酬体系就是合理的。

其二是公平性。

作为一种普世原则，对公平的诉求今天可谓无处不在。

薪酬体系的公平是一种相对公平，通常被视作员工自己得到的薪酬水平与本企业其他员工得到的薪酬水平比是否公平，或员工在本企业得到的薪酬水平与员工假定去市场上同类企业工作得到的薪酬水平比是否公平——这是一种“得到”与另一种“得到”的对比，却忽略了一种“付出”与另一种“付出”的对比。

显然，公平性的实质更应该是“得到”与“付出”是否相对公平的判断。当[（自己得到的薪酬 ÷ 自己付出的劳动）:（他人得到的薪酬 ÷ 他人付出的劳动）] ≥ 1时，或当[（在本企业得到的薪酬 ÷ 在本企业付出的劳动）：（假定去同类企业得到的薪酬 ÷ 假定去同类企业付出的劳动）] ≥ 1时，薪酬体系被认为是公平的；反之，＜1时，薪酬体系则被认为是不公平的。

其三是激励性。

薪酬既然是企业对员工工作的一种报酬回馈，就必然带有激励的作用。这种激励作用主要体现在两个方面，一是对员工既往工作的肯定和奖励；二是对员工未来工作的期望和鼓励。

显然，只做到了合理、公平而缺乏激励作用的薪酬体系不可能被认为是一个健全的薪酬体系。同样，只有在保证合理性与公平性的前提下，一个薪酬体系具有较强的激励性，对企业和员工来说才有意义。

（2）薪酬制度

尽管已通行了数百年，但在现代企业制度下今天最常见的薪酬制度仍不外乎计时工资制和计件工资制两种。其他的薪酬制度即便偶尔也能见到，但或多或少的都会带着计时工资制和计件工资制这两种基本薪酬制度的影子。

计时工资制是根据员工的工作时间和每单位时间的工资标准来计算和支付工资的一种制度。计时工资又可分为小时工资制、日工资制、周工资制、月工资制和年薪制等。其好处是，员工宜于计算自己的薪酬，企业宜于计算整体人力成本，员工出勤即有固定收入、情绪不会过于紧张等。其不足之处是，薪酬并不与员工的工作成果直接挂钩，容易出现员工“混日子”“出工不出力”的问题等。

计件工资制是根据员工完成的产品件数或工作件数，与每单位件数的工资标准来计算和支付工资的一种制度，源自 1.1.1 节所述的泰勒制。其好处是，薪酬直接与工作业绩挂钩，更符合按劳分配、多劳多得的原则。其不足之处是，员工为增加收入会偏爱加班加点，这易造成员工精神紧张、身体过度劳累和健康状况下降等不良后果。

（3）薪酬结构

薪酬结构是指组成员工薪酬的各个部分，以及各部分之间的比例关系、影响各部分的因素等。

基本的薪酬结构由固定薪酬（又称职位工资、基薪、底薪等）和变动薪酬（又称业绩工资、奖金、提成等）两部分组成。

固定薪酬通常与员工所在职位相关，依据员工的考勤情况每月（或每日、每周等）定期发放；变动薪酬通常与员工所在职位的变动薪酬基数（如果有的话）和员工的工作业绩相关，在业绩考核结束后依据员工的业绩考核结果发放。

固定薪酬与变动薪酬基数之间的比例关系可以是 90 ∶ 10 ～ 10 ∶ 90 不等。一般情况下，职位级别越高，固定薪酬所占的比例越低，而变动薪酬基数越高，如固定薪酬与变动薪酬基数之比为 20 ∶ 80。反之，则相反，如某一较低的职务级别，其固定薪酬与变动薪酬基数之比为 80 ∶ 20，等等。当然，上述二者也可以完全没有比例关系，譬如原本就没有设置变动薪酬基数，或虽然设置了变动薪酬基数，但该变动薪酬基数与员工所在职位无关，只与员工基本的工作业绩有关等。

（4）薪酬标准

在确定了薪酬制度和薪酬结构以后，企业需要建立一套完整的薪酬标准，以使定薪、调薪等工作有据可依。

常见的薪酬标准是企业依据自身的实际情况，在参考外部市场的薪酬水平的基础上，编制的一份与职位级别挂钩的薪酬数据表（见表 6.3）。

表 6.3 薪酬数据表

薪酬档位（档） 职位级别 -薪酬级别（级）	A	B	C	D	E	F	G
1–1	××	××	××	××	××	××	××
2–2	××	××	××	××	××	××	××
3–3	××	××	××	××	××	××	××
4–4	××	××	××	××	××	××	××
5–5	××	××	××	××	××	××	××
6–6	××	××	××	××	××	××	××
7–7	××	××	××	××	××	××	××
8–8	××	××	××	××	××	××	××
9–9	××	××	××	××	××	××	××
10–10	××	××	××	××	××	××	××
11–11	××	××	××	××	××	××	××
12–12	××	××	××	××	××	××	××
13–13	××	××	××	××	××	××	××
14–14	××	××	××	××	××	××	××
15–15	××	××	××	××	××	××	××
16–16	××	××	××	××	××	××	××
…	…	…	…	…	…	…	…

注：此表的薪酬数据可以是固定薪酬的，也可以是包括变动薪酬基数（与固定薪酬之间存在一定的比例关系）的总薪酬数据。

职位级别可以与薪酬级别一一对应，也可以二三个职位级别对应一个薪酬级别。

薪酬档位可以分为 7 档，也可以分为 5 档、9 档、11 档……

邻近的高低薪酬级别之间最好有部分的薪酬档位相互重叠，以保持邻近的高低薪酬级别之间薪酬数据的连续性。譬如，薪酬级别 1 级的薪酬档位 F、G 档与薪酬级别 2 级的薪酬档位 A、B 档的薪酬数据是相同的，而薪酬级别 2 级的薪酬档位 F、G 档与薪酬级别 3 级的薪酬档位 A、B 档的薪酬数据是相同的，等等。

（5）定薪

确定某一任职者入职后的薪酬，即为定薪。

定薪，首先是依据经职位评估后确定的职位级别，在薪酬标准中选择对应的薪酬级别；其次是结合任职者原有的薪酬水平，在对应薪酬级别内选取适当的薪酬档级，以确定任职者入职后的薪酬。

有试用期的，按试用期的相关规定执行。

对超出企业既定薪酬标准的，可按个案处理，经履行授权范围内的相关审批程序后生效。

（6）调薪

无论什么企业，薪酬不变只是相对的，而薪酬变化往往才是绝对的。企业需要适时对员工薪酬进行调整，以保持薪酬体系的合理性、公平性和激励性。

调薪一般包括任职者职位发生变动时的调薪、连续工作业绩优异时的调薪和外部市场薪酬水平发生变化时的调薪。显然，前二者属于个别薪酬调整（个调），后者则属于普遍薪酬调整（普调）。

职位变动调薪遵循“易岗易薪”的原则，首先是依据经职位评估后确定的职位级别，在薪酬标准中选择对应的薪酬级别；其次是结合任职者原有的薪酬水平，在对应薪酬级别内选取适当的薪酬档级，以确定任职者职位变动后的薪酬。

连续工作业绩优异时的调薪遵循“多劳多得”的原则，当员工一年或连续二三年工作业绩优异时，企业可以在该员工原有的薪酬水平的基础上，在同一薪酬级别内上调其薪酬档级。

外部市场薪酬水平发生变化时的调薪则符合“水涨船高”“情随事迁”的道理，当外部市场薪酬数据随着物价指数、劳动生产率和人才市场的供求关系发生较明显变化时，企业可以对自身的调薪标准进行统一的调整——但各薪酬级别不一定都调整相同的幅度，形成一张新的薪酬数据表，再以此为依据，完成对员工薪酬的普遍调整。

6.1.6.2　福利

福利分为广义的福利和狭义的福利。

广义的福利指除薪酬以外，企业为给员工带来满足感和幸福感所发生的全部的成本费用——用于员工的个体福利和集体福利（如职工图书室、职工网吧、职工健身房、职工乒乓球室等。但随着社会化分工的日渐普及，这种集体福利的事例正变得越来越少）。

狭义的福利则指除薪酬以外，企业为给员工带来满足感和幸福感所发生的需要当期付现的成本费用——主要用于员工的个体福利，包括“五险一金”、企业年金、补充医疗保险等。而在这里要讨论的就是这种狭义的福利。

（1）“五险一金”

“五险”是指基本养老保险、基本医疗保险、失业保险、工伤保险和生育保险等五种社会保险；“一金”是指住房公积金。

第一，“五险一金”的缴纳基数。

“五险一金”的缴纳基数是员工本人上一年的月平均薪酬（应该包括固定薪酬和变动薪酬在内的全部薪酬的1/12）。其中，一些地方对住房公积金的缴纳基数设置了封顶线，如××市规定，当员工本人上一年的月平均薪酬超过××市上一年的社会平均工资的3倍时，以该3倍数额作为住房公积金缴纳基数的最高限额。

第二，“五险一金”的缴纳比例。

“五险一金”的缴纳比例，按照各地的规定会略有不同。其中，基本养老保险、基本医疗保险、失业保险和住房公积金由企业和员工共同缴纳，而工伤保险和生育保险则完全由企业缴纳。

目前，企业和员工合计的缴纳比例大约占缴纳基数的64%～68%（见表6.4）。

表6.4　“五险一金”缴纳比例

科目	企业缴纳（%）	员工个人缴纳（%）	小计（%）
基本养老保险	20	8	28
基本医疗保险	10	2	12
失业保险	1	0.2	1.2
工伤保险	0.3	0	0.3
生育保险	0.8	0	0.8
住房公积金	12	12	24
合计	44.1	22.2	66.3

第三，“五险一金”的受益人。

“五险一金”由企业按月（一般与发放员工薪酬的时间一致）向所在地方的社保机构和住房公积金管理中心缴纳，包括企业应缴纳的部分和由企业代扣的员工应缴纳的部分。

“五险一金”最终的受益人为员工。

其中，大多数地方有如下规定。

一是基本养老保险累计缴纳满15年的，在退休后可以领取养老金待遇；缴纳超过15年的，可以多缴多得。

二是基本医疗保险当期缴纳，当期可用于在医保范围内支付医疗费用；累计缴纳满一定年限（一般男25年、女20年）的，退休后可用于在医保范围内支付医疗费用。

三是失业、工伤和生育保险用于发放员工在失业、工伤时期和女员工生育时期的待遇。

四是住房公积金在符合公积金提取规定的条件下，员工可以办理住房公积金提取，用于个人购房、装修或偿还房贷等。

第四，离职时“五险一金”的处理方式。

在员工离职时，对“五险一金”的处理方式有所不同。

对基本养老保险，有三种处理方式：一是中断缴纳，个人账户中的积累停止，会对员工退休后领取的养老金待遇造成较大影响；二是由个人全额缴纳，包括应由企业缴纳的部分也一并由个人缴纳，即不中断缴纳；三是到本地其他企业就业的，或到外省市其他企业就业的，可以办理基本养老保险转移手续，由新就业企业和员工本人继续缴纳。

对基本医疗保险，有三种处理方式：一是中断缴纳，个人账户中的积累停止，当期无法在医保范围内支付医疗费用，退休后也无法在医保范围内支付医疗费用；二是由个人全额缴纳，即不中断缴纳，将本应由企业缴纳的部分也一并由个人缴纳；三是到本地其他企业就业的，或到外省市其他企业就业的，可以办理基本医疗保险转移手续，由新就业企业和员工本人继续缴纳。

对失业、工伤和生育保险，由于都没有个人账户，因此一旦员工离职，这 3 种社会保险会自动解除。其中，若不是个人原因造成的员工离职即失业的情形，只要原失业保险缴纳满 1 年以上的，该员工可以继续领取一定年限（一般最长为 2 年）的失业保险待遇。

对住房公积金，有两种处理方式：一是中断缴纳，个人账户中的积累停止，但只要符合公积金提取规定，不会对员工提取该账户中的住房公积金造成影响；二是到本地其他企业就业的，或到外省市其他企业就业的，可以办理住房公积金转移手续，由新就业企业和员工本人继续缴纳。

（2）企业年金

企业年金又称补充养老金，是企业及其员工在参加基本养老保险的基础上，依据有关法规自愿建立的一种补充养老保险制度。

今天，作为基本养老保险重要的补充手段，企业年金正成为企业较为普遍实行的重要的福利制度之一。

第一，企业年金的建立。

建立企业年金的基本条件：企业和职工建立企业年金，应当依法参加基本养老保险并履行缴费义务，企业具有相应的经济负担能力。

建立企业年金的工作程序：企业人力资源部门起草企业年金方案，提交企业职代会或者全体职工讨论通过；将通过后的企业年金方案报送所在地县级以上政府的人社部门（其中，中央所属企业的报送国家人社部，跨省企业的报送其总部所在地省级政府的人社部门，省内跨地区企业的报送其总部所在地市级以上政府人社部门）；人社部门自收到之日起 15 日内未提出异议的，企业年金方案自动生效。

企业年金方案的主要内容包括：参加人员的范围（包括试用期已满的员工）、

资金筹集与分配的比例和办法、账户管理、权益归属、年金基金管理、待遇计发和支付方式、方案的变更和终止、组织管理和监督方式、约定的其他事项等。

第二，企业年金的缴费、账户和基金的构成。

企业年金由参加企业年金的企业和员工共同缴纳。其中，企业缴费部分由企业按月（一般与发放员工薪酬的时间一致）缴纳，员工缴费部分由企业代扣后缴纳。

企业年金分别开立企业账户和员工个人账户，同时在员工个人账户之下分设两个子账户——企业基本缴费子账户和个人缴费子账户。

目前，企业缴费每年不超过企业员工工资总额的 8%，企业和员工个人缴费合计不超过企业员工工资总额的 12%（其中，员工个人缴费不超过企业员工工资总额 4% 的部分，暂不计征个人所得税）。具体的缴费比例，由企业年金方案及具体的实施细则确定，但员工个人账户下的企业基本缴费子账户与个人缴费子账户的基数应保持一致。

实行企业年金后，企业如遇到经营亏损、重组并购等当期不能继续缴费的情况，经与员工一方协商，可以中止缴费。不能继续缴费的情况消失后，企业和员工恢复缴费，并可以根据本企业实际情况，按照中止缴费时的企业年金方案予以补缴，但补缴的年限和金额不得超过实际中止缴费的年限和金额。

企业年金基金由企业缴费、员工个人缴费和企业年金基金财产的投资收益构成。

第三，企业年金的内部管理机构和运营服务机构。

作为企业年金的内部管理机构，企业可设立企业年金管理委员会和企业年金管理办公室。前者为企业年金事务的决策机构，后者为企业年金事务的日常办事机构，二者均在《企业年金管理章程》所明确的职责权限内开展工作。

依据有关法规的要求，作为企业年金的运营服务机构主要分为受托人（企业自行组建企业年金理事会作为受托人的除外）、账户管理人、托管人和投资管理人等 4 类。

受托人一般为取得企业年金受托资质的寿险公司或其他中介机构。其职责是负责接受委托，选择、监督、更换账户管理人、托管人、投资管理人等；制订企业年金基金的投资策略；编制企业年金的基金管理报告和财务报告；根据企业年金受托合同，收取企业和员工个人的缴费，并向受益人支付企业年金待遇等。

账户管理人一般为商业银行。其职责是建立企业年金的企业账户和个人账户；记录企业、员工缴费以及企业年金基金的投资收益；及时对账；计算企业年金的个人待遇；提供企业年金的企业账户和个人账户的信息查询服务等。

托管人一般为账户管理人以外的商业银行。其职责是保管企业年金的基金财产；开设该基金财产的资金账户和证券账户；根据受托人指令，向投资管理人分配基金财产；根据投资管理人指令，及时办理清算、交割事宜；进行基金财产的会计核算和估值，复核投资管理人计算的基金财产的净值等。

投资管理人一般为基金公司、证券公司、保险公司等投资机构。其职责是以企业年金的基金财产进行投资理财；建立企业年金基金财产的投资风险准备金；定期向受托人和有关监管部门提交企业年金基金财产的投资管理报告等。

企业年金管理委员会通常采取招标方式确定上述 4 类企业年金运营服务机构。

第四，企业年金的权益归属。

企业年金的权益归属，视个人账户（又分为个人缴费和企业缴费部分）与企业账户而有所不同。

一是企业年金个人账户中的个人缴费部分及投资收益自始至终归属员工个人。

二是企业年金个人账户中企业缴费部分及投资收益在什么时间、以什么比例归属员工个人，由企业年金方案及具体的实施细则确定，可以自始至终归属员工个人，也可以分年（但最长不得超过 8 年）逐步归属员工个人。

三是企业年金企业账户部分及投资收益在什么时间、以什么比例归属员工个人，也由企业年金方案及具体的实施细则确定。

上述个人账户中企业缴费部分和企业账户部分及各自的投资收益，一旦归属员工，其权益就为员工个人所有；如未归属员工的，则权益转入或继续保留在企业账户之中。

员工离职时，如新就业企业已建立企业年金的，其个人账户中归属员工个人的权益可进行转移。如员工未就业，或新就业企业未建立企业年金的，其个人账户中归属员工个人的权益可由原企业年金管理机构继续管理——封存个人账户，账户管理相关费用由个人负担，封存账户中的权益资金可继续获得投资收益等。

第五，企业年金的待遇领取。

职工在达到法定退休年龄或者完全丧失劳动能力时，可以从企业年金个人账户已归属员工个人的部分中，按月分次或者一次性领取企业年金。

员工出国（境）定居的，根据本人要求，可以从企业年金个人账户中一次性提前领取企业年金。在职员工或者退休人员死亡后，其企业年金个人账户中的余额可以继承。

（3）补充医疗保险

在已参加基本医疗保险的基础上，企业还可以参加补充医疗保险——区别于基本医疗保险的一种商业保险，以提高员工就医费用的报销比例。

其投保和理赔的过程如下。

一是企业与开办补充医疗保险业务的保险公司签订保险合同，附参保员工名单，并按参保人数由企业按年支付一定的补充医疗保险费（企业员工工资总额4%～5%以内的部分，通常可以列入企业成本费用，在税前列支）。

二是参保员工在就医后将医药费发票交企业人力资源主管人员，由企业归集后按月交保险公司，再由保险公司对该员工就医的医药费在基本医疗保险支付后，且员工个人承担的医药费年度累计已超过××元时，超过部分的门诊医药费按95%、住院医药费按100%予以报销（1年内同一个员工累计补充医疗保险的报销金额不超过××万元）。

（4）其他补贴

常见的有每个工作日的午餐补贴，每月的交通补贴、通信补贴，以及国内北方地区供暖季的供暖费补贴、南方地区夏季的防暑降温费补贴等。

6.1.7 业绩考核

业绩考核又称绩效考核，是采用一定的业绩考核方法对员工的工作业绩进行评价，得出业绩考核结果的一项重要的人力资源管理工作。

之所以重要，是因为业绩考核是衡量企业激励公平性的砝码。其结果往往会对员工的晋升还是降职、加薪还是减薪、如何培训、向何种职业方向发展，以及续聘还是解聘等产生重要影响，甚至影响到企业的稳定和企业的整体发展方向。

6.1.7.1 业绩考核方法

常见的业绩考核方法包括素质能力评分表法、典型工作评分表法、业绩排序法、业绩对比法、关键业绩指标（Key Performance Indicator，KPI）考核法、平衡计分卡（BSC）考核法等。

（1）素质能力评分表法

素质能力评分表法是将某一职位任职资格要求的素质能力列成评分表，然后由考核评价人员对员工在工作中展现出来的素质能力进行打分，以得出业绩考核结果的方法（见表6.5）。

表6.5 素质能力评分表

得分 素质能力	1	2	3	4	5	小计
道德品德						
理论知识						
工作经验						
通用技能						
专业技能						
个性特征						
考核评价人员		时间			总分	

该业绩考核方法的特点是简单易行；对已抽象化概括的素质能力打分，便于对员工的业绩考核结果进行相互比较。但这种方法的信度和效度一般。

（2）典型工作评分表法

典型工作评分表法是将某一员工承担的典型工作列成评分表，然后由考核评价人员对员工完成工作的数量和质量分别进行打分和加权计算，以得出业绩考核结果的方法（见表 6.6）。

表 6.6　典型工作评分表

典型工作＼得分	数量1	质量1	数量2	质量2	数量3	质量3	数量4	质量4	数量5	质量5	小计
1.											
2.											
3.											
…											
考核评价人员			时间					得分合计			

注：此表中数量得分与质量得分的权重是 50% ∶ 50%，也可以根据企业对工作数量和工作质量具体的重视程度设计成其他的权重比，如 60% ∶ 40%、30% ∶ 70% 等。

该业绩考核方法的特点是简单易行。但这种方法无法对员工的典型工作进行抽象化概括，不便于对不同员工的业绩考核结果进行相互比较，且信度和效度一般。

（3）业绩排序法

业绩排序法是由考核评价人员对员工按工作业绩的高低进行排序，排在最前面的员工为优秀，排在其后的可以依次为良好、一般、较差、极差等，直至将全部员工排序完毕，以得出业绩考核结果的方法（见表 6.7）。

表 6.7　工作业绩排序表

工号	姓名	业绩排位	业绩考核结果	备注
			优秀	排名前10%
			…	…
			良好	排名10%～40%
			…	…
			一般	排名40%～80%
			…	…
			较差	排名80%～90%
			…	…
			极差	排名后10%
			…	…
考核评价人员			时间	

注：此表中排名前、后均为 10%，也可以根据企业业绩考核制度规定，设计成其他的比例，如 5%、或 15% 等。

该业绩考核方法的特点是简单易行，但信度和效度一般。

（4）业绩对比法

业绩对比法类似于6.1.3节所述的职位评估的排列法，是由考核评价人员对员工进行两两对比，工作业绩相对较高的计1分，相对较低的计0分；在对全部员工两两对比打分后，将每一位员工的分数进行加总，认定总分最高的员工的工作业绩也最高，依次降序排列，最终得出企业所有员工的业绩考核结果的方法。

该业绩考核方法的特点与上述的业绩排序法一样，也是简单易行，但信度和效度一般。

（5）关键业绩指标考核法

关键业绩指标（KPI）考核法源自二十世纪八九十年代以后的目标管理学派，是由考核评价人员对员工承诺的KPI（主要是财务类指标）的完成情况进行评价打分，以得出业绩考核结果的方法。

关键业绩指标可以利用“二八定律”、决策树分析等手段，从员工承担的预算任务清单中予以选择。

选择关键业绩指标和指标值，通常遵循SMART原则——S（Specific，具体的）指关键业绩指标应取自具体而不是笼统的工作；M（Measurable，可度量的）指关键业绩指标应是可测量、可验证的，而不是非数量化的指标；A（Attainable，可实现的）指关键业绩指标应是员工“跳一跳是可以够到桃子”的，而不是“遥不可及”“好高骛远”的指标；R（Relevant，相关的）指关键业绩指标应与员工承担的预算任务相关，而不能取自与员工毫不相干的事项；T（Time-based，有时限的）指关键业绩指标应含完成工作任务的时间期限，而不是含糊的、无确定的完成时间的指标。

确定关键业绩指标和指标值后，企业应与员工在KPI考核表（见表6.8）上签字确认，并在考核周期结束时依据这些KPI对员工进行业绩考核。

该业绩考核方法的特点是具有较好的信度和效度，但由于关键业绩指标主要从预算任务清单中选取，因此对承担职能工作的员工进行业绩考核，要找到可量化的职能工作的关键业绩指标往往是一件不大容易的事情。

（6）平衡计分卡考核法

如3.1.4节所述，平衡计分卡（BSC）考核法源自对组织战略执行的业绩评价。

与关键业绩指标考核法主要选取财务类指标进行业绩考核的做法不同，平衡计分卡考核法是以系统性、前瞻性的思维去“平衡”地选取财务类、客户类、内部运营类、员工学习成长类等4类指标参与业绩考核，再由考核评价人员对员工承诺的这4类指标的完成情况进行评价打分，以得出业绩考核结果的方法。

表 6.8　员工 KPI 考核表（××××年度）

<table>
<tr><td>员工姓名</td><td></td><td>所在部门</td><td colspan="2"></td><td>直接领导</td><td></td></tr>
<tr><td>工号</td><td></td><td>职位</td><td colspan="2"></td><td>部门领导</td><td></td></tr>
<tr><td colspan="4">KPI确认</td><td colspan="3">KPI考核</td></tr>
<tr><td colspan="2">KPI</td><td>评分规则</td><td>分值</td><td>员工
自评分</td><td>直接领导
评分</td><td>部门领导
评分</td></tr>
<tr><td colspan="2">1</td><td>1</td><td></td><td></td><td></td><td></td></tr>
<tr><td colspan="2">2</td><td>2</td><td></td><td></td><td></td><td></td></tr>
<tr><td colspan="2">3</td><td>3</td><td></td><td></td><td></td><td></td></tr>
<tr><td colspan="2">4</td><td>4</td><td></td><td></td><td></td><td></td></tr>
<tr><td colspan="2">…</td><td>…</td><td>…</td><td></td><td></td><td></td></tr>
<tr><td rowspan="2">否决类
（扣分）</td><td>失职责任</td><td></td><td></td><td></td><td></td><td></td></tr>
<tr><td>重大事故</td><td></td><td></td><td></td><td></td><td></td></tr>
<tr><td colspan="2">员工个人</td><td>直接领导</td><td>部门领导</td><td>员工个人</td><td>直接领导</td><td>部门领导</td></tr>
<tr><td colspan="2">签字

时间</td><td>签字

时间</td><td>签字

时间</td><td>Σ：
签字
时间</td><td>Σ：
签字
时间</td><td>Σ：
签字
时间</td></tr>
</table>

注：此表也可以略作改动后作为部门 KPI 考核表。

财务类指标是反映企业经济效益、为股东创造价值的指标，如净资产收益率、总资产报酬率、每股收益、净利润、息税折旧及摊销前利润、经济增加值（EVA）、主营业务收入、主营业务利润率、资本保值增值率等。

客户类指标是反映企业满足客户需求、为客户带来价值的指标，如客户满意度、产品市场份额、品牌认知度（美誉度）、创新型产品上榜或获奖数量、售后服务响应时间、客户流失率等。

内部运营类指标是反映企业为创造股东价值和满足客户需求的内部业务和管理流程是否高效、直接工作效果是否明显的指标，如成本费用利润率、人力成本占主营业务收入比例、研发投入产出比、专利市场转化率、流动资产周转率、“二金”（应收和存货）占主营业务收入比例、项目按计划完工率、法律问题或质量事故发生率等。

员工学习成长类指标是反映企业为创造股东价值和满足客户需求的同时，使员工素质能力得到提升、不断成长进步的指标，如员工人均培训时间、职业发展计划达成率、员工业绩辅导率、行业专家数量占员工的比例、骨干员工流失率等。

由于平衡计分卡本身来源于对组织战略执行的业绩评价，所以其更适合对一个企业或企业中的职能部门或业务单元进行整体的业绩考核。

依据自己的管理实践，我建议在将平衡计分卡用于员工个人的业绩考核时，需要对上述 4 类指标中的具体指标再进行分解、细化，以更好地适用于员工个人的业绩考核。

譬如，对财务类指标中的净资产收益率调整为某一产品占用资金收益率，净利润分解为某一产品内部核算利润，主营业务收入分解为某一产品的主营业务收入等；对客户类指标中的客户满意度分解为某一产品的客户满意度，产品市场份额分解为某一产品的市场份额，品牌认知度（美誉度）调整为某一子品牌的认知度（美誉度），售后服务响应时间分解为某一产品售后服务响应时间等；对内部运营类指标中的人力成本占主营业务收入比例分解为某一产品的人力成本占主营业务收入比例，“二金”占主营业务收入比例分解为某一产品“二金”占主营业务收入比例，项目按计划完工率分解为某一子项目按计划完工率等；对员工学习成长类指标中员工人均培训时间调整为员工本人参加培训出勤率，职业发展计划达成率调整为员工本人职业发展计划目标达成率，员工业绩辅导率调整为对新员工的工作辅导率等。

确定平衡计分卡指标和指标值后，企业应与员工在 BSC 考核表（见表 6.9）上签字确认，并在考核周期结束时依据这些 BSC 指标对员工进行业绩考核。

表 6.9　员工 BSC 考核表（×××× 年度）

员工姓名		所在部门		直接领导	
工号		职位		部门领导	
BSC确认			BSC考核		
BSC	评分规则	分值	员工自评分	直接领导评分	部门领导评分
财务类	财务类				
1.	1.				
2.	2.				
…	…				
客户类	客户类				
1.	1.				
2.	2.				
…	…				
内部运营类	内部运营类				
1.	1.				
2.	2.				
…	…				
员工学习成长类	员工学习成长类				
1.	1.				
2.	2.				
…	…				
否决类（扣分）失职责任					
重大事故					
员工个人	直接领导	部门领导	员工个人	直接领导	部门领导
签字 时间	签字 时间	签字 时间	Σ： 签字 时间	Σ： 签字 时间	Σ： 签字 时间

该业绩考核方法的特点，一是具有较好的信度和效度；二是与偏重于财务类指标而忽视非财务类指标的传统的业绩考核方法相比，更具有系统性和前瞻性，更适应信息社会下必须不断地为客户创造价值，不断地改善内部运营流程，不断地成就员工进步，才能获得持续发展动力的企业的需要。

6.1.7.2　业绩考核结果的应用

通过业绩考核并得出员工的业绩考核结果后，应如何应用这一业绩考核结果？

一是可以依据业绩考核结果核发员工的变动薪酬；二是可以对业绩考核成绩优异的员工予以加薪，或对业绩考核成绩糟糕的员工予以减薪；三是对业绩考核成绩优异的员工安排晋升（相反，则可能是降职甚至辞退）、培训、休假等。

需要强调的是，在应用业绩考核结果之前，企业负责业绩考核的主管人员或员工的直接上级应向员工反馈业绩考核结果并进行业绩辅导——肯定员工做出的成绩，指出员工存在的不足，提出改进的意见和建议等。同时，接受员工对业绩考核结果的申诉——如果员工对业绩考核结果有较大异议的话。

6.1.8　培训

为使新员工入职后尽快了解企业的制度体系和指挥汇报关系，或让员工掌握新技能，以适应企业发展的新要求和新变化，或是有计划地提高员工的综合能力和解决复杂问题的能力，以承担更重要的工作任务，都离不开培训。

企业培训通常会占用工作时间，还会产生一定的培训费用，但大多数企业仍会对此情有独钟、乐此不疲。因为这些企业都深谙“磨刀不误砍柴工”的道理。

6.1.8.1　培训内容

企业培训与员工以前在各类学校进行学历教育时的情形有所不同，以前主要是学习知识，而现在重点是培训技能。

按照培训内容的不同，企业培训大体可以分为如下几种。

一是企业制度体系和指挥汇报关系的培训。这类培训主要针对新入职员工。通过培训，让新入职员工尽快了解企业文化（企业定位、企业愿景、企业精神等）、人力资源和财务等基本制度体系，与入职岗位相关的工作内容、工作程序，以及人际关系和沟通方式等。

二是新技能的培训。这类培训主要针对已在职一段时间的员工。通过培训，可以让这些在职员工更新原有的技能以适应工作岗位的新要求，或掌握一些新技能以适应企业业务发展的新变化。譬如，原先出差利用笔记本电脑办公的员工，通过培训现在出差可以使用手机办公了——因为这家企业新开通了手机办公系统；再如，最近战略投资部门的员工均接受了5G、人工智能等内容的培训——因为这家企业已决定要转型从事与这些新技术相关的业务。

三是综合能力和解决复杂问题能力的培训。这类培训主要针对已经或有可能走上领导岗位的员工。通过培训，可以提高员工诸如计划组织能力、分析判断能力、沟通协调能力、解决复杂问题的能力等，以承担更重要的工作任务。

6.1.8.2 培训方式

培训方式按培训组织者的不同，分为内部培训和外部培训。前者由企业自行组织培训工作（包括参与内部交流分享、由内聘讲师授课、请外聘讲师授课、在企业自建网校学习等），后者则由外部专门的培训机构来负责承接培训任务（包括购买培训机构的公开课、参加培训机构举办的专题讲座、参加培训机构组织的××能力拓展训练项目等）。

培训方式按培训时间的长短不同，分为在职培训和脱产培训。其实究竟多短时间算“在职”培训、多长时间算“脱产”培训，这并无严格的界限。不同的企业可以有不同的定义，但脱产培训往往属于外部培训，会占用更多的时间和花费更多的费用。企业安排脱产培训的人次会明显少于在职培训，而且企业也可以与参加脱产培训的员工签订如6.1.5节所述的培训协议。

6.1.8.3 开展培训活动

企业人力资源部门应根据人力资源规划和公司年度总体工作安排，在与各职能部门和业务单元沟通并征询意见的基础上，编制培训计划。培训计划包括培训日期、培训内容、培训对象、培训方式、培训时长、培训费用预算等内容。

对培训计划及相应的甘特图，应按照管理权限，经审核批准后组织实施。

培训实施通常由企业人力资源部负责组织，具体包括以下内容。

一是落实培训时间、地点、参训人员、培训讲师、培训教具和教材等，内训一般与企业内部相关部门和相关人员沟通协调，外训则主要是与外部培训机构沟通协调。

二是申请、落实支付培训费用。

三是发布培训通知，必要时提醒培训对象届时参训。

四是在培训结束后完成培训效果评估及培训备案工作。

6.1.9 职业发展计划

职业发展计划又称职业生涯规划。职业发展计划是个人理性地对自身从事的职业做出的发展计划。其中，职业是个人从事的某类工作；理性地，指这是经过思考和论证的，而不是一时的心血来潮或突发奇想；对职业做出发展计划，包括确定职业定位、不同时期要达到的职位目标、围绕职位目标安排的一系列行动计划等。

6.1.9.1　职业发展的不同阶段

关于职业发展阶段，不同的学者或管理者可能有不同的认识。依据自己的管理实践，我认为一个人的职业发展大致可以划分为探索期、确立期、稳定期和衰退期四个阶段（见图 6.3）。

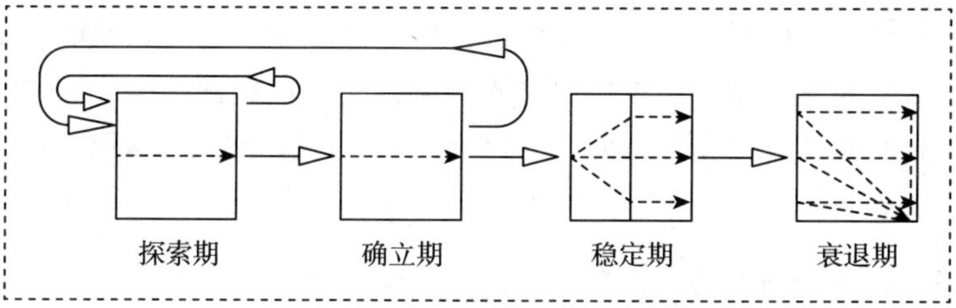

图 6.3　职业发展的不同阶段

严格地说，在上述职业发展的四个阶段中，只有后三个阶段是在企业中度过的。

（1）探索期

探索期从产生长大后要做什么的想法之后（在中小学阶段，甚至是在学龄前），到结束学历教育、找到第一份正式工作之前。

个人对职业的认识和选择的想法，最初可能来自父母、老师、同学、朋友，也可能来自书籍、报刊、电影、电视等的影响。这可能与自己的个性、爱好有关，也可能与家庭条件、周围地域环境等有关。

对大多数人来说，尽管探索期或长或短，其终究会随个人找到了第一份正式工作而结束。但对极少数人来说，这或许会是一个例外——他们总在尝试着干这干那，不断地去“试工”，甚至终生都在对自己的职业选择上进行着“孜孜不倦”的探索。

（2）确立期

确立期从找到第一份正式工作之后，到不再变换职业之前。确立期的主要特征是职业已基本确定，不再变化。

请注意，在这里讨论的变换职业与“跳槽”是两个不同的概念。有的人“跳槽”，的确是为了变换职业；但也有的人“跳槽”，并没有变换职业，即便其去了另外一个组织，却依然从事着自己原来认定的职业。

有趣的是，在我们身边，有不少的人从找到第一份工作以后就没有变换过职业，但也有一些人不停地变换职业，他们甚至无法通过确立期，往往只能被迫重新回到探索期继续其“探索”之旅。

（3）稳定期

稳定期从不再变换职业之后，到职位保持在某一级别而没有下降之前。稳定期的主要特征是职位已相对稳定。

在职位达到稳定之前，某个人的职位变化可能有两种不同的情况：一是职位级别“蒸蒸日上”，二是职位级别“就此打住”。显然，每个人都期待着第一种情况能时不时地降临到自己的头上。

（4）衰退期

衰退期从职位不再保持在某一级别而开始下降之后，到正式退职、退休之前。但也有的人进入衰退期后，职位级别并没有明显变化，仍保持在稳定期原有的级别上，只是到正式退职、退休前才以“一步到位”的方式，结束了自己的职业生涯——相当于没有衰退期。

6.1.9.2　企业应该做的是：参与

表面上看，职业发展计划属于个人事务的范畴，是谋求自我发展、自我实现的一种个人设计。但对员工来说，无论是这一计划的编制、实施，还是这一计划目标的最终达成，如果有企业参与，则其过程会“顺畅”许多，结果也会“圆满”许多。

同时，对企业来说，参与员工职业发展计划，一则可以使企业及时了解员工的个性特征、兴趣爱好、素质能力等，便于加强对员工的精细化管理；二则可以使企业及时了解员工的职业取向及自我发展目标，便于正确地引导员工将其职业发展计划与公司的发展需要相契合，使员工能够安心在企业工作，提升工作能力，创造工作业绩，在企业发展的同时，使员工也得到成长和进步。

通常，企业参与员工职业发展计划的做法可以有以下几个方面。

一是在员工入职前，企业可以通过招聘环节了解员工的个性特征、兴趣爱好、素质能力、职业取向等，向员工介绍企业的定位、制度、文化，帮助员工分析其入职本企业提供的工作岗位是否合适，防止员工“误打误撞”，以避免员工一开始就“入错行”。

二是在员工的职业确立期，企业可以与员工共同编制职业发展计划，向员工提供与其职业取向相匹配的工作岗位——管理职位或平行的非管理职位，通过入职培训、在职培训、师傅或导师的言传身教等多种手段，帮助员工尽快进入工作角色、适应工作环境、获得工作乐趣、做出工作成绩，并及时得到相应的激励，防止员工轻易“跳槽”，以避免员工误认为自己“进错门”。

三是在员工的职业稳定期，企业可以与员工共同完善职业发展计划，明确要达到的职位目标和围绕职位目标安排的一系列行动计划，建立责任制和考评体系，分阶段、有步骤地通过培训、轮岗、挂职、工作加压等方法，帮助员工挖掘自身潜能，施展才华，不断进步；在企业发展的同时，满足员工的自我发展需要，实现自我价值，防止出现员工职位级别始终不变的情形，以避免员工误认为自己“走错路”。

四是在员工的职业衰退期，企业可以根据员工的工作经验、素质能力特点和身体健康状况等，有计划地、主动安排员工到其适合的工作岗位工作，并提前确定其原工作岗位的继任者，发挥其“传帮带”的作用，有序完成工作交接，防止员工产生“人走茶凉”的感觉，以增强员工的企业归属感。

6.2　常见问题诊断

6.2.1　人力资源规划是可有可无的吗

客观地讲，在人力资源管理的诸多模块中，缺少招聘、劳动合同关系（包括考勤与休假管理）、薪酬福利等模块的例子比较少见，但没有人力资源规划模块的例子很容易找到。

究其原因，或者是这家企业对所有的规划、计划类的事情统统都不够重视，连企业发展战略都没有，就更不可能编制什么人力资源规划了；或者是这家企业还遵循着“人事管理就是头儿说了算”的定势，进人也罢、裁人也罢，还不都是看主要领导的意思。要是主要领导不认可，搞再好的人力资源规划还不都是“瞎子点灯——白费蜡”。

而正如 6.1.2 节所述，通过人力资源规划，企业可以在数量和类型上分析职位需求与人力资源现状之间的差距，提出在什么时候、以什么方式提供和保有相应的人力资源，以保障企业实现自身的战略发展目标。所以，如果是一位睿智的、希望按照现代企业制度来运营企业的管理者的话，就一定不会无视“人力资源规划是可有可无的”这样的问题存在。

6.2.2　因人设岗和人浮于事

在因人设岗和人浮于事的问题上，企业的表现可谓惊人的相似——都或多或少地存在这类现象。

6.2.2.1　因人设岗

因人设岗是与因事设岗对应的。前者是企业先有某个人，再依据这个人能够干什么为其设置一个岗位，而不管这个人干的事与企业整体的目标任务是否吻合。后者则是企业先有某项工作，再依据这项工作设置一个岗位，然后聘任相应的人到这个岗位上来承担这项工作，这样把完成的一项项工作汇集起来，最终达成了企业整体的工作任务目标。显然，职位设置的“人间正道”应该是因事设岗。

通常，企业只有在特殊情况下才能考虑因人设岗。譬如，一家企业进行产业结构调整，原有的某个事业部被裁撤掉了，而该事业部的员工不可能短期内统统解除劳动合同（假定有法规限制），该企业只好“因人设岗”，给那些暂时还没有离开企业的员工找点事情干干。

所以，如果因人设岗现象在一家企业中随处可见，那么对这家企业来说，这绝对不是一桩好事。

6.2.2.2　人浮于事

人浮于事的特征就是人多事少，工作任务不饱满。其带来的后果，一是工作效率不高，投入产出比或人均创利水平低下；二是工作纪律涣散，滋生懒惰情绪，让人丧失工作斗志；三是“无事生非”，容易引发人与人、人与环境的矛盾冲突。

所以，如果说因人设岗在某些特殊情况下还有存在的理由的话，人浮于事则只能是“百害而无一利”了。

6.2.3　在招聘光环的背后

采用招聘方式招募员工是现代企业的一种普遍做法。哪怕是一个家族式企业，现在也都比较热衷于招聘了。但客观地讲，在不少企业组织的招聘光环的背后依然存在不少问题。

其中，容易招致非议、诟病的主要是招聘标准是否准确？甄选方法是否合理？招聘是否具有真实性、公允性？

6.2.3.1　招聘标准和甄选方法是否准确、合理

许多企业在招聘标准中提出的任职资格条件经常脱离实际，一味地拔高，动辄就要求应聘者“具有战略眼光和全局视野、×× 以上学历、×× 以上职称、×× 年以上工作经验，具备优秀的开拓能力、决策能力、解决复杂问题的能力……”等。到招聘报名截止时，才发现应聘者寥寥无几，于是又匆忙地调整招聘标准，大幅降低任职资格条件。

还有的企业只对职位申请表进行草草筛选后就直接安排了面试。面试前也未预先准备面试提纲。本应该几名主考人到场的，结果只来了一名。这名主考人随意地向应聘者提出一些问题，再凭个人判断给出取舍结论，显得极不规范和严肃。

6.2.3.2　招聘是否具有真实性、公允性

先举两个极端的例子：

某家企业在媒体上连续发布招聘广告，但应聘者报完名后该招聘事项就不了了之、没有下文了。其实这家企业发布招聘广告的真实目的并不是为了招募员工，而是为了替企业做宣传、替产品打广告。

更有甚者，某家企业向应聘者收取大笔的报名费、考试费等，却并不招募员工，或者只是象征性地招募了一二名员工。其实这家企业就是做了一件以“招聘”之名行“敛财”之实的营生。

当然，上述现象毕竟是少数，而在这里要讨论的“招聘是否具有真实性、公允性”问题的例子是：某家企业组织的一次招聘活动，预先选择了内、外部招聘同时进行的方式，并设想以笔试和面试的成绩排序决定应聘者的最终取舍。为此，该企业拟定招聘方案，专门成立招聘工作小组，笔试、面试“兴师动众”地搞了好几天，最后却采取“内部优先”的原则，剔除了笔试和面试成绩排序靠前的外部应聘者，而选取了笔试和面试成绩平平的内部应聘者入职。

这样做的结果让该企业招聘的真实性和公允性受到了来自社会的普遍挑战，不少应聘者怀疑该企业此次招聘的人选是否早就内定了，招聘是否就是为了要“走走过场”“摆摆样子”？

6.2.4　解聘和辞职中的风险

解聘和辞职中常见的风险问题，主要是企业在劳动合同关系管理中存在一定的瑕疵造成的。

一是某一员工因为严重违反企业规章制度，企业提出解聘该员工，导致该员工不满，向法院提出诉讼，以企业未支付加班费、兼职工资等为理由（员工手中掌握了一些照片、视频等证据），要求企业支付其大笔的“欠薪”和因企业“违约”被处的罚金。

二是因某一员工不能胜任工作，在企业对其进行培训后仍不能胜任工作，企业提出调整其工作岗位，在其拒绝后，企业提前 30 天提出解聘该员工，该员工不满，向劳动仲裁机构提出申诉，以自己能够胜任工作为由（员工手中掌握了平时的出勤记录、业绩考核成绩等证据），要求企业立即恢复其原岗位工作，并支付其离岗期间的薪酬。

三是某一员工提出辞职且已超过 30 天，企业因一时没有找到继任者或者其他一些原因而未给员工办理离职手续，该员工不满，不再到岗工作，并向劳动仲裁机构提出申诉，要求企业为其立即办理离职手续，并承担因无离职手续而不能再就业给其造成的经济损失。

6.2.5 实施业绩考核时的困惑

由于在业绩考核时使用的一些业绩考核方法，如素质能力评分表法、业绩排序法、业绩对比法等，本身就属于定性考核方法；即便使用关键业绩指标考核法、平衡计分卡考核法等定量考核方法，但对于考核一家企业的职能部门来说，如何合理地选取其定量考核指标也并非易事。

因此，如何保证在使用定性考核方法时的信度和效度，对职能部门和其员工业绩考核时又该如何合理地选取其定量考核指标等，往往给企业实施业绩考核带来或多或少的困惑。

6.2.6 职业发展计划——一个不容忽视的问题

今天，仍有相当多的企业在其人力资源管理体系中并没有职业发展计划这一模块。因为这些企业总以为职业发展计划是员工自己的事情，是员工个人的一种职业安排。

按理说，这些企业的管理者不应该忽视人力资源在企业生存与发展中的重要作用。但遗憾的是，他们忘记了人力资源与企业掌握的其他资源的最大区别——在于人力资源所具有的主观能动性，而这种主观能动性是需要引导和挖掘的。如果企业能够通过参与员工职业发展计划，将看似员工个人的奋斗目标与企业的发展目标结合在一起，正确引导、挖掘员工的主观能动性，使这种主观能动性像火山一样迸发出来，创造最大的工作业绩，则个人进步了，企业也发展了。

这对一家企业来说，有什么不好吗？

6.3 改进的方法措施

6.3.1 建立或完善人力资源管理制度体系

正如我们已在1.1.4节中提及的，“建立或完善企业的制度体系是解决各种经营、管理问题的一大法宝”。对于人力资源这一制度化（如政策性）要求更为突出的管理领域来说，这一点尤其重要。

因此，管理者应该做的，一是对企业的人力资源管理制度体系进行全面梳理；二是在梳理的基础上，进行“废、改、立”——对过期失效或完全不适用的人力资源管理制度予以作废、终止，对已有的人力资源管理制度予以修改、完善，对尚未建立的人力资源管理制度予以订立、补充。

6.3.2　落实或提升人力资源管理的执行能力

正如我们已在 1.1.5 节中提及的，“落实或提升执行能力往往是解决企业各种经营、管理问题的一把金钥匙”。

因此，管理者应该做的，一是按照人力资源管理制度规定的内容、方法和工作程序，全面落实人力资源管理各模块——编制人力资源规划、开展职位设置与评估、招聘、劳动合同关系（包括考勤与休假管理）、薪酬福利、培训、业绩考核、职业发展计划等的工作任务；二是搭建人力资源管理机构，落实责任人，做到责任明确、目标清晰、考核到位、奖罚分明；三是提供必要的资源保障和内外部关系的沟通协调等。

只要功夫到了，何愁人力资源管理的执行能力得不到落实或提升呢？

6.4　参考资料

6.4.1　某企业职位管理办法

为优化职位管理，合理配置和开发人力资源，建立公司科学、高效的人力资源管理体系，特制订本办法。

6.4.1.1　总则

职位管理应建立在基于公司发展战略确定的组织机构、工作职责及其经营、管理目标的基础之上，并依据具体的职位需求及外部市场职位价值的变化情况实行动态管理。

职位管理是招聘、任用、薪酬福利、业绩考核、培训培养等人力资源工作的基础和重要依据。

本办法适用于公司设置的所有职位。

6.4.1.2　职位体系构成

公司将全部职位划分为 26 个职位级别，并以职位级别值为区间，将全部职位划分为 5 类标称职位（见表 6.10）。

表 6.10 职位体系构成

职位类别	标称职位	职位级别值区间
1	资深职位	63、64、65、66
2	高级职位	57、58、59、60、61、62
3	中级职位	51、52、53、54、55、56
4	初级职位	45、46、47、48、49、50
5	支持职位	41、42、43、44

（1）承担领导职责的职位

公司总经理、副总经理、财务总监、总经理助理。

部门总经理、副总经理、总经理助理。

职能或业务经理、副经理。

大组长或大班长。

组长或班长。

对上述职位，可结合公司经营、管理的实际情况增加或减少。

（2）承担职能 / 业务职责的职位

资深主管、高级主管、主管、专员。

资深工程师、高级工程师、工程师、助理工程师。

资深会计师、高级会计师、会计师、助理会计师、出纳。

高级经济师、经济师。

高级审计师、审计师。

高级律师、律师。

高级技师、技师。

高级技工、技工、初级技工。

对上述职位，可结合公司经营、管理的实际情况增加或减少。

6.4.1.3 职位设置与变动

职位设置与变动是指在年度预算编制范围内，设置新职位与对现有职位的合并、分拆、撤销、职位编制增减、职位仅名称变更而非实质性变动等情况。

职位设置与变动的审批程序如下。

一是各部门总经理、副总经理、总经理助理及以上职位的设置与变动，需根据公司相关决定或各部门业务发展需要，由人力资源部提出职位设置申请，经公司总经理办公会审议批准后，填写表《职位设置与变动审批表》（见表 6.11），由分管人力资源部的公司领导签字确认。

二是其他职位的设置与变动，由各部门提出职位设置申请，填写《职位设置与变动审批表》，经人力资源部审核，分管申请部门的公司领导和分管人力资源部的公司领导审批。

表 6.11　职位设置与变动审批表

申请部门		**申请部门经办人**	
	设置新职位名称		
	新职位PC值		
设置新职位	设置新职位原因	□公司决定　□部门经营管理需要 □其他（请注明）	
职位变动	职位变动类型	□职位合并　□职位分拆　□职位撤销 □职位仅名称变更而非实质性变动	
	变动后职位PC值		
	职位变动原因	□公司决定　□部门经营管理需要 □其他（请注明）	
申请部门领导			
人力资源部领导审核			
分管申请部门的公司领导审批			
分管人力资源部的公司领导确认或审批			

6.4.1.4　职位说明书

所有职位均需具备完整、全面的《职位说明书》（见表 6.12）。

表 6.12　职位说明书

职位名称		**所在职能部门/业务单元**		**编制人数**	
直接上级职位		**直接下级职位**		**职位级别**	
总体工作目标					
工作职责	1				
	2				
	3				
	4				
	……				
协作关系	内部：				
	外部：				
任职资格	道德品行	必备：			
		理想：			
	学历/专业	必备：			
		理想：			
	工作经验	必备：			
		理想：			
	通用技能	必备：			
		理想：			
	专业技能	必备：			
		理想：			
	个性特征	必备：			
		理想：			
	其他	必备：			
		理想：			
人力资源部审核人		所在职能部门/业务单元领导			
人力资源部领导		生效时间			

《职位说明书》是对某一职位的工作职责、业绩期望、工作关系、任职资格等职位要素的界定，是任职者《劳动合同》的补充，是对其进行工作管理和人力资源管理的重要依据。

相关部门在申请设置新职位或职位变动前，均需编制或重新审视、修订《职位说明书》，并由人力资源部进行确认。

6.4.1.5 职位评估

职位评估是按照某一职位的《职位说明书》，根据该职位在公司组织架构中的位置和职位职责等内容，由职位评估小组采用美世 IPE 系统，评定该职位在公司中的相对重要性的工作。

（1）职位评估小组的组成

对不同标称职位，职位评估小组的组成如下。

资深职位，由分管人力资源部的公司领导、公司董事长或总经理组成。

高级职位，由相关公司领导、分管人力资源部的公司领导组成。

中级职位，由相关部门领导、人力资源部领导组成。

初级职位，由相关职能或业务经理、副经理，相关部门领导组成；

支持职位，由大组长 / 大班长、组长 / 班长、相关职能或业务经理组成。

上述各职位评估小组成员均应接受美世 IPE 系统的专业培训。

（2）职位评估的工作程序

各职位评估小组根据工作安排，利用美世 IPE 系统对公司相应的职位进行职位评估。

人力资源部负责职位管理的专业人员为各职位评估小组提供职位评估全程的工作安排和服务支持。

在某一职位的职位评估完成后，由人力资源部负责职位管理的专业人员编制《职位评估结果确认单》（见表 6.13），由评估小组成员签字予以确认。

表 6.13 职位评估结果确认单

<table>
<tr><td>评估部门</td><td></td><td>评估日期</td><td></td><td>评估地点</td><td></td></tr>
<tr><td>评估小组成员</td><td colspan="5"></td></tr>
<tr><td colspan="6">评估职位及评估PC值结果</td></tr>
<tr><td>序号</td><td colspan="3">职位名称</td><td>PC值</td><td>标称职位</td></tr>
<tr><td>1</td><td colspan="3"></td><td></td><td></td></tr>
<tr><td>2</td><td colspan="3"></td><td></td><td></td></tr>
<tr><td>3</td><td colspan="3"></td><td></td><td></td></tr>
<tr><td>…</td><td colspan="3"></td><td></td><td></td></tr>
<tr><td>评估小组成员
签字</td><td colspan="5"></td></tr>
<tr><td>制表人</td><td colspan="2"></td><td>复核人</td><td colspan="2"></td></tr>
</table>

6.4.1.6　附则

本办法由人力资源部负责解释，自批准发布之日起执行。

6.4.2　某企业年度培训计划（简版）

人力资源部根据公司人力资源规划，以及公司年度总体工作安排，在与各职能部门和各业务单元沟通并征询意见的基础上，编制了 ×××× 年度培训计划（见表 6.14）并报经主管公司领导审核、批准，现予以发布实施。

请各职能部门和各业务单元协助人力资源部，共同完成本培训计划所涉及的各项培训任务。

表 6.14　×××× 年度培训计划

培训时间	培训地点	培训内容	培训对象	所在部门	培训方式	培训时长	费用预算	部门领导签字
××/××	××	公司规章制度及企业文化	新入职员工	××	内训	××天	××	×××
××/××	××	公文写作和公文管理的规定	综合专员	××	内训	××天	××	×××
××/××	××	《情境领导》	中青年干部	××	外训	××天	××	×××
××/××	××	对《国有资产评估管理办法施行细则》的解析	资产评估主管	××	外训	××天	××	×××
××/××	××	《企业会计准则——基本准则》中部分会计科目的账务处理	高级/主任会计师	××	外训	××天	××	×××
××/××	××	《有效执行》	部门正、副总经理	××	外训	××天	××	×××
××/××	××	GB/T 19001—2016《质量管理体系要求》	质量主管	××	内训	××天	××	×××
××/××	××	优秀班组建设	班组长	××	内训	××天	××	×××
××/××	××	《高效领导的四个角色》	中青年干部	××	外训	××天	××	×××
××/××	××	移动互联网商业WiFi项目	市场经理/售前工程师	××	内训	××天	××	×××
××/××	××	宽带多媒体通信系统的应用	市场经理/售前工程师	××	内训	××天	××	×××
××/××	××	智慧家居控制系统的技术方案	软件/硬件工程师	××	内训	××天	××	×××
××/××	××	电子围栏系统技术方案	软件/硬件工程师	××	内训	××天	××	×××
××/××	××	产品项目管理	产品经理	××	内训	××天	××	×××
××/××	××	生产组织与成本控制	制造单元正、副职	××	内训	××天	××	×××
××/××	××	大客户的策略销售	市场/销售经理	××	内训	××天	××	×××
××/××	××	经济效益审计实务	审计师	××	外训	××天	××	×××
××/××	××	ERP系统主数据管理	信息化工作人员	××	内训	××天	××	×××
…	…	…	…	…	…	…	…	…
合计						××天	××	
编制部门		人力资源部　编制人	×××	批准人			×××	

第7章 财务管理

7.1 主要内容

7.1.1 资金，财务管理的焦点

和人力资源一样，任何企业要发展，都离不开资金（包括资产，在本书中指已带有产业属性的资金）。

在传统政治经济学理论中，构成生产力的三大要素是劳动者、劳动工具（机器、仪表、土地、房屋等）和劳动对象（原材料、零部件等），资金本身不是生产力，但其通过雇佣劳动者、购置劳动工具和购买劳动对象，可以转化为生产力。

资金具有时间价值的特征、风险与收益相匹配的特征，同时遵从现金为王而不是利润为王的观念和增量至上而不是总量至上的观念。

如果认可1.1.1节所述的亨利·法约尔的“管理五要素”，那么财务管理就是对企业的资金进行计划、组织、指挥、协调、控制，以期发挥资金对企业价值创造的最大作用。

财务管理由筹资行为、投资行为、经营行为和收益分配行为中的资金管理，以及预算管理、财务分析等若干模块组成。这些模块相互联系、相互作用，共同保证了财务管理体系的正常运行。

7.1.2 筹资管理

企业筹资是企业作为筹资主体，通过不同的筹资方式和筹资渠道，采用最经济、

可行的手段，及时筹措所需资金的行为。其目的是为了满足企业调整资本结构、投资并购、生产经营和收益分配等的经营活动需要。一句话，就是为了企业的生存与发展。

7.1.2.1　资金需求量预测

资金是一种资源，任何资源的取得都是要付出代价的。何况资金还具有时间价值的特征，并遵从增量至上而不是总量至上的观念，这导致多占用资金就要多支付成本。因此，筹资并不是“多多益善”。

对资金需求量进行预测的方法主要有销售额比率法和资金属性分解法等。

（1）销售额比率法

这是假设资金与销售额之间始终存在一定的比率关系，而依据这种比率关系对资金需求量进行预测的一种常见的方法。

其计算公式为

$$F_2 = F_1+(F_1/S_1)\times(S_2-S_1) = F_1\times[1+(S_2-S_1)/S_1]$$

其中，F_2 为预测期资金需求量；F_1 为基期资金占用额；S_1 为基期销售额；S_2 为预测期销售额。

注意：这是只考虑了企业经营性现金需求的计算公式。如果还需要考虑企业其他诸如调整资本结构、投资并购和收益分配等的资金需求，则需要根据其他的比率关系采用比率法，或采用其他方法分别对资金需求量进行预测后予以加总，以得出企业预测期总的资金需求量。

（2）资金属性分解法

这是按照资金属性将资金分解为固定资金（不随销售额变动）和变动资金（随销售额一定的比率关系而变动），据此对资金需求量进行预测的一种常见的方法。

其计算公式为

$$Y = a+bX$$

其中，Y 为预测期资金需求量；a 为固定资金；b 为每百元销售额的资金占用系数；X 为预测期销售额。

如果企业有多种业务，则计算公式为

$$\sum_{i=1}^{n} Y_i = Y_1+Y_2+\cdots+Y_n = (a_1+b_1X_1)+(a_2+b_2X_2)+\cdots+(a_n+b_nX_n) = \sum_{i=1}^{n}(a_i+b_iX_i)$$

7.1.2.2　筹资方式

企业筹资的方式主要分为权益性筹资和负债性筹资两类，而每一类又再分为若干个品种。其筹资渠道、筹资政策、筹资费用、资金成本以及对企业资本结构产生的影响均有所不同。

（1）权益性筹资

权益性筹资是企业作为筹资主体，通过直接吸收投资（私募）、公开发行股票或配股（公募）、留存收益转增资本等方式筹集自有资金（资本金）的行为（见表 7.1）。

表 7.1　不同权益性筹资方式的特点

特点 方式	筹资监管政策	筹资进程	筹资渠道	股东数量	筹资金额	筹资费用
直接吸收投资	较宽松	较快	外部私募	少	较小	较低
公开发行股票或配股	较严格	较慢	外部公募	多	较大	较高
留存收益转增资本	较宽松	较快	内部	不变	较小	较低

一是直接吸收投资。

直接吸收投资是向国家、法人或个人直接吸收投资设立企业——多为有限责任公司，或在企业已设立、经营一段时间之后进一步直接吸收投资，以筹集自有资金（资本金）的行为。

其特点是筹资监管政策较为宽松，筹资进程较快；筹资渠道为私募洽谈、协议出资；股东数量少，筹资金额相对较小；筹资费用（审计、评估等费用）相对较低，资金成本——红利从企业税后可分配利润中派发。

二是公开发行股票或配股。

公开发行股票或配股是向社会公开发行股票（即股东凭证，属于有价证券之一）设立企业——股份有限公司，或在企业已设立、经营一段时间之后进一步发行股票，或向原股东按照一定的持股比例配发股票，以筹集自有资金（资本金）的行为。

其特点是筹资监管政策较为严格，筹资进程较慢；筹资渠道为公募发行、市场认购；股东数量多，筹资金额相对较大；筹资费用（审计、评估、法律、咨询、推介、承销等费用）相对较高，资金成本——普通股的红利或优先股的股息从税后可分配利润中派发。

三是留存收益转增资本。

留存收益转增资本是将法定公积金或任意公积金、未分配利润转增资本，以筹集自有资金（资本金）的行为。

其中，按照有关法规要求，以法定公积金转增资本后，企业留存的法定公积金不得少于转增资本前企业注册资本的 25%。

其特点是筹资监管政策较为宽松，筹资进程较快；筹资渠道为企业内部、股东批准；股东数量不变，筹资金额相对较少；筹资费用相对较低，资金成本——红利从税后可分配利润中派发。

（2）负债性筹资

负债性筹资是企业作为筹资主体，通过向银行或其他金融机构贷款、发行企业债券、利用商业信用工具、开展租赁或融资租赁等方式借入资金的行为（见表7.2）。

表7.2 不同负债性筹资方式的特点

特点 方式	筹资政策	筹资进程	担保/信用评级	筹资金额	筹资费用	资金成本
银行/其他金融机构贷款	较固定	较快	需要	较大	较小	较低/较高
发行企业债券	较不固定	较慢	需要	较大	较大	较低
利用商业信用工具	不涉及	较快	不需要	较小	一般无	无或较低
开展租赁/融资租赁	较固定	较快/较慢	不需要	较小/较大	较小	较高

其一，向银行等贷款。

向银行等贷款是企业与银行或其他金融机构——信托公司、保险公司、证券公司等签订借款合同并承担还本付息责任，向银行或其他金融机构借入资金的行为。

其特点是银行或其他金融机构的贷款政策相对固定，筹资进程较快；对企业资产结构有要求，一般需要企业信用担保或财产担保；筹资费用相对较低；资金成本——贷款利率，银行的相对较低，其他金融机构的则相对较高，但利息可以在税前的成本费用中列支。

其二，发行企业债券。

发行企业债券（简称“发债”）是企业依照法定程序发行并约定在一定期限还本付息的有价证券，以借入资金的行为。

其特点是筹资监管政策较不固定，筹资进程相对较慢；对企业资产结构有要求，一般需要进行企业信用评级；筹资费用相对较高；资金成本——债券利率相对较低，且利息可以在税前的成本费用中列支。

按照发行企业债券的审核机构的不同，目前国内常见的企业债券有以下三种。

一是公司债，审核机构为中国证监会和沪深证券交易所，包括公开发行的债券、非公开发行的债券、可转债、可交换债等面向公司制企业的债券品种。

二是企业债，发行主体为国有企业或大型企业集团，审核机构为国家发改委，包括城投债、双创债、绿色债、项目收益债、可续期债、中小企业集合债等企业债券品种。

三是非金融企业债务融资工具，审核机构为银行间市场交易商协会，包括短期融资券、超短期融资券、中期票据、集合票据、资产支持票据、项目收益票据、定向债、并购债、永续债等企业债券品种。

其三，利用商业信用工具。

利用商业信用工具是在商品买卖中，企业利用自身的商业信用，采用买方延期付款或卖方预收账款的方式短期占用（相当于借入）对方资金的行为。

其特点是不涉及筹资监管政策，是对方同意己方在交易中短期占用对方资金的“自身”行为，筹资进程较快；一般无筹资费用；资金成本——资金利息基本无或者较低，且利息可以在税前的成本费用中列支。

利用商业信用工具常见的有以下四种方式。

一是应付账款。即根据合同约定，由卖方先向买方销售产品或服务，而买方可以延期付款。

二是预收账款。即根据合同约定，由买方先向卖方预付账款，而卖方可以延期销售产品或服务。

三是应付票据。即根据合同约定，由卖方先向买方销售产品或服务，而买方为卖方开具远期的商业承兑汇票、银行承兑汇票、银行本票等。

四是外贸业务信用证。即根据外贸合同，买方（进口商）先向开证银行申请，由开证银行开出远期信用证给卖方（出口商）后，卖方再发货。

其四，开展租赁或融资租赁。

租赁是一种古老的经济现象。根据考古发现，中国早在先秦时代就已出现了租赁；在中国长达 2000 多年的封建社会里，土地租赁一直是一种基本的经济制度。西方最早记载从事租赁行为的是公元前 1400 多年前地中海沿岸的腓基人，他们发明了船舶租赁以拓展其商业贸易的疆域。

用经济学术语进行定义，租赁是出租人将自己拥有所有权的某种资产租给承租人使用，承租人付给出租人一定的租金（使用费用），并由此拥有对该资产的相对较短时间（1 年以内，或 1 ～ 3 年）的使用权的经济行为。而融资租赁则是出租人根据承租人的要求购置某种资产，然后将该资产租给承租人使用，承租人付给出租人一定的租金（使用费用），并由此拥有对该资产的相对较长时间（通常大于该资产折旧年限的 50%）的使用权，甚至通过受让该资产的剩余价值，最终拥有该资产的所有权的经济行为。

因此，判断一笔租赁业务是租赁还是融资租赁，关键看其是否存在租赁物所有权的实际让渡：不存在，为租赁；存在，则为融资租赁。

作为常见的负债性筹资形式，租赁或融资租赁是企业（承租人）通过签订《租赁合同》，向租赁公司或融资租赁公司（出租人）支付一定的租金，在租赁期内占用（相当于借入）租赁公司或融资租赁公司资金的行为。

其特点是筹资监管政策相对固定，筹资进程租赁相对较快，而融资租赁相对较慢；筹资费用相对较低；资金成本——租金费率相对较高，但租金可以在税前的成本费用中列支。

7.1.2.3 资本结构

所谓资本结构，其实就是指企业的资产负债率，即全部负债占全部资产的比重。用公式表示为

资产负债率＝总负债 ÷ 总资产

由于总资产等于总负债与股东权益之和，而股东权益又等于实收资本、资本公积、法定公积、任意公积与未分配利润之和，因此，上述公式还可以表示为

资产负债率＝总负债 ÷（总负债＋股东权益）

资产负债率＝总负债 ÷［总负债＋（实收资本＋资本公积）＋（法定公积＋任意公积＋未分配利润）］

（1）影响企业资本结构的因素

显然，影响企业资本结构的直接因素只有三个。

一是总负债，即全部负债性筹资的数量。负债性筹资越多，资产负债率越高；反之，则资产负债率越低。

二是实收资本和资本公积，即全部权益性筹资的数量。权益性筹资越多，资产负债率越低；反之，则资产负债率越高。

三是企业的收益分配水平，即法定公积、任意公积和未分配利润的数量。法定公积、任意公积和未分配利润越高，则资产负债率越低；反之，则资产负债率越高。

除外，还有一些其他因素会通过上述三个直接因素来间接影响企业的资本结构。譬如，管理者对债务风险的承受能力越强，负债性筹资就会越多，资产负债率也就越高；市场利率水平越低，负债性筹资就会越多，资产负债率也就越高；企业缴纳所得税水平越高，负债性筹资就会越多，资产负债率也就越高；股东对企业控制权的意愿越弱，负债性筹资就会越多，资产负债率也就越高；等等。

（2）财务杠杆和财务杠杆系数

在讨论财务杠杆和财务杠杆系数之前，有必要先讨论一下与之相关的“盈亏平衡点”问题。

何谓盈亏平衡点？

企业开展经营业务，在取得业务收入时所相应发生的业务成本，从属性上大体可以分为固定成本和变动成本两类。前者基本上不随产销量变化，而后者则随产销量成正比关系变化。当企业的业务收入大于业务成本时，息税前利润为正；反之，

息税前利润为负。而盈亏平衡点是息税前利润正好为零时的产销量（见图 7.1）。

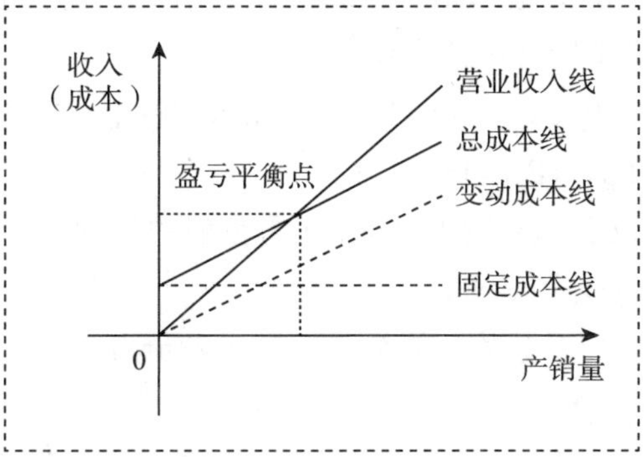

图 7.1　盈亏平衡点

由于在盈亏平衡点时，$E_{BIT} = I_{BEP} - (C_F + C_{V\ BEP}) = (P_U \times V_{BEP}) - (C_F + V_{BEP} \times C_{UV}) = V_{BEP} \times (P_U + C_{UV}) - C_F = 0$

其中，E_{BIT} 为息税前利润；I_{BEP} 为盈亏平衡点时的业务收入；C_F 为固定成本；$C_{V\ BEP}$ 为盈亏平衡点时的变动成本；P_U 为单价；V_{BEP} 为盈亏平衡点时的产销量；C_{UV} 为单位变动成本。

因此，盈亏平衡点时的产销量的计算公式为

$$V_{BEP} = C_F / (P_U + C_{UV})$$

接下来讨论财务杠杆和财务杠杆系数。

通常，一家企业的资产负债率不会为零。

在超过盈亏平衡点以后，企业更多的负债性筹资的目的之一是提高自身的产销量，由此产生更多的息税前利润；同时，更多的负债性筹资意味着企业需要向债权人支付更多的负债利息。在增加的息税前利润大于增加的负债利息时，企业的每股收益会提高——为权益性资本带来额外收益；反之，在增加的息税前利润小于增加的负债利息时，企业的每股收益反而会降低——为权益性资本带来额外损失和风险。

上述这种利用企业的负债性筹资来调节其权益性资本收益和风险的手段，即为财务杠杆。

而财务杠杆的作用大小，通常用财务杠杆系数来表示。

财务杠杆系数等于企业普通股的每股收益的变动率与息税前利润的变动率之比，即企业息税前利润每变动 1 倍时，对应的普通股每股收益变动的倍数。

其计算公式为

$$D_{FL} = R_{EPS} / R_{EBIT} = (\triangle E_{PS} / E_{PS}) / (\triangle E_{BIT} / E_{BIT})$$

其中，D_{FL} 为财务杠杆系数；R_{EPS} 为普通股的每股收益变动率；R_{EBIT} 为息税前利润变动率；$\triangle E_{PS}$ 每股收益变动额；E_{PS} 为变动前的每股收益；$\triangle E_{BIT}$ 为息税前利润变动额；E_{BIT} 为变动前的息税前利润。

由于 $(\triangle E_{PS} / E_{PS}) = \{[(E_{BIT}'-I)\times(1-T)-D_P]/N-[(E_{BIT}-I)\times(1-T)-D_P]/N\}/[(E_{BIT}-I)\times(1-T)-D_P]/N = \triangle E_{BIT}/(E_{BIT}-I-D_P)$

其中，E_{BIT}' 为变动后的息税前利润；I 为负债的年利息；T 为所得税率；D_P 为优先股的年股息；N 为普通股数量。

因此，上述财务杠杆系数的计算公式也可以表示为

$D_{FL}= E_{BIT}/(E_{BIT}-I-D_P)$

如果企业无优先股，则 D_P 为 0，此时上述财务杠杆系数的计算公式变为

$D_{FL}= E_{BIT}/(E_{BIT}-I)$

一般情况下，财务杠杆系数越大，权益资本的每股收益变动率对息税前利润变动率的弹性就越大——如果息税前利润率上升，则权益资本收益率会以更快的速度上升，给权益资本带来更大的收益；如果息税前利润率下降，那么权益资本利润率会以更快的速度下降，给权益资本带来更大的风险。反之，财务杠杆系数越小，权益资本的每股收益变动率对息税前利润变动率的弹性就越小，权益资本获得更大收益或更大风险的可能性也就都降低了。

（3）合理的企业资本结构

什么样的资本结构较为合理，不同行业的企业有所不同，同一行业的企业在不同的发展阶段也有所不同。从理论上讲，当一个企业的资金成本最低、盈利最高时的资本结构，是更为合理的资本结构。

依据这样的假定，找到企业更为合理的资本结构的方法主要包括资金成本比较法和每股收益无差别点法等。

一是资金成本比较法。

资金成本比较法是先拟定若干个筹资方案，然后分别计算各个筹资方案的资金成本，再经过比较，从中选取资金成本最低的筹资方案，则该筹资方案对应的资本结构就是企业应该采取的更为合理的资本结构。

譬如，拟定的 A、B、C、D、E 筹资方案的资金成本分别为 C_A、C_B、C_C、C_D、C_E，经比较，如 $C_A > C_B > C_E > C_D > C_C$，则选取资金成本最低的 C_C 对应的 C 筹资方案——其资本结构更为合理。

当拟定的若干个筹资方案是由多种筹资方式组成时，则需要分别计算各个筹资方案的加权平均资金成本，再经过比较，从中选取加权平均资金成本最低的筹资方

案，则该筹资方案对应的资本结构就是企业应该采取的更为合理的资本结构。

计算某个筹资方案的加权平均资金成本的公式为

$$C_{XW}=\sum_{i=1}^{n}C_{Xi}W_i=C_{X1}W_1+C_{X2}W_2+\cdots+C_{Xn}W_n$$

其中，C_{XW} 为 X 筹资方案的加权平均资金成本，C_{Xi} 为第 i 种筹资方式的资金成本；W_i 为第 i 种筹资方式的资金成本占全部资金成本的权重比率。

资金成本比较法通常适用于资产规模较小，资本结构相对简单的中小型企业。

二是每股收益无差别点法。

每股收益无差别点法是利用“每股收益无差别点”来确定企业资本结构的方法。所谓每股收益无差别点，是指在以息税前利润为横轴和以每股收益为纵轴的平面几何图中，权益性筹资线与负债性筹资线的交集点（见图 7.2）。

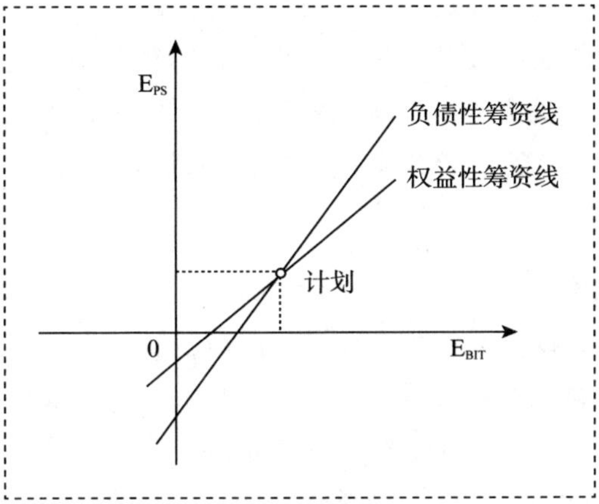

图 7.2　每股收益无差别点

从图中可以看出，在交集点处，企业的每股收益水平与其是何种资本结构无关。也就是说，在交集点上，无论是采用负债性筹资还是采用权益性筹资，企业所取得的每股收益是相同的、“无差别”的。

显然，在交集点右方和负债性筹资线上方，采用负债性筹资可以获得更高的每股收益；而在交集点左方和权益性筹资线上方，采用权益性筹资可以获得更高的每股收益。

即，假设暂不考虑债务风险的话，那么在每股收益无差别点的右方，采用较多的负债性筹资的资本结构更为合理；而在每股收益无差别点的左方，则采用较多的权益性筹资的资本结构更为合理。

每股收益无差别点法通常适用于资产规模较大，资本结构相对复杂的大中型企业。

7.1.3 投资管理

今天，随着信息社会下产品技术和商业模式的快速多变，越来越多的企业相信过去那种依靠某一产业就可以“一招鲜吃遍天”的日子已经一去不复返了。这一普遍的认识，直接导致了投资正成为事关企业基业长青的主要任务之一。

企业投资，从广义上讲指企业作为投资主体，对一定的标的物投入一定数量的资金或资产，以期望该标的物可在未来产生收益回馈或资产增值的所有的经济行为。

而在这里，重点要讨论的不是某些企业也偶有从事的股票、债券、基金、期货等金融类投资等，而是企业作为投资主体所经常开展的产业投资，包括对外投资设立新企业、对原有企业增资或兼并重组等的股权投资，以及为了产业发展而对内投资于新建项目、更新改造项目等的资产投资，以期望该类股权投资或资产投资能够在未来为企业带来收益回馈或资产增值的经济行为。

产业投资，不论是股权投资还是资产投资，往往既有正向行为——资金投入，也会有其逆向行为——资金退出。股权投资的逆向行为通常表现为“卖企业”——前提是该企业还有价值；而资产投资的逆向行为通常表现为“卖资产”——前提是该资产还有使用价值。

7.1.3.1 股权投资

依据自己的管理实践，我认为企业进行股权投资的目的，一是需要通过对外投资设立新企业或对原有企业增资等，以发展壮大自身的主要业务；二是需要通过对外投资设立新企业或对原有企业进行兼并重组等，对自身原有业务进行调整，以进军新的业务领域或分散原有业务的经营风险。因此，企业的股权投资主要属于长期投资而不属于短期投资，是企业战略所致，是企业中长期产业发展的组成部分。

企业通常会单独或在财务部门内设置股权投资部门来负责自身的股权投资工作，并在公司董事会下设立（股权）投资委员会——负责对经营管理层审议通过后的股权投资项目进行复议，并在复议通过后提交公司董事会进行决策批准。

（1）股权投资类型

企业进行股权投资，可以划分为以下几种类型。

一是按照在被投资企业中的持股比例和控制力的大小，大体可以将股权投资划分为全资或控股投资、等股投资和参股投资。

其中，对全资或控股子公司的持股比例应大于 50%，或对其拥有绝对的控制力；对等股子公司的持股比例应大于 20%，且主要股东的持股比例相同，或对其拥有相同的控制力；对参股子公司的持股比例应小于 20%，或对其没有控制力。

其母公司的长期投资核算方法和会计报表编制等，依据不同的投资类型而有所区别（见表 7.3）。

表 7.3　母公司长期投资核算方法和报表编制

投资类型＼母公司	长期投资核算方法	母公司单户报表	母公司合并报表
全资/控股投资	权益法	编制	编制
等股投资	权益法	编制	不编制
参股投资	成本法	编制	不编制

二是按照投资时被投资企业所处的具体阶段——初创期、成长期和成熟期、衰退期等，大体可以将股权投资划分为创业投资（对内）或风险投资（对外）、追加投资（对内）或首次公募前（Pre-IPO）投资（对外），以及清算关闭（对内）或转让退出（对外）。

其中，对被投资企业处于初创期或称之为种子期、萌芽期、培育期等的投资，以及对被投资企业处于衰退期的投资最为热络。围绕其中的各种所谓天使投资、风险投资、债务重组、不良债权托管、并购基金、再造资本等投资主体，表现也较为活跃，而这时的投资风险显然就成了一把高悬的“达摩克利斯之剑”。

因此，出于对投资风险进行规避的考量，在这里将以讨论追加投资（对内）或 Pre-IPO 投资（对外）为主。

（2）股权投资过程

股权投资过程一般分为立项、可行性研究、项目实施、后评价、项目改进和项目中止等 6 个环节。

第一，立项。

立项是股权投资部门根据企业战略确定的未来中长期产业发展目标和围绕这一目标开展的行动计划，提出某一股权投资项目的《立项建议书》（又称《项目建议书》），并报送公司经营管理层审议通过（或未通过）的过程。

《立项建议书》是对某一股权投资项目进行宏观、粗略的定性分析，并对该项目给出总体判断结论的文件。《立项建议书》也是启动股权投资项目的前提，只有在某一股权投资项目的《立项建议书》经公司经营管理层审议通过后，该项目才被确认为“立项”。

《立项建议书》至少应包括以下五个方面的内容。

一是项目概况，包含拟投资项目的缘由背景；该项目的基本情况——被投资企业名称、注册地、注册资本，投资额、持股比例、合资合作方的基本情况等。

二是开展该项目的意义、必要性。

三是具备该项目实施条件（人力、物力、财力、技术、市场和资源供应等）的充分性。

四是实施该项目获得经济效益以及社会效益的可能性。

五是对该项目的综述和建议等。

第二，可行性研究。

可行性研究是在某一股权投资项目立项后，由股权投资部门依据该项目的《立项建议书》，负责组织自行编制，或委托外部专业机构编制该项目的《可行性研究报告》，在报送公司经营管理层审议通过，并报送投资委员会复议通过（或未通过）后，提交公司董事会决策批准（或不批准）该项目的过程。

《可行性研究报告》是对某一股权投资项目进行完整、详尽的定性和定量分析论证，并对该项目给出更为准确的结论，以供投资决策批准，并在投资决策批准后作为筹集资金、对外谈判、签订合资合同和各种合作协议、起草《公司章程》等的主要依据的重要文件，是企业批准实施该股权投资项目的标志和根据。

《可行性研究报告》至少应包括以下六个方面的内容。

一是项目概况，包含拟投资项目的缘由背景，实施该项目的意义、作用；该项目的基本情况——被投资企业名称、注册地、注册资本，投资额、持股比例、合资合作方的基本情况，被投资企业的业务范围、预计未来的主营业务收入和盈利情况等。

二是对该项目的自然环境和社会环境、市场需求状况和发展趋势、产业竞争情况和产业发展趋势等进行的可行性分析。

三是对实施该项目具备的人力资源、资金、产品技术、市场营销、仪器设备和土地、厂房、原料供给和水电热力燃气资源等自身条件进行的可行性分析。

四是对实施该项目预计获得的经济效益以及社会效益的可行性分析。其中，反映经济效益的主要财务指标应按乐观、标准、悲观三种情形分别进行预测。

其一，在乐观情形下，假设各种环境机会远大于预期、环境威胁远小于预期，发挥自身优势和克服自身劣势的表现甚佳，使主营业务收入和企业盈利指标可能提前完成或超额完成。

其二，在标准情形下，假设各种环境机会和环境威胁与预期基本一致，发挥自身优势和克服自身劣势的表现适中，使主营业务收入和企业盈利指标可以正常完成。

其三，在悲观情形下，假设各种环境机会远小于预期、环境威胁远大于预期，发挥自身优势和克服自身劣势的表现不佳，使主营业务收入和企业盈利指标可能推迟完成或根本无法完成。

五是该项目可能遇到的主要风险及应对策略安排。

六是该项目的可行性研究结论，以及对该项目进行投资决策的相关工作建议。

《可行性研究报告》对实施某一股权投资项目预计获得的经济效益的可行性分析中，采用的分析方法主要分为考虑了资金时间价值的分析方法，如净现值法、现值指数法、内部收益率法等，以及不计资金时间价值的分析方法，如投资回收期法、会计收益率法等两类。

一是净现值法。

净现值法是以计算某一投资项目在其寿命周期内全部的现金流入（如取得的投资收益、净利润、主营业务收入、其他业务收入、营业外收入等）的折现值与全部的现金流出（如原始出资、固定资产投资、流动资金投资、成本费用、税金等）的折现值之间的差额，来评价该项目是否可行的一种方法。

其计算公式为

$$NPV=\left[\sum_{t=0}^{n} C_{It}\Big/(1+r)^t\right]-\left[\sum_{t=0}^{n} C_{Ot}\Big/(1+r)^t\right]$$

其中，NPV 为某一投资项目的净现值；n 为该项目寿命周期的年度数量；C_{It} 为该项目第 t 年的现金流入；C_{Ot} 为该项目第 t 年的现金流出；r 为预计的折现率。

通过上述公式计算，当某一投资项目的净现值≥ 0，则该项目是可行的；反之，当净现值< 0，则该项目是不可行的。如进行多个投资方案比较，那么在假定不同方案的现金流出相同的情况下，某一方案的净现值越大，则该方案就越好。

净现值法的特点：首先是合理地考虑了资金的时间价值；其次是可以直接利用项目的现金流进行计算，与那些需要计算项目利润的分析方法相比更为简单；再其次是考虑了某一投资项目的风险因素，如风险大则采用较高的折现率计算净现值，反之，则采用较低的折现率计算净现值。

其主要问题是如何来确定某一投资项目的折现率，常见的办法是根据资本市场的资金成本率或企业自身要求的资金利润率来确定。

二是现值指数法。

现值指数法是以计算某一投资项目在其寿命周期内全部的现金流入 (如取得的投资收益、净利润、主营业务收入、其他业务收入、营业外收入等) 的折现值与全部的现金流出 (如原始出资、固定资产投资、流动资金投资、成本费用、税金等) 的折现值之间的比率，来评价该项目是否可行的一种方法。

其计算公式为

$$PVI=\left[\sum_{t=0}^{n} C_{It}\Big/(1+r)^t\right]\Big/\left[\sum_{t=0}^{n} C_{Ot}\Big/(1+r)^t\right]$$

其中，PVI 为某一投资项目的现值指数；n 为该项目寿命周期的年度数量；C_{It} 为该项目第 t 年的现金流入；C_{Ot} 为该项目第 t 年的现金流出；r 为预计的折现率。

通过上述公式计算，当某一投资项目的现值指数≥1，则该项目是可行的；反之，当现值指数<1，则该项目是不可行的。如进行多个投资方案比较，当某一方案的现值指数越大，则该方案就越好。

三是内部收益率法。

内部收益率法是以计算某一投资项目在其寿命周期内全部的现金流入（如取得的投资收益、净利润、主营业务收入、其他业务收入、营业外收入等）的折现值与全部的现金流出（如原始出资、固定资产投资、流动资金投资、成本费用、税金等）的折现值相等时的折现率，即以计算净现值为零时的折现率，再以此折现率（即内部收益率）与资本市场的资金成本率或企业自身要求的资金利润率进行对比，来评价该投资项目是否可行的一种方法。

其计算公式为

$$\left[\sum_{t=0}^{n} C_{It} \Big/ (1+IRR)^t\right] - \left[\sum_{t=0}^{n} C_{Ot} \Big/ (1+IRR)^t\right] = 0$$

其中，IRR 为某一投资项目的内部收益率；n 为该项目寿命周期的年度数量；C_{It} 为该项目第 t 年的现金流入；C_{Ot} 为该项目第 t 年的现金流出。

IPP 作为上述公式中的未知数，通常采取假设取值、逐步趋近的方法进行求解，必要时还可以用插值法提高其计算精度。

通过上述公式计算，当某一投资项目的内部收益率≥资本市场的资金成本率或企业自身要求的资金利润率，则该项目是可行的；反之，当内部收益率<资本市场的资金成本率或企业自身要求的资金利润率，则该项目是不可行的。如进行多个投资方案比较，当某一方案的内部收益率越大，则该方案就越好。

四是投资回收期法。

投资回收期法是以计算某一投资项目的投资总额与其投资回收期内的经营性净现金流之间的比率等于 1 时的时间长短，来评价该投资项目是否可行的一种方法。

其计算公式为

$$I \Big/ \sum_{i=0}^{n} C_{NO\,i} = 1$$

其中，I 为某一项目的投资总额；n 为该项目的投资回收期（年）；$C_{NO\,i}$ 为该项目第 i 年的经营性净现金流。

通过上述公式计算，当某一投资项目的投资回收期≤该项目的寿命周期，则该项目是可行的；反之，当投资回收期>该项目的寿命周期，则该项目是不可行的。如进行多个投资方案比较，当某一方案的投资回收期越短，则该方案就越好。

其主要问题：首先是没有考虑所投资资金的时间价值；其次是没有考虑达到投资回收期之后的项目收益情况，这对投资收益前高后低或前低后高的项目容易造成误判。

五是会计收益率法。

会计收益率法又称投资收益率法，是以计算某一投资项目的年均净利润与其投资总额之间的比率大小，来评价该投资项目是否可行的一种方法。

其计算公式为

$$ARR= P_{AN}/I$$

其中，ARR为某一投资项目的会计收益率；P_{AN}为该项目的年均净利润；I为该项目的投资总额。

通过上述公式计算，当某一投资项目的会计收益率≥资本市场的资金成本率或企业自身要求的资金利润率，则该项目是可行的；反之，当会计收益率＜资本市场的资金成本率或企业自身要求的资金利润率，则该项目是不可行的。如进行多个投资方案比较，当某一方案的会计收益率越大，则该方案就越好。

第三，项目实施。

项目实施是在某一股权投资项目经公司董事会决策批准后，由股权投资部门依据该项目的《可行性研究报告》组织完成相关的经营审计、资产评估，对《合资合同》《公司章程》等法律文件予以签署（在投资设立新企业时）或进行修改（在对原有企业增资、兼并重组时），并负责完成相应的名称预核准和工商税务登记（在投资设立新企业时）或工商税务变更（在对原有企业增资、兼并重组时）等具体工作的过程。

经营审计，指委托外部专业机构在增资、兼并重组前对原有企业进行的经营审计。

资产评估，指委托外部专业机构在投资设立新企业时对出资的非货币性资产进行的资产评估；或在增资、兼并重组前，依据经营审计结果对原有企业进行的资产评估（目前，国有或国有控股企业进行股权投资时，还需要履行资产评估结果的审核备案手续）。资产评估主要采用三种方法：一是收益现值法——将评估资产未来存续期间每年的预期收益折现，得出评估基准日的现值来估算资产价值的方法；二是市场比较法——根据公开市场上与评估资产相似或可比的参照资产的价格来估算资产价值的方法；三是重置成本法——以评估资产全新状态的重置成本，减去折旧和各种损耗后的价值来估算资产价值的方法。实际使用时，往往以其中某一种方法为主，并以另一种方法为辅，进行结果比对后得出最终的资产评估结论。

在上述项目实施工作结束后，被投资企业即转入了常规运营阶段，以完成该股权投资项目《可行性研究报告》所预计的生产经营计划，实现相应的经济效益、产业效益以及社会效益。

第四，后评价。

后评价又称后评估，是在某一股权投资项目实施结束、被投资企业转入常规运营满 1 年后，由股权投资部门通过对被投资企业实地勘察和调研，编制完成该项目的《后评价报告》（又称《后评估报告》），并报送公司经营管理层审议通过的过程。

但在《后评价报告》对该项目给出否定性意见，并建议对该项目予以中止时，该项目的《后评价报告》在报送公司经营管理层审议通过后，还需报送投资委员会复议通过，并提交公司董事会审议批准。

《后评价报告》是对已实施项目的决策过程、实施过程和运营过程进行核查，对项目实现的经济效益、产业效益和社会效益进行分析，给出项目《可行性研究报告》预期的投资目标是否达成的结论，提出项目是否开展下一步工作改进或中止的建议等的项目收尾性文件，是判定任一股权投资项目成败与否的结论。

《后评价报告》至少应包括以下七个方面的内容。

一是项目概况，包含实施投资项目的缘由背景、意义作用；该项目的基本情况——被投资企业名称、注册地、注册资本，投资额、持股比例、合资合作方的基本情况，被投资企业的业务范围、实现的主营业务收入和盈利情况等。

二是项目决策过程评价，包含项目投向是否合理、决策文件是否完备、决策程序是否合规等。

三是项目实施过程评价，包含项目实施的组织体系是否健全，资金筹措、资金投入和借贷资金偿还过程，以及厂址选择、基建和生产线建设是否合规，经营审计、资产评估、《合资合同》和《公司章程》等法律文件签署、工商登记或变更是否完备等。

四是项目运营过程评价，包含项目运营的组织、制度体系是否健全，外部环境机会——政策导向、市场需求、技术发展趋势等是否发生重大变化，企业内部优势——产品研发、供应链和生产运营、市场营销等是否正常发挥等。

五是项目实施效果评价，包含项目的经济效益是否达标，是远超预期目标还是离预期目标有很大差距，项目的产业效益和社会效益是否实现，是为产业发展、环境与社会做出了积极贡献还是造成了负面影响等。

六是项目持续能力评价，包含在项目的资金投入全部完成之后，项目是否还可以持续发展，被投资企业是否可以依靠自身力量独立地完成后续的既定发展目标等。

七是项目后评价结论及工作建议，包含项目的成功之处和发现的主要问题，项目成功或者失败的主要归因，给出项目《可行性研究报告》预期的投资目标是否达到的结论，提出项目是否开展下一步工作改进或中止的建议等。

在上述决策过程、实施过程、运营过程和实施效果后评价中，所采用的评价方法主要是比较分析法——即用后评价核查得到的某一股权投资项目实施后的实际情况，与该项目决策时面对的外部环境情况、自身所具备的条件和项目的预期目标等进行对比，找出变化和偏差，分析原因，得出对该项目的后评价结论。

第五，项目改进。

项目改进是指在某一股权投资项目的《后评价报告》经公司经营管理层审议通过，确认该项目的投资目标已达成、基本达成或在未来一段时间内可以达成的结论后，由股权投资部门督促被投资企业针对《后评价报告》中关于进一步改进工作的建议，及时编制整改方案、落实整改措施的过程。

第六，项目中止。

项目中止是指在某一股权投资项目的《后评价报告》经投资委员会复议通过，并提交公司董事会审议批准，确认该项目的投资目标没有达成或在未来一段时间内也无法达成的结论后，由股权投资部门根据《后评价报告》中关于该项目中止的建议，负责编制项目处置方案并经审批后，按照处置方案逐一落实项目中止的过程。

除上述情况外，当被投资企业出现与股东新的发展战略不相符、运营管理失控、经营状况恶化、投资回报不佳等严重问题时，即便该股权投资项目历史上已通过《后评价报告》，曾经确认该项目的投资目标已达成、基本达成或在未来一段时间内可以达成的结论，仍可以由股东决定对该项目予以中止。

中止，常见的行为方式包括对被投资企业进行解散清算、破产清算、转让股权等。

一是解散清算，又称普通清算。

在这里所说的解散清算，不是通常在企业营业期限届满且不再延续等情况下进行的清算，而是专指股东拟对某一股权投资项目予以中止时，由股东对被投资企业进行清算的一种行为方式。

其工作程序：被投资企业的股东会或股东大会通过对该企业进行解散清算的决议；在15日内成立清算组，代表该企业参与民事诉讼；清理该企业财产，编制资产负债表和财产清单；编制清算方案，报该企业股东会或股东大会通过；在清算组成立10日内通知债权人，并在60日内在报纸上公告（债权人自接到通知之日起30日内，或未接到通知书的自公告之日起45日内向清算组申报其债权，并提供证明资料）；清算组负责处理该企业未了结的业务，支付清算费用，支付员工工资、经济补偿和缴纳社保、对员工进行安置，清缴税款，全额清偿其他债务，按股权比例向股东分配该企业清偿债务后的剩余财产，制作清算报告，报股东会或股东大会通过；清算组办理该企业工商注销登记、缴销营业执照，并对外公告该企业已解散注销。

二是破产清算，又称特别清算。

破产清算通常分为由被投资企业自身向法院提出破产申请或其债权人向法院提出破产申请等两种情形。而在这里所说的破产清算，专指前一种，即股东拟对某一股权投资项目予以中止，而被投资企业不能清偿到期债务，且资产不足以清偿全部债务或者明显缺乏清偿能力时，由被投资企业向法院提出破产申请，并由法院指定有关人员组成清算组对拟破产企业进行清算的一种行为方式。

其工作程序：法院裁定受理被投资企业（即债务人）提出的破产申请，在5日内将该受理裁定书送达债务人，同时按照有关法规在25日内通知已知的债权人并予以公告；债务人应按照有关法规履行相关义务，并自该受理裁定书送达之日起15日内向法院提交该企业的债务债权清册、财务会计报告以及员工工资支付和社会保险费用缴纳情况等；由法院在裁定受理后的15日内指定有关人员组成清算组，代表该企业参与民事诉讼；清算组清理该企业财产，编制资产负债表和财产清单，编制清算方案，经债权人会议或债权人大会讨论通过后，报法院批准；清算组负责停止、处理该企业未了结的业务，支付清算费用，支付员工工资、经济补偿和缴纳社保、对员工进行安置，清缴税款，全额或按比例清偿其他债务，制作清算报告，报法院裁定破产终结；清算组办理该企业工商注销登记、缴销营业执照，并对外公告该企业已破产注销。

三是转让股权。

转让股权是指股东拟对某一股权投资项目予以中止时，对外转让所持被投资企业股权——一次性转让退出或分步减持退出的一种行为方式。

其工作程序：由股权投资部门提出转让某一被投资企业股权的《项目建议书》，经公司经营管理层审议通过后，对该企业进行经营审计、资产评估（目前，国有或国有控股企业转让股权时，需要履行该资产评估结果的审核备案手续）；由股权投资部门编制《转让股权方案》，经公司经营管理层审议通过和投资委员会复议通过后，提交公司董事会批准；由股权投资部门负责与意向受让方洽谈该转让股权项目，与受让方签署《转让协议》或负责安排该转让股权项目进入产权交易所挂牌竞价，与受让方签署《产权转让合同》；落实支付条款，办理股权过户及工商变更登记手续。

其中，国有或国有控股企业转让股权，目前需要采取进入产权交易所挂牌竞价交易的方式。在采用此方式时，股权投资部门需对《产权转让公告》进行审核并将其刊登在产权交易所的网站和省级以上公开发行的财经类报刊上，以广泛征集受让方；公告期为20个工作日。如经公开征集最终只有一个意向受让方时，经批准方可采取协议转让的方式转让股权。

上述的《项目建议书》至少应包括以下主要内容：该转让股权项目的概况（包

括涉及的被投资企业近年来的资产、负债、主营业务收入和利润情况，股权的权属是否清晰，是否被用作担保、抵押或质押等）；建议转让股权的方式（公开挂牌竞价转让、协议转让等）；意向受让方的基本情况；该转让股权项目的投资损益的初步分析；转让股权涉及的其他问题（包括对当期预算的影响、员工安置等）。

上述的《转让股权方案》至少应包括以下主要内容：该转让股权项目的概况（包括涉及的被投资企业近年来的资产、负债、主营业务收入和利润情况，股权的权属是否清晰，是否被用作担保、抵押或质押等）；建议转让股权的方式（协议转让、公开挂牌竞价转让等）；对意向受让方尽职调查的情况（包括其经营业务范围、商业信誉、持续经营能力、财务状况和支付能力、是否具备完全民事行为能力、相关法规要求的其他条件等）；对涉及的被投资企业进行经营审计和资产评估的结果；转让价格（目前，国有或国有控股企业转让股权，转让价格原则上不能低于经审核备案的资产评估值的 90%）、价款支付的方式及时间进度的建议；该转让股权项目的投资损益的分析；转让股权涉及的其他问题（包括对当期预算的影响，是否涉及员工安置——如涉及员工安置的，还应附上经被投资企业职代会、工会相关会议审议通过的《员工安置方案》等）。

7.1.3.2　资产投资

依据自己的管理实践，我认为企业进行资产投资的目的，其一是通过添置仪器仪表、生产线设备和增加土地、厂房占用等，在原有产品的基础上进行扩大再生产，以壮大自身的经营业务规模；其二是依据企业发展战略，通过购置仪器仪表、生产线设备、知识产权和增加土地、厂房占用等，开展新产品的研发、生产和营销，以进军新的产业领域。

企业进行资产投资，通常也会单独或在财务部门内设置资产投资部门来负责自身的资产投资工作，但通常不需要在公司董事会下设立一个资产投资委员会对资产投资项目进行审议，也不需要提交公司董事会进行决策批准，而是直接由经营管理层对资产投资项目进行审议并决策批准即可。

（1）资产投资类型

资产投资，按照是否存在既有项目基础，可以分为新建项目投资和更新改造项目投资（包括对原有项目的改建、扩建、迁建等）；按照是否只有固定资产投资，还是包括了其他资产投资，可以分为固定资产项目投资和完整的工业项目投资（包括固定资产、流动资产、无形资产、递延资产等投资）；按照是否涉及土地、厂房建设，可以分为基建项目投资和技改项目投资；等等。

出于对本章篇幅的考虑，在这里将以讨论企业经常涉及的基建项目投资和技改项目投资为主。

由于基建项目投资涉及土地（其所有权始终归属国家）和厂房的规划、设计、建设、竣工验收等，其管理内容和管理程序比单纯的技改项目投资要更为复杂，因此，为便于进行项目对比，同时又不增加过多的重复内容，在这里将对基建项目投资与技改项目投资相比增加的环节，以括号内加注并缩小字体的方式予以表述。

（2）资产投资过程

与上述的股权投资过程类似，资产投资过程一般也分为立项、可行性研究（基建：项目规划等）、项目实施（基建：项目设计与概算、施工准备、基建施工、竣工验收与决算等）、后评价、项目改进和项目中止等六个环节。

当然，这里讨论的是资产投资的一个完整的过程。对一些涉及金额不大，又属于单件、零星的固定资产购置，可以将其纳入企业日常的经营、管理事项，而不再将其归属在资产投资项目之中。

第一，立项。

立项是资产投资部门提出某一资产投资项目的《立项建议书》（又称《项目建议书》），并报送公司经营管理层审议通过（或未通过）的过程。

《立项建议书》是对某一资产投资项目进行宏观、粗略的定性分析，并对该项目给出总体判断结论的文件。《立项建议书》也是启动资产投资项目的前提，只有在某一资产投资项目的《立项建议书》经公司经营管理层审议通过后，该项目才被确认为“立项”。

《立项建议书》至少应包括以下五个方面的内容。

一是项目概况，包含拟投资项目的缘由背景；该项目的基本情况——项目名称、建设地点、建设周期、建设规模，投资额，建设方与合作方的基本情况等。

二是开展该项目的意义、必要性。

三是具备该项目实施条件（人力、物力、财力、技术、市场和资源供应等）的充分性。

四是实施该项目获得经济效益以及社会效益的可能性。

五是对该项目的综述和建议等。

第二，可行性研究。

可行性研究（基建：项目规划等）是在某一资产投资项目立项后，由资产投资部门依据该项目的《立项建议书》，负责组织自行编制，或委托外部专业机构编制该项目的《可行性研究报告》（基建：项目规划等，包括初步落实土地使用权；取得当地政府主管部门的规划意见；取得地质勘查报告；取得当地政府主管部门的环境评价、消防评价、能源评价等的批准文件），并提交公司经营管理层决策批准（或不批准）该项目的过程。

《可行性研究报告》是对某一资产投资项目进行完整、详尽的定性和定量分析论证，并对该项目给出更为准确的结论，以供投资决策批准，并在投资决策批准后作为筹集资金、对外谈判、签订各种合作协议等的主要依据的重要文件，是企业批准实施该资产投资项目的标志和根据。

《可行性研究报告》至少应包括以下六个方面的内容。

一是项目概况，包含拟投资项目的缘由背景、实施该项目的意义、作用；该项目的基本情况——项目名称、建设地点、建设周期、建设规模，投资额，建设方与合作方的基本情况，预计未来的收入和利润或内部核算收入和内部核算利润情况等。

二是对该项目的自然环境和社会环境、市场需求状况和发展趋势、产业竞争情况和产业发展趋势等进行的可行性分析。

三是对实施该项目具备的人力资源、资金、技术、市场营销、仪器设备和土地、原料供给和水电热力燃气资源等自身条件进行的可行性分析。

四是对实施该项目预计获得的经济效益以及社会效益的可行性分析。其中，反映经济效益的主要财务指标应按乐观、标准、悲观三种情形分别进行预测。

其一，在乐观情形下，假设各种环境机会远大于预期、环境威胁远小于预期，发挥自身优势和克服自身劣势的表现甚佳，使收入和利润或内部核算收入和内部核算利润指标可能提前完成或超额完成。

其二，在标准情形下，假设各种环境机会和环境威胁与预期基本一致，发挥自身优势和克服自身劣势的表现适中，使收入和利润或内部核算收入和内部核算利润指标可以正常完成。

其三，在悲观情形下，假设各种环境机会远小于预期、环境威胁远大于预期，发挥自身优势和克服自身劣势的表现不佳，使收入和利润或内部核算收入和内部核算利润指标可能会推迟完成或根本无法完成。

五是该项目可能遇到的主要风险及应对策略安排。

六是该项目的可行性研究结论，以及对该项目进行投资决策的相关工作建议。

《可行性研究报告》对实施某一资产投资项目预计获得的经济效益的可行性分析中，所采用的分析方法主要分为考虑了资金时间价值的分析方法，如净现值法、现值指数法、内部收益率法等，以及不计资金时间价值的分析方法，如投资回收期法、会计收益率法等两类。因这与上述的股权投资项目《可行性研究报告》所采用的分析方法基本一致，在此就不再对其做具体讨论了。

第三，项目实施。

项目实施（基建：项目设计与概算、施工准备、基建施工、竣工验收与决算等）是在某一资产投资项目经公司经营管理层决策批准后，由资产投资部门依据该项目的《可行性研究报告》（基建：项目规划等），组织搭建项目管理团队和确定项目负责人，根据项目建设的需要，通过公开招标方式确定项目建设的供应商，包括固定资产的生产商或代理商、设计单位、施工单位、监理单位和造价咨询单位等，并签署相关合同、协议（基建：项目设计与概算、施工准备等——进行初步设计、优化设计、施工图设计和编制概算，并根据企业自身管理制度的要求确定此基建环节是否需要逐一提请公司经营管理层审议、批准；取得土地使用权，完成规划、环保、消防、节能、绿化等相关核准程序，办理质量监督、安全监督注册手续，取得建设主管部门核发的《建筑工程施工许可证》并备案，确认已具备连续基建施工的条件），组织完成固定资产采购、设备安装、系统调试和项目验收（基建：基建施工、竣工验收与决算等——按工程进度计划，分步组织完成地基建设、建筑物主体建设、粗精装修等；组织完成环保、消防、节能、绿化、质量和安全监督、建设规划等专项验收，组织完成设计、施工、监理、造价咨询等单位开展基建项目的竣工验收并编制决算），办理合同、图纸、技术资料等项目档案归档和在建工程转固定资产、无形资产等具体工作的过程。

在上述项目实施工作结束后，资产投资项目即转入了试运营至正式投产运营阶段，以完成该资产投资项目《可行性研究报告》所预计的项目运营计划，实现相应的经济效益、产业效益以及社会效益。

第四，后评价。

后评价又称后评估，是在某一资产投资项目实施结束、转入试运营至正式投产运营满 1 年后，由资产投资部门通过对该项目实地勘察、调研，编制完成该项目的《后评价报告》（又称《后评估报告》），并报送公司经营管理层审议通过的过程。

《后评价报告》是对已实施项目的决策过程、实施过程、运营过程进行核查，对项目实现的经济效益、产业效益和社会效益进行分析，给出项目《可行性研究报告》预期的投资目标是否达成的结论，提出项目是否开展下一步工作改进或中止的建议等的项目收尾性文件，是判定任一资产投资项目成败与否的结论。

《后评价报告》至少应包括以下七个方面的内容。

一是项目概况，包含实施投资项目的缘由背景、意义作用；该项目的基本情况——项目名称、建设地点、建设周期、建设规模，投资额，建设方与合作方的基本情况，实现的收入和利润或内部核算收入和内部核算利润情况等。

二是项目决策过程评价，包含项目投向是否合理、决策文件是否完备、决策程序是否合规等。

三是项目实施过程评价，包含项目实施的组织体系是否健全，项目负责人和项目管理责任制是否落实到位，是否通过公开招标方式确定项目建设的供应商，合作协议是否合法合规，合同管理是否健全，设备选型、固定资产采购和设备安装是否合规，是否一次性通过系统调试和项目验收（基建：各项施工准备是否到位，建设周期是否超出工程进度计划，资金使用是否超出工程概算，工程实施中是否发生安全、质量、环保等事故，是否一次性通过专项验收和竣工验收）等。

四是项目运营过程评价，包含项目运营的组织、制度体系是否健全，外部环境机会——政策导向、市场需求、技术发展趋势等是否发生重大变化，企业内部优势——产品研发、供应链和生产运营、市场营销等是否正常发挥等。

五是项目实施效果评价，包含项目的经济效益是否达标，是远超预期目标还是离预期目标有很大差距，项目的产业效益和社会效益是否实现，是为产业发展、环境与社会做出了积极贡献还是造成了负面影响等。

六是项目持续能力评价，包含在项目建设资金投入全部完成之后，项目是否还可以持续发展，是否可以依靠项目自身力量独立地完成后续的既定发展目标等。

七是项目后评价结论及工作建议，包含项目的成功之处和发现的主要问题，项目成功或者失败的主要归因，给出项目《可行性研究报告》预期的投资目标是否达到的结论，提出项目是否开展下一步工作改进或中止的建议等。

在上述决策过程、实施过程、运营过程和实施效果后评价中，所采用的评价方法主要是比较分析法——即用后评价核查得到的某一资产投资项目实施后的实际情况，与该项目决策时面对的外部环境情况、自身所具备的条件和项目的预期目标等进行对比，找出变化和偏差，分析原因，得出对该项目的后评价结论。

第五，项目改进。

项目改进是指在某一资产投资项目的《后评价报告》经公司经营管理层审议通过，确认该项目的投资目标已达成、基本达成或在未来一段时间内可以达成的结论后，由资产投资部门督促项目运营管理团队针对《后评价报告》中关于进一步改进工作的建议，及时编制整改方案、落实整改措施的过程。

第六。项目中止。

项目中止是指在某一资产投资项目的《后评价报告》经公司经营管理层审议通过，确认该项目的投资目标没有达成，或在未来一段时间内也无法达成的结论后，由资产投资部门根据《后评价报告》中关于该项目中止的建议，负责编制项目处置方案并经审批后，按照处置方案逐一落实项目中止的过程。

中止，常见的行为方式包括对资产投资项目涉及的固定资产、无形资产等安排对外出租、出售或报废处置等。

出售资产的工作程序：对该资产进行资产评估（目前，国有或国有控股企业对外出售资产，需要履行该资产评估结果的审核备案手续）；由资产投资部门编制《出售资产方案》，经公司经营管理层审议通过后，由资产投资部门负责与意向受让方洽谈该出售资产项目，与受让方签署《转让协议》或负责安排该出售资产项目进入产权交易所挂牌竞价，与受让方签署《产权转让合同》；落实支付条款，办理车船、房产、知识产权以及土地使用权等需要过户资产权属的变更登记手续。

其中，国有或国有控股企业出售资产，目前需要采取进入产权交易所挂牌竞价交易的方式。在采用此方式时，资产投资部门需对《产权转让公告》进行审核并将其刊登在产权交易所的网站和省级以上公开发行的财经类报刊上，以广泛征集受让方；按照产权交易所现行的有关规定，出售资产项目的挂牌价格高于100万元的，公告期不少于10个工作日；挂牌价格高于1000万元的，信息公告期不少于20个工作日；如经公开征集最终只有一个意向受让方时，经批准方可采取协议转让的方式转让股权。

上述《出售资产方案》至少应包括以下主要内容：该出售资产项目的概况（包括近年来实现的收入和利润或内部核算收入和内部核算利润的情况，出售资产的权属是否清晰，是否被用作担保、抵押或质押等）；建议出售资产方式（协议转让、公开挂牌竞价转让等）；意向受让方的基本情况（包括其经营业务范围、商业信誉、财务状况和支付能力、是否具备完全民事行为能力等）；对该出售资产的资产评估结果；出售价格（目前，对国有或国有控股企业出售资产，出售价格原则上不能低于经审核备案的资产评估值的90%）、价款支付的方式及时间进度的建议；该出售资产项目的投资损益的初步分析；出售资产涉及的其他问题（包括对当期预算的影响，是否涉及员工安置——如涉及员工安置的，还应附上经职代会、工会相关会议审议通过的《员工安置方案》等）。

7.1.4 经营资金管理

经营资金管理，从广义上讲指企业对自身在经营过程中占用的全部资金——包括长期投资、固定资产、无形资产、递延资产等长期资产、长期负债，以及各类流动资产和流动负债等的管理行为。而狭义的经营资金管理，则主要指企业对自身在经营过程中占用的各类流动资产和流动负债的管理行为。

7.1.4.1 经营资金管理的实质

企业中的经营资金管理工作看似名目繁杂，但依据自己的管理实践，我认为其大致可以归结为以下四项。

一是要保证资金的支付能力，即满足经营性现金流入≥经营性现金流出，或至少满足现金流入≥现金流出，以确保企业生产经营的投入、产出能够顺畅进行。

二是要保证资金的偿债能力，即满足资产负债率，尤其是流动比率、速动比率、现金比率等处于一个合理的水平区间，以避免发生高危的债务风险。

三是要保证资金的盈利能力，使资产报酬率、营业资产报酬率、毛利率、销售利润率、销售利税率、成本费用利润率等越高越好，以满足企业实现较高的收益回馈或资产增值的要求。

四是要提高资金的周转能力。这项工作与上述三项工作密不可分，如提高现金的周转、应收账款的周转、存货的周转等，可以减少资金占压，降低资金使用成本，提高资金使用效率，以从整体上提升资金的支付能力、偿债能力和盈利能力。

一句话，经营资金管理的实质，就是要合理、有效地调度和配置经营资金，以确保企业运营的顺畅、安全和高效。

7.1.4.2　流动资产

流动资产包括现金、应收账款、存货、短期投资等。其主要特征是流动性好、周转期短、容易变现；能便捷地参与企业的生产经营活动，不同类型的流动资产既可能并存也可以递延；几乎没有资产增值性，即便有一般也不及长期资产；在满足一定的条件下可以通过负债方式获得等。

（1）现金

现金通常指企业的库存现金，但在这里讨论的现金范畴，就不仅是库存现金，还包括企业的银行存款（含支票账户和储蓄账户的存款）、银行汇票、银行本票以及其他货币资金。

现金为通用的交换媒介，具有普遍的可接受性，可以立即进入流通环节，用以购买商品和其他资产、支付劳务或偿还债务，是企业中流动性最强、变现能力最强的非增值性资产。

开展现金管理的主要工作，一是要确定并持有合理的现金量——既不能过少而无法满足企业生产经营的支付需要、偿债需要和盈利需要，又不能过多而造成现金闲置、出现资源浪费和收益率降低的问题；二是要加强对企业库存现金的管控。

第一，合理的现金量。

对 7.1.2 节所述的对资金需求量预测的方法，如销售额比率法、资金属性分解法等，原则上也可以用于确定合理的现金量。此外，还可以考虑采用以下几种方法来确定合理的现金量。

一是现金周转法。

由于企业一个完整的经营活动的现金周转期，从购买原材料、支付人力成本等的现金支出时开始，到实现销售收入的现金收回时结束，所以，在已知或已预计一定时间总的现金支出（通常为 1 年中的全部付现成本）和现金周转期后，就可以按照下列公式计算出企业一段时间内所需的合理的现金量：

合理的现金量 = 一定时间总的现金支出 ×（现金周转期 ÷ 一定时间）

譬如，某一企业预计 1 年（365 天）内发生的总的现金支出为 6400 万元，而现金周转期为 4 个月（120 天），则合理的现金量 = 6400×120/365= 2104.11 万元。

二是现金成本法。

由于占用现金的管理成本、机会成本以及短缺成本（指因现金持有量不足，且又无法及时通过出售有价证券以补充现金而给企业造成的损失）三者相互叠加构成了占用现金的总成本，所以，在占用现金的总成本最低时的现金占用量即为合理的现金数量（见图 7.3）。

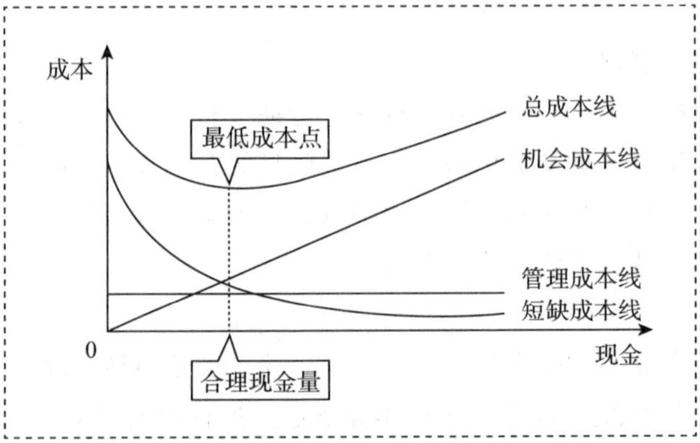

图 7.3　现金成本法

其中，管理成本通常为一条水平直线，机会成本通常为一条斜直线，短缺成本通常为一条指数曲线。具体可根据企业的实际情况进行测算。

三是现金存货法。

现金存货法又称鲍莫法，最初是由美国的鲍莫（W. J. Baumol）在 1952 年提出的方法。其假设企业可以对现金的流入和流出按照存货一样进行有效的预测和调控，且不考虑占用现金的管理成本的情况下，则机会成本和转换成本（指因现金持有量不足时随时通过出售有价证券以补充现金所付出的成本）二者相互叠加构成了占用现金的总成本，所以，在占用现金的总成本最低时的现金占用量即为合理的现金量（见图 7.4）。

其中，机会成本通常为一条斜直线，转换成本通常为一条指数曲线。具体可根据企业的实际情况进行测算。

四是现金区间法。

由于对合理的现金量进行预测并不是一件容易的事情，所以企业也可以确定持有一定现金量的一个上下限区间：当持有的现金量大于上限时，以多出部分的现金买入有价证券；当持有的现金量小于下限时，以出售有价证券换回现金的不足部分（见图 7.5）。

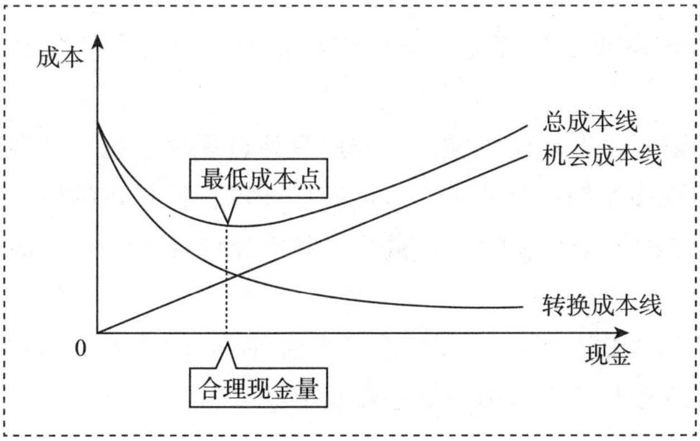

图 7.4　现金存货法

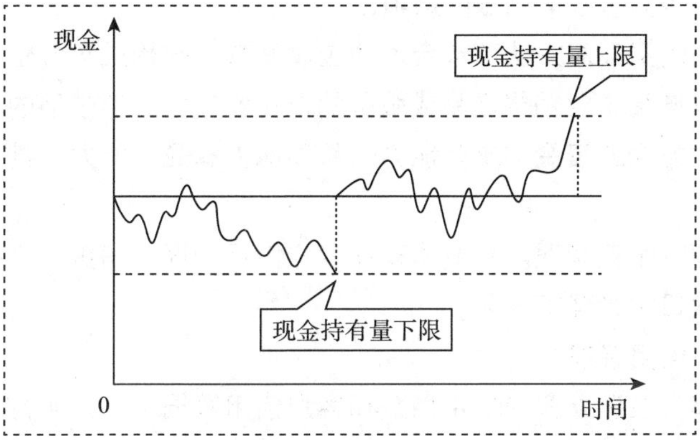

图 7.5　现金区间法

其中，持有一定现金量区间的上下限，通常由企业根据自身的历史经验数据和对未来经营业务走势的判断予以拟定。

第二，库存现金的管控。

库存现金是企业库存的用于日常小额支付的现金，通常存放在企业财务部门并由出纳人员负责管理，包括人民币现金和外币现金。

库存现金是企业流动性最强的资产，也是企业资产中容易流失的资产，必须严格管控。

对库存现金的管控主要体现在以下几个方面。

一是应制订翔实的库存现金管理制度，并予以严格执行。

二是要落实防范措施，确保库存现金安全。除少量备用金可在工作时间放入出纳的抽屉内，其余库存现金都应放入出纳专用的保险柜中，不得随意存放，有条件的企业还要建立具备“三防”功能的专门的出纳室；出纳到银行提取现金或交存现金，均应采取相应的在途安保措施。另外，出纳不得携款外出办事或携款回家等。

三是应严格遵守库存现金限额。企业应将库存现金控制在经银行核定的库存现金限额内（企业在多家银行开户的，应以其中一家银行核定的最小的库存现金限额为准），超出限额的现金须及时存入银行，并不允许在未经开户银行准许的情况下坐支大额的现金。

四是要严禁用“白条抵库”和私设“小金库”，也不准“公款私存”，即将企业的库存现金存入银行的个人账户等违规行为。

（2）应收账款

应收账款是指在正常的经营活动中，企业销售产品或服务后，应向购买产品或服务的客户收取但尚未收取到账的款项。

如果是预先由买卖双方认可且合理的应收账款，则构成卖方企业赊销政策的一部分，通常可以增强企业销售产品或服务的市场竞争力。但被动的、不合理的应收账款则会影响卖方企业资金的支付能力、偿债能力和盈利能力，甚至容易引发大额的坏账损失。

企业开展应收账款管理，主要体现在客户信用管理、销售（产品或服务）合同管理和应收账款日常管理等方面。

第一，客户信用管理。

企业业务部门应建立客户信用档案和客户信用数据库，并实行动态管理，及时更新档案资料和信用数据。

客户信用档案包括客户的资信状况——带统一社会信用代码的企业营业执照或非企业单位的法定代表人登记证、组织机构代码证、银行开户证明、公开发布的企业或非企业单位的情况介绍、被第三方评估机构做出的资信评价等级等，以及近3年的财务报表等客户基本资料。

客户信用数据库应收录与客户历次交易的时间、地点、合同金额、合同约定的支付条件、支付方式和支付时间，以及与此对应的客户实际履约的情况等。

企业应依据客户信用档案和客户信用数据，对客户进行信用评级，对不同信用等级的客户采取不同的赊销政策，明确不同的信用期限（如7天、15天、30天、3个月等）和信用额度，控制应收账款的不合理增加。

企业赊销政策不得随意突破，如遇特殊情况需要突破的，必须履行严格的审核、批准程序。

第二，销售合同管理。

企业应建立并执行销售合同管理体系。

一是应尽可能采用己方依法订立的标准合同文本；采用他方提供的合同，也要对包括付款方式、付款时间、验收交付标准、信用额度、信用期限和信用起止时间、是否提供有效担保等涉及应收账款事项的内容做到条款完整、定义准确，防止出现遗漏和造成理解上的歧义。

二是要落实合同审核程序，履行合同“三审核”，即业务审核、财务审核、法务审核，禁止审核缺项。

三是要制订合同审批内部授权制度，严格按照管理权限进行合同审批，禁止越权审批。

第三，应收账款日常管理。

企业应建立对应收账款进行跟踪、催收的管理体系，提出相应的管理措施，并切实予以执行，以有效降低应收账款转变为坏账损失的风险性。

一是明确业务部门（经办人）对应收账款的跟踪、催收责任和财务部门的协助、监督责任，严格责任考核和责任追究。

二是业务部门应设置销售产品或服务台账，做好销售产品或服务各环节记录，及时要求客户对债权进行确认和对应收账款进行催收，并妥善保管债权确认文件和催收记录。

三是财务部门应定期编制应收账款分户明细账和应收账款账龄分析表，定期提供应收账款回款进度情况，用于业务部门修订客户的信用数据和企业调整客户的信用评级。财务部门应在业务部门的协助下定期（至少每季度一次）与客户对账，掌握应收账款的真实情况，形成对账记录；每年年末还应在业务部门的协助下与客户进行信函对账，并确保回函率在 97% 以上；重大合同及金额较大应收账款及逾期 3 个月以上的应收账款的回函率应保证 100%，并妥善保存对账记录。对将要到期或已逾期的应收账款，财务部门应对业务部门予以及时提示、告警，督促业务部门及时催收。

四是对已回收款项的应收账款，财务部门应及时办理资金结算和账务处理。

五是业务部门对确定将要到期的应付账款，应至少提前 5 个工作日向客户以书面方式予以付款提示；如已到达付款期限而客户仍未按时、足额付款的，应向客户以书面方式发送催收函件督促其尽快付款；对逾期应收账款，应继续通过电话、邮件、信函或实地催讨等方式进行催讨，并妥善保存相关催讨凭证；对逾期超过 1 年的应收账款，且已认定对方恶意拖欠或无力偿付时，应立即转交企业法务部门介入并采取必要的法律诉讼手段。

（3）存货

存货是指包括原材料、半成品、产成品、发出商品、包装物、低值易耗品等在内的在库、在途、在产或正常经营活动中由企业占用但用于销售产品或服务所需的物资资产。

企业或多或少总会有存货——或者是原材料、半成品，或者是产成品、发出商品等。所谓绝对的“零库存”企业其实并不存在。

存货的作用一是可以保持企业自身的均衡生产；二是可以满足客户的市场急需。但过多的、不合理的存货则会影响企业资金的支付能力、偿债能力和盈利能力，甚至容易引发大额的存货减值损失。因此，存货管理的目的就是要在尽可能发挥存货的作用和最大限度减少存货的成本之间找到一种平衡。

企业开展存货管理主要体现在有关存货的经济订货批量管理和存货的日常管理等方面。

第一，经济订货批量管理。

在讨论经济订货批量模型前，先讨论一下存货成本。

存货成本通常由采购成本、仓储成本和缺货成本构成。用公式表示如下：

$$C_I = C_P + C_C + C_S = [C_{FP} + C_{VP}(D/Q) + (D \times P)] + [C_{FC} + C_{VC}(Q/2)] + C_S$$

其中，C_I 为全年存货成本；C_P 为全年采购成本；C_C 为全年仓储成本；C_S 为全年缺货成本（即因缺货带来的各种损失）；C_{FP} 为全年采购固定费用；C_{VP} 为每次采购变动成本；D 为全年订货需求量；Q 为每次订货量；D/Q 为全年订货次数；P 为订货物料单价；C_{FC} 为全年仓储固定费用；C_{VC} 为每件存货的仓储变动成本；Q/2 为每次订货后的平均存货量（即在库的每次期初存货为 Q，期末存货为零，即平均存货量为 Q/2）。

接下来，再讨论一下经济订货批量模型。

在上述存货成本公式中，如果假设：能够及时补充存货，不会因缺货造成损失，即 C_S 为零；每年的订货需求量稳定，即 D 为常量；不考虑订货时卖家给予的折扣，即 P 为常量；以及 C_{FP}、C_{FC} 本身就为常量后，上述公式可以演化为

$$C_I = C_{VP}(D/Q) + C_{VC}(Q/2)$$

进一步推导，可以得出当全年存货成本最小（假定为零）时的经济订货批量模型为

$$Q_E = \sqrt{(2D \times C_{VP} / C_{VC})}$$

其中，Q_E 为经济订货批量。

由此，还可以推导出：

每年最经济的订货次数 $N_E= D/Q_E = \sqrt{(D\times C_{VC} / 2C_{VP})}$

最经济的订货周期 $T_E= 365/N_E$，等等。

当然，企业生产经营中的情况是千变万化的，上述经济订货批量模型的许多假设条件并不一定都具备。譬如，卖方出于“薄利多销”的考虑，通常会给予签下大额订单的买方不错的折扣，这对买方来说是一种很大的诱惑。由此，经济订货批量模型在实际使用中，往往还需要企业考虑更多和更复杂的调整因素。

第二，存货日常管理。

企业应建立存货管理制度并予以严格执行；在明确经济订货批量的前提下，实行“以产定采”“以需定采”“以销定采”；按照 ABC 存货控制法——一种“二八定律”在存货管理中的应用方法，将存货划分为 A（单位价值大且需求量大、需求频度高）、B（单位价值一般且需求量和需求频度也一般）、C（单位价值小且需求量小、需求频度低）三类，对重点存货实行重点管理；保持账、物、卡（入库卡、出库卡）相统一，建立物料编码体系，广泛采用物料需求计划（Material Requirements Planning，MRP）、企业资源计划（Enterprise Resource Planning，ERP）等信息化管理手段，实现存货的采购、入库、保管、出库、发出商品，以及销售退回、采购退货等的全程、动态管理，有效降低存货减值损失的风险性。

对存货需求部门（包括生产运营部门、设备运维管理部门、业务部门等），一是应全面了解企业自身的生产工艺——对原材料、零部件等硬件进行加工处理的方式方法和对软件进行复制、加载、运行的方式方法，以及设备运行状况、生产耗用、设备运维耗用情况或外部市场对产品或服务的需求情况等，在明确经济订货批量的前提下，依据“以产定采”“以需定采”“以销定采”原则，向采购部门发出存货采购指令或采购退货指令；二是根据仓储部门提供的存货相关信息报表，或仓储部门、财务部门予以的存货风险提示，对库龄超过规定要求（如 1 个月、3 个月、6 个月等），或价值量发生严重偏离（如低于采购成本的 20%、40%、60% 等）的存货，及时采取处置措施；三是由业务部门负责发出商品在出库后，或销售退回在入库前的存货实物管理。

对采购部门，一是要建立合格供应商清单，对合格供应商的财务状况、资质信誉和其物料的品质、价格等进行动态监控；二是根据存货需求部门的采购指令，做出合理的采购计划；三是规范采购行为，杜绝暗箱操作和采购黑洞，同类物料要“货比三家”，依据《招标法》应该招标的必须进行招标采购；四是应建立并严格执行采购合同管理制度体系——这与上述的销售合同管理制度体系的工作内容基本相同；五是会同存货需求部门和仓储部门，办理到货验收、入库，以及采购退货的出库事项；六是与供应商进行沟通、洽谈，妥善处理采购退货事宜。

对仓储部门（包括外包的第三方仓储部门），一是对存货实物的入库、保管、出库进行真实记录，做到存货物卡相符，无一遗漏；二是定期进行存货实物盘点，或根据财务部门的指令安排专项的存货实物盘点，及时向存货需求部门、财务部门等提供存货相关信息报表——存货的名称、型号规格、数量、入库时间、存放地点等；三是对库龄超过规定要求的存货，及时提示存货需求部门采取处置措施；四是对长期呆滞、毁损、达报废条件且已全额计提减值准备的库存，经申请批准后进行报废处置——至少可以收回一些残值，同时还能腾空部分库房，减小部分仓储成本。

已建立物料需求计划、企业资源计划的企业，仓储部门应在每件（包括单件、整箱或成批）存货入库时进行物料编码，再粘贴、打印或刻印识别标签，开展全程扫码管理；同时，自动生成存货相关信息报表，随时供存货需求部门、财务部门等进行查询，并对库龄超过规定要求的存货，自动提示存货需求部门采取处置措施。

对财务部门，一是严格执行财务制度规定，负责存货的账务管理，对存货需求部门、采购部门、仓储部门提供的存货相关凭证、单据进行审核，使存货账物相符；二是对货到但票未到的存货及时办理暂估入账手续；三是根据需要，向仓储部门发出专项的存货实物盘点指令；四是根据仓储部门提供的存货相关信息报表，对存货实物进行库龄和价值量分析，对不合理的存货及时向存货需求部门予以提示；五是按照财务制度规定，对不良存货合理计提资产减值损失。

7.1.4.3 流动负债

流动负债包括短期借款、短期债券、应付账款、应付票据、应付工资、应付利息等。其主要特征是获取相对容易，且具有一定的使用弹性（可适当改变使用用途）；容易造成短期偿债压力，债务风险高，甚至可能导致企业因一时无法偿清债务而发生破产危机等。

流动负债管理通常涉及企业应选择何种流动负债、确定各种流动负债的占比和数额，以及对流动负债的日常管理等内容。由于已在 7.1.2 节中讨论过各种负债性筹资的特点和有关负债对资本结构的影响，因此，在这里只重点讨论流动负债的日常管理问题。

对流动负债的日常管理，一是应编制并落实年度现金流量预算，确保企业不出现总的现金流量缺口；二是要编制各种流动负债，尤其是短期借款、短期债券的偿债计划（见表 7.4），关注偿债峰值金额和偿债峰值出现时间，对每一笔偿债资金的来源做出妥善安排；三是按照偿债计划，在偿还本金、利息日到期前 1 ～ 5 个工作日即完成偿债资金的筹措，防止发生因无法偿还到期债务，尤其是无法偿还短期借款、短期债券而引发的高危债务风险。

表 7.4　短期借款和短期债券的偿债计划

流动负债种类 / 明细	短期借款 1	短期借款 2	公司债	短期融资券	…
债权人 / 审核机构	×× 银行	×× 银行	证监会 / 沪深交易所	交易商协会	…
起始时间	××××/××/××	××××/××/××	××××/××/××	××××/××/××	…
本金（万元）	×××	×××	×××	×××	…
本金偿还时间	××××/××/××	××××/××/××	××××/××/××	××××/××/××	…
本金偿还资金来源	××××	××××	××××	××××	…
（每次）利息（万元）	××	××	××	××	…
（每次）利息支付时间	××××/××/××	××××/××/××	××××/××/××	××××/××/××	…
利息支付资金来源	××××	××××	××××	××××	…
偿债峰值金额（万元）	×××	×××	×××	×××	…
偿债峰值时间	××××/××/××	××××/××/××	××××/××/××	××××/××/××	…
责任部门	××	××	××	××	…
责任人	×××	×××	×××	×××	…

注：对非一次性还本、付息的负债，还应分别列出每次还本、付息的偿债计划。

7.1.5　收益分配管理

在这个星球上，恐怕很难发现哪一位股东不关心来自被投资企业的投资回报——除非该企业从来就不是一家经济组织。

7.1.5.1　与股东收益分配相关的利润

利润指企业在一定会计期间的经营成果，包括收入减去费用后的净额、直接计入当期利润的利得和损失等。利润是一个相对广义的概念，具体包括营业利润、利润总额、净利润等。

一是营业利润。

营业利润 = 营业收入 − 营业成本 − 营业税金及附加 − 管理费用 − 销售费用 − 财务费用（利息等财务收入则为负数）+ 投资收益（投资损失则为负数）

其中，投资收益指企业对外投资取得的利润、股利、股息等扣除投资损失后的净额。

二是利润总额。

利润总额 = 营业利润 + 营业外收入 − 营业外支出

其中，营业外收入指企业与营业无直接关系的诸如政府补助（但需区分政府补助的类型，某些政府补助不能计入营业外收入）、固定资产盘盈或处理收入、罚款收入、捐赠所得等；营业外支出指企业与营业无直接关系的诸如固定资产盘亏或处理损失、罚款支出、对外捐赠、给予员工的经济补偿金、其他非经常损失等。

三是净利润。

净利润 = 利润总额 - 所得税。这是真正与股东收益分配相关的利润。

对存在母、子公司关系的企业，归属母公司股东的净利润 = 净利润（合并）- 少数股东权益。这是真正与母公司股东收益分配相关的利润。

7.1.5.2 利润分配的原则

企业进行利润分配，通常应该考虑以下一些基本原则。

一是依法分配——要符合《公司法》《中外合资经营企业法》《证券法》等相关法律条文的要求。

二是依规分配——要符合《公司章程》《合资合同》，以及企业分配制度等有关要求。

三是兼顾各方利益——要兼顾股东、债权人、员工、企业等利益相关方的诉求。

四是分配与企业自身发展并重。

7.1.5.3 利润分配的选择

在进行利润分配前，企业需要考虑各种影响利润分配的因素，以及具体的利润分配的时间、数量和形式等。

（1）影响利润分配的因素

第一，法律和行政法规的要求。

在分配数量上，按照《关于修改上市公司现金分红若干规定的决定》（中国证券监督管理委员会令第 57 号）要求，上市公司最近 3 年以现金方式累计分配的利润不少于最近 3 年实现的年均可分配利润的 30%。

在分配时间上，受到持股时间差异化税收优惠政策的间接影响。按照《关于上市公司股息红利差别化个人所得税政策有关问题的通知》（财税〔2015〕101 号）要求，上市公司（含新三板企业）派发股息红利，个人股东持股 1 个月以内的，需缴纳 20% 的个人所得税（全额）；持股 1 个月～ 1 年以内的，需缴纳 10% 的个人所得税（减半）；持股 1 年以上的，免征个人所得税。

第二，企业自身情况的要求。

譬如，某一企业的经营资金宽裕，筹资能力也正常，且无较大的股权投资和资产投资安排，因此就可以在分配时间上选择早分配，在分配数量上选择多分配，在分配形式上选择现金分配；反之，则往往在分配时间上选择晚分配，在分配数量上选择少分配，在分配形式上选择股权或股票分配等。

第三，控股股东的要求。

若为短期要求，一般视控股股东的经营资金状况、筹资能力和投资安排的急迫性而定。譬如，控股股东近期经营资金拮据，且不具备新增筹资能力，又有较大的股权投资计划要实施，因此就可能要求企业在分配上“多多益善”，而且要早分配、现金分配，等等。

若为中长期要求，对处于初创期或衰退期的企业，因其往往利润微薄、无利润甚至亏损，所以控股股东一般不对其分配提出什么要求；对处于成长期的企业，因其自身发展对经营性现金流和投资性现金流的需求较大，所以控股股东一般只要求其进行较低比例或变动比例的分配；而对处于稳定期的企业，因其自身发展相对稳定，经营资金宽裕，筹资能力正常，盈利良好，所以控股股东一般要求其进行中高比例或固定比例的分配，等等。

第四，资本市场的价值判断。

譬如，当投资者普遍认为某一企业的成长性良好甚至极佳，用保留盈余继续投资该企业和用分红所获现金去选择新的投资项目相比，前者要更好，即资本市场看好其未来价值，则往往希望该企业要晚分配、少分配，即使分配也最好选择股权或股票分配——遵循“股利剩余”理论，走“风物长宜放眼量”之路；反之，当投资者普遍认为某一企业已“每况愈下”“气息奄奄”，即资本市场并不看好其未来价值，则往往希望该企业要早分配、多分配，而且最好是现金分配——遵循“在手之鸟”理论，以“见好就收”为上策。

第五，股票市场的强弱态势。

当股票市场（尤其是非成熟市场）处于强势上涨时期，投资者往往希望上市公司在分配时最好采取股票分配形式，因为此时即使是高比例送股，除权后股价也会被很快填权，投资者通过股票交易所获得的收益会远远大于上市公司采取现金分配形式所给予的收益；反之，当股票市场处于弱势下跌时期，投资者往往希望上市公司在分配时最好采取现金分配形式——尽管现金分配也会除息，但在股票市场弱势下跌时还能获得一些股利，这对投资者来说也多多少少算是一种“阿 Q 式”的安慰吧……

（2）利润分配的时间、数量和形式

在分配的时间上，企业需要考虑是早分配还是晚分配——是在年初、一季度或上半年就进行分配，还是在下半年、四季度或年底才进行分配；是进行一次性分配，还是搞多次分配；等等。

在分配的数量上，企业需要考虑是分配多还是分配少——是分配比例较高甚至全额分配，还是分配比例较低或暂不分配；是保持某一固定的分配比例，还是逐年提高或逐年降低的变动的分配比例；等等。

在分配的形式上，企业需要考虑是采取现金、股权或股票、资产、债权等的哪一种形式进行分配。常见的分配形式是现金分配、股权或股票分配。

对上市公司而言，股票分配即所谓的“每十股送 ×× 股”，这实际仍是以资产形式进行的利润分配，但并不把资产拿走，而是在分配后仍把该资产继续留在了上市公司。

在进行股权或股票分配时，企业账务体现为借记“应付利润或应付股利”，贷记“实收资本或股本”。其中，股本应按股票面值乘以送出股票的数量计算。

7.1.5.4 利润分配的程序

对公司净利润或归属母公司股东的净利润通常执行以下分配程序。

首先是弥补公司以前年度的亏损。在公司法定公积金不足以弥补公司以前年度亏损时，应当先用当年的净利润或归属母公司股东的净利润弥补公司以前年度的亏损。

其次是提取法定公积金。在弥补公司以前年度的亏损后，应当从公司的净利润或归属母公司股东的净利润中提取 10%，作为法定公积金。但法定公积金已累积达到公司注册资本 50% 的，可以不再提取。

然后是提取任意公积金。在提取了法定公积金后，公司可以根据实际情况，由股东会或者股东大会决定再另外从净利润或归属母公司股东的净利润中提取一定比例的任意公积金（当然，也可以不提取任意公积金。这完全由股东自行决定）。

最后是分配利润（股利）。净利润或归属母公司股东的净利润在进行以上分配后的剩余部分，可以按确定的利润分配方案向公司的全体股东分配利润（股利）——但不包括公司自身。

有限责任公司，除股东另有约定外，按照股东实际缴纳的出资比例分配利润；股份有限公司，除《公司章程》另有规定外，按照股东持有的股份比例分配股利（有优先股的股东，先向其分配股息）。

7.1.6 预算管理

预算是企业战略的短期化（通常为 1 年）和具体化的一种体现，是企业围绕主要的财务指标拟定的年度经营计划，是企业年度整体经营工作的“纲” 。

7.1.6.1 预算的形式和组织架构

预算主要以财务报表的形式予以反映，通常包括损益预算、资产负债预算、现金流量预算，也包括筹资预算、投资预算和收益分配计划等。其中，根据经营、管理的需要，每一种预算还可以进行拆分、再拆分。譬如，损益预算可以拆分为收入预算、成本预算、费用预算等；而费用预算可以再拆分为销售费用预算、管理费用预算、财务费用预算等；而管理费用预算还可以再拆分为研发费用预算、人工费用预算、差旅费用预算、会议费用预算；等等。

企业通常设置预算管理委员会和预算办公室或预算工作小组来负责自身的预算管理工作。其中，预算管理委员会由公司高管层组成，对公司董事会负责，是企业预算管理决策的执行机构；预算办公室由企业财务部门牵头，与其他相关职能部门共同组成，对预算管理委员会负责，是企业预算管理的具体工作机构。

7.1.6.2 预算总基调与预算大纲

确定预算总基调与提出预算大纲，通常是企业每年编制预算的重要前提。

（1）预算总基调

预算总基调是预算管理委员会依据企业定位和未来中长期发展目标，在对自身情况和环境进行分析的基础上，对企业年度经营目标做出的定性判断。不同企业或者同一企业在不同年度的预算总基调可能是不一样的。

较常见的预算总基调，包括是以效益优先还是以规模优先的预算总基调，是采取积极、进取、稳健，还是审慎、防御、收缩等的预算总基调。

除了这些一元的预算总基调之外，还经常可以见到二元或者多元的预算总基调，如效益与规模并重的预算总基调，既进取又稳健的预算总基调，或稳健但偏防御和收缩的预算总基调，等等。

依据自己的管理实践，我建议在企业初创期时更多地选择既进取又稳健的预算总基调，在企业成长期时更多地选择规模优先或进取的预算总基调，在企业成熟期时更多地选择效益优先或稳健的预算总基调，而在企业衰退期时更多地选择防御或收缩的预算总基调。

（2）预算大纲

预算大纲是预算管理委员会按照预算总基调提出的企业预算的总体框架，通常包括年度预算覆盖的范围、预算指标体系和对指标值的总体要求、预算编制的时间进度安排等内容。

预算办公室通常按照预算大纲的总体要求，启动具体的年度预算编制工作。

7.1.6.3 各种各样的预算编制方法

在确定了预算指标体系和对指标值的总体要求以后，企业应采取一定的预算编制方法以确定具体的指标值。常见的预算编制方法包括定期预算法、滚动预算法、增（减）量预算法、零基预算法、固定预算法、弹性预算法、概率预算法等。

（1）定期预算法

定期预算法是按照确定不变的会计周期（通常为年度），一次性进行预算编制的方法。定期预算法的特点是保证了预算周期与会计周期的一致性，宜于按照会计报表对预算的实施情况进行控制和调整，但不宜于保持前后预算周期之间预算的连续性。

（2）滚动预算法

滚动预算法又称永续预算法，是在上一个预算周期（通常为季度或月份）的预算实施的基础上，编制下一个预算周期的预算，并逐次连续向下滚动进行预算编制的方法。滚动预算法的特点与上述的定期预算法的特点正好相对应，其预算周期与会计周期不一致，不宜于按照会计报表对预算的实施情况进行控制和调整，但宜于保持前后预算周期之间预算的连续性，可以针对上一期预算存在的问题进行适当调整，使编制出来的下一期预算与企业经营工作的实际情况更加吻合。

（3）增（减）量预算法

增（减）量预算法是在基准期（通常为上一个预算周期）业务收入水平和成本费用水平的基础上，结合预算期业务收入水平和成本费用水平，适当增（减）预算指标值而进行预算编制的方法。增（减）量预算法的特点是有基准期预算数据做参考，预算编制相对容易，尤其是增量支出预算和减量收入预算编制起来更容易得到预算承担单位的欢迎，但极易引起支出上升和收入下降，由此拖累企业的盈利水平。

（4）零基预算法

零基预算法，顾名思义是以零为基础，不考虑上一个预算周期的业务收入水平和成本费用水平如何，而是从实际需要出发进行预算编制的方法。零基预算法的特点与上述的增（减）量预算法的特点正好相对应，其从零开始，从企业的实际需要开始，便于更好地适应市场的需求变化和相对真实地反映企业的成本费用状况，但由于没有基准期预算数据做参考，预算编制的工作量会相对更大。

（5）固定预算法

固定预算法是把预算期内某一业务量（如产量、销量）固定在预计水平上，以此为基础进行预算编制的方法。固定预算法的特点是假设某一业务量水平在预算期内始终保持不变，因此在编制预算时也就不用考虑量、本、利之间的变动关系。但也正因为如此，一般不适用于编制含变动成本和变动费用的预算。

（6）弹性预算法

弹性预算法又称变动预算法，是根据量、本、利之间的依存、联动关系进行预算编制的方法。弹性预算法的特点与上述的固定预算法的特点正好相对应，其假设某一业务量在预算期内可能达到不同的水平，因此在编制预算时需要考虑量、本、利之间的变动关系。但也正因为如此，一般不适用于编制固定费用预算。

（7）概率预算法

概率预算法是针对某些具有不确定性的业务，预先估计其发生各种变化的概率，并分析其可能出现的最大值和最小值，在此基础上进行预算编制的方法。概率预算法一般适用于变动趋势存在不确定因素的预算项目，如风险业务、新产品业务等。

7.1.6.4　预算管理的过程

预算管理的过程通常由预算编制、预算实施、预算控制和预算调整四个环节构成，而这很像 1.1.2 节所述的 PDCA 程序链。显然，利用这一点可以非常方便地开展预算管理。

（1）预算编制

预算编制是预算管理的计划环节，包含以下工作内容与程序。

一是预算管理委员会依据企业定位和未来中长期发展目标，对自身情况和环境进行分析，确定预算总基调和提出预算大纲。

二是预算办公室依据预算总基调和预算大纲，选择适当的预算方法，与预算各承担单位反复沟通，在汇集各承担单位编制的预算草案的基础上，依据对业务情况的分析、预测，提出预算草案。预算草案应包括含预算指标和指标值的财务预算报表，预算各承担单位，影响预算完成的不确定因素、应对措施，预算编制说明（包括对预算编制依据、预算方法、预算指标体系和具体的指标值等做出的说明）等内容。如需要分解为月份或季度预算草案的，也要逐一编制。

三是预算管理委员会对预算草案进行会议质询——对预算草案涉及的有关预算指标和指标值等进行论证。接受会议质询的除预算办公室外，还包括相关的预算承担单位。

四是预算办公室根据会议质询提出的意见对预算草案进行修改，并在数次质询、修改后形成最终的预算。

五是预算管理委员会对预算进行审核，并提交公司董事会等审议、批准后，分解下达到预算各承担单位予以实施。

（2）预算实施

预算实施是预算管理的执行环节，包含以下工作内容和程序。

一是按照预算管理制度，由各预算承担单位对分解下达的预算予以严格实施。

二是依据预算，由预算承担单位的业务单元组织开展经营行为；由财务部门进行财务收支核算、结算和资金调配；由人力资源部门进行人力资源配置；由审计监督部门组织预算“事中”和“事后”审计；由业绩考核部门将分解下达的预算中的某些关键指标和指标值，譬如利润总额、净资产收益率、成本费用利润率、流动资产周转率、速动比率、研发投入占主营业务收入比率、已获利息倍数、内部（投资）收益率等指标和指标值，作为业绩考核指标和指标值同步分解下达，与各预算承担单位签订业绩考核责任书，并制订业绩考核制度和具体的业绩考核计分办法，有效开展业绩考核，最终根据业绩考核成绩进行奖勤罚懒。

（3）预算控制

预算控制是预算管理的检查环节，包含以下工作内容和程序。

一是预算承担单位要定期（每月或每季）组织预算实施分析例会，肯定成绩、解决问题、提出要求、确保完成预算目标。预算实施分析例会的会议纪要，应分送参加会议的相关职能部门和业务单元，并同时上报预算办公室。

二是由预算办公室对预算实施情况安排预算进度分析、历史同期对比分析、收支配比分析等，发现问题，提出解决问题的措施建议，形成定期（每月或每季）预算实施分析报告，上报预算管理委员会。

三是经预算管理委员会同意，由预算办公室对预算承担单位在预算实施中出现较大偏差的予以提示，对出现严重偏差的予以警示，直至要求其暂停费用开支和大额资金占用，限期完成整改，使预算实施重回正常的轨道。

（4）预算调整

预算调整是预算管理的处置环节。大体可分为整体调整和局部调整两类。顾名思义，前者属于全面的、根本性的调整，而后者属于部分的、非重要性的调整。

一是整体调整。

在预算实施的过程中，当环境提供的机会或存在的威胁出现重大变化，或发生其他未曾预料或不可抗力的事件，导致原预算编制的基本依据已不复存在时，企业需要调整原有的预算指标和指标值，对包括收入预算、费用预算、利润预算、现金预算、投资预算等进行整体调整。

整体调整基本等同于重新编制预算，需要重新确定预算编制的总基调和提出预算大纲，重新提出预算草案，经过质询、修改、再质询、再修改，直至重新编制的预算经过预算管理委员会审核和董事会等审议、批准，方能分解下达，予以实施。

也正因为整体调整将影响企业年度经营工作，事关重大，因此，原则上不允许轻易对预算进行整体调整；即便是事出有因，通常也不应在预算实施已超过半年之后再进行整体调整。

二是局部调整。

在预算实施的过程中，或因当初编制预算时对个别因素考虑不周，或因实际情况发生了变化，企业需要在保持原有的预算指标和指标值基本不变的前提下，对原预算在完成时间、承担单位和具体预算科目上进行局部调整。譬如，在完成时间上，由3个季度完成调整为2个季度完成；在承担单位上，由A事业部承担调整为B事业部承担；在预算科目上，将外聘讲师费用由从培训费科目列支调整为从劳务费科目列支；等等。

由于局部调整并不改变原有的预算指标和指标值，无碍企业年度整体的经营工作，因此，局部调整通常不再履行完整的预算编制审批程序，只需在授权范围内，由预算承担单位填报《预算局部调整变动审批表》，经预算办公室审核同意后即可实施。

也正因为如此，局部调整在企业实际的预算管理中较为常见。

7.1.7　财务分析

企业自身进行的财务分析，严格地说不属于财务会计——指会计人员以货币为计量单位，通过确认、记录、报告等方式介入企业各种经营、管理活动，并为企业外部有关方面提供企业过去和现在的财务状况、经营成果以及财务变动情况信息的行为范畴，而更多地属于管理会计——指高级会计人员在利用财务会计提供的信息及其他资料的基础上，通过加工、整理和分析，向公司董事会和经营管理层提供企业现在和将来可能出现的财务状况、经营成果以及财务变动情况信息，为经营决策与控制提供支持的行为范畴。但无论如何划分，财务分析都会归于企业财务管理的范畴。

财务分析的方法包括比较分析法、平衡（钩稽）分析法、回归分析法、因素分析法等。其中，比较分析法中“横向”结构比较分析法和“纵向”历史比较分析法等最为常用。

依据自己的管理实践，我认为开展企业自身的财务分析，主要是从筹资行为、投资行为、收益分配行为，尤其是经营行为中资金运动的特征来分析企业的偿债能力、盈利能力、支付能力和资金周转能力等，以认识其现状并揭示其未来的发展变化趋势。

7.1.7.1　偿债能力分析

企业或多或少都会背负一定的债务，即便没有银行借款，也会有这样或那样的应付事项。因此，偿债能力属于企业的基本能力之一。

（1）短期偿债能力

短期偿债能力是指企业在一定时间（通常为 1 年以内）以流动资产偿还流动负债（本金和利息）的能力。

对管理者来说，企业短期偿债能力的强弱代表着企业能够承受短期债务风险的程度。如果企业的短期偿债能力出现问题，轻则会耗费管理者的精力，也会加大临时筹资的成本，影响企业的盈利能力；重则会引发债权人追索，冻结企业账户，影响购买原材料、发放员工薪酬、缴纳税金等企业的支付能力；严重时则会招致债权人的连锁起诉，查封、拍卖企业资产，使企业陷于破产的危机。

对短期偿债能力进行分析的主要指标有流动比率、速动比率和现金比率等。

一是流动比率。

流动比率为流动资产与流动负债的比。

其计算公式：流动比率 = 流动资产 ÷ 流动负债

显然，该比率越高，则企业的短期偿债能力越强。但过高的流动比率也可能源于企业过多的应收账款和存货等，这会导致企业的资金周转能力下降。

一般情况下，企业的流动比率为 2 左右比较合适。但这也要结合不同的行业特点和企业流动资产结构的不同情况等加以判断。如有的行业流动比率普遍较高，而有的行业则普遍较低；再如某一企业流动资产中现金类资产占比较大，而另一企业流动资产中存货资产占比较大等。因此，无法笼统地用流动比率应为 2 左右的所谓“统一标准”，作为各行各业任一企业的流动比率究竟是合理还是不合理的评判依据。

二是速动比率。

速动比率又称酸性测试比率，为速动资产与流动负债的比。

其计算公式：速动比率 = 速动资产 ÷ 流动负债

其中，速动资产 = 流动资产 − 存货 − 预付账款

由于流动比率在评价企业短期偿债能力时存在一定的局限性——在流动资产中，存货需经过销售才能转变为现金，若存货本身滞销，其变现就成了问题；预付账款往往也不易很快收回。这时，即便某一企业的流动比率较高，但其短期偿债能力可能仍然不强。因此，需要用流动资产扣除存货、预付账款后的“速动资产”计算的速动比率来衡量企业的短期偿债能力。

显然，该比率越高，则企业的短期偿债能力越强。但过高的速动比率也可能源于企业过多的现金和应收账款等，这会致使企业的盈利能力和资金周转能力下降。

一般情况下，企业的速动比率在 1 左右比较合适。但这也要结合不同的行业特点和企业速动资产结构的不同情况等加以判断。如零售业的各类商店，其速动资产就几乎全部由现金构成，没有什么应收账款、应收票据等，在这种情况下，其速动比率远低于 1 也是很正常的。相反，制造类企业，尤其是一些竞争激烈的制造类企业，其速动资产中应收账款、应收票据等占比通常较大，这时，其速动比率最好大于 1 才能确保企业具有较强的短期偿债能力。

三是现金比率。

现金比率为现金类资产与流动负债的比。

其计算公式：现金比率 =（现金类资产 ÷ 流动负债）×100%

其中，现金类资产 = 现金 + 有价证券等短期投资 = 速动资产 − 应收账款 − 应收

票据

由于速动比率在评价企业短期偿债能力时仍存在一定的局限性——在速动资产中，某些应收账款不一定能按时收回现金，还有某些应收账款逾期后存在发生坏账损失的可能；应收票据也可能无法很快付现、贴现。这时，即便某一企业的速动比率较高，但其短期偿债能力仍然可能不强。因此，需要用速动资产扣除应收账款、应收票据后的“现金类资产”计算的现金比率来衡量企业的短期偿债能力。

显然，该比率越高，则企业的短期偿债能力越强。但过高的现金比率也可能源于企业过多的现金，这会导致企业的盈利能力下降。

一般情况下，企业的现金比率在 30% 左右比较合适。如果企业并无有价证券等短期投资，则该比率还可以适当再低一些。

（2）长期偿债能力

长期偿债能力是指企业在一定时间（通常为 1 年以上）以其资产偿还负债（本金和利息）的能力。

对管理者来说，企业长期偿债能力的强弱代表着企业能够承受长期债务风险的程度。如果企业的长期偿债能力出现问题，轻则会耗费管理者的精力，包括再次募集资本、寻找新的贷款资源，以多方筹措资金；重则会引发债权人追索，影响企业信誉、商誉；严重时也会招致债权人的连锁起诉，查封、拍卖企业资产，使企业陷于破产的危机。

对长期偿债能力进行分析的主要指标有资产负债率、股东权益比率、权益总资产率、负债与股东权益比率、利息保障倍数等。

一是资产负债率。

资产负债率也叫负债比率，为负债总额与资产总额的比。

其计算公式：资产负债率 =（负债总额 ÷ 资产总额）×100%

显然，该比率越低，则企业的长期偿债能力越强。但正如 7.1.2 节所述，过低的资产负债率也可能使企业失去利用财务杠杆去获取更大的权益性资本收益的机会。

一般情况下，企业的资产负债率为 50% ～ 60% 比较合适。但这也要结合不同的行业特点和企业所处的不同发展阶段等加以判断。如房地产行业，尤其是银行和证券业等的资产负债率普遍较高，而农业服务、食品加工、电子元器件行业等则普遍较低；再如某一企业正处于初创期，甚至刚完成了 IPO 融资，则资产负债率自然较低，而另一企业已进入成长后期，甚至已处于衰退期，其资产负债率通常较高等。因此，无法笼统地用资产负债率应为 50 ～ 60% 的所谓“统一标准”，作为各行各业任一企业的资产负债率究竟是合理还是不合理的评判依据。

二是股东权益比率。

股东权益比率为股东权益与资产总额的比。

其计算公式：股东权益比率 =（股东权益 ÷ 资产总额）×100% = 1- 资产负债率

显然，这与上述的资产负债率正好相反——股东权益比率越高，则企业的长期偿债能力越强。但过高的股东权益比率，意味着过低的资产负债率，这可能使企业失去利用财务杠杆去获取更大的权益性资本收益的机会。

三是权益总资产率。

权益总资产率又称权益乘数，为资产总额与股东权益的比。

其计算公式：权益总资产率 = 资产总额 ÷ 股东权益 = 1/ 股东权益比率

显然，这与上述股东权益比率正好相反——权益总资产率越低，说明股东的权益性资本在资产总额中所占的比重越大，则企业的长期偿债能力越强，债权人承担的风险越弱。

四是负债与股东权益比率。

负债与股东权益比率为负债总额与股东权益的比。

其计算公式：负债与股东权益比率 = 负债总额 ÷ 股东权益

显然，该比率越低，说明股东的权益性资本相对于负债性资产的比重越大，则企业的长期偿债能力越强，债权人承担的风险越弱。

五是利息保障倍数。

利息保障倍数又称已获利息倍数、收益对利息倍数，为息税前利润与利息费用的比。

其计算公式：利息保障倍数 = 息税前利润 ÷ 利息费用 =（利润总额 + 利息费用）÷ 利息费用

显然，该倍数（比率）越高，则企业偿付债务利息的能力就越强，也间接说明企业的长期偿债能力也越强。

7.1.7.2 盈利能力分析

盈利能力是指企业利用所拥有的各种资源向市场销售产品或服务，以收抵支、获取盈余的能力。企业是自主经营、自负盈亏、独立核算的经济实体，必须保持资本的完整性和最大限度地赚取利润。因此，盈利能力也属于企业的基本能力之一。

对管理者来说，企业盈利能力的强弱是其经营活动是否正常且可持续、经济效益是否显著、是否能够给股东以丰厚回报的重要标志，也是对管理者自身的工作业绩进行评判的主要依据。所以，几乎没有一个管理者会对企业的盈利能力漠不关心、置之不理。

对盈利能力进行分析的主要指标包括销售利润率、营业利润率、销售毛利率、成本费用利润率、资产报酬率和杜邦资产报酬率、总资产报酬率、股东权益报酬率、普通股每股收益额等。

（1）销售利润率

销售利润率为利润总额与营业收入的比。

其计算公式：销售利润率 =（利润总额 ÷ 营业收入）×100%

显然，该比率越高，则企业的盈利能力越强。

（2）营业利润率

营业利润率为营业利润与营业收入的比。

其计算公式：营业利润率 =（营业利润 ÷ 营业收入）×100%

显然，该比率越高，则企业的盈利能力越强。由于计算营业利润率时并不考虑企业当期的营业外收支等因素，因此，该比率直接地反映了企业经营业务的盈利能力。

（3）销售毛利率

销售毛利率即毛利率，为营业收入减去营业成本后的毛利与营业收入的比。

其计算公式：销售毛利率 =［（营业收入 - 营业成本）÷ 营业收入］×100% =（销售毛利 ÷ 营业收入）×100%

显然，该比率越高，则企业的盈利能力越强。由于计算毛利率时并不考虑企业当期的营业税金及附加、期间费用、投资收益和营业外收支等因素，因此，该比率更直接地反映了企业销售产品或服务的原始、基本的盈利能力，也常常作为一项业务是继续进行还是就此下马的判断依据之一。

（4）成本费用利润率

成本费用利润率为利润总额与成本费用总额的比。

其计算公式：成本费用利润率 =（利润总额 ÷ 成本费用总额）×100%

显然，该比率越高，则企业的盈利能力越强。

（5）资产报酬率和杜邦资产报酬率

其一，资产报酬率。

资产报酬率为利润总额与平均资产总额的比。

其计算公式：资产报酬率 =（利润总额 ÷ 平均资产总额）×100%

显然，该比率越高，则企业的盈利能力越强。

其二，杜邦资产报酬率。

在 20 世纪 30 年代，美国的杜邦（Du Pont）公司的管理层通过对上述资产报酬率公式的推导，引出了“杜邦资产报酬率”这一概念：即将资产报酬率进一步分解为另外两种比率——销售利润率与资产周转率的乘积，以便分析其中每种比率对企业盈利能力产生的影响。

其计算公式：杜邦资产报酬率 = 资产报酬率 =（利润总额 ÷ 平均资产总额）×100% =（利润总额 ÷ 营业收入）×（营业收入 ÷ 平均资产总额）= 销售利润率 × 资产周转率

尽管在盈利能力分析时讨论的重点不是资产周转率这一指标——这将在随后的章节中讨论，但按照杜邦资产报酬率的计算公式，显然，资产周转率的高低也会直接影响企业盈利能力的强弱。这提示管理者，在关注企业盈利能力时必须密切关注企业资金的周转情况。

（6）总资产报酬率

总资产报酬率又称资产息税前利润报酬率，为息税前利润与平均资产总额的比，用以评价企业全部资产（含权益性资本和负债性资产）的获利（含权益性资本的收益和为负债性资产支付的利息）能力。

其计算公式：总资产报酬率 = 息税前利润 ÷ 平均资产总额 =（利润总额 + 利息费用）÷ 平均资产总额

显然，该比率越高，则企业的盈利能力越强。

（7）股东权益报酬率

股东权益报酬率即净资产收益率，为净利润与平均股东权益的比，用以评价企业权益性资本的获利能力。

其计算公式：股东权益报酬率 =（净利润 ÷ 平均股东权益）×100%

显然，该比率越高，则企业的盈利能力越强。

（8）普通股每股收益

普通股每股收益为净利润减去优先股股息后的差与普通股股数的比。

其计算公式：（净利润 - 优先股股息）÷ 普通股股数

显然，在每股净资产相同的情况下，该收益越大，则企业的盈利能力越强。

7.1.7.3 支付能力分析

支付能力是指企业所具有的付现能力，即除了用现金偿付筹资行为产生的债务以外，企业用现金来支付投资行为、经营行为和收益分配行为中各项开支的能力，包括对内进行资产投资和对外进行股权投资，支付原材料、包装物、低值易耗品等的购置成本和支付税费、员工薪酬、水电热力燃气房租等的开支，以及支付股东股利、股息等。因此，支付能力也属于企业的基本能力之一。

对管理者来说，企业支付能力的强弱是保证企业的生产经营活动能否持续进行的基本前提，也是其做出筹资决策、投资决策和收益分配决策（在企业确有可分配利润时）的重要依据之一。

如果企业当期收到的现金，在偿付债务利息和支付经营活动的各项成本费用后仍有富余，那么企业就可以考虑开展新的投资、进行收益分配，甚至减少负债性筹资。

反之，如果企业当期收到的现金，在偿付债务利息和支付经营活动的各项成本费用后出现缺口，那么企业要保证经营活动能够持续进行下去，甚至还要考虑开展新的投资、进行收益分配，就必须再增加权益性筹资或负债性筹资——但管理者应该知道，这种一味靠负债性筹资产生的现金流入来解决企业长期存在的付现问题，终究将使企业的经营活动难以为继。

对支付能力进行分析的主要指标包括现金流比率、经营活动现金流比率、购销现金流比率、普通股每股净现金额、自由现金流等。

（1）现金流比率

现金流比率为全部现金流入（包括经营活动、投资活动和筹资活动的现金流入）与全部现金流出（包括经营活动、投资活动和筹资活动的现金流出）的比，用以反映企业全部现金的收支情况。

其计算公式：现金流比率 = 全部现金流入 ÷ 全部现金流出

显然，该比率越大，则企业的支付能力越强。当该比率大于 1 时，企业一般不需要再增加权益性筹资或负债性筹资。

（2）经营活动现金流比率

经营活动现金流比率为经营活动现金流入与经营活动现金流出的比，用以反映企业经营活动现金的收支情况。

其计算公式：经营活动现金流比率 = 经营活动现金流入 ÷ 经营活动现金流出

显然，该比率越大，则企业的支付能力越强。当该比率大于 1 时，企业不但没有经营活动的现金缺口，还能够用经营活动收支相抵后富余的现金去偿付债务、进行新的投资或收益分配等。

（3）购销现金流比率

购销现金流比率为销售产品或服务收到现金与购买原材料和服务支出现金的比，用以反映企业经营活动现金的收支情况。

其计算公式：购销现金流比率 = 销售产品或服务收到的现金 ÷ 购买原材料和服务支出的现金

显然，该比率越大，则企业的支付能力越强。

（4）普通股每股净现金额

普通股每股净现金额为经营活动净现金额减去优先股股息后的差与普通股股数的比。

其计算公式：普通股每股净现金额 =（经营活动净现金额 - 优先股股息）÷ 普通股股数

显然，在每股净资产相同的情况下，该净现金额越大（可以为零，也可以为负数），则企业的支付能力越强。

（5）自由现金流

自由现金流为经营活动净现金额与资本性支出金额（即对内进行资产投资和对外进行股权投资所支付的现金）的差。

其计算公式：自由现金流 = 经营活动净现金额 - 资本性支出金额

显然，该金额越大（可以为零，也可以为负数），则企业的支付能力，尤其是偿付债务利息和支付股息股利的能力越强。

7.1.7.4 资金周转能力分析

资金周转能力是指企业在向市场提供更多、更优质的产品或服务的同时，更合理、更高效地利用所拥有的资产，提高资金运行和转换速度，减少资金占用的能力。

对管理者来说，资金周转能力的强弱代表着企业运营效率的高低，这对企业的偿债能力、盈利能力和支付能力会造成直接的正向或负向的影响。所以，作为一个管理者，不应该不对企业的资金周转能力给予足够的重视！

对资金周转能力进行分析的主要指标包括总资产周转率、流动资产周转率、应收账款周转率、存货周转率等。

（1）总资产周转率和周转时间

其一，总资产周转率。

总资产周转率为营业收入和平均总资产的比，用以反映企业全部资产周转的快慢，是衡量企业资金运营效率的综合性指标。

其计算公式：总资产周转率 = 营业收入 ÷ 平均总资产

显然，该比率越大，则企业全部资产的周转能力越强。

其二，总资产周转时间。

总资产周转时间为全部资产周转一次所需要的时间天数，用以反映企业全部资产周转的快慢。

其计算公式：总资产周转时间 = 365 天 ÷ 总资产周转率

显然，该时间越短，则企业全部资产的周转能力越强。

（2）流动资产周转率和周转时间

其一，流动资产周转率。

流动资产周转率为营业收入和平均流动资产的比，用以反映企业流动资产周转的快慢，是衡量企业资金运营效率的综合性指标。

其计算公式：流动资产周转率 = 营业收入 ÷ 平均流动资产

显然，该比率越大，则企业的资金周转能力越强。

其二，流动资产周转时间。

流动资产周转时间为流动资产周转一次所需要的时间天数，用以反映企业流动资产周转的快慢。

其计算公式：流动资产周转时间 = 365 天 ÷ 流动资产周转率

显然，该时间越短，则企业的资金周转能力越强。

（3）应收账款周转率和周转时间

其一，应收账款周转率。

应收账款周转率又叫应收账款周转次数，为赊销净收入与平均应收账款的比，用以反映应收账款周转的快慢，是对流动资产周转率指标的补充。

其计算公式：应收账款周转率 = 赊销净收入 ÷ 平均应收账款 =（赊销收入 - 销售退回）÷ 平均应收账款余额

如果某企业发生销售退回的概率很小，则上述计算公式可以简化为

应收账款周转率 = 赊销收入 ÷ 平均应收账款余额

如果某企业营业收入中现款收入的概率很小，赊销收入基本上就等于营业收入，则上述计算公式又可以表示为

应收账款周转率 = 营业收入 ÷ 平均应收账款余额

显然，该比率越大，则企业的资金周转能力越强。

其二，应收账款周转时间。

应收账款周转时间又叫应收账款回收期，为应收账款周转一次所需要的时间天数，用以反映应收账款周转的快慢。

其计算公式：应收账款周转时间 = 365 天 ÷ 应收账款周转率

显然，该时间越短，则企业的资金周转能力越强。

（4）存货周转率和存货周转时间

其一，存货周转率。

存货周转率又叫存货周转次数，为营业成本与平均存货的比率，用以反映存货周转的快慢，是对流动资产周转率指标的补充。

其计算公式：存货周转率 = 营业成本 ÷ 平均存货

显然，该比率越大，则企业的资金周转能力越强。

其二，存货周转时间。

存货周转时间为存货周转一次所需要的时间天数，用以反映存货周转的快慢。

其计算公式：存货周转时间 = 365 天 ÷ 存货周转率

显然，该时间越短，则企业的资金周转能力越强。

7.2 常见问题诊断

7.2.1 负债性筹资比重过高

正如 7.1.2 节所述：在超过盈亏平衡点以后，增加负债性筹资通常会增加企业的产销量，也会增加息税前利润，但增加的息税前利润如果小于增加的负债性筹资的利息时，反而会给权益性资本带来额外的损失和风险。

在现实中，许多企业的权益性资本往往不足，只能靠不断地进行负债性筹资来支撑企业的扩张，导致其资产负债率逐年攀升，有的甚至早就超过了业内公认的负债警戒线，一旦现金流管理不畅，就随时可能触发债务危机。也正因为如此，近年来，包括“去杠杆”在内的“三去一降一补”已被列入了国家进行“供给侧结构调整”的基本国策之一。

7.2.2 负债性筹资的方式单一

方式单一是许多企业在进行负债性筹资时经常出现的问题，也反映了企业在拓展筹资渠道上存在一定的短板。

7.2.2.1 银行贷款是唯一的方式吗

“借钱”本身有多种方式，包括从银行或其他金融机构贷款、发行企业债券、开展租赁或融资租赁等，但很多企业往往只钟爱从银行贷款这种方式。这固然有资本市场发展不平衡的因素，但也有企业对债券市场、租赁或融资租赁市场不熟悉，自身业务开拓能力又较弱有关。

其结果会带来三大弊端：一是资金成本偏高——银行贷款利率通常高于同期的债券利率；二是贷款期限偏短，失去了诸如发行永续债、开展融资租赁等长期借贷的机会；三是筹资渠道狭窄，死守“华山一条路”，不能很好地利用各类外部资金资源为企业发展服务，一旦贷款银行不再增贷甚至是收贷，常常使企业的经营、发展陷入困境。

7.2.2.2 为何不利用商业信用工具

商业信用工具其实并不少，如应付账款、预收账款、应付票据、外贸业务信用证等。虽然利用商业信用工具占用交易对方资金的时间通常有限，但一般不需要资产担保、抵押或质押，也不需要支付资金成本。然而，很多企业对利用商业信用工具却显得十分不擅长。

在这方面存在的问题，一是应付账款或预收账款很少，而自身的应收账款或预付账款却居高不下；二是在交易时，基本上都是付现结算，而很少使用票据结算；三是在外贸进口时，企业通常开具的是短期甚至是即期信用证，而在外贸出口时，对方却总是向企业开具 12 个月甚至是 36 个月的远期信用证。这样做的后果只会是一个：放弃利用商业信用工具提供的筹资机会。即使偶尔利用，也是其收益大多归于了别人，而风险大多归于了自己——记得很多年前，我有一次在讲这样的事情给我女儿听时，小姑娘就曾用一种疑惑的眼神问我：您说的这家企业是做慈善的吗？

7.2.3　重投资轻经营现象普遍

有可能是我还不够见多识广，但在我接触过的企业中，没有控股或参股子公司的企业的确不多——它们往往在其业务规模稍有扩大，或者是稍有新业务产生时就迫不及待地要去投资设立一家新的子公司了。也许这些企业并没有这样想，但它们偏爱搞母子公司体制所遵循的理念，与中国传统生育观的“多子多福”的思想的确非常相似。

一旦企业热衷于投资，成天盯着所谓的“新项目”，就容易引发如此恶果：其一是分散了资源，忽视了对自身经营业务的专注；其二是增加了管理层级，降低了管理效率，提高了管理成本；其三是容易头脑发热，盲目投资，不对项目可行性进行深入严谨的论证，造成了只管投入、不管产出等一系列问题。

7.2.4　忽视投资后评价环节

与投资前的可行性研究不深入、不严谨相比，未开展投资项目后评价的例子更是不胜枚举。不少企业对投资决策后的项目执行跟踪与情况反馈存在随意性，也未建立投资后评价机制。

这样做的后果，一是无法落实投资项目责任制，许多投资项目经常是有始无终、不了了之，完全没有达到利用股权投资或资产投资能够在未来为企业带来收益回馈或资产增值的目的；二是如果投资项目运营效益不佳，也不能尽早调整、改进，一旦投资失败也无法及时止损、退出，最终导致投资项目满盘皆输，“连老本都赔了”。

7.2.5 “二金”占压资金严重

7.2.5.1 应收账款居高不下

很多企业的应收账款周转次数不到两次，这说明这些企业每年主营业务收入的大部分都成了应收账款；还有的企业年年都计提坏账准备，却总是前清后欠，应收账款往往不降反升，余额始终处于高位。

在这方面存在的具体问题主要包括以下几类。

其一，缺乏客户信用管理体系。一些企业从来就没有建立客户信用体系，也不按客户信用等级实行差别化管理，给予客户什么样的信用政策，全凭企业管理者、业务经理甚至是经办人员的主观判断；还有的企业虽然建立了一个所谓的“客户信用体系”，但从不对此进行管理维护和调整更新，在客户信用等级出现大幅下滑，甚至已出现严重失信问题时，仍与这样的客户继续签订销售合同，予以优惠的信用政策，最终致使大额的应收账款变成了呆账、坏账、死账。

其二，合同管理不严谨。许多企业没有自己标准、规范的合同文本，或者直接使用对方的合同，或者利用第三方的合同，甚至是双方临时草拟一个“合同”，这样的“合同”对一些关键条款也经常疏忽，在支付条件、支付时间、支付金额等方面毫不严谨，这势必会对以后应收账款的回收带来困难。还有一些企业缺乏对合同进行业务、财务、法务的“三务”评审，也无合同审批、授权管理制度，总认为“业务比天大”，一旦签订了销售合同，企业的内控体系就成了虚设，经常是“一路绿灯”，连合同审批都变成了只是“要走走程序”，更别说什么合同评审了，这显然会对以后应收账款的回收造成极大的隐患。

其三，日常管理不落实。不少企业没有建立合同备案体系，也无销售或服务台账，无法对应收账款进行跟踪、记录和预警，以及要求客户对债权进行及时确认和有计划地对应收账款进行催收。还有的企业对销售部门和销售人员的业绩考核只视其主营业务收入，甚至只视其合同金额的大小，而没有将销售资金的回笼与销售人员的业绩考核挂钩，如此这般，应收账款的催收自然无人问津。更有甚者，对已逾期超过一年的应收账款，也没有给予高度重视，未能在应收账款已无法正常回收的第一时间，立即转交企业法务部门介入，并采取必要的法律诉讼手段，由此，或者失去了对债务人资产进行查封、对己方债权予以保全的可能，或者因已超过了法律诉讼时限，只能眼睁睁地看着自己这些应收账款背后“白花花的银子”付之东流了。

7.2.5.2 存货管理漏洞百出

与应收账款相比，很多企业的存货周转次数更低。在这些企业中，不难发现有些存货从购入的那一天起，就一直静静地躺在仓库的一角，像入了冷宫……它们从哪里来、何时来的、花了多少钱、买来干什么的，也许已经没有人能够说得清楚了。

在这方面存在的具体问题主要包括以下几类。

一是内控体系不健全。不少企业的采购行为极不规范，不是同类物料“货比三家”，该招标采购的也不安排招标采购，动辄就搞独家采购、指定采购；还有的企业，尤其是一些小规模的贸易类企业，采购、仓储和业务需求部门不分，推行购销存“一体化”，明似“提高效率”，实为职责不分、缺乏管理制衡，为“采购黑洞”“暗箱操作”留下了极大的问题空间。

二是盲目采购。很多企业或者是依据年初的业务预算，而不是根据需求部门的采购指令进行采购；或者是过分夸大“缺货”会造成的不利影响和大额采购时供应商给予的“折扣”优惠，而安排大笔的预先采购，结果只能是购产脱节、购销脱节，库存积压严重。

三是仓储管理松懈。不少企业未建立存货管理制度体系，无严格的验收入库、领用出库记录，也不进行定期和专项的存货实物盘点，经常出现账物卡三者不符，没有人知道存货的成本究竟是多少，实物还在不在，如果在，放在库里什么地方，如果不在，又去了哪里，更别说还应该对库龄严重超期的存货及时告警，或者对已过期、毁损、达报废条件的存货及时进行报废处置了。

7.2.6　费用高企——花钱如流水

翻看很多企业的利润表，可能常常会发现其毛利率并不低，最终这些企业却亏损严重。究其原因，主要是这些企业的期间费用高企，把增加营业收入和控制营业成本获取的毛利，通过大把大把的费用开支“挥霍”掉了。

譬如，有的企业财务费用每年攀升，同比增幅都在 50% 以上，而其资金紧张的压力却并未得到有效缓解——因为其应收账款和存货分别同比增加了 32% 和 35%……同样还是这家企业，其营业收入同比增长了 21%，但其销售费用同比增长了 26%——因为其对 17 间门店重新进行了装修，多安排了 3 次产品展览会，并在 4 家省级电视台投放了产品宣传广告，等等。

再如，有的企业营业收入只同比增长了 14%，但其管理费用同比增长了 18%，因为员工平均薪酬增加了；同样也是这家企业，每年归入新产品的主营业务收入只占全部主营业务收入的 6% ～ 8%，其常年的研发费用却占了全部主营业务收入的 15% 以上。

非常有意思的是，这些费用开支的背后总会有这样或那样似乎非常正当、合理的理由：因为营收增长了，财务费用自然会增加……装修门店、参展和投放广告今年是多花了点，但对明后年的营收增长一定会发挥正面作用……员工薪酬增加是没办法的事，因为本地区社平工资都上涨了呀……我们是一家高科技企业，在研发方面多投入一些，不是很正常的吗？等等。

这不由地让我想起鲁迅先生于20世纪20年代写的一篇杂文《论“费厄泼赖”应该缓行》①。任何一位称职的管理者，都应该痛心疾首、扼腕长叹：像这般“花钱如流水”的行径“应该缓行”了！

7.2.7 预算管理只是财务部门的事吗

正如7.1.6节提及，预算“……是企业围绕主要的财务指标拟定的年度经营计划，是企业年度整体经营工作的‘纲’”。因此，预算管理就不可能只是财务部门的事！

其实，财务部门仅仅是企业预算办公室的牵头部门，无论是预算编制中的自身情况分析、环境分析、业务计划、生产计划、研发计划，还是预算实施、控制、调整，都需要预算办公室中其他相关职能部门和预算各承担单位共同履职、尽责。否则，预算管理一步都走不下去。

然而，那种认为预算管理只是财务部门的事的人，在现实中却比比皆是。究其原因，无外乎一是预算毕竟是企业围绕主要的财务指标来拟定的年度经营计划，从上到下、由表及里主要都是财务数字，而财务数字自然是财务部门最熟悉、最能说得清楚的；二是财务部门毕竟是预算办公室里的牵头部门，先天头上就有一“顶戴花翎”，想甩都甩不掉；三是其他职能部门或业务单元也深知预算管理的复杂性和责任重大，不愿主动履职也就很自然了……

7.2.8 预算管理过程中的缺陷

在现实中，完全不搞预算的企业并不多见，但预算管理过程不健全的企业比比皆是。

7.2.8.1 预算编制中的“三不”和“三无”问题

其一，在内容上的“三不”。

一是不真实。表现在进行预算分析时不客观，不能真实地揭示自身的优势与劣势、环境的机会与威胁；在编制预算指标和指标值时不切实际，或者盲目自信、乱拍胸脯、指望“一口吃成个大胖子”，或者胆怯自卑、裹足不前、强调“不能鞭打快牛”。

① 鲁迅.鲁迅杂文全集[M].北京：中国友谊出版公司，2018.

二是不准确。表现在预算分析时数据谬误多，不能准确地预测目标市场的需求多少和竞争对手的威胁大小，不能准确地做出自身的业务安排；在编制预算指标和指标值时，只能给出一些模棱两可、毫不严谨的预算数字，不是收入指标值过于紧张，就是支出指标值过于宽松。这样一来，预算完不成是必然的，即便万一完成了，也不过是“瞎猫碰上了死耗子”。

三是不完整。表现在预算分析时挂一漏万，不能完整地搜集影响预算的多种因素进行分析，以得出全面的分析结论；在编制预算指标和指标值时，只有其一，而遗漏了其二、其三。譬如，只编制了损益预算，却没有编制资产负债预算、现金流量预算；或者在编制收入预算时，只编制了主营业务收入预算，却没有编制其他业务收入预算和营业外收入预算；在编制投资行为的现金预算时，只编制了收回长期投资预算，却没有编制收回短期投资和出售有价证券预算；等等。

其二，在程序上的“三无”。

一是无上下沟通。表现为或者是上级预算管理委员会自上而下地进行预算布置，以高度集权的方式要求下级预算管理委员会贯彻执行。中间缺乏有效沟通，不给下级对预算发表意见的权力和机会；或者是下级预算办公室自下而上地上报预算草案，上级预算办公室只是对上报的预算草案加以汇集，就形成了整个企业的预算草案。

二是无论证质询。表现为预算委员会不重视，或者仅仅是口头上重视预算质询工作，实际上并不对预算草案涉及的有关预算指标和指标值、影响预算完成的不确定因素和应对措施等进行反复论证、修改完善，就将预算草案作为最终预算提交了董事会等进行审议、批准。这样的预算从一开始就瑕疵、谬误众多，实施的最终结果还能满意岂不成了天方夜谭！

三是无审议批准。表现为或者是预算尚未通过董事会等的审议、批准，就已实际予以了实施；或者是预算从编制、实施到控制、调整，从来就不需要得到董事会等的审议、批准，只是企业高管层以下的例行事务。前者是一种典型的“先斩后奏”，后者则是一种明显的“越俎代庖”。二者都构成了预算责任性、严肃性和权威性的丧失。

7.2.8.2 预算实施里的缺位失位

预算实施里的缺位，表现为没有下达预算。这种情形在企业实际经营中其实并不少见。究其原因，或者是下级企业提出的预算草案与上级企业拟分解下达的预算，在预算指标和指标值上差异较大，经多次沟通仍然不能取得共识，导致预算迟迟没有下达；或者是下级企业新换了主要领导，其对前任确定的预算指标和指标值等不予认可，提出要重新编制预算，这样一来，原来的预算也就只能暂缓下达或干脆就不再下达了。

预算实施里的失位，表现为没有贯彻执行预算——与没有下达预算相比，这种情形在企业实际经营中更为常见。究其原因，一则或者是上级企业在下达预算的事前和事后均未与下级企业充分沟通，以取得下级企业的理解和支持；或者是下达的预算本身就不具有可操作性，影响预算完成的不确定因素很多，也缺乏相关的应对措施，面对这样的预算，下级企业常常是一筹莫展；二则是下级企业向来就不太看重预算，认为预算就是“计划计划、墙上挂挂”，对下达的预算往往视而不见，照样是我行我素，该怎么干还这么干；再则是预算管理制度不健全，尤其是缺乏配套的考核奖惩制度，预算与业绩考核脱节，完成预算也罢、不完成预算也罢，最多就是口头表扬表扬、批评批评，甚至干脆是不了了之，好像从来就没有发生过什么似的。

7.2.8.3　预算控制形同虚设

所谓“形同虚设”，即“有，但视同无”。

其一是不对预算实施情况进行检查、分析，不去发现预算实施中存在的问题，没有提出解决问题的措施建议，也没有形成预算实施分析报告；其二是即便形成了预算实施分析报告，却没有对预算承担单位存在较大问题的予以提示，对存在严重问题的予以警示，直至要求其暂停费用开支和大额资金占用，限期完成整改，等等。

7.2.8.4　预算调整不等于推例重来

在预算调整环节，经常出现的问题是，有的预算承担单位在预算实施已超过半年甚至已临近年底，还要求对预算做整体调整，而且只是希望减少预算目标任务，却没有提出其他可以弥补预算目标任务的计划和相关的应对措施。

正如 7.1.6 节所述，对预算做局部调整可以，做整体调整也可以，但不允许在已超过半年甚至是已临近年底还要对预算做整体调整。如果这样调整了，那么谁来堵预算的窟窿，谁对预算没有完成负责，预算的责任性和严肃性何在？所以，对一个企业管理者来说，对预算进行调整可以、也必要，但把整个预算动辄推倒重来万万不行！

7.3　改进的方法措施

7.3.1　建立或完善财务管理制度体系

正如我们已在本书 1.1.4 节中提及的，“建立或完善企业的制度体系是解决各种经营、管理问题的一大法宝”。对于财务活动这一制度化要求（如严谨性）更为突出的管理领域来说，这一点尤其重要。

因此，管理者应该做的，一是对企业的财务管理制度体系进行全面梳理；二是在梳理的基础上，进行“废、改、立”——对过期失效或完全不适用的财务管理制度予以作废、终止，对沿用的财务管理制度予以修改、完善，对尚未建立的财务管理制度予以订立、补充。

7.3.2　落实或提升财务管理的执行能力

正如我们已在 1.1.5 节中提及的，“落实或提升执行能力往往是解决企业各种经营、管理问题的一把金钥匙”。

因此，管理者应该做的，一是按照财务管理制度规定的内容、方法和工作程序，全面落实财务管理各模块——筹资行为、投资行为、经营行为和收益分配行为中的现金流管理，以及预算管理、报表分析等各个模块的工作任务；二是搭建财务管理机构，落实责任人，做到责任明确、目标清晰、考核到位、奖罚分明；三是提供必要的资源保障和内外部关系的沟通协调等。

7.4　参考资料

7.4.1　某企业资金管理办法

为规范公司资金管理，加速资金周转、保障资金安全和提高资金利润率，依据相关法规并结合企业实际，特制订本办法。

7.4.1.1　适用范围

本办法适用于公司的债务融资、资金账户、货币资金管理及资金监控等行为。

7.4.1.2　债务融资管理

公司债务融资实行“规模适度、时间合理、降低成本、控制风险”的原则，在遵循公司划定的资产负债率、流动比率、速动比率、现金比率控制的前提下，纳入年度预算，经总经理办公会审议和公司董事会批准。

对于特定用途的专项资金，应严格按照债务融资方案确定的用途使用资金，严禁擅自改变资金用途。确需改变资金用途的，应严格履行审批程序。

财务部应与银行等金融机构保持联系，在年度预算额度内，做好资金预测计划，根据企业对债务融资的需求变化情况，及时筹借资金和调度资金。同时，要按时偿付资金本息，防范还贷风险。存在资金偿付风险的，应及时提示、报告。

7.4.1.3　资金账户管理

严禁不经审批擅自开户、销户和并户行为。

开立资金账户需提出申请，注明账户用途、类型，严格履行审批手续。原则上，公司资金账户总数不超过7个。对无实际业务的“闲置”账户，应及时进行销户处置。

销户时，应与销户银行核对存贷余额是否清零，在核对无误后方可办理销户手续；并户时，应与并户银行核对两账户间应收应付余额，在核对无误后方可办理并户手续，随后对并出户予以销户。销户后应在印鉴卡上加盖“注销”戳记，并对银行相关的空白凭证剪角作废。

财务部应按内部管理规范，认真做好资金账户对账工作，及时核对银企往来款项，处理未达账项。银行对账每月一次，并出具“银行存款余额调节表”。

7.4.1.4　资金支付管理

所有的对公支付，除特殊的申请格式外（如信用证等），均应填写“付款申请单”，详细填写日期、付款类型、申请部门、项目名称、申请人、对方单位或个人、事由、付款方式、申请金额等事项，按审批流程审批后，送财务部进行对外支付。

所有的对私付款，应当填写“日常费用报销单”，详细填写日期、付款方式、申请部门、申请人、单据张数、报销事项、费用类别、金额等，按审批流程审批后，送财务部进行报销处理。

财务部凭手续完备的付款申请单、日常费用报销单等凭据，进行对外支付、报销操作。手续不完备或者申请单据有涂改、错误的，财务部不予受理。

7.4.1.5　库存现金管理

公司只能留存满足二三天日常所需的库存现金。超出限额的库存现金，财务部应及时送存银行。库存现金币种包括人民币和少量的美元、欧元、日元、港币。

现金收款应及时送存银行，不得坐支；正常所需现金应使用现金支票，从银行提取现金；出纳在存取大额现金时，需二人以上前往银行，或由银行人员上门服务。

除在结算起点（人民币 1000 元）以下经批准的开支可使用现金外，其他可办理转账结算的业务不允许使用库存现金结算。

不得以白条、不符合财务制度的单据等抵充库存现金。严禁公款私借或挪用公款，严禁私设小金库。严禁其他单位或个人转移和套取公司现金。

加强库存现金的管理监督，严格现金稽核，定期（每月一次）、不定期组织库存现金盘点，以保证库存现金不超限额、账款相符和现金管理安全。库存现金盘点记录必须存入会计档案。

7.4.1.6　票据管理

票据包括现金支票、转账支票、银行汇票、银行承兑汇票、商业承兑汇票等银行发出的重要有价单证。

加强与资金相关的票据的管理，明确各种票据的购买、保管、领用、背书转让、注销等环节的职责权限和处理程序，并设专用登记簿进行记录，防止空白票据的遗失和被盗用。

票据的收、付、退、变更均应由财务第一经办人办理，经签批后交出纳。

因填写、开具失误或者其他原因导致作废的法定票据，应加盖“作废”戳记，依规保存，不得随意处置或销毁。对超过法定保管期限、可以销毁的票据，在履行审批手续后进行销毁，但应当建立销毁清册并由授权人员监销。

转交票据，应设立专门账簿进行登记；收取重要票据，应留有复印件并妥善保管；不得随意开具印章齐全的空白支票，不得跳号开具票据，不得开具没有资金保证的票据。

7.4.1.7　印鉴章及密钥管理

印鉴章包括公司财务专用章和法定代表人个人名章，用于支票、汇票等票证的开立、背书、收款等，只有两章均盖讫，票证方才有效。对印鉴章的使用按照公司《印章管理办法》执行。

网银、“银关通”等系统的密钥，由使用人员妥善保管。系统操作时，录入人员和复核人员必须分离。密钥遗失或损坏，应及时报告，并与密钥发行人联系，由公司出具公章证明后进行更换。

7.4.1.8　解释与实行

本办法由财务部负责解释，自印发之日起实行。

7.4.2　某企业年度（损益）预算报告

根据年度预算工作安排，公司已于近期编制完成了以下 ×××× 年度（损益）预算报告。

7.4.2.1　年度（损益）预算

年度（损益）预算见表 7.5。

7.4.2.2　编制基础

×××× 年度（损益）预算是根据公司上三年的实际运行情况，在充分考虑各基本假设的前提下，结合公司的外部环境、自身条件和能力以及公司董事会年初确定的××××年度总体经营目标，本着“稳健”和“健康发展”的原则而编制。

表7.5　年度（损益）预算（金额：万元）

序号	项目	××××年度预算	上一年度实际	增减变动额	增减变动率
(一)	营业总收入	157570	92052	65519	71.2%
	其中：营业收入	157570	92052	65519	71.2%
(二)	营业总成本	137339	79117	58222	73.6%
	其中：营业成本	105918	61044	44874	73.5%
	营业税金及附加	1054	513	541	105.4%
	销售费用	13832	8092	5740	70.9%
	管理费用	13480	7243	6237	86.1%
	财务费用	1417	981	436	44.5%
	资产减值损失	1638	1244	394	31.6%
	投资收益		103	–103	–100.0%
	资产处置收益		36	–36	–100.0%
	其他收益	750	807	–57	–7.1%
(三)	营业利润	20981	13881	7101	51.2%
	加：营业外收入		48	–48	–100.0%
	减：营业外支出		6	–6	–100.0%
(四)	利润总额	20981	13923	7058	50.7%
	减：所得税费用	4941	3265	1676	51.3%
(五)	净利润	16041	10658	5383	50.5%
	归属于母公司所有者净利润	14084	9385	4699	50.1%
	少数股东损益	1957	1273	684	53.7%

注：本预算数据包括本公司及下属子公司。

7.4.2.3　基本假设

公司所遵循的国家和地方的现行有关法律、法规和制度无重大变化。

公司主要经营所在地及主要业务涉及地区的社会经济环境无重大变化。

公司所处行业形势及市场竞争地位无重大变化。

公司业务模式，以及主要产品或服务的市场价格等无重大变化。

公司主要原料成本价格不会有重大变化。

公司经营涉及的信贷利率、税收政策将在正常范围内波动。

公司计划的投资项目能如期完成并投入生产。

公司现行的生产组织架构无重大变化，运行正常。

无其他不可抗拒力及不可预见因素会对公司造成重大影响。

7.4.2.4　确保完成预算的措施

在××××年，公司将采取以下措施以确保完成（损益）预算。

一是充分认识公司内外环境的变化因素，对当年经营工作进行系统安排，对市场开发工作重点规划，确保固有市场稳中有升、新项目市场取得明显进展，奠定公司营收和利润增长的基础。

二是继续强化全面预算管理工作。对公司生产经营的主要投入，严格按照预算的项目及金额进行合同签订、资金审批和支付，实现对投入产出的精细化管理。

三是继续夯实公司内控体系建设，严格执行内控工作流程，建立预算执行各环节的长效监管机制，使公司生产经营活动得到有力保障。

四是全面建立部门业绩考核制度，调动各部门员工的积极性，履行好岗位职责，以服务客户为中心，以提升内部运营效率为手段，以知识能力培训和员工进步为前提，全方位提升公司的核心竞争力。

7.4.2.5　风险提示

上述 ×××× 年度（损益）预算安排，并不代表公司对 ×××× 年度经营情况做出的精准预测。盈利能否实现，取决于公司内外部多种因素以及经营团队的努力程度等，存在一定的不确定性。为此，公司将提请广大投资者注意投资风险。

第 8 章

市场营销

8.1 主要内容

8.1.1 市场营销，企业的生命之本

自从人类有了交换行为，就诞生了市场。其繁衍至今，小到路边烤串市场、家电维修市场、蔬菜水果市场，大到百万吨级石化成套设备市场、民航运输市场、全球能源市场、国际金融市场等，可谓浩如烟海、无处不在。

企业离不开市场，就像鱼儿离不开水一样。市场既是企业一切经营活动的起点，也是终点——企业从市场需求或潜在的市场需求中获取商业灵感，确定自身的定位和未来中长期发展目标，编制预算，进行产品研发或服务设计，再经过产品生产或服务培育，最终向市场销售产品或服务，并得到市场的认可，从而完成了一个经营活动的完整循环。显然，没有市场，企业必死无疑，更别说企业的发展、壮大了。

在与市场的交互作用中，企业围绕认识市场、适应市场、满足市场和引导市场所开展的销售产品或服务的所有经营活动，就是市场营销。

具体来说，大致可以把市场营销划分为市场分析与选择、制订营销策略和开展营销业务三个环节。

8.1.2 市场分析与选择

市场很大，但某一企业真正能够涉足的市场可能很小。怎么才可以做到“芝麻开门”——必须要对市场进行分析，并在分析的基础上加以正确的选择。如果这样

做了，那这样的企业真的有可能会成为另一个“阿里巴巴”。

8.1.2.1 市场分析

企业面对的市场，林林总总、不计其数。

如果按交易对象（客户群）划分，有消费者市场（可分为男性或女性、青年、中老年或少年儿童市场）、单位市场（可分为企业、事业单位及公益组织、政府机关及军队市场）等；如果按交易标的物划分，有产品市场、服务市场、技术市场、人才市场、资产市场、金融市场（又可分为股票、债券、期货、保险市场）等；如果按交易地域划分，有国内市场（又可细分为北方或南方、城市或农村、东南沿海省市或中西部省市市场）和国际市场（又可细分为欧美发达国家、中东欧国家及俄罗斯、中美洲和南美洲国家、非洲国家、中东、西亚、东北亚、东南亚国家市场）；等等。

在这里，将以分析消费者市场和单位市场中企业经常涉及的产品或服务市场为主。

（1）影响市场需求的因素

尽管市场种类繁多、千姿百态，但影响市场需求的主要有人口、经济、信息技术、自然环境和社会文化环境五个因素。

第一，人口。

市场是由人类的个体或群体的交易需求所构成的。因此，人口的数量、增长速度、地理分布、人口结构（包括年龄、性别、民族、职业、教育程度、平均家庭人口）等就成了影响市场需求的重要因素。

其中，人口数量、增长速度、地理分布等更多地影响着市场的总量，而人口结构则更多地影响着市场的多样性。譬如，人口数量多、年均增长速度快、人口分布密度高的国家或地区，市场需求的总量通常比人口数量少、年均增长速度慢、人口分布密度低的国家或地区要大得多；再如年龄、性别、民族、职业和教育程度等不同的人口结构，其市场需求显然是不一样的；就连家庭人口，四世同堂与三口之家、“二人世界”或秉持“独身主义”的人士，其市场需求也会带着明显的差异性。甚至家庭人口的临时变化，也会带来市场需求的变化——如某个三口之家，男主人通膳食，每餐必会下厨弄出几道可口的饭菜，而一旦妻小暂别、只剩男主人在家时，其常常就改吃速冻饺子或者煮泡面了。

第二，经济。

经济是一个十分宽泛的概念，而在此处仅指经济范畴中的社会购买力，即消费者和单位等社会各个方面在一定时期内用于购买产品和接受服务的货币支付能力。其中，消费者的支付能力为城乡居民购买力，单位的支付能力为社会集团购买力。

社会购买力是经济发展水平的综合体现。通常，一个国家或地区的经济发展速度越快、人均收入和财税收入越高，则该国家或地区的社会购买力就越大，市场需求也就越旺盛。

当然，社会购买力还与通胀或通缩密切相关。假定消费者和单位的货币收入不变，在通胀情况下，货币贬值、物价上涨，实际社会购买力小于名义社会购买力，则市场需求疲惫；反之，在通缩情况下，货币升值、物价下跌，实际社会购买力大于名义社会购买力，则市场需求旺盛。

需要注意的是，这还要视在通胀或通缩时人们是将手中的货币拿来储蓄，还是拿来消费的意愿而定。譬如，在通胀严重、物价连续上涨时，即使银行储蓄利率高于通胀幅度，人们出于购物将更“保值”的心理，通常也会加入“抢购”风潮，导致出现市场需求旺盛甚至火爆的现象；反之，在通缩严重、物价连续下跌时，即使银行储蓄利率接近于零，甚至出现负利率，人们出于储蓄将会更“保值”，至少不亏或少亏“本钱”的心理，通常也会偏爱储蓄，从而出现市场需求低迷甚至冰冷的现象。

第三，信息技术。

技术从来都是影响市场需求的重要因素。今天，各种前沿技术，尤其是信息技术更是以一种前所未有的力量影响着人类社会的方方面面。信息技术对市场需求的影响主要体现在两个方面，一是加快推动产品或服务的更新换代，引导着市场需求发展的方向；二是加速挤压所谓“旧”产业的市场空间，不断催生了更加个性化、数据化和智能化的“新”产业的市场空间。

因此，企业必须广泛地采用信息技术，不断生产或培育，并向市场提供富含信息技术的产品或服务，才能在信息技术充斥的市场需求的海洋中乘风破浪，直挂云帆。这就是日新月异的信息技术带给企业管理者的一条重要启示。

第四，自然环境。

人是自然的产物。人类生存在大气、水、阳光、岩石、土壤和其他生物种群等构成的自然环境中，在适应自然的同时又在一定程度上改造着自然。

因此，自然环境对市场需求的影响总是显而易见的。譬如发电设备市场，中国的东北和华北地区，地势相对平坦，水资源也不够充沛，就多采用火力发电；而中国的西南地区，峰峦起伏、千壑纵横，长江、澜沧江、雅鲁藏布江、怒江等汹涌澎湃，就多采用水力发电；处于日照强度较高的地区，就对太阳能发电装置有较大的需求；而处于空气对流剧烈的地区，就对风力发电装置有较大的需求。再如通信设备市场，山地多用微波传输，而平原则多用光纤传输；在陆地上蜂窝移动通信早已铺天盖地，但到了远海基本上还得靠卫星通信来实现语音、图像和其他数据业务的交互；等等。

第五，社会文化环境。

社会文化环境对市场需求产生的较大影响主要来自政策因素、法律因素和文化传统因素。

一是政策因素。譬如受国家能源政策、环保政策等的影响，2016 年以来纯电动汽车的市场需求出现了“井喷”，每年都以两位数甚至三位数的增长速度快速扩张，而同期传统汽车的市场需求却基本饱和、疲态尽显，甚至出现了负增长。

二是法律因素。譬如，《合同法》就对各类合同的订立、效力、履行、变更与转让、权利义务终止、违约责任等交易行为进行了规范，维护了市场秩序，促进了市场的良性发展。再如《反不正当竞争法》，对不正当竞争行为予以制止，对公平竞争行为给予鼓励和保护，旨在维护经营者和消费者的合法权益，促进市场需求的健康发展，等等。

三是文化传统因素，包括价值观与行为规范、传统习俗等。譬如，龙这一虚拟生物，在中国人的心目中代表了伟大和神圣，是中国和中华民族的象征；而在西方人的心目中却代表了邪恶和魔力，是令人恐惧和憎恶的象征，由此就产生了中西方不同价值观影响下的不同的市场需求。再如，在农历新年，中国人对春联、鞭炮、大红灯笼、北方的饺子和南方的汤圆等有着特殊的市场需求；而无论南北，中国人在端午节时都会喜欢戴香包、挂艾草、吃粽子、划龙舟，围绕这些习俗开展销售产品或服务的市场需求自然就更受青睐，等等。

（2）消费者市场

消费者市场又叫个人市场。顾名思义，消费者市场是由为满足自身或其家庭成员的消费需求而购买产品或服务的一个个消费者个人组成的市场。

其特征是这一市场相对分散（每个消费者的购买力较小），但规模总量庞大（消费者的数量众多）；某一消费者从这一市场购买的产品或服务通常已不再参与社会生产或社会服务的再循环，而是最终占有或享受了其价值和使用价值。

由于消费者市场其实是任何一家企业开展市场营销活动的最终市场，因此，即便是一家面向单位市场开展营销活动的企业，其管理者也应该密切关注消费者市场的发展态势，以便从消费者市场变化的蛛丝马迹中捕捉到一线商机。

对消费者市场进行分析，最常见的方法是利用所谓的“7O”分析工具来分析消费者的消费行为，即分析 Occupant（购买者，即谁消费）、Object（购买物，即消费什么）、Objective（购买目的，即为何消费）、Organization（购买组织，即谁参与消费）、Operation（购买行为，即如何消费）、Occasion（购买时间，即何时消费）、

Outlet（购买地点，即去何处消费）。

其实，也可以利用我们已在 1.1.3 节中讨论过的“3W1H”方法，来分析消费者的消费行为。即将“7O”工具中的 Occupant（谁消费）、Object（消费什么）和 Objective（为何要消费），分别等同为 Who（谁消费）、What（消费什么）和 Why（为何要消费）；另将 Organization（谁参与消费）、Operation（如何消费）、Occasion（何时消费）、Outlet（去何处消费），甚至还可以加上 Outgoing（要花费多少钱去消费）等，一并归入 How（如何消费）之中，以使对消费者的消费行为分析工作变得更加简洁、明了。

其一，Who（谁消费）。

谁消费？回答这个问题似乎很简单，自然是消费者在消费。但其实并不简单。因为企业需要分门别类地分析消费者是男性还是女性，是青年、中老年还是少年儿童，他们有什么特别的民族和宗教信仰、风俗习惯，受教育水平怎样，是什么职业，收入水平和购买力如何，是否属于残障等特殊人群，各自的数量有多少，等等。

其二，What（消费什么）。

消费什么？这个问题似乎很难回答，因为消费者的消费对象可谓五花八门、包罗万象。但经过分析，其实可以把消费者的消费对象大体分为三大类。

一是日常消费类。这是消费者必须消费的、最为大众化的产品或服务，包括购买的食品（五谷杂粮、蔬菜水果、肉蛋禽鱼、油盐酱醋、饮料酒类等）、服装鞋帽、洗漱卫生用品、化妆品、其他日用百货，以及接受的家政服务、水电热力燃气、普通医疗、基础教育、文化体育、休闲娱乐等生活性的日常服务，等等。

二是耐用消费类。这是消费者会加以筛选的、比日常消费类要小众一些的产品或服务，包括购买的房产、汽车、成套家具、冰箱、彩电、洗衣机、空调、智能手机及个人电脑、珠宝首饰、其他奢侈品，以及接受的投资理财、法律咨询、私人教师、私人医生等专业性的高端服务，等等。

三是特殊消费类。这是与消费者的特殊嗜好相关的、相对最为小众的产品或服务，包括购买的字画古玩、玉器瓷器、花鸟虫鱼、老爷车、古钢琴、瑞士名表、阿帕或徕卡相机、高级渔具雪具、舶来的各种宠物狗、车模手办、名人用品、其他把玩品或收藏品，以及接受的文物鉴定、字画修缮、飞机驾驶、游艇驾驶、深潜训练等特别专业性的定制服务，等等。

当然，随着市场需求的各种影响因素的变化，上述这三大类消费对象也会发生相应的变化。例如，在国内的大城市，以前常见的大众浴池已从日常消费类中悄然退去；原来列入耐用消费类中的智能手机及个人电脑，正逐渐被归入日常消费类之中；而无论是在日常消费类还是耐用消费类中，今天已经很少见到家用缝纫机的销售，只是在特殊消费类中，还能偶然见到其被作为收藏物的身影……

其三，Why（为何要消费）。

为何要消费？对这个问题，如果要我看，消费者消费的原因应该大致分为两大类。

一是外因，即外部环境对消费者的影响，包括上述影响市场需求的五个因素——人口、经济、信息技术、自然环境和社会文化环境，都会不同程度地影响消费者的消费行为。

二是内因，即满足消费者自身对物质或精神文化的需要。其中，消费者对日常消费类的消费，主要取决于消费者的物质需要；消费者对特殊消费类的消费，主要取决于消费者的精神文化需要；而消费者对耐用消费类的消费，则往往既取决于消费者的物质需要，又取决于消费者的精神文化需要。

显然，"……外因是变化的条件，内因是变化的根据，外因通过内因而起作用"[①]。譬如，某一消费者以前购买手机就是为了满足自己打电话和发短信的需要（内因），但随着经济、信息技术等（外因）的发展变化，网购、微信、共享单车等不断涌现，使其对手机应当具备这些新的互联网应用功能产生了新的需要(内因)，最终导致该消费者淘汰了旧手机，而购买了一部新的智能手机。

其四，How（如何消费）。

如何消费？这个问题通常包括消费者的消费决策过程是复杂还是简单、是否有他人参与决策、对品牌的认可度、决策后何时消费、去何处消费，以及要花费多少钱去消费等（见表 8.1）。

表 8.1　如何消费

如何消费 \ 消费对象	日常消费类	耐用消费类	特殊消费类
消费的决策过程	简单、容易	适中	复杂、严谨
是否有他人参与决策	一般无	一般有	一般无
对品牌的认可度	较弱	较强	较强
决策后何时消费	间隔短	间隔较短	间隔不定
去何处消费	超市、便利店、集贸市场、服务公司门店等	旗舰店、专营店、或服务公司总部、分部等	专营店、专门机构、特定渠道
要花多少钱去消费	低价、或高性低比	高性低比	不太考虑价格

注：去何处消费，包括从实体公司、实体店的相应网站去购买商品或接受服务。

对日常消费类的产品或服务，消费者的消费决策过程相对简单、容易，一般不需要进行咨询或由他人参与决策，主要是由消费者在首次消费时对消费对象进行简

① 毛泽东 . 毛泽东选集：第一卷 [M]. 2 版 . 北京：人民出版社，1991.

单的功能或服务效果分析、性价比对，在使用后自我评价感觉满意时就会采用习惯性的消费方式，很快地到就近的大超市、集贸市场、服务公司门店等继续去购买产品或服务。但也较容易受广告宣传、他人口碑等的影响而选择新的品牌。

对特殊消费类的产品或服务，消费者的消费决策过程相对复杂、严谨。一般需要自己分析、研究或进行专业咨询，包括品牌、规格、问世时间、传世数量、其他特别之处等，但不需要他人参与决策。一旦决策后，消费者通常不会再对消费对象的价格进行过多的纠缠，而是千方百计地通过各种途径去寻找自己的这种“珍爱”，以更多地从占有或使用的过程中获得自身精神文化上的满足。

对耐用消费类的产品或服务，消费者的消费决策过程的复杂或简单程度通常介于日常消费类和特殊消费类的产品或服务之间，一般需要进行咨询和由他人参与决策。消费者通常会对消费对象进行全面的性能指标分析、功能或服务效果分析、外观或形象分析，再按选中的品牌、规格或服务内容、价格等与旗舰店、专营店、服务公司总部、分部联系接洽，最终去购买产品或服务。

（3）单位市场

与消费者市场相对应的是单位市场，又称组织市场、团体市场、集团用户市场。这是由为满足从事经营活动、事业及公益活动、政府公务和军事活动等的需要而购买产品或服务的一个个单位组成的市场。

其特征是这一市场相对集中（每个单位的购买力较大），但规模总量不如消费者市场庞大（指单位的数量有限，远小于消费者的数量）；单位采购可实行集体决策，并实行招标采购或比价采购；某一单位从这一市场购买的产品或服务通常还会参与社会生产或社会服务的再循环，只是中途性、过渡性地占有或享受了其价值和使用价值。

对单位市场进行分析，与上述的对消费者市场进行分析类似，最常见的方法也是利用所谓的“7O”工具，或者是利用我们已在 1.1.3 节中讨论过的“3W1H”方法来分析单位的采购行为。

其一，Who（谁采购）。

谁采购？回答这个问题似乎也很简单，自然是单位在采购。但其实仍不简单。因为需要分门别类地分析某一单位是以盈利为目的的企业还是其他非营利性组织，其数量如何；如果是企业，那么是大企业还是中小企业，是生产企业还是批发企业、零售企业，是技术密集型企业还是资本密集型或劳动力密集型企业，是国有企业还是民营企业，是上市公司还是非上市公司，其资信水平、财务状况、购买力如何，等等。

其二，What（采购什么）。

采购什么？这个问题似乎也很难回答，因为单位的采购对象虽不及消费者的消费对象那样五花八门、包罗万象，但仍可以称得上是种类繁多、数不胜数。经过梳理，其实可以把单位的采购对象大体分为五大类。

一是固定资产（装备）类，包括单位需要的厂房建筑、生产设备、动力设备、成套家具、办公设备、运输设备及相关维护、保养服务等。

二是无形资产类，包括单位需要的专利、软件著作权、商标、商号、土地使用权等。

三是低值易耗品类，包括各类办公用品、后勤服务用品、员工福利用品等。

四是原材料类，包括单位，主要是生产企业、批发企业、零售企业等需要的原材料、零部件、半成品、产成品等。

五是服务类，包括审计、法律、保险、金融、运输、广告、培训、水电热力燃气供应、通信及网络服务等。

其三，Why（为何要采购）。

为何要采购？对这个问题，如果要我看，单位要采购的原因仍可以分为外因和内因两大类。

一是外因，即外部环境对单位的影响，包括上述影响市场需求的五个因素——人口、经济、信息技术、自然环境和社会文化环境，都会不同程度地影响着单位的采购行为。

二是内因，即满足单位自身参与社会生产或社会服务的需要。其中，生产企业、批发企业、零售企业等进行采购，主要是为了参与社会生产，期望能够在社会生产的循环或再循环中获得盈利，并使自身发展、壮大；而事业单位及公益组织、政府机关及军队等进行采购，主要是为了参与社会治理与社会管理，希望能够在社会治理与社会管理的循环或再循环中做出贡献，以此得到社会的认可和支持。

其四，How（如何采购）。

如何采购？这个问题通常包括单位采购的决策过程是复杂还是简单、是否集体决策、对品牌的认可度、决策后何时采购、去何处采购、要花费多少钱去采购，以及是否实行招标采购或比价采购等（见表 8.2）。

对固定资产（装备），单位采购的决策过程相对复杂、严谨，一般需要进行专业咨询和技术论证，实行集体决策；通常采取招标方式，对采购标的技术性能、功能作用、外观、价格、交货期、品牌以及相关配套服务等进行分析、比对，以确定固定资产（准备）最终的生产企业、批发企业等，并签订采购合同。

对无形资产，单位采购的决策过程相对复杂、严谨，一般需要进行专业咨询和技术论证，实行集体决策；通常采取招标或比价方式，对采购标的技术性能、功能作用、价格、交货期、品牌以及相关配套服务等进行分析、比对，以确定无形资产最终的提供单位，并签订采购合同。

表 8.2　如何采购

采购对象 如何采购	固定资产（装备）类	无形资产类	低值易耗品类	原材料类	服务类
采购的决策过程	复杂、严谨	复杂、严谨	简单	较简单	较简单
是否集体决策	是	是	一般不是	首次是	首次是
对品牌的认可度	较强	较强	较弱	较强	较强
决策后何时采购	间隔较短	间隔较短	间隔短	间隔较短	间隔较短
去何处采购	生产企业等	提供单位等	生产企业、批发商、零售商等	生产企业、批发商、零售商等	服务企业等
要花多少 钱去采购	高性价比	高性价比	低价或高性价比	高性价比	高性价比
是否实行招标或比价采购	招标采购	招标或比价采购	比价采购	招标或比价采购	招标或比价采购
交货期长短	较长	不定	短	较短	较短
交货地点远近	不定	近	近	不定	近

注：去何处采购包括从生产企业、流通企业、零售企业、服务企业等的相应网站去购买商品或接受服务。

对低值易耗品，单位采购的决策过程简单、容易，一般不需要进行专业咨询和技术论证，也不实行集体决策，主要是由单位在首次采购时对采购标的进行简单的功能分析、性价比对等，在使用感觉满意后就会采用习惯性的采购方式，从低值易耗品的生产企业、批发企业、零售企业等处继续进行采购。

对原材料，单位采购的决策过程相对简单、容易。一般首次采购时需要对采购标的的技术性能、功能作用、价格、交货期、品牌以及相关配套服务等进行分析、比对，实行集体决策（尤其是大宗采购），采取招标或比价方式确定原材料最终的生产企业、批发企业、零售企业等，并签订采购合同。在使用满意后，通常就会采用习惯性的采购方式，从合格供应商处继续进行采购。

对服务，单位采购的决策过程相对简单、容易。一般首次采购时需要对采购标的功能、效果、价格、品牌等进行分析、比对，实行集体决策，采取招标或比价方式确定最终的服务企业，并签订采购合同。在使用满意后，通常就会采用习惯性的采购方式，从合格供应商处继续进行采购。

8.1.2.2　市场选择

进行市场选择，首先要把握好自身的市场定位，其次要对市场进行细分，并从中选择自己的目标市场。

（1）市场定位——跳不出企业战略的“手心”

正如 3.1.1 节提及，“战略是确定企业定位、未来中长期（5 ～ 10 年以上）发展目标、围绕这一目标开展的行动计划，以及确保行动计划得以完成的措施”。战略中的企业定位，决定了企业的市场定位。因此，任何一家企业的市场定位，都不可能偏离企业战略已明确的企业定位而另搞一套。

譬如，一家定位于船舶制造的大型企业，其市场定位就应该是面向各种船东市场，尤其是单位船东市场，提供船舶及相关船舶装置，而不可能搞基建、盖房子，去涉足房地产市场。

即便是一家定位于多元化经营的企业，其市场定位也与其涉足的经营领域有关，只不过其面对的市场会更多、更广而已，是不可能完全脱离企业定位而独立存在的。

这就像“孙猴儿跳不出如来佛的手心——跑不掉”一样。

（2） 细分市场

细分市场是针对整体市场而言的。整体市场是一个极为笼统、宏观的概念，是对全部市场的总称。由于任何一家企业都不可能“包打天下”，对所有市场进行营销覆盖，因此，整体市场其实是不存在的。

既然不存在所谓的整体市场，那么，任何一家企业所要进行营销覆盖的市场，准确地说就都是细分市场，即整体市场中的部分市场或重点市场。

从理论上讲，对市场细分可以不断地连续进行下去，从而使整体市场的异质性逐步减少，使细分市场的同质性逐步增加。显然，随着市场被不断细分，细分后的市场不用再搞差异化营销——这是大多数企业所欢迎的；但细分后的市场覆盖面会越分越窄、市场规模也会越分越小——这又是大多数企业所不愿意看到的。因此，对市场进行细分，并不是分得越细越好，而要把握好市场细分的颗粒度，做到“适可而止”。

同时，对市场细分，还应该把握细分标准的可识别性，即某一细分标准应该是清晰的、可测量的。如对男性消费者市场，用“年龄”“民族”“婚姻状况”“教育程度”等作为细分标准是可识别的，而用“大男子主义”“直男”“妈宝”等作为细分标准就无法达到可识别的要求。

对市场进行细分，有以下三种常见的方法。

第一，按产品进行市场细分。

按产品进行市场细分（见表 8.3），属于单维度细分。

由于是什么样的企业就会向市场销售什么样的产品或服务，因此，这种市场细分，其实是由企业定位来决定的。

表 8.3　按产品进行市场细分

产品或服务（代码）				类别名称
门类	大类	中类	小类	
…	…	…	…	…
C				制造业
	13			农副食品加工业
		131		谷物磨制
			1311	稻谷加工
	…	…	…	…
	40			仪器仪表制造业
		401		通用仪器仪表制造
			4011	工业自动控制系统装置制造
			4012	电工仪器仪表制造
			4013	绘图、计算及测量仪器制造
			4014	实验分析仪器制造
			4015	试验机制造
			4016	供应用仪器仪表制造
			4019	其他通用仪器制造
		402		专用仪器仪表制造
			4021	环境监测专用仪器仪表制造
			4022	运输设备及生产用计数仪表制造
			4023	导航、测绘、气象及海洋专用仪器制造
			4024	农林牧渔专用仪器仪表制造
			4025	地质勘探和地震专用仪器制造
			4026	教学专用仪器制造
			4027	核子及核辐射测量仪器制造
			4028	电子测量仪器制造
			4029	其他专用仪器制造
		403	4030	钟表与计时仪器制造
		404	4040	光学仪器制造
		405	4050	衡器制造
		409	4090	其他仪器仪表制造业
…	…	…	…	…
L				租赁和商务服务业
	71			租赁业
		711		机械设备经营租赁
			7111	汽车租赁
			7112	农业机械经营租赁
			7113	建筑工程机械与设备经营租赁
			7114	计算机及通讯设备经营租赁
			7115	医疗设备经营租赁
			7119	其他机械与设备经营租赁
…	…	…	…	…

注：请详见《国民经济行业分类》（GB/T 4754—2017）。

譬如一家定位于生产方便食品的企业，其面对的细分市场就会是诸如速冻食品、即热饭菜、方便面等方便食品市场，而不会是白酒、啤酒、黄酒、葡萄酒等酒类市场，更不会是钢材、水泥、石膏、玻璃、涂料等建材市场；再如另一家定位于会展服务的企业，其面对的细分市场就会是诸如科技、旅游、体育、文化会展等服务市场，而不会是会计、审计、法律咨询、健康咨询等服务市场，更不会是产权交易、碳排放交易等服务市场。

这一点在上述的市场定位中已做过讨论，在这里就不再赘述了。

第二，按客户情况进行市场细分。

按客户情况进行市场细分（见表 8.4），也属于单维度细分。

表 8.4　按客户情况进行市场细分

消费者/单位	地域			消费者人口特征/单位属性	心理行为需求
消费者	国内	北方	沿海	年龄	实用型
		南方	沿边	性别	新潮型
		东方	内陆	民族	品位型
		西方	山地	婚姻状况	奢侈型
		中部	湖泊	教育程度	…
		…	草原	职业	
			森林	收入水平	
			…	…	
	国外	北美洲	中美洲及加勒比	年龄	实用型
		南美洲	地中海沿岸	性别	新潮型
		欧洲	东欧/俄罗斯	民族	品位型
		亚洲	中东	婚姻状况	奢侈型
		非洲	东南亚	教育程度	…
		大洋洲	西亚	职业	
		…	东亚	收入水平	
			…	…	
单位	国内	北方	沿海	第一产业企业	务实型
		南方	沿边	第二产业企业	效仿型
		东方	内陆	第三产业企业	创新型
		西方	山地	事业单位	领先型
		中部	湖泊	公益组织	…
		…	草原	政府机关	
			森林	军队	
			…	…	
	国外	北美洲	中美洲及加勒比	第一产业企业	务实型
		南美洲	地中海沿岸	第二产业企业	效仿型
		欧洲	东欧/俄罗斯	第三产业企业	创新型
		亚洲	中东	事业单位	领先型
		非洲	东南亚	公益组织	…
		大洋洲	西亚	政府机关	
		…	东亚	军队	
			…	…	

注：可以按照单位属性对市场做进一步细分。如对第一产业企业，可以细分为农、林、牧、渔业企业和采矿业企业，而渔业企业又可分为水产养殖企业和水产捕捞企业，而水产养殖企业还可以分为淡水养殖企业和海水养殖企业，而海水养殖企业还可以分为鱼类养殖企业、甲壳类养殖企业、藻类养殖企业等。

其具有以下细分步骤。

首先，将客户分为消费者或单位。

其次，按地域将消费者或单位分为国内或国外，国内又可以分为南方或北方、东部或西部、中部或沿边沿海，国外又可以分为哪一大洲或哪一地区等。

然后，按消费者人口特征或单位属性特征，对消费者或单位加以细分。

最后，还可以按消费者或单位的心理行为需求，对消费者或单位做进一步的细分，如将消费者分为实用型、新潮型、品位型、奢侈型等，将单位分为务实型、效仿型、创新型、领先型等。值得注意的是，在用消费者或单位的心理行为需求对市场进行细分时，应该把握好某一细分标准的可识别性，否则，建议你慎用。

第三，同时按产品和客户情况进行市场细分。

同时按产品或服务和客户情况进行市场细分，则属于多维度细分。

这种市场细分的方法，实质是将按销售的产品或服务进行细分与按客户情况进行细分，进行叠加、组合后形成的细分方法。管理者完全可以按照上述内容，设计一张由纵轴（产品或服务）和横轴（客户）构成的二维图表来对市场进行细分，因此在这里就不再对其做具体论述了。

（3）选择目标市场

选择目标市场，就是在对整体市场进行细分的基础上，从中选择符合企业战略的部分市场或重点市场——目标市场，进行营销覆盖，将适销对路的产品或服务销售出去。

在对整体市场进行细分后，可供企业选择的目标市场数量众多且形形色色，但可以概括为产品专门化的目标市场、客户专门化的目标市场、产品和客户均专门化的目标市场等三种主要类型。显然，这与上述的对市场进行细分的三种方法是一一对应的。

其一，产品专门化的目标市场。

产品或服务专门化的目标市场，是指企业向不同的客户销售相同的产品或服务的市场（见图 8.1）。在该市场上，虽然企业面对的客户是不同的，但企业向其销售的产品或服务是相同的、专门化的。

譬如一家生产文教办公用品中墨水（汁）的企业，其选定的目标市场就是向不同的客户销售相同的墨水（汁）产品。

其二，客户专门化的目标市场。

客户专门化的目标市场，是指企业向相同的客户销售不同的产品或服务的市场（见图 8.2）。在该市场上，虽然企业销售的产品或服务是不同的，但企业面对的客户是相同的、专门化的。

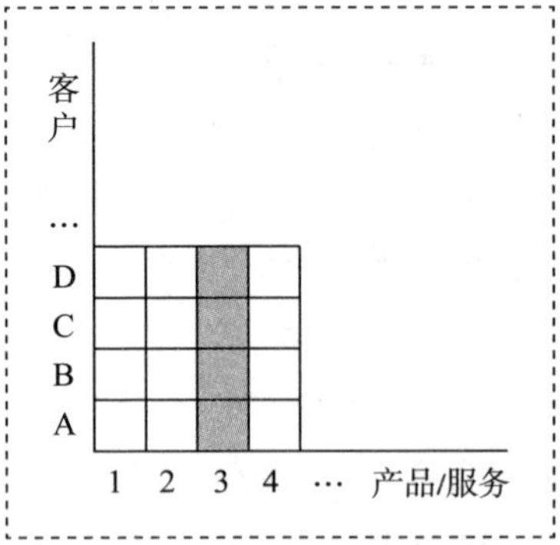

图 8.1　产品专门化的目标市场

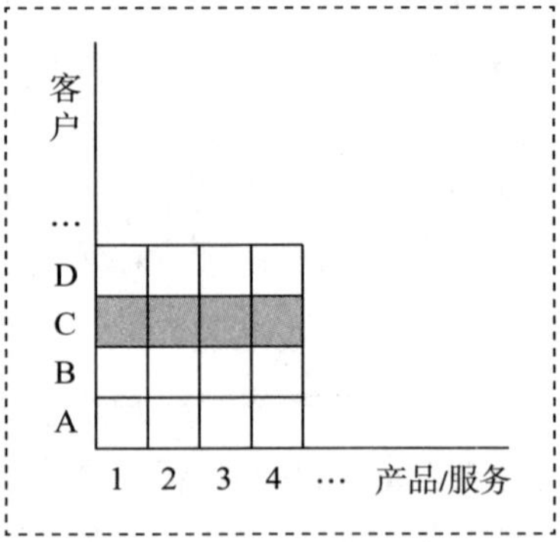

图 8.2　客户专门化的目标市场

譬如一家从事宠物服务的企业，其选定的目标市场就是向喜欢养宠物的相同的客户提供诸如宠物饲养、宠物医疗、宠物美容、宠物繁殖、宠物寄托、宠物收养，甚至每天代客遛狗等不同的服务。

其三，产品和客户均专门化的目标市场。

顾名思义，产品或服务和客户均专门化的目标市场，就是指企业向相同的客户销售相同的产品或服务的市场。在该市场上，企业面对的客户是相同的、专门化的，企业向其销售的产品或服务也是相同的、专门化的。

其中，产品或服务专门化和客户均专门化的目标市场，可以有三种具体情形。

一是企业向相同的客户销售相同的产品或服务，即在一定的细分市场上进行所谓的“全覆盖”（见图 8.3 中的左图）。譬如可口可乐公司就向具有相同消费需求的客户销售相同的可口可乐、芬达、雪碧、美汁源、冰露、怡泉等碳酸和非碳酸饮料产品。

二是企业向相同的客户销售相同的产品或服务，但相当于分别向不同的客户销售不同的产品或服务（见图 8.3 中的中图）。譬如通用电气，就分别向不同的客户销售不同的航空设备、交通运输设备、机电设备、能源设备、水处理设备、医疗设备等产品，以及提供金融、保险、投资等服务。

三是企业向相同的客户销售相同的产品或服务，但其实是只向一家客户销售一种产品或服务（见图 8.3 中的右图）。譬如某一不见经传的小型餐饮企业，就只为其附近的一家木材厂提供午间工作餐服务等。

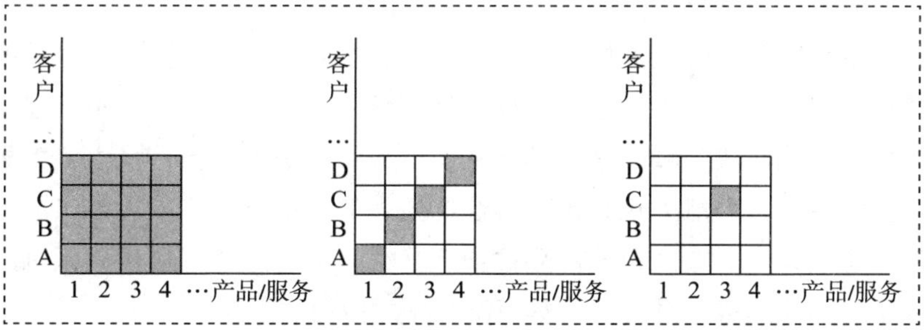

图 8.3　产品和客户均专门化的目标市场

8.1.3　制订营销策略

通过市场分析，在选择目标市场之后，企业应该制订一整套的营销策略（即营销的方式、方法），向目标市场提供自身的产品或服务，取得客户的认可、实现业务收入，并最终实现企业的发展战略。

企业的营销策略主要包括产品策略、价格策略、渠道策略、促销策略等。即通常所说的从企业角度开展营销的“4P”理论——Product（产品）、Price（价格）、Place（地方或渠道）、Promotion（促销）。该概念最初由美国的尼尔 • 博登（Neil Borden）在 20 世纪 50 年代提出，并正式见诸于美国的佩罗特（W. D. Perreault Jr.）和麦卡锡（E. J. McCarthy）在 1960 年出版的《市场营销学基础》[①]一书。

8.1.3.1　产品策略

产品策略是企业为满足目标市场的需要，围绕产品研发、生产或服务设计、培育所采取的方式、方法，包括决策选择、计划安排和具体措施。

在产品策略方面，企业应该考虑是提供单一产品或服务，还是提供系列产品或服务，是提供同一种类的产品或服务，还是提供不同种类的产品或服务，采用什么品牌和商标，应该具备哪些产品技术性能或服务水平标准，产品功能或服务功效有哪些，产品质量或服务质量如何，采用何种产品包装或服务形象，需要配备哪些产品附件或连带服务，产品使用说明书或服务指南采用何种语言及版本，有哪些售前和售后服务事项，等等。这些都需要企业进行决策选择，编制产品研发、生产或服务设计、培育的计划安排，提出具体的工作措施并加以实施。

---

① William D. Perreault, Jr. , E. Jerome McCarthy. Basic Marketing: A Global-Managerial Approach[M]. 15th ed. New York : McGraw-Hill Irwin, 2002.

（1）产品的种类

首先，企业需要明确是提供单一产品或服务，还是提供系列产品或服务。这涉及企业“产品线”长度。如果企业较小，外部资源少，自身能力也不够强，则可选择较小的目标市场，集中精力把一件产品或一桩服务做好就行；反之，如果企业较大，外部资源多，自身能力也强，则可选择较大的目标市场，以一件产品或一桩服务为基础，向前、向后或同时向前后拉长产品线，向目标市场提供成系列的、具有不同规格型号的产品或成系列的、具有不同版本等级的服务。

其次，企业需要明确是提供同一种类的产品或服务，还是提供不同种类的产品或服务。这涉及企业“产品面”宽度。如果企业不够大，外部资源和自身能力也有限，则可选择较小的目标市场，集中精力把同一种类的产品或服务做好就行；反之，如果企业足够大，外部资源很多，自身能力也很强，则可选择较大的目标市场，拓宽产品面，开展多元化经营，同时向目标市场提供不同种类的产品或服务。

（2）产品的品牌

品牌概念有广义和狭义之分。

广义的品牌概念指企业具有的一种无形资产，是在客户心目中建立的对企业及其提供的产品或服务的一种价值认可的意识。其基本意义在于可以对不同企业及其提供的产品或服务的价值大小加以区分；而狭义的品牌概念就是指与企业向客户提供的产品或服务相关联的标志符号，包括图案（字母、数字、符号等）、卡通象征或实物象征、标语、口号等。其基本意义在于可以对不同企业及其提供的产品或服务加以区别。企业在制订产品策略时，通常从狭义的品牌概念着手，但最终目标是围绕广义的品牌概念不断提升自己的品牌价值。

企业可以是单品牌，也可以是多品牌；可以只有唯一品牌，也可以有母子品牌、复合品牌等。具体采取哪一种品牌策略，应结合企业的实际状况予以确定（不同的品牌策略见表 8.5）。

表 8.5　不同的品牌策略

企业状况 \ 品牌策略	单品牌	多品牌	母子公司品牌	复合品牌
单一经营	√			
多元化经营		√		
跨文化经营		√		
已发生企业并购		√	√	√
有企业拆分可能		√	√	

为了强化企业品牌的影响力，在自身发展到一定阶段时，企业应该适时建立自

己的企业识别（Corporate Identity，CI）系统，包括视觉识别（Visual Identity，VI）系统——办公用品、生产设备、建筑环境、产品包装、广告媒体、交通工具、员工制服、企业旗帜、徽章、标识牌、橱窗、招牌、陈列展示等，以及行为识别（Behavior Identity，BI）系统——制度体系、着装规范、礼仪行为、公共关系、公益活动等，以宣传、推广企业的品牌形象，提高员工、客户和社会大众对企业品牌的价值认同感和凝聚力黏性等。

（3）产品的商标

商标是企业在提供的产品或服务上采用的图案标记（字母、数字、符号等）。显然，商标的内涵较小，而品牌的内涵较大，商标归属于狭义的品牌范畴。

商标一经向商标注册管理机关提出申请，并经审查核准，被授予商标专用权的，则成为注册商标。注册商标受法律保护，任何人未经商标注册人的许可，皆不得仿效或使用其注册商标。

与品牌类似，企业可以在不同的产品或服务上使用同一注册商标，也可以使用不同的注册商标；企业可以在同一产品或服务上使用一个注册商标，也可以使用多个注册商标或其组合。具体采取哪一种商标策略，应结合企业的实际状况予以确定。

关于商标形成与管理的更多内容，将在本书后面的章节中做进一步的讨论。

另外，在这里还需要延伸讨论一下“商号”。

商号不同于商标。商标用以区别产品或服务，是产品或服务的“牌子”；而商号用以区别企业——商号是企业在进行工商注册登记时企业名称的一部分，是企业“牌子”，依法享有商号专用权，同样受到法律的保护。如美国的通用汽车公司（General Motors Corporation，GM）名称中的“通用汽车”就是其商号，而“雪佛兰”“别克”“凯迪拉克”等则是其生产销售的汽车品牌或商标。

（4）产品技术性能和功能

与产品技术性能和产品功能对应的是服务水平和服务功效。

产品技术性能是指某一产品在物理或化学层面所具备的特性（指标），而产品功能是指该产品在客户使用层面能够发挥的作用。前者是后者的支撑，后者是前者的目的所在。

譬如，一台具备 MP3 播放功能的收音机的技术性能指标包括调幅（调频）范围、噪限灵敏性、单信号选择性、扬声器最大输出功率、高低音频动态范围、内存大小、播放文件格式、尺寸、重量等，由此就决定了其产品功能是否可以满足客户的需要：希望其能够接收中、短波和调频电台信号、音色优美、音量大小和内存的曲目数量足够支持“跳广场舞”，还要便于携带，等等。

服务水平是指某一服务在基础层面所具备的特征（等级），而服务功效是指该服务在接受层面能够满足客户的需要。前者是后者的基础，后者是前者可以实现的目标。

譬如，一个住宅小区物业管理公司的服务水平等级包括管理服务人员是否统一着装，是否设有服务接待中心，服务电话是8小时、16小时还是24小时值守，业主紧急报修时维修人员多久可以到达现场，是否有完整的报修、维修和回访记录，是否提供除物业服务合同之外的特约服务和代办服务，每年业主对物业服务的平均满意率在70%、75%还是80%以上，载人电梯是18小时还是24小时运行等，由此就决定了其服务功效是否可以满足客户的需要：希望其能够服务规范、热情，及时应答16小时热线电话，紧急报修时维修人员30分钟内应到达现场，载人电梯能够24小时运行，等等。

（5）产品质量

产品或服务质量的好与坏，主要是看企业提供的产品或服务是否达到并保持了其宣称的产品技术性能和功能或服务水平和功效，而这主要是依据对产品或服务质量指标进行测评或由客户评价的结论所决定的。

依据自己的管理实践，我认为产品或服务自身的质量指标主要包括以下几个。

一是一致性，即同一批次、同一种类的产品或服务之间，在产品技术性能和功能或服务水平和功效上是否存在差异。

二是稳定（可靠）性，即产品技术性能和功能或服务水平和功效是否在允许的工作环境条件下，如遇正常的冷热、干湿环境变化等而出现异常。

三是坚固性，即产品技术性能和功能或服务水平和功效是否因发生碰撞或坠落，连续超负荷运行，遭遇水灾、火灾、地震等突发事件的影响而发生变化。

四是耐用性，即产品技术性能和功能或服务水平和功效的持续时间是否较为长久，如1～3年、3～5年、5～10年，还是10年以上，等等。

而要使产品或服务自身具备优秀的质量水平，企业必须在产品研发、生产或服务设计、培育阶段就采取适当的产品策略，包括进行决策选择、提出计划安排和具体措施，并切实加以落实。

关于产品与服务质量管理的更多内容，将在本书后面的章节中做进一步的讨论。

（6）产品包装

随着市场营销策略的推陈出新、不断发展，采取何种产品包装或服务形象已在很多企业的产品策略中占据越来越重要的地位。因为，一个优秀的产品包装或服务形象设计往往可以赢得更多的客户，也可以极大地提升企业的品牌价值。

常见的产品包装或服务形象策略如下所述。

一是按照包装或形象是否相同，将产品包装或服务形象区分为同类和异类包装或形象两种形式。当产品技术性能和产品功能或服务水平和服务功效类似时，企业可以采用同类的包装或形象；反之，则只能采用异类的包装或形象。前者的优势是整齐划一，既可以形成批量、节约成本，又容易形成条件反射、“一荣俱荣”，能够强化客户对企业品牌的认同感；其劣势是一旦某一产品或服务出现质量问题，由此会波及采用同类包装或形象的其他产品或服务的营销，造成“一毁俱毁”的后果。而后者的优、劣势则正好相反。

二是按照包装或形象是否可以成套，将产品包装或服务形象区分为成套和单件包装或形象两种形式。当产品或服务可以配套提供时，企业可以采用能够打包、成套的包装或形象；反之，则只能采用独立、单件的包装或形象。前者如旅行用化妆品套装、婚庆一条龙服务等；后者如家用大容积电冰箱的包装、银行运钞安保服务等。

三是按照包装或形象是否可以复用，将产品包装或服务形象区分为复用性和一次性包装或形象两种形式。如果产品包装或服务形象相对于产品或服务本身来说“成本不菲”，又容易回收、可以重复使用，则企业可以采用复用性包装或形象；反之，则应该采取一次性包装或形象。前者如各种瓶装啤酒的酒瓶、上海迪斯尼的形象设计等；后者如各种袋装酸奶的包装袋、新电影首演时的招贴海报等。

除外，还可以按不同等级、质地，或不同规格、数量等，对不同的产品或服务采取不一样的包装或形象。

（7）产品附件

产品附件或连带服务是指那些为了完整地实现产品技术性能和产品功能或服务水平和服务功效，而与主要产品或主要服务不可分割的配件产品或配套服务。前者如手机生产企业与手机一并提供的电池、充电器、耳机等，后者如房屋租赁服务企业与房屋租赁服务配套提供的水电热力燃气服务、电梯服务、车位服务等。

在产品附件或连带服务策略上，企业可以选择与主要产品或主要服务分别报价、一同提供，也可以选择打包报价、一同提供——采取这种策略时，一些企业喜欢将产品附件或连带服务称之为“赠送”，但明眼人都知道，其实这只是促销的一种“噱头”而已。

（8）产品说明书

随着经济发展、社会进步和科技日新月异，今天一种产品或服务的功能或功效往往越来越多，操作产品或接受服务也变得越来越不容易，客户也就对产品说明书或服务指南提出了更高的要求。

企业在产品说明书或服务指南方面应该考虑：是提供纸质的还是电子的产品说

明书或服务指南；如是纸质的，那么选择什么字体、字号多大合适；如是电子的，是直接提供光盘还是让客户去企业网站上下载；产品说明书或服务指南是采用中文，还是既采用中文，也采用英文或德、法、意、俄、日、韩文等多种语言；是只提供主要功能的产品说明或主要功效的服务指南，还是提供所有功能的产品说明或所有功效的服务指南；等等。

在这一策略选择上，企业最好多一些换位思维，假设自己就是一个客户，而且还是一个外行，在查阅这份产品说明书或服务指南时，如果不会遇到困难，也不会造成疑惑，则这就是一份很不错的、让客户满意的产品说明书或服务指南了。

8.1.3.2 价格策略

价格策略是企业向目标市场销售产品或服务时，围绕产品或服务的定价、调价等价格问题所采取的方式、方法，包括选择、计划安排和具体措施。

在确定价格策略时，企业应该考虑以下影响价格策略的三个基本因素。

一是产品或服务的价格应为该产品或服务对应的目标市场所接受。因为客户是企业的“衣食父母”，如果客户对产品或服务的价格无法认可，不买账，则再好的价格策略就都是空话。

二是产品或服务的单价应至少高于产品或服务的单位主营业务成本。否则，企业连毛利都没有，还谈何持续经营和发展。当然，企业还应该眼睛向内，在降低企业成本费用、提升创新能力上下功夫，而不是在产品或服务的单价低于单位主营业务成本时，就将上调单价作为自己的唯一选择。

三是产品或服务的价格与竞争对手的同类产品或服务的价格相比，应具有一定的竞争力。因为有的时候，企业提供的产品或服务的价格尽管已满足了上述两个因素条件，但自身的产品或服务的价格相对于竞争对手而言并不具有太多的竞争优势。在这种情况下，企业很难再扩大自身产品或服务的市场占有率，长此下去，自己原有的市场地位也可能逐步丧失。

因此，企业应以市场竞争价格为参考，以自身单位主营业务成本为依据，以客户认可接受的价格为前提，来制订自身的价格策略。

（1）定价

为避免讨论上的冗杂和产生歧义，在这里直接将企业对产品或服务在较长时间内（通常为一年或一年以上）的价格确定过程，称之为“定价”，包括初次定价、再次定价或第 N 次定价等。

按照不同的定价目的，可以将各种各样的定价方法大体上分为三类：客户导向定价、成本导向定价、竞争导向定价。这与上述的影响价格策略的三个基本因素是一致的。

当然，在实际定价时，企业往往综合考虑上述三类定价方法来进行组合定价。

同时，企业还应该考虑不同渠道中的价格差，包括出厂价、直供价、分支机构价、一级批发价、二级批发价、零售价等。这样，既可以在做直销时，便于企业不同的预算承担单位进行核算和业绩激励，也可以在做分销时，给分销商留下一定价格上的获利空间。

第一，客户导向定价。

客户导向定价又可分为客户认知价值定价、客户心理因素定价和渗透定价法等几种方法。

一是客户认知价值定价法，指根据客户对企业提供的产品或服务的价值所做的主观评价来确定其单价的一种定价方法。此种定价方法的关键是要进行广泛深入的市场调研，以相对准确地掌握客户对企业某一产品或服务所认知的价值。如果某一产品或服务的定价与客户的认知价值大体相当或略低于客户的认知价值，则该产品或服务就易于为客户所接受，进而使企业能够保持或提升自身的市场占有率。

二是客户心理因素定价法，指利用客户购买产品或服务的心理因素来确定企业价格的一种定价方法。这包括“吉祥数”定价（如国人喜欢的 6、8、9 等）、尾数减 1 定价（如 9.99 元等）、凑整定价（尤其是客户非自用的，如礼品之类的物品，定价 99 元就不如定价 100 元更能满足客户的“面子”）、声望定价（如对相信“价高质优”的客户，购买或接受价格超高的产品或服务，反而提升了客户的声望或与众不同的品位）、谐音定价（如 518“我要发”、168“一路发”等）多种形式。

三是渗透定价法，指在产品或服务投放市场的初期，用一个较低的价格尽快切入市场，先尽可能多地吸引客户和赢得更大的客户面，待站稳脚跟后再调价，以逐步拓展市场的一种定价方法。此种定价方法以迅速提高销售量和市场占有率为主要目标，而对营业利润的高低则并不看重。

第二，成本导向定价。

成本导向定价又可分为完全成本加成定价、（进价）加成定价、盈亏平衡定价和撇脂定价等几种方法。

一是完全成本加成定价法，指在产品或服务全部的成本费用的基础上，再加上一定的成本费用利润来确定其单价的一种定价方法。

其计算公式：单价 = 单位总成本费用 ×（1+ 成本费用利润率）

此种定价方法的特点是计算简单、易于操作，可以保证企业在扣除自身全部的成本费用后仍能获得一定的利润，却忽视了客户对其定价的接受程度和市场竞争的影响。

二是（进价）加成定价法，指在产品或服务的主营业务成本的基础上，再加上一定的销售毛利来确定其单价的一种定价方法。

其计算公式：单价 = 单位主营业务成本 ÷（1- 销售毛利率）

此种定价方法的特点也是计算简单、易于操作，可以保证企业在扣除自身的进价成本后仍能获得一定的利润，却忽视了客户对其定价的接受程度和市场竞争的影响。

三是盈亏平衡定价法，指利用盈亏平衡点，即企业保本经营时的单价作为自身定价的一种方法。

按照 7.1.2 节提及的盈亏平衡点时产销量的计算公式：$V_{BEP}=C_F/(P_U+C_{UV})$

因此，盈亏平衡点时的单价：$P_U=(C_F/V_{BEP})-C_{UV}$

其中，P_U 为单价；C_F 为固定成本；V_{BEP} 为盈亏平衡点时的产销量；C_{UV} 为单位变动成本。

此种定价方法的特点是，易于掌控在某一销售量时企业能够保本经营的价格底线，如果单价高于此定价，企业可能盈利；反之，则会亏损。

四是撇脂定价法，指在高新型的产品或服务投放市场的初期，即便采用了极高的价位，仍可赢得那些“尝鲜者”或“超级粉丝”们的买单，使企业迅速赚取丰厚的营业利润的一种定价方法，就像从牛奶桶里撇取最上面那一层奶油脂肪一样。此种定价方法以在极短的时间内捞取“第一桶金”为主要目标，而销售量和市场占有率的高低则不是其关注的焦点。

第三，竞争导向定价。

竞争导向定价又可分为行业平均价格定价和主动竞争定价两种方法。

一是行业平均价格定价法，指按照行业内竞争产品或服务的平均价格水平作为自身定价的一种方法。此种定价方法操作简便、风险小，易于让客户接受。因为“存在即合理”，也不易挑起竞争冲突，企业还能获得与市场平均报酬水平大体相当的收益。

二是主动竞争定价法，指不去寻求与竞争对手的价格水平基本保持一致，而是利用自身产品或服务与竞争对手之间存在的差异来定价的一种方法。当这种差异是自身产品或服务的优势时，定价可以明显高于竞争对手，以获取更大的盈利空间；当这种差异是自身产品或服务的劣势时，则定价可以明显低于竞争对手，以求薄利多销，占据更大的市场份额。显然，无论是此种定价方法的哪一种情形，对竞争对手而言，都会是一种主动性的价格挑战。

（2）调价

与定价的界定相同，为避免讨论上的冗杂和产生歧义，在这里直接将企业对产品或服务在较短时间内（如 1 周、1 个月、3 个月、半年等）所做的临时性的价格调整过程，称为调价。

按照不同的调价目的，可以将各种各样的调价方法大体上分为两类：一类是企业为平衡供求关系所进行的调价，另一类是企业为促销所进行的调价。

其一，平衡供求关系调价。

企业为平衡供求关系，经常会采取主动性调价或被动性调价。

主动性调价指企业为平衡自身的供求关系所主动进行的价格调整。这包括为消化企业的过剩产能、扩大产品或服务销售时的主动降价，或减轻企业产能不足的压力、压缩产品或服务销售时的主动提价等两种具体形式。

如常见的季节性调价、清仓性调价等就属于企业为加快货款回笼、消化过剩库存所采取的主动降价；而某一款汽车、某一款手机刚投放市场时出现的加价行为，在排除撇脂定价的情况下，则可被视作企业为减轻自己供不应求的压力所采取的主动提价。

被动性调价指企业自身并无主动降价或主动提价的问题，但竞争对手的主动降价或主动提价，迫使企业不得不为平衡自身的供求关系所被动进行的价格调整。

当然，即便是被动性调价，企业也并不是完全无能为力的。首先，企业可以对竞争对手的主动性调价进行预判，提前做好应对预案，不打无准备之仗；其次，面对竞争对手的主动性调价，企业可以认真分析竞争对手和自身的优劣势，以己之长克彼之短，相机采取价格跟进、不变或反向调整等策略，迅速反击，变被动为主动，使自身在竞争中始终立于不败之地。

其二，促销调价。

顾名思义，促销调价就是企业为了扩大销售而对客户做出的价格调整（降价）。这包括各种各样的节日价、店庆价、优惠价、会员价、“甩卖价”“跳楼价”“买××（件）送××（件）”“买××（元）减××（元）”“买××（元）返××（元）”等。其中，各种降价为直接的价格折扣，而送量、减利、返利、回扣等为间接的价格折扣。

显然，不论是直接的价格折扣还是间接的价格折扣，其实质都是为了促销，为了赢得更多的客户。

8.1.3.3　渠道策略

渠道策略是企业向目标市场销售产品或服务时，是通过直销、分销、批发、零售、代理等途径，即“渠道”送达最终客户所采取的方式、方法，包括渠道选择、计划安排和具体措施等。

对于产品，其渠道可以按照产品的实物所有权在企业和最终客户之间是否发生中途转移，分为直销和分销两种。在直销时，产品的实物所有权自始至终都不会发生中途转移；而在分销时，产品的实物所有权至少会发生一次中途转移。

对于服务，其渠道则只有直销。这由服务这一特殊“产品”本身的特性（具有无形性、没有所有权、不可储存和转移、企业提供服务和客户接受服务在时间和空间上是同一的等）所决定。这些特性，首先，对载体不明显的服务是如此，如大到交通运输、仓储和邮政业、电信、广播电视和卫星传输服务、互联网和相关服务、货币金融服务等，小至居民服务、修理和其他服务业中的家庭服务、托儿所服务、洗染服务、理发及美容服务、婚庆服务等；其次，对载体明显的服务也是如此，如餐饮业为消费者提供的各种菜肴，菜肴只是烹饪服务的载体——尽管载体是有型的、有所有权、可以储存和转移、餐馆烹饪菜肴和消费者品尝菜肴在时间和空间上可以是分离的，但这仅仅指载体，并不代表其承载的烹饪服务——红白案及煎炒炸蒸炖烧等加工活动本身。事实上，当某一菜肴打包直接出售时，该菜肴可以理解为食品制造、批发、零售企业的产品，已不再以“载体”的身份归入烹饪服务中了。

不管采取什么渠道，渠道承担的职责、任务主要有：市场信息的收集、市场开发和促销、与客户洽谈签约、产品的仓储物流、实现产品或服务销售、售后及运维服务等。如企业选择直销，上述职责、任务则均由企业自担，营销环节的收益也归企业独享；而当企业选择分销时，上述职责、任务则由企业和中间商分担，营销环节的收益当然也就归企业和中间商分享了。

企业在进行产品销售时，究竟是选择直销好还是选择分销好，无法一概而论，这需要结合面对的目标市场的特点和企业的自身能力情况，并根据这两种渠道优劣势对比分析的结论而定。

就一般情况而言，在面对单位市场时大多数企业选择直销；而面对消费者市场时大多数企业选择分销——但在1999年以后，随着电子商务的不断发展，在国内这一传统的渠道选择模式正在电子商务的冲锋号声里发生着翻天覆地的变化。今天，越来越多的企业正逐渐远离过去习惯了的产品分销方式，而改为直接通过电子商务开展产品直销。我个人认为，未来除了那些需要消费者亲身体验，甚至在比对、试用后才会购买的产品仍需要一些零售商参与分销之外，其他传统意义上的大多数分销商们很可能会逐渐地淡出人们的视野了。

（1）直销

直销指产品或服务直接由企业销售给最终客户的渠道。常见的直销形式包括直供和分支机构销售。

其一，直供。

直供，指产品或服务直接由企业或企业的业务部门销售给最终客户的渠道。

通常，企业选择直供的好处是减少了中间环节，从理论上讲其管理效率和营业利润率高：包括人员的集中管理和销售费用的统一筹措安排；贴近市场，便于及时、准确地捕捉商机；能够与客户直接沟通，促销灵活，也便于尽快处置售后、运维问题；等等。其不足之处是当客户大量分布在异地时，以直供渠道向客户销售产品或服务往往会鞭长莫及、力不从心。

其二，分支机构销售。

分支机构销售，指产品或服务直接由企业的分支机构（如企业自己的办事处、分公司、销售子公司、国际贸易子公司等）销售给最终客户的渠道。

通常，企业选择自己的分支机构销售的好处与不足之处介于直供的好处与不足之处之间。好处是可以及时向分布在异地，甚至境外、国外的客户销售产品或服务。其不足之处是从理论上讲，其管理效率和营业利润率较之直供降低：不能完全做到人员的集中管理和销售费用的统一筹措安排，在销售政策的一致性和不同分支机构的协调上也需要企业动用更多的资源，花费更大的精力。

（2）分销

分销指产品由企业通过中间商销售给最终客户的渠道。传统的分销形式包括通过批发商、零售商等进行销售（见图 8.4）。

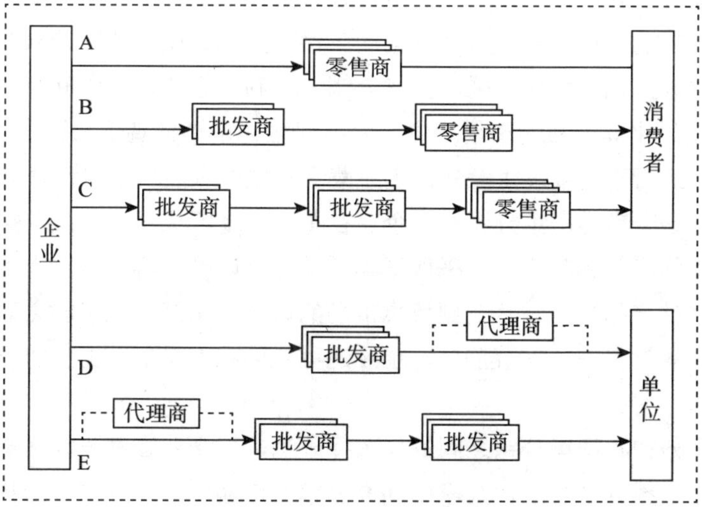

图 8.4　传统的分销形式

第一，分销渠道长度。

分销时，从企业到最终客户之间，每发生一次产品所有权的中途转移就增加一级分销层次。分销层次越多，分销渠道也就越长。

较常见的分销层次为 1 ～ 3 级。0 级的分销层次实际是没有中间商的渠道，即直销；而超过 3 级的分销层次也较为少见——分销渠道太长将大大增加企业控制中间商的难度，也不易获得更直接的市场信息，还会因中间商的逐级加价引起产品市场竞争力的大幅下降。

分销层次为 1 级的，面对消费者市场的一般是零售商；面对单位市场的一般是批发商。

分销层次为 2 级的，面对消费者市场时，第一层次一般是批发商，第二层次一般是零售商；面对单位市场时，第一层次一般是一级批发商，第二层次一般是二级批发商。

分销层次为 3 级的，面对消费者市场时，第一层次一般是一级批发商，第二层次一般是二级批发商，第三层次一般是零售商；而面对单位市场时，分销层次出现 3 级的已较为少见。

第二，分销渠道宽度。

分销时，每一层次中间商的数量越少，则分销渠道就越窄；反之，每一层次中间商的数量越多，则分销渠道就越宽。

最窄的分销渠道为独家分销，即企业在某一地区或某一产品种类中只选择并授权一家中间商分销其产品。该中间商取得独家分销的资格，通常需要满足一定的条件，并做出一定的承诺；一旦曾经满足的条件丧失，或做出的承诺未能兑现，企业有权取消其独家分销的资格。采取独家分销，有利于企业对该中间商的有效控制，也有利于企业强化其产品的市场地位；但不利之处是“把鸡蛋放进了一个筐里”，如果该中间商经营不善或发生意外，企业蒙受的损失可能将难以弥补。

最宽的分销渠道是密集分销，即企业在每一个地区或每一产品种类中都选择并授权很多家中间商分销其产品。采取密集分销，可以给予客户购买上的最大便利，有利于企业将其产品推广、普及到目标市场的每一个角落；但不利之处是中间商太多，不便于企业对其进行有效控制，企业还可能要花大量的精力去协调、处理中间商之间的矛盾。

介于独家分销和密集分销之间的是选择分销，即企业在某一地区或某一产品种类中有条件地选择并授权少数几家中间商分销其产品。显然，采取选择分销的有利之处和不利之处，介于独家分销和密集分销之间。

第三，批发商。

批发商是指在分销渠道中从企业或上一家批发商成批购入产品，再转售给零售商、单位客户或下一级批发商的分销商。

对于消费者市场，批发商的上家为企业或上一级批发商，下家为零售商；对于单位市场，批发商的上家为企业或上一级批发商，下家为单位客户。

无论是面对消费者市场还是单位市场，一旦企业选择了分销，批发商在通过产品购销之间的价差分享营销收益的同时，其主要承担以下的职责和任务。

一是桥梁，指批发商利用自身业务联系广泛的特点，在企业和零售商、企业和单位客户之间搭建了一座桥梁，可以减少买卖双方的接洽成本，提高产品的成交率。

二是信息汇集传递，指批发商汇集了大量的市场购销信息，并能够及时向买卖双方传递产品技术、质量、价格、生产周期、采购时间、供需数量、物流距离、市场竞争情况等有价值的信息数据，以作为买卖双方进行购销业务的参考。

三是产品配套，指批发商通过对采购的产品进行分类、组合，在配套集成后转售给下家，零售商或单位客户就不用单独去分散采购了，从而减少了其自行开展产品配套方面的困扰。

四是仓储物流，指批发商或者自己就有一定的仓储物流能力，或者利用自己的业务关系与仓储物流企业有着密切的联系，因此能够较为便捷地承担产品购销的仓储物流任务。

五是融资，指与一些小型企业、小型零售商或小型的单位客户相比，大型的批发商通常具有更强的资金实力和金融借贷能力，往往可以为上、下家提供一定程度上的商业信用工具，从而使其获得了一定的融资机会。

第四，零售商。

零售商是指在分销渠道中从企业或批发商购入产品，再转售给成千上万消费者的分销商。

通常，零售商并不向单位客户转售产品，但对低值易耗品类，如各类办公用品、后勤服务用品、员工福利用品等是个例外。这时，也可以将单位客户视同为消费者。

零售商的特点是数量多、分布广、投资少、见效快、进入门槛相对较低，但竞争激烈，不易形成寡头垄断。大型或超大型的零售商主要是靠自己独具特色的零售模式来取胜，如网点分店多、营销品种全、营业时间长、购物环境优、价格实惠亲民、7 日内无条件退换货等。

一旦企业选择了分销，零售商在通过产品购销之间的价差分享营销收益的同时，其主要承担以下的职责和任务。

一是桥梁，指零售商利用自身点多面广、贴近大众的特点，在企业和消费者、批发商和消费者之间搭建了一座桥梁，使购销双方的交易成为可能。在电子商务普及之前，如果没有零售商，这几乎是不可能实现的。

二是信息汇集传递，指零售商汇集了大量的消费者市场的购销信息，能够及时向买卖双方传递产品技术、质量、价格、需求数量、供货时间、供货地点、市场竞争情况等有价值的信息数据，以作为买卖双方，尤其是企业或批发商一方进行购销业务的参考。

三是产品配套，指零售商通过对采购的产品进行分类、组合，在配套集成后转售给消费者，消费者就不用再单独分散购买，从而为其提供了产品配套方面的便利。

四是仓储物流，指一些大型的零售商或者自己就有一定的仓储物流能力，或者利用自己的业务关系与仓储物流企业有着密切的联系，因此能够较为便捷地承担产品购销的仓储物流任务。

五是融资，指与一些小型企业或小型批发商相比，一些大型的零售商通常具有更强的资金实力和金融借贷能力，往往可以为上家提供一定程度上的商业信用工具，从而使其获得了一定的融资机会。

零售商常见以下类型。

专营店或专卖店，指专门经营某一类消费品，但并非是只经营某一品牌或某一企业的产品的商店，如手机店、钟表店、摄影器材店、乐器店、服装店、鞋店、箱包店、五金店、文具店、家具店、书店、药店等。

百货商店，指经营各类消费品的商店，如服装、鞋帽、箱包、床上用品、家电产品、洗浴用品、洗涤用品、美容化妆品、珠宝首饰等。从这个意义上讲，百货商店是很多个专营店或专卖店的集合体，如西单商场、王府井百货大楼等。

超市，指经营日常消费品，尤其是生熟食品、洗浴用品、洗涤用品和其他易消耗的日常生活用品等，且实行消费者自助选取货物并到收银台结算方式的商店，如沃尔玛（Wal-Mart）、家乐福（Carrefour）、好市多（Costco）、华润万家等。

超级商厦或购物中心，指购物场所面积巨大，出入人流众多，涵盖全方位购物、餐饮、娱乐、亲子、休闲等功能为一体的综合性大型或超大型商店，如金源时代购物中心、蓝色港湾购物中心、SKP 新光天地、世贸天阶等。

折扣店，指经营大品牌商品，但因远离租金昂贵的繁华街区，并以自助购物为主，而实行价格折扣或数量折扣的商店，如各地的奥特莱斯、佛罗伦萨小镇、上品折扣等。

便利店，指经营日常生活用品，并地处居民生活区，可以 24 小时营业以方便消费者购买的小型商店。

无门市零售，包括自动售货机、网上零售等。

（3）关于代理商

代理商本身既可以出现在直销渠道中，也可以出现在分销渠道里。但遗憾的是，在实际的市场营销中，经常有企业将代理商与分销商尤其是批发商混为一谈，并招致企业被代理商“飞单”的问题发生。

事实上，无论代理商出现在直销渠道还是分销渠道里，通过代理商代理的产品所有权都不会发生中途转移，其只是在购销业务中发挥沟通、介绍、协调、促成作用的经纪企业或经纪人（即旧时商业活动中的掮客）。因此，代理商就既可以是企业的代理商，也可以是批发商的代理商或零售商的代理商，能耐大的，甚至可以成为无处不在的所谓“全域”的代理商。

也正因为在渠道中，产品的所有权并不在代理商处发生中途转移，所以代理商就不可能通过产品购销之间的价差来获取自身的营销收益。通常，代理商参与购销活动的收益来自购销双方或其中一方给予的佣金。佣金可以是一笔固定报酬，也可以是提成，或者由“部分固定报酬 + 部分提成”构成。

8.1.3.4　促销策略

促销策略是企业向目标市场销售产品或服务时，围绕能够最终实现销售产品或服务的目的所采取的一系列沟通、交流、影响和说服客户的方式、方法。

促销所发挥的作用包括：与客户沟通产品或服务信息，宣传产品功能或服务功效，激发客户购买产品或服务的欲望，以达到保持或提高企业市场份额的目标。

促销常见的四种形式是投放广告、人员推销、降价促销、形象宣传（见表 8.6）。企业可以选择适合自己的某一种促销形式，也可以选择几种促销形式的组合策略。

表 8.6　不同促销形式的特性

特性 \ 促销形式	投放广告	人员推销	降价促销	形象宣传
覆盖面	广	窄	中等	广
促销效果的及时性	滞后	及时	及时	滞后
促销效果的持续性	长	短	短	长
促销意图的公开性	公开	公开	公开	隐含
顺带其他促销的可能性	无	有	无	无
客户的参与度	低	高	中等	低
客户的信任度	低	不确定	高	高
单位客户的促销成本	低	高	几乎无	低

具体做何选择，要根据目标市场的需求情况、企业产品或服务的特点，以及不同促销形式的特性等因素决定。

在通常情况下，对消费者市场，企业的促销策略一是投放广告，二是降价促销，三是人员推销，四是形象宣传；而对单位市场，企业的促销策略一是人员推销，二是低价或降价促销，三是形象宣传，四是投放广告等。

（1）投放广告

投放广告是企业作为广告主，以支付广告费用的方式有偿使用一定的媒介载体，向不限于目标市场客户的公众传播企业的产品功能或服务功效，公开性地影响、说服其购买产品或服务，以促进企业销售的行为。

其一，广告的种类。

广告可以按不同的划分标准进行分类。

一是按媒介载体不同，可以分为印刷广告（如报纸杂志广告、招贴广告、标语旗帜广告、灯箱广告、服装广告、包装广告）、大型物体表面广告（如车、船、飞机、建筑物广告），以及电台广告、电视广告、电影广告、网络广告等。

二是按时间特征不同，可以分为短期广告或长期广告、间歇性广告或连续性广告、单次广告或重复广告等。

三是按表现手法不同，可以分为平面广告（如文字和图片广告）、音视频广告、理性需求广告、情感故事广告、明星代言广告、网红直播广告、动漫游戏广告等。

四是按承载活动性质不同，可以分为体育赛事广告、文娱演出广告、展会广告、访谈讲演广告、纪念活动广告、赞助活动广告等。

五是按对应的产品或服务的生命周期不同，可以分为“培育期”的推广性广告、“成长期”的竞争性广告、“成熟期”的强调性广告、“衰退期”的提示性广告等。

企业可以从中选择适合自己的某一种或某几种广告形式进行投放。具体做何选择，要根据目标市场的需求情况、企业产品或服务的特点，以及不同广告形式的特性等因素决定。譬如，面对单位市场，企业多选择理性需求广告、展会广告，而面对消费者市场，企业则多选择情感故事广告、明星代言广告、网红直播广告、动漫游戏广告等；短期或紧急促销时，企业多选择短期广告、连续性广告和重复广告，而长期或日常促销时，企业多选择长期广告、间歇性广告和单次广告等；促销经费有限时，企业多选择平面广告——报纸杂志广告、招贴广告、标语旗帜广告，而促销经费宽绰时，企业多选择音视频广告——电视广告、电影广告，以及体育赛事广告、文娱演出广告；等等。

其二，对广告效果测评。

对广告效果进行测评，既是对前期投放广告的回顾和总结，也是对未来投放广告选择的参考和依据。

对广告效果测评，大体可以划分为以下几种类型。

一是按照广告测评的目的，将广告效果测评分为宣传效果测评和促销效果测评。

二是按照广告测评的时间发生在投放广告之前还是之后，将广告效果测评分为事前测评和事后测评。

三是按照广告测评的方式，将广告效果测评分为问卷调查测评和模拟情景测评。

四是按照广告测评的主客观性，将广告效果测评分为主观预测性测评和客观真实性测评。

其实，上述广告效果测评的类型有些并不是完全独立的。譬如，对广告宣传效果测评和对广告促销效果测评，就既可以在投放广告的事前进行，也可以在投放广告的事后进行；事前进行的既可以采取问卷调查测评，也可以采取模拟情景测评；问卷调查中既可以有主观预测性问题，也可以有客观真实性问题，等等。

在获取测评数据后，企业可以采用如7.1.7节所述的比较分析法中的“横向”结构比较分析法和“纵向”历史比较分析法等，对广告效果进行分析并做出相应的评价。

（2）人员推销

人员推销是企业的营销人员向目标市场的客户推介企业的产品功能或服务功效，影响、说服其购买产品或服务，以促进企业销售的行为。

其一，人员推销的结构。

一是产品式推销结构，指按产品线组织人员推销的结构，即由某一个人或某一批人承担某一种、某一类产品或服务的推销任务。其特点是需要推销人员更多地掌握销售的产品或服务的专业知识，且当购买产品或服务的客户不在同一个区域时，异地推销会发生较多的差旅费用。

二是客户式推销结构，指按客户线组织人员推销的结构，即由某一个人或某一批人承担对某一家或某一类型客户的推销任务。其特点是推销人员易于建立、发展与客户的友好关系，但当购买产品或服务的客户不在同一个区域时，异地推销会发生较多的差旅费用。

三是区域式推销结构，指按区域（一般为地域）组织人员推销的结构，即由某一个人或某一批人承担某一个区域的推销任务，包括向该区域内企业所有类型的客户推销企业所有种类的产品或服务。其特点近似于上述产品式推销和客户式推销的叠加，即需要推销人员更多地掌握在该区域销售的产品或服务的专业知识，但推销人员易于建立、发展与该区域客户的友好关系，且由于只在该区域内推销，因此可以节省较多的差旅费用。事实上，当区域式推销面对多个种类的产品或服务，同时又面对多个类型的客户时，区域式推销结构会成为一种矩阵式结构。正如4.1.2节所述，在矩阵管理架构下，内部沟通协调事项增加，上下级指挥链更为复杂，对推销人员及其管理者也都提出了更高的素质能力要求。

其二，人员推销的工作程序。

为完成推销任务，企业应制订一整套人员推销的工作程序。

一是招聘、选拔、培训和培养合格的推销人员。

二是寻找客户，即寻找出可能购买产品或服务的潜在客户，分析客户背景、客户购买产品或服务的条件、客户需求等，以有的放矢，提高人员推销的成功率。

三是编制推销计划，确定推销人或推销团队、推销职责和推销的目标任务，提出推销的产品或服务清单，拟定推销时间、地点和方式，明确是否需要配置其他的保障资源等。

四是实施人员推销，如开展电话推销、网络推销、上门推销、邀请推销（客户来企或到店）、会议推销（研讨会、洽谈会、展会或订货会）、在零售卖场推销等。

五是反馈结果，总结经验、教训，并启动下一轮人员推销工作。

其三，人员推销的技巧。

在建立了一定的人员推销结构和一整套人员推销的工作程序后，企业在组织和实施人员推销时，推销人员还需掌握一定的推销技巧。有时，这种推销技巧可能会成为一家企业推销某一种、某一类产品或服务成功与否的“胜负手”。

所谓技巧，是从工作实践中认识、积累和提炼出来的精妙技能，是一种诀窍。由于推销技巧来自推销人的推销实践，所以不同的推销实践和不同的实践者会得出不同的推销技巧。

我个人认为，推销技巧应主要包括以下四个方面的内容。

第一是对企业。

要深入了解企业，不仅要知道企业现在的情况，还要知道企业的过去和企业的未来：企业的资产和技术实力、主营业务收入和盈利水平、员工队伍状况、企业文化的渊源和特色等；应了解企业与竞争者不同的生存、发展之道：是自己规模最大、自己最赚钱、自己历史最悠久、自己的员工最有归属感，还是自己最“技术流”、自己成长最快、自己抗击风浪的能力最强等。只有预先让推销人员心中有数，方能在推销时对企业充满自信和自豪，在与竞争者对比时善于“以己之长克彼之短”。

第二是对自己的产品或服务。

要全面了解自己的产品或服务，不仅要掌握产品功能或服务功效，包括掌握一些基本的产品使用操作和服务应用，还要掌握产品的技术性能或服务的等级水平；应了解与竞争者对比自己的产品或服务存在的优劣势，包括技术指标和服务水平上的、价格上的、售前和售后服务上的、未来的演进和提高上的，等等。只有预先让推销人员充分了解，方能在推销自己的产品或服务时善于捕捉与客户需求的契合点，在与竞争者对比时也能做到扬长避短。

第三是对自己。

要自信，坚信自己很优秀——即便自己刚刚开始做推销业务，而且自己一定可以不断进步、取得成功；要有顽强的意志，能够百折不挠、勇于面对任何困难和挑战，无论遇到什么样的客户都不会轻言放弃；要注重自己的仪表，衣要整洁得体，人要干练大方，要充满活力和朝气，始终保持一种积极、向上的工作状态。

第四是对客户。

在心理上，要尊重却不是屈从——尽管“顾客是上帝”，但买者和卖者在地位上平等的，要从内心深处愿意和客户交朋友、交好朋友、交真朋友、交老朋友。

在态度上，要换位思维，设身处地替对方考虑，不要只想着把产品或服务扔（卖）给对方就万事大吉了，而要使自己的产品或服务确实满足了客户的需要，真真正正给客户带来了利益，这样才能实现双赢。

在行为上，要自始至终保持微笑，而且是真心的。应是热情而不是热络，是仔细而不是马虎，是周到而不是欠缺。

在言语上，要耐心倾听，不要轻易打断对方的阐述；要善于肯定、赞扬对方对自己产品或服务做出的好评；在对方对自己产品或服务做出差评时，要巧妙地将话题转移到自己产品或服务存在优势的那些点上；即使对方的看法不正确时，也不宜直接反驳，而应该委婉地加以解释和说明，像讲故事一样说出事实的真相和缘由。

在时机上，在推销过程之初，是否直奔推销的主题应视客户及环境和时间条件而定，在客户有意愿且环境和时间条件允许时，不妨从对方感兴趣的其他宽松、惬意的话题入手。在推销过程之中，则应不忘主题，切忌漫无边际地闲聊，注意将客户无关的话题适时拉回到主题轨道上来；应注意把握与客户沟通中随时出现的商机——自己的产品或服务可能并不是尽善尽美的，但在某一点或某几点上是让客户感到满意的，所以，要抓住这个契合点，渲染它、放大它。在推销过程之末，则应落实此次推销业务的成果：能够签订合同、协议最好，即使不能立即签单，也要就双方已达成一致的意见进行归纳总结，对尚未解决的问题提出自己的建议，为自己争取再一次推销的机会。

（3）降价促销

由于降价促销与上述价格策略中的促销调价基本一致，因此在这里就不再做具体讨论了。

（4）形象宣传

形象宣传是企业以非付费的方式通过一定的媒介载体，向不限于目标市场客户的公众宣传、报道企业的现状和历史、业务特点、技术实力或服务水平、文化渊源和社会责任等企业的整体形象，隐含性地影响、引导客户购买产品或服务，以促进企业销售的行为。

其常见形式是通过报纸、杂志、广播、电视、电影、网络等媒介载体，采取文字、图片、音视频和动漫方式等进行企业的整体形象宣传、报道。

这种宣传、报道可以是短期的，也可以是长期的；可以是间歇性的，也可以是连续性的；可以是单次的，也可以是重复的；可以将记者请进来采访，也可以让主人翁走出去讲演；既可以围绕企业日常经营活动中的一件小事展开，也可以围绕展会、厂庆、司庆、纪念活动、公益活动等进行重点宣传。

显然，与投放广告等不同，形象宣传是一种软性的、间接的促销策略，但其作用仍是为了促进企业向目标市场销售产品或服务。

8.1.4 开展营销业务

企业开展营销业务一般分为营销计划、营销实施和营销控制三个环节。

8.1.4.1 营销计划

营销计划是企业年度营销业务的总体安排，也是企业年度预算的业务基础，关系到企业年度整体经营工作的成败。其主要包括以下工作内容和程序。

第一，由企业的营销部门或业务单元依据企业定位和未来中长期发展目标，采用如 3.1.4 节所述的 SWOT 分析方法，对企业不同产品或服务对应的自身优势和劣势、环境机会和风险进行分析，从中优选 SO 型业务，并避免 WT 型业务。

第二，在上述 SWOT 分析结论的基础上，提出初步的总体目标，包括主要产品或服务的种类、合同金额、销售收入、销售费用、预计的市场占有率等，并采用如 7.1.7 节所述的比较分析法中的“横向”结构比较分析法和“纵向”历史比较分析法等，对该初步的总体目标进行分析、论证。

第三，在对上述初步的总体目标进行分析、论证的基础上，编制营销计划草案。其主要内容包括明确总体目标；确定完成目标的路线图和时间表；提出相应的保障措施，包括明确责任单位和责任人，建立约束激励机制，确定营销策略，尤其是促销策略等。如果需要按时间、地域、客户、产品或服务种类等进行分解的，也要逐一编制分解的营销计划草案。

第四，由企业的战略管理部门、财务部门、产品研发部门、生产运营部门等参与，对营销部门或业务单元提交的营销计划草案进行会议质询。

第五，营销部门或业务单元根据会议质询提出的意见对营销计划草案进行修改，并在数次质询、修改后形成最终的营销计划和相应的甘特图。

第六，对该营销计划和相应的甘特图，按照管理权限经审批后予以下达、实施。

8.1.4.2　营销实施

营销实施是对营销计划的贯彻和执行。

其主要包括以下工作内容和程序。

一是由营销部门或业务单元对企业下达的营销计划在营销组织内部进行分解，做到目标到人、责任到人。

二是根据营销计划，对原有的营销组织，包括营销渠道、推销结构等进行调整或建立新的营销组织，配置相应的人力、财力、物质资源。

三是管理者，尤其是主要领导应通过指挥、辅导和激励员工，并协调营销部门或业务单元的内外部关系，上下共同努力去完成营销计划确定的各项目标任务。

8.1.4.3　营销控制

营销控制是在营销实施之中或实施之后，对营销计划的贯彻执行情况进行的检查、调整和改进。

其主要包括以下工作内容和程序。

一是检查营销结果是否偏离或达到了营销计划的预期目标，路线图和时间表是否吻合，应对措施和营销策略是否适当，营销责任和约束激励机制是否落实到位等。

二是对检查中发现的问题提出解决方案，及时进行调整；对成功的经验及时进行总结，巩固成绩、放大成绩。

由于已在 7.1.6 节中讨论过预算控制，而营销业务与预算管理关系密切，在营销控制中发现的各种问题、提出的解决问题的措施建议，以及当期营销改进后取得的成果等，都将直接影响企业预算能否完成，因此，企业应将营销控制纳入预算控制环节通盘考虑。

8.2　常见问题诊断

8.2.1　市场也是企业一切经营活动的起点吗

今天，越来越多的企业已对市场是企业一切经营活动的终点有了足够的认识，因为企业开展经营活动的最终结果就是要将自己的产品或服务推向市场去获益，但的确仍有不少企业忽略了市场也是企业一切经营活动的起点的道理——企业不把市场需求作为自身产品研发、生产或服务设计、培育的依据，其后果可能造成供给侧与需求侧严重失衡，导致一方面供大于求，企业中或者存货积压，或者应收账款居高不下，而另一方面则求无所供，市场上或者持币观望，或者翘首以盼，实在等不下去的客户不得已只好另择“高枝”。

所以，市场也是企业一切经营活动的起点。

8.2.2 市场选择偏离了企业定位

市场很大、很多，既深、又广，但并不是什么市场都可以去做。企业可以选择某一种、某一类产品或服务的目标市场，也可以选择某一家或某一类型客户的目标市场，还可以二者兼而有之。但无论做何选择，都不应该偏离自身的企业定位。遗憾的是，不少企业在选择目标市场时往往还是忽视了这一点。譬如，一家定位于共享单车运营服务的企业，却选择了高高低低、四处台阶，需要爬坡上坎、不宜骑行的山城作为自己的目标市场，其业务拓展的结果自然就可想而知了。

8.2.3 产品策略其实更为关键

在营销策略中，很多企业都过分依赖各种促销策略，如铺天盖地的广告、四处忙碌的推销员、不断的降价再降价……而忽视了自身的产品策略，向市场销售的产品或服务毫无差异化优势，基本上是“你有我有全都有哇”或“你没有我没有全都没有啊”，无法满足客户最为关切的需求，更别提还要满足一些客户的个性化需求了。

除此之外，不重视产品包装（但不包括某些名茶、名酒等过分包装者）、附件、说明书或服务形象、连带服务、服务指南这些所谓“配件”“辅料”的现象也很普遍。别的不说，销售给老年人的产品就经常可以见到一些老年人即使带着老花镜或拿上放大镜也还看不清产品说明书字体的情形。

8.2.4 渠道设计适合吗

企业应该做直销还是做分销，做直销时是采取直供还是由分支机构销售，做分销时分销渠道的长度和宽度多大合适，是通过批发商还是直接到零售商，还需不需要找代理商？显然，在销售不同的产品或提供不同的服务、面对不同的客户群时，企业可以有不同的渠道选择，但无论做何选择，都需认真分析，进行合理的渠道设计。

然而，的确有不少企业完全凭主观感觉进行渠道选择。

在直销上，有的企业既选择直供又选择分支机构销售，但直供和分支机构销售的产品或服务种类不分、客户群不分，自然造成权责不清，有利益时大家蜂拥而上，担责任时相互推诿扯皮。

在分销上，有的企业忽略自己的管理能力和市场“地力”的肥沃程度，盲目选择中间商，将分销渠道的长度和宽度做得很大，却疏于管理，不能从产品种类、客户类型、地域、价格、技术支持等条件上对中间商进行有效调控，放任中间商“野蛮式生长”，结果只能是中间商之间“打架”多于合作，造成企业渠道混乱不堪，边际效益每况愈下。

8.2.5　销售回扣的“暗”流涌动

回扣分“明扣”和所谓的“暗扣”。如果是明扣，属于降价促销策略的一种形式，本身是无可非议的，也可以方便地进行账务处理。但如果是暗扣，则往往与在中国以及世界上许多国家都明令禁止的“商业贿赂”联系在一起。尽管如此，仍有一些企业迫于促销的目的，自觉或不自觉地在营销过程中使用暗扣。

对此，我能说的是：如果企业面对的市场，暗扣只是个别现象，那最好放弃某一笔或某几笔业务；如果企业面对的市场，暗扣已是普遍现象，那应该通过分销渠道进行营销，否则企业最好暂时远离这个市场——即使这个市场很热，但这种回扣下的“暗”流涌动可能真的有一天会让人不寒而栗。

8.2.6　缺乏真实、准确、完整的营销计划

很多企业每年都会“拍脑袋”，提出一个自己想象的、含糊的、片面的营销目标，如合同金额多少、销售收入多少等，而缺乏一份带真实性、准确性和完整性的年度营销计划。真实的计划是实事求是的，是不带虚假、不含不实成分的计划；准确的计划是经过认真分析的，是有根有据的，是没有过多水分——夸海口或带“猫腻”的计划；完整的计划不是只有一两个所谓的目标，而是一份包括了任务分解，有路线图和时间表，以及具体工作措施的计划书和相应的甘特图。

没有这样的计划，各类营销业务就只能想怎么干就怎么干，干成什么样就算什么样。如此一来，不是实现的营销目标差之千里，就是支出的销售费用远超预期。到“秋后算账”时一看，企业不但一年什么也没干，还有可能“赔得底儿掉”。

8.3 改进的方法措施

8.3.1 建立或完善市场营销制度体系

正如我们已在1.1.4节中提及的，“建立或完善企业的制度体系是解决各种经营、管理问题的一大法宝”。

因此，管理者应该做的，一是对企业的市场营销制度体系进行全面梳理；二是在梳理的基础上，进行“废、改、立”——对过期失效或完全不适用的市场营销制度予以作废、终止，对沿用的市场营销制度予以修改、完善，对尚未建立的市场营销制度予以订立、补充。

8.3.2 落实或提升市场营销的执行能力

正如我们已在1.1.5节中提及的，“落实或提升执行能力往往是解决企业各种经营、管理问题的一把金钥匙”。

因此，管理者应该做的，一是按照市场营销制度规定的内容、方法和工作程序，全面推进市场营销——进行市场分析、选择目标市场、制订营销策略（包括产品策略、价格策略、渠道策略、促销策略等）、组织开展营销业务等工作任务；二是搭建市场营销机构，落实责任人，做到责任明确、目标清晰、考核到位、奖罚分明；三是提供必要的资源保障和内外部关系的沟通协调等。

8.4 参考资料

8.4.1 某企业销售合同管理办法

为促进公司的业务发展，规范公司的经营行为，有效预防和减少销售合同带来的经济纠纷，根据《中华人民共和国合同法》等相关法规，并结合企业的实际情况，制订本办法。

8.4.1.1 总则

本办法适用于本公司所有的市场营销业务。

本办法所称销售合同，是指公司因向客户销售产品或提供服务而与其订立、变更、终止民事权利义务关系的书面文件，包括各类销售合同、协议、订单以及以其他名称出现的具有销售合同实质内容的书面文件。买卖双方之间相关的信函、邮件、传真等也构成销售合同的组成部分。

本办法所称标准销售合同，是指公司为维护自身利益、规范销售合同签订、提高工作效率而印制的格式化的销售合同。

本办法所称销售合同管理，是指对各类销售合同的草拟、修改、评审、签订、履行、变更和解除、销售合同的纠纷解决以及标准销售合同管理、销售合同台账管理、销售合同归档管理、销售合同专用章管理等管理活动。

应优先使用公司的标准销售合同。如使用客户提供的销售合同且不允许修改，应在销售合同评审时采取相应的风险防范措施。

公司禁止以业务部门名义对外签订销售合同。

8.4.1.2　销售合同管理的组织体系

销售合同管理的组织体系由业务部门即各事业部、财务部门、综合管理部（法务）及业务部门的相关责任人员组成。

（1）业务部门的主要职责

确保销售合同涉及业务符合公司中长期发展战略并纳入公司年度预算，承担控制销售合同风险的职责。

负责销售合同的业务评审。

负责客户信息的调查收集，对客户进行资信评估，对客户履约能力进行调查核实，提交客户信用等级和信用额度的申请。

负责销售合同台账管理、销售合同原件（业务）及相关资料的保管和归档工作。

负责执行已签订的销售合同，及时反馈销售合同执行状态及执行中遇到的问题，并跟踪产品、服务交付情况。

负责落实应收账款催收责任。

负责销售合同专用章的日常管理。

（2）综合管理部（法务）的主要职责

负责制订、完善销售合同管理相关制度，并检查制度执行情况。

负责制订、推广、监督使用标准销售合同。

负责销售合同的法律评审，揭示销售合同法律风险，必要时参与销售合同谈判。

负责公司授权委托书的法律审查。

负责对需要通过法律手段解决的销售合同纠纷，组织相关部门做好诉讼、仲裁准备工作，以及与外聘律师的沟通协调。

（3）财务部门的主要职责

负责销售合同的财务评审，进行财务风险评估，提示销售合同的财务风险。

负责销售合同原件（财务）的保管、使用。

负责销售合同毛利测算和销售合同执行中的预算控制，根据以往销售合同的履约情况，对客户的应收逾期进行提示和汇报；根据销售合同约定的收款方式和时间，督促业务部门及时催收货款。

（4）业务部门相关人员的主要职责

部门总经理为本部门销售合同管理第一责任人，负责对销售合同经办人、销售合同管理员等进行责任教育和业务培训。

销售合同经办人员负责收集客户的基本信息和资质文件；执行已签订的销售合同，按销售合同约定及时催收货款，及时反馈销售合同执行情况和销售合同执行中遇到的问题；收集销售合同签订和执行过程中的相关资料（包括但不限于销售合同文本、到货签收单、工程验收单、与客户的业务往来邮件等），并及时移交给销售合同管理员；参加承办的销售合同纠纷处理。

销售合同管理员负责在业务评审中判断是否使用标准销售合同，是否对标准销售合同做出实质性修改，审核非标准销售合同主要条款是否完备，是否存在瑕疵；协助履行销售合同评审、流转、签订、用印等程序，并及时向部门总经理反馈；负责部门销售合同台账管理和销售合同及相关资料的保管和归档工作。

8.4.1.3 销售合同的主要条款

买卖双方的单位名称和注册地址（办公地址）、法定代表人（或主要负责人）姓名；客户为自然人的，应写明姓名、身份证号码和住所。

销售合同标的、单价、数量、运输方式、质量标准、验收方式。

价款及价款支付方式、支付期限、发票形式及开具方式。

履约期限、地点和方式。

违约责任（尽可能明确、可操作）。

解决争议的方式：国内销售合同应选择诉讼，诉讼地点选择公司所在地法院；涉外销售合同应选择仲裁，仲裁地点为中国国际经济贸易仲裁委员会。有特殊约定的除外。

生效条件：销售合同自双方法定代表人/授权代表签字并加盖销售合同专用章后生效；严禁在销售合同中附加“销售合同执行以×××（个人）签字为准”之类的条款。

销售合同正本份数：公司至少持有2份。

必备销售合同辅助条款：销售合同编号、签订地点、签订时间、法定代表人/

授权代表签字。

8.4.1.4 销售合同评审

在正式签订销售合同前必须进行销售合同的业务评审、法律评审、财务评审及主管公司领导评审。任何未通过评审而签订的销售合同，由销售合同签字人负全责。

使用标准销售合同并未做实质性修改的，仍应履行完整的评审程序。

无论签署何种语种的销售合同，业务部门在履行销售合同评审过程中，均应提交中文的销售合同。

（1）业务评审要点

客户的基本信息和动态资信材料的收集和评估，调查核实客户的资信情况及履约能力。

销售合同实质性内容，包括销售合同内容的真实性、标的、单价、数量、质量、验收、价款及支付方式，销售合同履行的期限、地点、违约责任、生效条件以及其他特殊约定等。

对法律评审、财务评审提出的修改销售合同的建议，反馈业务部门的意见：如采纳修改销售合同的建议时，应与客户协商修改销售合同，并将修改后的销售合同再次经评审确认、通过；如不采纳或只部分采纳修改销售合同的建议时，业务部门应如实向主管公司领导汇报评审意见，书面说明不采纳或只部分采纳修改销售合同建议的理由。

（2）法律评审要点

根据有关法律法规，本着最大限度维护公司利益的精神，重点审核和揭示销售合同法律风险，对销售合同涉及的纠纷解决、诉讼或仲裁条款以及其他特殊法律约定等进行审核。

提出修改销售合同的法律建议。同时，要求业务部门对修改销售合同的建议是否被业务部门接受做出反馈。

对业务部门不采纳或只部分采纳修改销售合同的建议，且该销售合同存在重大法律风险时，应如实向主管公司领导汇报，进行风险提示。

（3）财务评审要点

根据有关财经政策，本着最大限度维护公司利益的精神，重点审核和揭示销售合同财务风险，对销售合同涉及的预算、单价、价款及支付方式、盈利可能等进行审核。

提出修改销售合同的财务建议。同时，要求业务部门对修改销售合同的建议是否被业务部门接受做出反馈。

对业务部门不采纳或只部分采纳修改销售合同的建议，且该销售合同存在重大财务风险时，应如实向主管公司领导汇报，进行风险提示。

（4）主管公司领导评审

主管公司领导应综合各方评审意见，就能否签署该销售合同发表评审意见，并对是否需要公司法定代表人委托他人签署该销售合同提出建议。

（5）评审的期限要求

一般情况下，销售合同的业务评审应在资料齐备后 1 个工作日内完成，法律评审应在资料齐备后 2 个工作日内完成，财务评审应在资料齐备后 2 个工作日内完成。

标准销售合同或已签署框架销售合同下的订单，各评审均应在资料齐备后 1 个工作日内完成。

为提高销售合同评审效率，业务部门应尽可能使用标准销售合同或不对其做实质性修改；各评审环节之间尽可能做到事前充分协商沟通；待评审的销售合同，可以使用电子邮件方式传递进行预审。

（6）评审中的保密要求

在销售合同评审中涉及公司、客户的有关不宜向外界披露的任何信息资料，参与评审人员都负有严格的保密义务，不得以任何形式向第三者公布或泄露信息资料。

8.4.1.5 销售合同签订

销售合同必须经销售合同评审通过后，呈公司法定代表人或被授权人审批。

签订销售合同时应填写具体的签字日期。

销售合同经批准并由公司法定代表人或被授权人签字后，销售合同经办人员负责按时限要求，取得客户签字并加盖买卖双方合同专用章或企业印章的销售合同原件。

公司销售合同编号是一组由英文字母、阿拉伯数字和短横线组成的 22 位字符串（见图 8.5），由销售合同系统自动生成。

□□	-	□□□	-	□□	-	□□□□	-	□□□□	-	□□
公司代码		业务部门代码		合同类别		订立年份		销售合同序号		变更版本号

图 8.5 销售合同编号

在变更版本号时，由业务部门销售合同管理员根据销售合同变更情况填写。

与客户首次签订销售合同前，如客户需要使用信用额度应预先通过资信评估。

销售合同经买卖双方签字盖章后即生效，并具有法律约束力，必须严格履行销售合同规定的各项权利和义务。

8.4.1.6　特殊情况销售合同的签订

特殊情况，指有良好信誉和实力的招标方要求在现场签订销售合同的情况，以及涉及商业秘密要求在现场签订销售合同等情况。该等特殊情况属销售合同的例外管理，应谨慎采用。

特殊情况销售合同的签订必须执行以下程序。

进行预审，即对特殊情况销售合同涉及的主要条款预先进行业务、法律、财务和主管公司领导的评审。

通过预审后，被授权人方可在授权范围内签订该特殊情况销售合同。该授权委托书须经综合管理部（法务）审核备案。

现场签订销售合同时，被授权人应详细审核拟签字文本与预审内容是否有重大差异，对签字文本的每页签字确认以防更改，对差异可能引发的风险做出评估，及时向授权人报告。在授权权限范围内，且经授权人同意后方可签署。对有重大差异或可能引发重大风险的销售合同不得签署。

8.4.1.7　销售合同的变更和解除

销售合同生效后，在履行过程中，如遇违反法律法规或按照销售合同约定，在允许变更、解除的条件成立时，须变更、解除销售合同。

销售合同的变更、解除时，买卖双方须签订变更协议或解除协议，其审批流程与原销售合同签订时的审批流程相同。

经公证或鉴证的销售合同，所达成的变更、解除协议，应经原公证、鉴证部门进行公证或鉴证。

销售合同买卖双方对变更、解除协议未履行签字盖章手续的，推定为原销售合同未变更、未解除。

销售合同变更主要涉及以下事项。

销售合同主体变更，应征得买卖双方的书面同意；销售合同债权人转让权利的应当书面通知债务人；债务人将销售合同的义务全部或者部分转移给第三人的，应当经债权人书面同意；设定担保的销售合同的变更，应征得原担保人的书面同意。

销售合同解除后主要涉及以下后续事项。

销售合同尚未履行的，终止履行；已经履行的，根据履行情况和销售合同性质以及销售合同的约定，守约一方可以要求恢复原状或采取其他补救措施，并有权要求赔偿损失。

8.4.1.8　销售合同作废

买卖双方未完成销售合同最终签字、盖章时，需要对该销售合同进行作废处理。

如仅客户方已签字、盖章，应将已签字、盖章的销售合同原件退还客户方；如仅我方已签字、盖章，应将已签字、盖章的销售合同原件收回并进行销毁处理，同时在销售合同系统中标记为“作废”状态。

对于销售合同系统内未完成评审的销售合同需要作废时，相关业务部门的销售合同管理员应在该系统内直接标记为“作废”状态。

8.4.1.9 销售合同纠纷的处理

纠纷处理应本着以事实为依据、以法律为准绳的原则，坚持友好协商解决，但在协商不成时应及时提起诉讼或仲裁，以最大限度地维护公司的合法权益。

纠纷处理由签订销售合同的业务部门承担所有后果和全部费用。

（1）纠纷处理的程序

相关业务部门的销售合同经办人员告知本部门总经理及综合管理部（法务），并提出解决纠纷的初步方案。

在本部门总经理及综合管理部（法务）的指导下，销售合同经办人员与对方积极沟通，争取通过协商方式处理销售合同纠纷。

协商不成，销售合同经办人员把有争议的销售合同及相关销售合同资料的复印件、销售合同争议双方往来函件等证据材料移送本部门销售合同管理员。

如需通过诉讼或仲裁途径解决销售合同纠纷，由相关业务部门提出签报，经主管公司领导批准后，由综合管理部（法务）负责组织诉讼或参与仲裁工作，相关业务部门必须予以配合，并将有关证据材料全部移送综合管理部（法务）。公司有关知情人员必须无条件提供相关证据材料。

由综合管理部（法务）参加开庭或仲裁。结案后，综合管理部（法务）负责把案情最后处理结果通报相关业务部门，完成结案报告，并做好案件材料归档工作。

（2）纠纷处理的注意事项

销售合同纠纷经协商、调解达成一致处理意见时应订立书面协议，并按本办法履行销售合同审批等有关程序。

不同性质的销售合同，其诉讼或仲裁时效不同，应注意要在有效期限内提起诉讼或仲裁。

在证据可能灭失或以后难以取得的情况下，应及时依法申请证据保全。

发现对方当事人或利害关系人有可能隐匿转移财产，其他债权人有可能采取保全措施，将使我方权利难以实现时，应依法申请财产保全。

相关业务部门销售合同经办人员一经发现客户经济状况恶化应当及时书面告知综合管理部（法务），以便及时提起诉讼或仲裁。如知情不报或知情怠报，致使公司错失诉讼或仲裁良机而遭受损失的，应承担相应责任。

由于我方责任的原因引起的销售合同纠纷，应当查明原因，分清责任部门和责任人。对违反公司管理制度或本办法，并给公司造成损失的，依规进行追责。

8.4.1.10　销售合同用印

按照公司《印章管理办法》执行。

8.4.1.11　销售合同归档

按照公司《档案管理办法》执行。

8.4.1.12　附则

本办法由综合管理部（法务）负责解释，自批准发布之日起执行。

本公司全资、控股子公司的销售合同管理参照本办法执行。

8.4.2　某企业微波炉产品的市场营销计划

根据公司未来的中长期发展目标要求，在前期持续进行市场调研的基础上，特提出公司 ×××× 年度微波炉产品的市场营销计划如下。

8.4.2.1　公司概况

公司是家电行业巨头之一，其产品覆盖了彩电、冰箱、空调、洗衣机、厨卫家电和其他生活类小家电等。

作为厨卫家电中的微波炉，一直是公司的传统产品之一，每年都有若干款新品推出。在这一产品领域，公司未来的中长期发展目标是继续保持现有的市场份额，不丢“山头”，以巩固公司综合性家电产品制造企业的市场形象地位。

8.4.2.2　SWOT 分析

第一，内部自身优势。

很高的品牌知名度。

较强的产品技术实力。

较长的微波炉产品线，可以向市场提供不同档次和不同价格（12000 元 / 台～300 元 / 台）的产品。

第二，内部自身劣势。

产品更新换代较慢。

市场覆盖率未遍及县乡二级。

市场促销的投入及方式相对较少。

第三，环境机会。

城市智慧家居建设带来新的市场机会。

农村家电普及和改善型需求仍有一定的市场空间。

“一带一路”倡议等引发的产品出口机会。

第四，环境挑战。

国内市场总需求量已基本饱和。

产品总供给大于总需求，市场竞争激烈。

市场竞争格局已基本确定：美的、格兰仕和公司一直占据该产品市场的前三甲，尤其是美的和格兰仕更是一骑绝尘、遥遥领先，而公司身后的惠而浦、海尔、圈厨、帝而、大宇以及其他二三十家企业的市场份额均不足1%甚至在1‰以下（见表8.7）。

表8.7　厨卫家电：微波炉（微蒸烤、微烤、光波等）市场占有率

	美的	格兰仕	××公司	惠而浦	海尔	圈厨	帝而	大宇	其他二三十个厂家
2015年	52.26%	37.11%	3.62%	0.96%	0.61%	0.56%	0.51%	0.37%	4.00%
2016年	52.67%	37.89%	3.51%	0.95%	0.63%	0.55%	0.50%	0.38%	2.92%
2017年	53.24%	38.47%	3.54%	0.95%	0.59%	0.57%	0.52%	0.36%	1.76%
2018年	53.28%	39.83%	3.55%	0.98%	0.60%	0.58%	0.53%	0.38%	0.27%

由此可知，短期内要大幅提升公司微波炉产品的营业收入和市场份额并非易事，但发挥公司很高的品牌知名度、较强的产品技术实力和较长的微波炉产品线等的自身优势，抓住城市智慧家居建设带来的智慧家电需求、农村家电普及和改善型需求和“一带一路”倡议引发的产品出口需求等新的市场机会，就有可能完成“保持公司微波炉产品现有的营业收入和市场份额的目标”。

8.4.2.3　市场营销的年度计划目标

销售收入：1.84亿元，比上一年增长2.3%。

市场占有率：3.63%，比上一年增长0.08个百分点。

销售费用：1800万元，比上一年增长1.2%。

销售费用率：9.78%，比上一年降低0.16个百分点。

8.4.2.4　主要行动计划（措施）

第一，对消费者。

800/400热线的人工值守时间由9:00～18:00拉长为8:00～21:00。

每月定期向公司产品开发部门反馈消费者的意见和建议，加快微波炉产品的升级换代节奏。

在全国新建 6 个售后维修服务网点。

编制新的产品说明书（纸质和电子版）。

提供既往所有各型产品说明书等的官网下载渠道。

将配套的微波炉食谱的内容页数增加 50%。

对购买 1000 元以上、3000 元以上、5000 元以上、1 万元以上微波炉的消费者，分别每台赠送不锈钢刀具一套或小电扇一个、碗碟瓷具一套或电吹风一个、炊具一套或电动剃须刀一个，及刀具、碗碟瓷具、炊具各一套或小电扇、电吹风、电动剃须刀各一个。

第二，对零售商。

继续执行对零售商的折扣计划。

对县乡级零售商实行优惠折扣率。

增加 10% 的微波炉店内样品以促销。

按每万元销售额增配一套产品宣传彩页和店内招贴广告。

对销售额达 100 万元的零售商组织一次价值 ×× 元的业绩激励（活动）。

第三，对批发商。

继续执行对批发商的折扣计划。

对销售额达 800 万元和 2000 万元的批发商各组织一次价值 ×× 万元和 ×× 万元的业绩激励（活动）。

第四，对自身的营销工作。

对市场营销人员培训增加 50%，达到全年 3 次。培训内容包括新产品的性能指标和使用功能的培训、市场策略和营销技巧的培训等。

优化完善直营店陈设，将委托一家广告代理商重新设计制作，要求店内环境明亮、富有朝气；产品展示应实现立体化、可旋转；要配备 LED 展示墙，突出声光电效果，以充分吸引消费者的注意。

在县乡二级发展 30 ～ 50 家新的零售商。

其他：继续保持 20 人左右的市场营销团队。

8.4.2.5　主要行动计划对应的甘特图

为保证主要行动计划得以贯彻落实并与实际执行情况进行对照检查，特绘制以下甘特图（见图 8.6）。

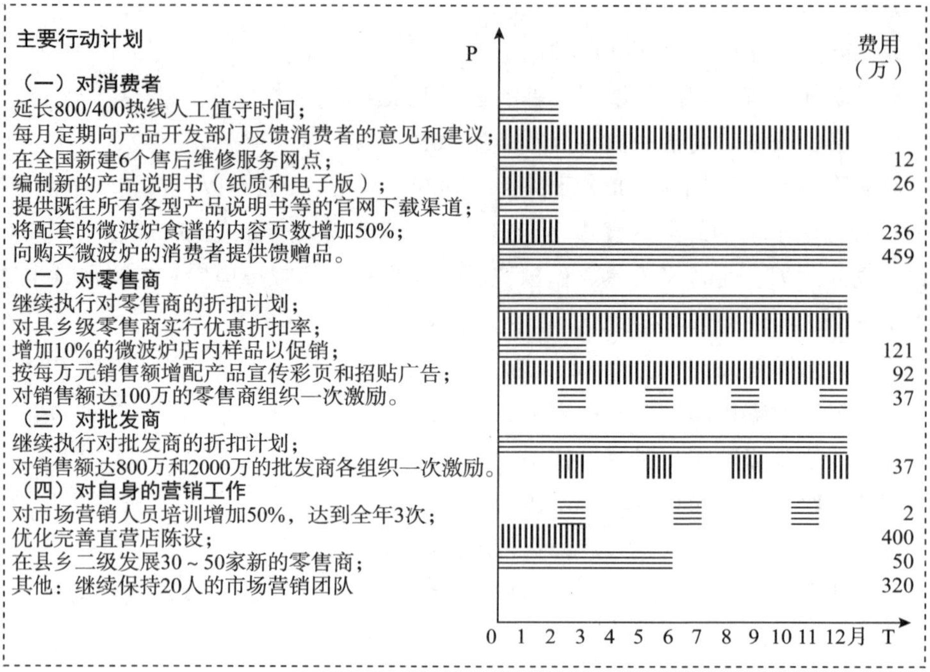

主要行动计划
P
费用（万）
（一）对消费者
延长800/400热线人工值守时间；
每月定期向产品开发部门反馈消费者的意见和建议；
在全国新建6个售后维修服务网点；
12
编制新的产品说明书（纸质和电子版）；
26
提供既往所有各型产品说明书等的官网下载渠道；
将配套的微波炉食谱的内容页数增加50%；
236
向购买微波炉的消费者提供馈赠品。
459
（二）对零售商
继续执行对零售商的折扣计划；
对县乡级零售商实行优惠折扣率；
增加10%的微波炉店内样品以促销；
121
按每万元销售额增配产品宣传彩页和招贴广告；
92
对销售额达100万的零售商组织一次激励。
37
（三）对批发商
继续执行对批发商的折扣计划；
对销售额达800万和2000万的批发商各组织一次激励。
37
（四）对自身的营销工作
对市场营销人员培训增加50%，达到全年3次；
2
优化完善直营店陈设；
400
在县乡二级发展30～50家新的零售商；
50
其他：继续保持20人的市场营销团队
320
0 1 2 3 4 5 6 7 8 9 10 11 12月 T

图 8.6　甘特图

第9章

产品研发

9.1 主要内容

9.1.1 研发，企业发展的不竭动力

众所周知，客户是企业的“上帝”和企业的衣食父母，而客户的需求是无穷无尽的，旧的需求满足了，又会有新的需求大量涌现出来。这就要求企业为适应市场需求变化不断进行产品研发或服务设计，最终将企业的新产品或新服务推向市场，以不断满足人们日益增长的物质和精神文化需求。否则，企业不可能维持或提高自身产品或服务的市场竞争力，企业也不可能持续发展下去，曾经再怎么优秀的企业也迟早会每况愈下、日薄西山。

研发，经常被称认为是“创新”的代言词。其实，企业开展产品研发或服务设计，并不一定都指新的发明、创造，其范畴大体上既包括新发明创造的，也包括换版的、局部改进的、启用新商标或新规格的，甚至只是以新包装、新形象面世的产品或服务，等等。一句话，只要企业研发的产品或设计的服务推向市场时能够满足客户新的物质和精神文化需求，则该产品或服务就可以视为一种新产品或新服务。

因此，企业围绕市场需求，不断进行新产品研发或新服务设计的全部活动，就

是研发。

具体来说，大致可以把企业研发划分为研发规划、研发组织形式、研发实施、研发成果产业化、技术保障体系等若干内容。

正如8.1.3节提及，由于服务这一特殊产品本身“……具有无形性、没有所有权、不可储存和转移、企业提供服务和客户接受服务在时间和空间上是同一的等特性”，使得服务设计无论是在组织形式、资源投入、持续时间、管理的复杂性，还是项目的风险性上通常都远不及产品研发，因此，在这里将以制造类企业的产品研发为重点进行讨论。事实上，一旦谙熟了产品研发，那么对服务设计也就基本上可以做到胸有成竹了。

虽然制造类企业涉及的产品种类相当浩繁，但仍可以大体分为两类：一类是组成成分不易分解的产品，如食品、饮料、药品、纺织品、石油化纤、化工产品、橡胶、塑料，以及水泥、玻璃等非金属矿物制品和黑色金属制品、有色金属制品等；另一类是零部件或子系统模块可以拆分的产品，如通用设备、专用设备、车船等运输设备、电气设备、计算机和通信等电子设备、文教体育器材、仪器仪表等。

由于这两类产品在研发上有所不同——前者主要体现为配方及生产工艺条件等的研发，后者主要体现为机械、液压、气压和电子电气控制等硬件设计制作，以及软件系统总体和子模块设计编程等的研发，而出于对本章篇幅的考虑，在这里将以讨论后者的研发为主。

9.1.2 研发规划

研发规划是企业为实施自身战略，根据市场需求情况和企业现状编制的产品研发的中短期工作计划。

研发规划一般由目标市场的产品需求分析、企业基础条件及研发能力分析、产品研发的目标、实现产品研发目标的行动计划，以及确保行动计划得以完成的措施等构成。

如果对企业的产品研发活动进行分析，通常可以发现其具有下面一些特征。

一是超前性——在企业价值链中，研发超前于生产运营和市场营销环节，而且新产品最好能超前于客户需求，能起到引导、拉动市场的作用；二是占用资源多——人员和资金的投入往往很大；三是周期长——研发一般包括了从立项、可行性研究、试制，再到测试、验收或结项等相对漫长的过程，并且不少研发项目还会跨年度，甚至数年或十数年实施；四是风险大——事实上，研发的成功率要远小于其不成功率，等等。

因此，企业的研发规划通常不是年度计划，而是三年滚动计划或三年规划、五年规划等。其目的就是要使研发规划能够提前编制、提前启动，既把握好企业研发的方向，又可以根据市场需求的变化情况和企业的实际情况对研发规划进行必要的中途调整。

对研发规划，应按照管理权限经审批后予以发布、执行。

9.1.3　研发组织形式

按照企业在研发活动中责权利的不同，可以将产品研发分为自主研发、合作研发和委托研发三种不同的组织形式。

9.1.3.1　自主研发

自主研发是企业自行负责资源和经费投入，自行承担研发职责和研发风险，独自享有产品研发项目成果的研发组织形式。

自主研发的组织架构通常包括以下两种。

其一是在企业中设置的承担产品研发职责的职能部门或非法人机构。如中小企业中的研究所、设计所、研发部、技术部等，大型企业中的研究院、设计院、研发中心、设计中心等。

其二是在母公司下设立研发子公司。其中，一种情形是该子公司虽然是法人企业，但只承担母公司下达的产品研发任务，并获得母公司全额拨付的研发费用，其自身不面向市场开展经营业务，也无营业收入和盈利的目标；另一种情形是该子公司除了承担母公司下达的产品研发任务，并获得母公司相应拨付的研发费用外，其自身还会直接面向市场开展诸如合作研发和受托研发，甚至生产、销售等经营业务，独立核算、自主经营、自负盈亏、独自承担民事法律责任。

9.1.3.2　合作研发

合作研发是企业与外部单位，如外部企业、科研院所、高校等签订合作研发协议，并按照该协议对合作各方责权利的有关约定，共同开展产品研发的研发组织形式。

对合作研发来说，合作各方签订的合作研发协议是明确各方责权利关系的重要的法律文件。

该合作研发协议至少应包括以下内容。

一是合作研发项目的名称以及内涵和外延界定。

二是项目牵头单位和合作单位。

三是项目周期及重要时间节点。

四是项目团队架构、各层级人员数量，及各自委派的各层级的人员的比例。

五是项目账户设置、账务处理及财务管理权限；项目费用金额、支付时间及各自承担比例；项目调用、占用的各方资源，是否有偿及有偿时的计价方式；在项目验收或中止结项时，项目形成的固定资产和剩余的流动资产的处置方式及各自的归属比例。

六是项目场地。

七是产品研发项目成果，包括阶段性成果或最终成果中的学术论文、技术资料、研发样机（软硬件），以及专利、软件著作权、商标等知识产权的归属方式及各自的归属比例。

八是项目风险的分担

九是违约责任及罚则。

十是争议解决的方式及途径。

9.1.3.3 委托研发

委托研发是作为委托方的企业与作为受托方的外部单位，如外部企业、科研院所、高校等签订委托研发协议，并按照该协议对委托双方责权利的有关约定，由企业支付委托费用，由外部单位负责完成产品研发项目的研发组织形式。

对委托研发来说，委托双方签订的委托研发协议是明确双方责权利关系的重要的法律文件。

该委托研发协议至少应包括以下内容。

一是委托研发项目的名称，以及内涵和外延界定。

二是项目委托双方。

三是项目周期及重要时间节点。

四是项目账户设置、账务处理及财务管理权限；项目费用金额、支付时间。

五是产品研发项目成果，包括阶段性成果或最终成果中的学术论文、技术资料、研发样机（软硬件），以及专利、软件著作权、商标等知识产权由受托方向委托方的转移。

六是项目风险的分担

七是违约责任及罚则。

八是争议解决的方式及途径。

9.1.4 研发实施

无论是哪一种研发组织形式，一旦某一具体的研发单位接受产品研发任务并履行研发职责，则其研发实施过程一般可分为立项、可行性研究、编制《实施方案》、产品研制、测试和验收6个环节，以及可能涉及的项目变更、中止结项等环节。

当然，这里讨论的是一个完整的研发实施过程。对一些人力、物力、财力投入不大，又不属于新发明创造的产品研发，企业也可以根据实际情况，对研发实施过程予以适当的简化，以提升企业研发管理的效率。

9.1.4.1 立项

立项是研发单位提出某一产品研发项目的《立项建议书》(或称《项目建议书》)，并按照管理权限经审核通过（或未通过）的过程。

《立项建议书》是对某一产品研发项目进行宏观、粗略的定性分析，并对该项目给出总体判断结论的文件。《立项建议书》也是启动产品研发项目的前提，只有在某一产品研发项目的《立项建议书》经审核通过后，该项目才被确认为“立项”，并获得研发项目代码。

《立项建议书》至少应包括以下五个方面的内容。

一是项目概况。包含该项目的来源、背景；该项目的基本情况——名称、组织形式（如是合作研发或委托研发，附合作方或受托方的基本情况等）、研发目标、研发周期、投入金额、研发单位、负责人、联系人、研发项目代码的建议等。

二是开展该项目的意义、必要性。

三是具备该项目实施条件（人力、物力、财力、技术、市场和资源供应、知识产权等）的充分性。

四是实施该项目获得的经济效益——产业效益、技术转让效益，以及社会效益的可能性。

五是对该项目的综述和建议等。

9.1.4.2 可行性研究

可行性研究是在某一产品研发项目立项后，由研发单位依据该项目的《立项建议书》，组织编制该项目的《可行性研究报告》，并按照管理权限经审议批准（或不批准）的过程。

《可行性研究报告》是对某一产品研发项目进行完整、详尽的定性和定量分析论证，并对该项目给出更为准确的结论，以供审议批准，并在审议批准后作为项目团队组建、投入资金、签订合作研发或委托研发协议等的主要依据的重要文件，是企业批准实施该产品研发项目的标志和根据。

《可行性研究报告》至少应包括以下八个方面的内容。

一是项目概况。包含该项目的来源、背景——企业中长期战略的需要、市场营销的需要、与其他产品研发项目的关联需要等；实施该项目的意义、作用；该项目的基本情况——名称、项目代码、组织形式（如是合作研发或委托研发，附合作方或受托方的基本情况等）、关键技术、研发总体目标和主要分解目标、研发周期、投入金额、预计未来的产业化目标和经济效益、研发单位、负责人、联系人等。

二是对该新产品相对应的国内外同一领域的产品技术水平、知识产权状况、技术演进趋势，以及对该新产品的市场需求状况和发展趋势、产业竞争情况和发展趋势等技术环境和市场环境进行的可行性分析。

三是对实施该项目具备的人力资源、资金、技术储备、仪器设备和研发场地、原料供给和水电热力燃气资源等自身条件进行的可行性分析。

四是费用预算。

五是项目的验收方式、预期的研发成果。

六是对实施该项目预计获得的经济效益——产业效益、技术转让效益，以及社会效益的可行性分析。其中，涉及经济效益的主要财务指标应按乐观、标准、悲观三种情形分别进行预测。

第一，在乐观情形下，假设各种环境机会远大于预期、环境威胁远小于预期，发挥自身优势和克服自身劣势的表现甚佳，使该项目的主要财务指标可能提前完成或超额完成。

第二，在标准情形下，假设各种环境机会和环境威胁与预期基本一致，发挥自身优势和克服自身劣势的表现适中，使该项目的主要财务指标可以正常完成。

第三，在悲观情形下，假设各种环境机会远小于预期、环境威胁远大于预期，发挥自身优势和克服自身劣势的表现不佳，使该项目的主要财务指标可能推迟完成或根本无法完成。

七是该项目可能遇到的主要风险及应对策略安排。

八是该项目的可行性研究结论，以及对该项目进行审议批准的相关工作建议。

《可行性研究报告》对实施某一产品研发项目预计获得的经济效益的可行性分析中，所采用的分析方法主要分为两类。

一类是考虑了资金时间价值的分析方法，如净现值法、现值指数法、内部收益率法等；另一类是不计资金时间价值的分析方法，如投资回收期法、会计收益率法等。因这与7.1.3节所述的股权投资项目《可行性研究报告》所采用的分析方法基本一致，在此就不再做具体讨论了。

9.1.4.3 编制实施方案

编制实施方案是在某一产品研发项目经审议批准后，由研发单位依据该项目的

《可行性研究报告》，组织编制该项目的《实施方案》——从工作内容和工作程序上对该项目实施做出完整、详细、可操作性很强的计划安排，并将该《实施方案》提交由研发单位的技术负责人、软硬件设计主管和外部专家等参加的评审会议进行评审通过（或未通过）的过程。

《实施方案》通常包括以下八个方面的内容。

一是项目总体目标、产品总体技术性能指标体系和功能指标体系，涉及的关键技术、主要及重要的研发内容描述等。

二是分解目标，包括对各零部件或各子系统模块的技术性能指标和功能指标进行分解，确定技术路线，对项目人员、资金、资产、其他资源和时间进度做出安排，并形成相应的甘特图。

三是明确对项目总体、各零部件或各子系统模块的测试方式、测试条件、测试人员和时间进度的安排，及相应的甘特图。

四是发生局部变更的适用条件以及应履行的审批程序。

五是项目成果验收事项。

六是研发文档管理。

七是保密管理。

八是业绩考核指标，如产品技术性能指标或功能指标达成率、研发的人周数降低率、成本费用降低率、产品产业化成本降低率等，以及业绩激励的安排。

9.1.4.4　产品研制

产品研制是在某一产品研发项目《实施方案》经评审通过后，由研发单位依据《实施方案》向该项目研制团队下达《研制任务书》，由研制团队具体承担并完成该产品研制任务的过程。产品研制一般可分为硬件（机械及电子电气设备等）研制部分和软件研制部分。

（1）硬件研制

对硬件研制部分，项目研制团队要按照该项目《实施方案》确定的工作内容、工作程序和时间进度安排，承担以下研制任务。

一是完成硬件总体工作原理图、机械结构图和设计图、液压或气压系统结构图和设计图、电子电气线路结构图和设计图、印刷电路板（Printed Circuit Board，PCB）设计图等，完成硬件总体主要功能实现过程等详细描述的文档。

二是提出采购的零部件，包括小至芯片、板卡，大至机械系统、液压或气压系统、电子电气控制系统等的名称、规格型号、版本号、厂家、单价、数量等清单，对其在本项目中的编号、主要技术性能指标和功能指标等予以说明。

三是配合采购部门按照采购清单，完成相应的零部件等的采购。

四是配合软件部分的研制（单独的硬件研发项目除外）。

五是制作硬件样机、进行测试，依据测试结果修改、完善总体设计或相关零部件设计，再制作硬件样机，再测试……直至完成该硬件样机研发。

（2）软件研制

对软件研制部分，项目研制团队要按照该项目《实施方案》确定的工作内容、工作程序和时间进度安排，承担以下研制任务。

一是进行系统分析，绘制软件总体架构图，确定各功能模块及其相互之间的逻辑关系，完成对系统总体和各子模块功能实现的描述性文档等。

二是进行概要设计，完成系统总体和各子模块的功能分配、运行设计、接口设计、数据结构设计、处理流程设计等。

三是进行详细设计，明确系统总体和各子模块所涉及的主要算法，以及数据结构各层级的定义和存储、调用关系，对系统总体和各个子模块中每一个程序加以详细的设计说明。

四是提出采购的软件平台等的名称、规格型号、版本号、厂家、单价、数量等清单，对其在本项目中的编号、主要技术性能指标和功能指标等予以说明。

五是配合采购部门按照采购清单，完成相应的软件平台等的采购。

六是配合硬件部分的研制（单独的软件研发项目除外）。

七是选择和使用编程语言，如 Java、C、C++、Python、Visual Basic（VB）等进行软件编程，安排测试，依据测试结果修改、完善总体设计或相关子系统模块设计，再编程，再测试……直至完成该软件系统研发。

9.1.4.5 测试

这里所称的“测试”，不是研制团队在研制过程中自行对研制的硬件或软件进行的调试，而是由项目测试团队按照项目《实施方案》确定的工作内容、工作程序和时间进度安排，以及产品研制团队提交的测试申请，对研制的硬件或软件的技术性能指标和功能指标进行实测，并给出《测试报告》结论的过程。

测试可以在研制过程中，也可以在研制过程结束时进行。较大型的产品研发项目通常会安排数次甚至数十次的测试工作。

测试需要按照既定的测试方式，并在既定的测试条件下进行。

根据不同的测试目的和要求，测试既可以是对某一零部件或某一子系统模块进行的单独测试，也可以是对该项目硬件或软件总体进行的统一测试，还可以是将该项目硬件或软件总体与外部系统进行的联调测试等。

《测试报告》结论一般分为达成、基本达成、基本未达成、未达成等几种情形。

除了测试结论外，《测试报告》还包括对问题原因的分析意见和对下一步研制工作的建议——但已是最终测试的除外。

9.1.4.6　项目变更

项目变更指在某一产品研发项目实施过程中，研发单位对《实施方案》涉及的工作内容和工作程序进行适当调整的行为。

项目变更的前提条件，是不能改变该项目《可行性研究报告》确定的基本结论和项目的主要特征，如该项目的组织形式、关键技术、研发总体目标、研发周期、投入金额、预计未来产业化目标和经济效益等。

项目变更执行以下审批程序并开展后续工作。

首先，研制团队等提出《项目变更申请表》，研发单位依据《可行性研究报告》和《项目变更申请表》，对原《实施方案》进行变更。

其次，研发单位的技术负责人、软硬件设计主管和外部专家等参加的评审会议对新的《实施方案》进行评审通过（或未通过）。

最后，在评审通过新的《实施方案》后，研发单位依据新的《实施方案》下达新的《研制任务书》；研制团队按照新的《研制任务书》开展该产品研制工作。但如果评审未通过新的《实施方案》，则研发单位不再下达新的《研制任务书》，该项目研制团队仍将按照原《研制任务书》开展该产品研制工作。

9.1.4.7　验收

验收的工作内容和程序通常包括提出验收申请、编制验收方案、组织验收会议和批准验收结论等。

其一，提出验收申请。

项目研制团队在完成《研制任务书》所列的研制任务，并达到项目目标后，应及时向研发单位提出《项目验收申请》，并附项目研制报告、测试报告、资金使用报告（项目决算报告）等。

其二，编制验收方案。

研发单位对研制团队提交的申请资料进行形式审查后，编制《项目验收方案》，就召开验收会议的时间、地点、出席方（视研发组织形式的不同，分别由研发单位所在企业相关职能部门、业务单元，或各合作单位，或委托单位、外部专家等组成）、列席答辩方（通常为该项目研制团队、测试团队等）、验收目的等做出安排，并通知各方提前做好验收准备——包括安排对项目进行专项审计、出具审计报告；对项目研制团队和测试团队进行业绩考核，提出业绩激励建议；对研发成果产业化的可能性进行调研，出具分析论证意见等。

其三，组织验收会议。

由研发单位组织验收会议，出席方对照产品研发项目的《可行性研究报告》和《实施方案》，按照《项目验收方案》的安排，通过资料审查及验收答辩等，对该项目的实际完成情况进行评判：该研发产品是否实现了预定的技术性能指标和功能指标，所提供的研制报告、测试报告、其他证明性文档资料，以及硬件实物（体积重量较大、不便搬运的除外）、软件源程序等是否真实、完整、准确，经费使用是否违规，研制周期是否超出时间计划安排，研发产品的技术成熟度如何，是否已达到产业化的要求，该项目是否能够通过验收。同时，也对研发人周数降低率、成本费用降低率、产品产业化成本降低率等进行评价。

验收会议通常以票决制（大于 2/3 或 1/2）做出会议结论，如“通过”“基本通过”或“未通过”，并形成验收会议决议。

如果验收会议结论为“未通过”，研发单位应向该项目研制团队、测试团队发出改进意见通知，由研制团队、测试团队对该项目进行调整、优化，并在指定时间内再次组织验收。

其四，批准验收结论。

在验收会议做出“通过”或“基本通过”结论后，由研发单位根据验收会议结论和验收会议决议，向该项目《可行性研究报告》原审议批准机构提交建议批准该项目验收结论的请示。

一旦该请示经审议批准，则表明该项目正式结束，相应的产品研发工作已全部完成。

研发单位应在该项目结束的同时，及时编制《项目总结报告》，连同研发成果文档资料（含全套的硬件设计图纸、软件源程序、知识产权证书等）予以及时归档，同时将与项目相关的固定资产和流动资产等移交相应的资产管理部门、财务部门。

《项目总结报告》的主要内容包括：项目概述、项目验收结论、审议批准机构的批准意见、项目的经验教训、下一步产业化工作建议、交付的研发成果清单、物料清单（Bill of Material，BOM）、固定资产和流动资产清单等。

9.1.4.8 中止结项

中止结项指产品研发项目被迫中途停止、不再实施，并办理项目了结事项的行为。

只有符合下列前提条件之一的产品研发项目，可以中止结项。

其一是在项目实施过程中，如企业、合作研发单位或受托研发单位出现市场、技术、资产、人员等重大问题，或外部环境发生不可抗力事件等，导致该项目《可行性研究报告》基本结论成立的依据已不复存在。

其二是验收会议结论为“未通过”，研制团队按照研发单位改进意见的通知要求对项目进行调整、优化，但在指定时间内再次组织项目验收时仍未通过验收，导致该项目在研发周期、投入金额、预计未来的产业化目标和经济效益等方面已失去继续实施的可能等。

中止结项执行以下审批程序并开展后续处置工作。

首先是研发单位提交建议批准某一产品研发项目中止结项的请示。

其次是该项目《可行性研究报告》原审议批准机构对该请示进行审议批准。

最后是经批准后，由研发单位与所在企业的相关职能部门、业务单元，或各合作单位或委托单位及时沟通协调，妥善做好项目中止的后续处置工作——包括处置项目调用、占用的各方资源，固定资产和流动资产，阶段性成果中的学术论文，技术资料，研发样机（软硬件）和专利、软件著作权、商标等知识产权，以及违约责任、赔偿及罚款等，形成《项目中止结项报告》。

9.1.5　研发成果产业化

企业进行产品研发的目的绝不仅仅是为了自己的科研论文能够发表、研发成果能够获奖、知识产权拥有的数量能够增加等，而是为了 9.1.1 节提及的目的："……最终将企业的新产品或新服务推向市场，以不断满足人们日益增长的物质和精神文化需求"。因此，一旦某一产品研发项目通过验收并经审议批准，则在该项目正式结束、相应的产品研发工作已全部完成的同时，其研发成果产业化的任务就提上了企业的议事日程。

研发成果产业化就是将某一研发成果转变成为可以批量生产、销售，能够体现一定的经济效益和社会效益的产品的过程。

研发成果产业化通常包括转产和技术转让两种主要的形式。

9.1.5.1　转产

转产常见的方式是将企业已经掌握并拥有的研发成果转化为企业自己生产、销售的新产品，或是通过作价出资、增资等方式将该研发成果转化为企业的子公司生产、销售的新产品，以直接实现研发成果产业化的目的。

无论是哪一种转产方式，负责生产、销售新产品的企业在承接该研发成果后的具体工作，一般可分为试制（中试）、试产（小批量生产）和正式投产三个环节。

（1）试制（中试）

试制又称中试，即进行中间试制，是转产中企业在研发成果——研发样机（软硬件）基础上，组建试制车间，边试验边试制，完成试制样机（软硬件）的第一个环节。但对在研发阶段就已完成试制、技术成熟度较高的研发成果来说，则可以不再安排进行试制。

试制通常包括企业下达试制任务书；试制车间根据试制任务书提出试制计划；试制计划经企业审批后由试制车间组织实施试制，企业采购部门、内部或外部研发单位等配合解决试制中出现的问题；测试部门根据试制车间提出的测试申请，对试制样机进行测试，出具测试报告；企业对试制样机组织产品设计定型鉴定等具体工作内容。

在试制环节，企业一方面要通过一定的试制和测试装置，对试制样机的技术性能指标和功能指标的一致性、可靠性或稳定性、耐用性，以及实际的生产成本和制造费用等进行基本工业条件下的测试，以取得接近生产实际的数据；另一方面要同步完成硬件的工业结构设计、外观设计和软件的逻辑结构优化、算法优化、界面优化等，并最终完成单件或若干件试制样机的试制任务。

对大型设备，可以利用缩小比例试制方式或通过计算机模拟方式等进行试制。

（2）试产（小批量生产）

试产又称小批量生产，即进行小批量（通常要二三百件以上或至少单个批次）试生产，是转产中企业在试制样机（软硬件）通过产品设计定型鉴定的基础上，组建试产车间，搭建单条但完整的生产线，对试制样机（软硬件）安排试产，以完成试产产品（软硬件）的第二个环节。

试产通常包括企业下达试产任务书；试产车间根据试产任务书提出试产计划；试产计划经企业审批后由试产车间组织实施试产，企业采购部门、技术工艺部门等配合解决试产中出现的问题；测试部门根据试产车间提出的测试申请，对试产产品进行测试，出具测试报告；企业质量检测部门对试产产品的质量进行检测；市场营销部门或业务单元对质量合格的试产产品安排试销，提交用户试用报告；企业对试产产品组织产品生产定型鉴定，并进行型号命名，办理入网、生产许可资质等具体工作内容。

企业进行试产，在组建试产车间和搭建单条但完整的生产线时，可以考虑利用原试制车间和试制时的部分生产设备、仪器仪表等，也可以做出与下一步正式投产的生产车间和要搭建的多条生产线一并进行设计、分步进行施工建设的安排。

在试产环节，企业一方面要通过整套的试产和监测装置，对试产产品的技术性能指标和功能指标的一致性、可靠性或稳定性、耐用性，以及实际的生产成本和制造费用等进行完整工业条件下的监测，以取得更接近生产实际的数据；另一方面要同步完成在工业化平台上的产品生产工艺设计、工装夹具设计、刀具模具设计等，并最终完成小批量试产产品的试产任务。

（3）正式投产

正式投产，即开始规模化生产，是转产中企业在试产产品（软硬件）通过产品生产定型鉴定的基础上，组建生产车间，搭建多条完整的生产线，对试产产品（软硬件）安排规模化生产，以向市场大量投放正式产品（软硬件）的第三个，也是最后一个环节。

一旦某一研发产品进入正式投产环节，则标志着其研发成果产业化——转产的任务已全部完成，企业已将其纳入了正常的生产运营和市场营销体系。

9.1.5.2　技术转让

技术转让是通过技术交易，将企业已经掌握并拥有的研发成果的所有权，或使用权及收益权出售给外部企业，使该研发成果转化为外部企业生产、销售的新产品，以间接实现该研发成果产业化的目的。

在技术转让完成后，技术受让企业应依照受让的该产品技术的成熟度，确定是否先安排试制、试产后再开始正式投产。

技术转让工作一般分为谈判与签约、实施技术转让两个环节。

（1） 谈判与签约

无论通过何种方式，如专利发布、技术推广会、媒介广告、形象宣传等，使转让方与受让方对转让方拥有的某一产品技术产生了技术转让的意向，则该技术转让进入了谈判和签约的环节。

其一，谈判。

为完成技术转让，转让方与受让方会各自组建由法律、技术、财务、投资等专业人员参加的谈判团队，围绕技术转让标的、转让权属性质、转让范围、转让价格、转让费支付方式等展开多级别、多批次的技术贸易谈判，以现场会议、电话会议、视频会议等方式，形成会议记录、备忘录、纪要等重要文件和来往电话记录、传真、邮件等辅助文件，以确定双方谈判达成一致的关键内容。

其二，签约。

在转让方与受让方谈判达成一致的基础上，双方形成书面的技术转让合同及相关附加协议。如果是涉外技术转让，该技术转让合同及相关附加协议还需形成具有同等法律效力的中英文或中德、中法、中意、中俄、中日、中韩文等的版本。

通常，由双方谈判团队负责人对技术转让合同及相关附加协议进行小签，并按照各自的管理权限经审批同意后，再由双方法人代表或授权代表正式签署后生效。对于涉外技术转让合同，按照不同国家的政策规定，可能还需要履行当事国相关政府部门的批准手续后才能最终生效。

技术转让合同及相关附加协议通常涉及以下主要条款。

一是转让标的。

转让标的分为与新产品相关的专利、软件著作权、商标等知识产权和专有技术（即 know-how）、自产或定制加工设备等的专有技术，以及购买或融资租赁等其他方式取得的加工设备、主辅材料、零部件等的专有知识和经验等其他无形资产。

除了上述知识产权和其他无形资产以外，一般还包括利用这些无形资产生产的新技术产品和加工设备，以及购买或融资租赁的加工设备、主辅材料、零部件等固定资产、流动资产等。

显然，涉及上述转让标的的详细清单和权属证明文件等，需要一并作为技术转让合同的必备附件提交给受让方。

二是转让权属性质。

转让权属性质分为转让标的所有权转让和转让标的有关无形资产使用权转让两类。

其中，后者一般又分为专利许可证转让、软件著作权许可证转让、专有技术许可证转让、商标许可证转让。转让完成后，受让方可以使用转让标的有关无形资产来生产、销售相关新产品。

三是转让范围。

转让范围按照转让权属性质，分为受让方对转让标的所有权的占有范围，受让方对转让标的中有关无形资产使用权的使用范围。

对转让标的所有权，受让方的占有范围一般与转让方原来占有范围中的时间、国别、地区或行业等相同。

对转让标的中有关无形资产使用权，受让方的使用范围依据独占转让（只有受让方有使用权，转让方已无使用权）、独家转让（只有受让方和转让方有使用权）、普通转让即非独家转让（除受让方和转让方有使用权外，还有其他第三方有使用权）、交叉转让（受让方和转让方互有对方有关无形资产的使用权）、分售转让（除受让方有使用权外，转让方还允许受让方可以向第三方转让使用权）等不同的转让方式而有所不同，但最大的使用范围一般也不能超过转让方自身对该转让标的中有关无形资产使用范围中的时间、国别、地区或行业等。

四是转让价格。

确定技术转让价格与 8.1.3 节所述的一般产品营销中的定价有所不同，但与 7.1.3 节所述的对股权、资产等的投资或中止退出时的定价近似。

首先，由转让方单独委托或转让方与受让方共同委托第三方专业机构对转让标的（结合其转让权属性质、转让范围等）进行资产评估（目前，国有或国有控股企业进行技术转让时，需要履行该资产评估结果的审核备案手续）。该资产评估通常采用收益现值法，辅之以重置成本法，但很少使用市场比较法（因为技术转让中涉及的专有技术的保密性，以及不同技术之间、不同转让权属和转让范围之间的差异性等因素，往往不易取得可以进行比对的市场价格数据）。

其次，转让方与受让方围绕资产评估结果对技术转让价格进行洽谈，并确定转让价格——目前，国有或国有控股企业进行技术转让，转让价格原则上不能低于经审核备案的资产评估值的 90%。同时，如果该技术转让需要采取进入产权交易所并以挂牌竞价的方式进行交易，则最终的转让价格应以实际的成交价为准。

五是转让费支付方式。

转让费的支付方式分为一次性支付转让费、分期支付转让费、前期支付转让费加后期提成、补偿贸易等几种形式。

一次性支付转让费，顾名思义，就是在技术转让过程中，受让方将转让费一次性全部支付给转让方。

分期支付转让费就是在技术转让过程中，受让方将转让费分为几期支付给转让方，如签订技术转让合同时支付 20% 的首期转让费，技术转移完成后支付 40% 的二期转让费，新产品正式投产后支付 30% 的三期转让费，正式投产一年后支付 10% 的最后一期转让费等。

前期支付转让费加后期提成，又称入门费加提成。入门费一般由受让方在前期一次性支付给转让方——特殊情况时，入门费也有为零的；提成则可以按照受让方实现的销售额、毛利或净利等的一定比例提取后，每年或在一定年限（如转让标的有效期）内分期支付给转让方。

补偿贸易就是受让方无需先支付转让费，但应在技术转让完成、新产品正式投产后将自己生产的一部分新产品低价销售或无价返还给转让方，用以抵偿所欠的转让费。

六是附加服务。

为使受让方迅速消化、吸收转让技术，转而生产、销售新产品，以尽快实现产业化的目的，转让方与受让方往往会对技术转让中的一些附加服务，如考察、交流、培训、工程服务和管理服务等的内容、方式、是否免费等做出约定。

考察、交流、培训，包括邀请受让方到转让方进行技术考察，双方对彼此关切的问题进行深入交流；对受让方人员进行广泛、系统的技术培训，并使其取得相应的任职资格认证等。

工程服务指在基建选址、厂房建设、生产线设备购买、安装和调试等工程建设方面，转让方对受让方进行技术指导和经验传授，以避免受让方耗时、耗力和浪费不必要的资源。

管理服务，即在新产品试制、试产、正式投产甚至销售的环节，转让方为受让方提供技术、生产、供应链，以及财务、人力、市场营销等方面的管理咨询和指导，包括履行计划、组织、指挥、协调、控制等职能的方式、方法和经验等。

七是其他重要条款。

这是对其他方面，如转让方与受让方的附加责任和义务、对违约的处罚、出现争议时的解决方式等，做出明确的规定。

（2） 实施技术转让

在转让方与受让方签订某一产品技术的技术转让合同及相关附加协议后，该技术转让进入了实施环节。

其一，标的所有权转让。

实施标的所有权的转让程序，视标的所有权的不同而有所差别。

对与新产品相关的专利、软件著作权、商标等知识产权，其转让程序，一是转让方与受让方联合向政府知识产权授权管理部门提交权属变更申请、双方签署的技术转让合同等材料，并缴纳审理费用；二是知识产权授权管理部门受理该申请后进行审查、批准，并向受让方发放变更后的权属登记证书；三是按照技术转让合同等的约定，受让方向转让方支付相应的技术转让费。

对专有技术、自产或定制加工设备的专有技术，以及购买或融资租赁等其他方式取得的加工设备、主辅材料、零部件等的专有知识和经验等其他无形资产，其转让程序，一是转让方向受让方移交整套的技术资料，并向受让方提供必要的技术指导，同时承诺不再保留该等无形资产的任何技术资料，也不再使用该等无形资产，并对该等无形资产承担保密义务；二是受让方组织进行验收，并按照技术转让合同等的约定，向转让方支付相应的技术转让费。

对利用上述知识产权和其他无形资产生产的新技术产品和加工设备，以及购买或融资租赁的加工设备、主辅材料、零部件等固定资产、流动资产等，其转让程序，一是转让方向受让方移交全部资产；二是受让方组织验收，并按照技术转让合同等的约定，向转让方支付相应的技术转让费。

其二，标的有关无形资产使用权转让。

实施标的有关无形资产使用权的转让程序则相对简单。

一是转让方向受让方提交相关专利许可证、软件著作权许可证、专有技术许可证、商标许可证的技术资料，并向受让方提供必要的技术指导；二是受让方组织进行验收，并按照技术转让合同等的约定，向转让方支付相应的技术转让费，并承诺对其中的专有技术承担保密义务；受让方依据有关无形资产涉及的研发产品的技术成熟度，组织试制或试产，或正式投产，并最终向市场销售新产品；三是转让方按照技术转让合同等的约定，其间向受让方提供相应的附加服务。

9.1.6　技术保障体系

企业进行产品研发，没有研发规划不行，没有研发成果产业化也不行。除此而外，还必须建立一整套的技术保障体系，包括组织体系、制度体系等，以提高研发效率和产品质量，并保证知识产权的自身安全和研发成果的有效利用。

9.1.6.1　研发项目代码和产品型号管理

开展研发项目代码和产品型号管理是企业技术保障体系的重要工作之一。

（1）研发项目代码

由于产品研发项目往往实施周期长、占用资源多，而且还需要多部门、多单位间的协作配合，因此，如9.1.4节所述，在某一研发项目立项后，企业通常会对该研发项目确定一个研发项目代码——对该项目进行命名、界定，以便于该项目经费、人员、物资等的内部管理。

常见的研发项目代码可以由“立项日期的年”+“研发”+“立项日期的月和日”组成，如“2016研发0306”或“2018研发1123”等。

当出现同一日期里有多个项目立项时，可在日期后加“/”，再加“A”“B”“C”等组成研发项目代码，如“2016研发0306/A”“2016研发0306/B”“2016研发0306/C”等。

对于一些保密项目，企业也可以另行确定研发项目代码，譬如称之为“水晶球”“锦鲤”“喷泉”“门钉”项目等。

其实，企业完全可以自行确定如何组成研发项目代码，这并不重要，重要的是一定要有自己的研发项目代码。

确定研发项目代码的程序，一是由研发单位按照企业研发项目代码管理规定，在某一产品研发项目的《立项建议书》中提出有关研发项目代码的建议；二是经企业技术管理部门审核、备案，并在该项目的《立项建议书》经审核通过后，研发单位即可自动获得该研发项目代码。

研发项目代码，从某一项目的《可行性研究报告》获批后启用，至项目通过验收或中止结项时停用。

（2）产品型号

正如9.1.5节所述，在企业进行研发成果产业化，并在试产和通过产品生产定型鉴定后，需要对已生产定型的产品进行产品型号命名，以便于办理产品入网证、生产许可证等资质，以及开展正式投产后的成本核算和制订相应的营销策略等后续工作。

常见的产品型号（见图9.1）由“企业商号（中文或英文缩写字母）+ 空格 +

依照行业习惯确定或企业自定的产品类型（中文或英文缩写字母）+同一类型产品中不同产品的序号（数字）+‘–’+该产品标识性的技术性能指标（数字和字母）+‘/’+该产品的版本号（罗马数字）”组成。

××		××	××	–	××	/	××
企业商号（缩写字母）	空格	产品类型（缩写字母）	序号（数字）	短横线	技术性能指标（数字和字母）	短斜线	版本号（罗马数字）

图 9.1　产品型号

如“ABCD SDH05/40Gbs”：ABCD 为某一电信设备企业商号的缩写字母，SDH 为产品类型——同步数字光传输设备的缩写字母，05 为该产品序号，40Gbs 为该产品标识性的技术性能指标——传输速率为每秒 40 千兆比特。

另如“WXYZ BCD17-520WB/IV”：WXYZ 为某一白色家电设备企业商号的缩写字母，BCD 为产品类型——冷藏冷冻冰箱的缩写字母，17 为该产品序号，520WB 为该产品标识性的技术性能指标——520 升无霜变频，IV 为第 4 版。

确定产品型号执行以下程序。

首先，由试产车间等申请单位按照企业产品型号管理规定，在某一产品通过试产和产品生产定型鉴定后，向企业技术管理部门递交产品型号申请表，填写所申请的产品型号名称，以及对该产品型号具体组成部分的解释，包括依照行业习惯确定或企业自定的产品类型、同一类型产品中该产品的序号、该产品的主要用途和标识性的技术性能指标参数、该产品的版本号，并附该产品照片、用户试用报告副本、鉴定报告副本等资料。

其次，由技术管理部门对该申请表和相关附件进行核查——是否符合企业产品型号管理规定、对申请的产品型号是否进行调整，包括产品类型、序号、版本号等。经核查无误后，技术管理部门批准该产品型号纳入企业产品型号系列，并正式予以发布、投入使用。

9.1.6.2　知识产权与标准管理

曾几何时，“一流企业做标准、二流企业做品牌、三流企业做产品”的说法十分风靡。但据我看，除了那些专门从事知识产权与标准的研究，以期对外进行技术转让（有的甚至带有技术垄断目的）的企业之外，绝大部分企业所拥有的知识产权与标准，都是在自身花费大量的人力、物力、财力开展产品研发——在“做产品”的过程中同步取得的。这既反映了企业研发创新的实力和水平，也更真实地反映了企业力图为社会提供更多更好的高新技术产品的价值追求。

（1）专利

专利（权）指企业自主研发或合作研发、委托研发，但归企业拥有，或本企业员工职务开发但归企业拥有，且通过向知识产权管理机关申请并取得专利证书的某一发明创造的全部权益，包括企业对该专利的拥有权、实施使用权等——在一定时期内未经专利权人许可，他人不能使用该专利，是企业拥有的重要的知识产权。

专利包括发明专利、实用新型专利和外观设计专利。

专利证书记载了该专利名称、发明人、专利号、专利申请日、专利权人、授权公告日，以及授权依据、专利生效日期、专利权期限等内容。

发明专利、实用新型专利和外观设计专利自对应专利申请之日起分别在 20 年、10 年和 10 年内有效。

对企业专利的管理，通常可以分为在授予专利前的形成与申请专利、在授予专利后的维护与利用专利两种情况。前者重在鼓励员工发明、创造，以促进技术创新和形成企业自身更多的知识产权；后者重在维护专利的权益安全，以充分发挥专利成果在企业创新发展中的积极作用。

形成与申请专利，主要包括以下工作内容。

一是由研发单位、试制车间等对在产品研制或试制中可能涉及的专利项目组织技术调研和专利查询，对该专利项目中的发明、实用新型和外观设计等进行策划，包括专利申请的可行性、专利范围、形成专利流程、申请方式、风险及对策、费用预算等，并向企业技术管理部门提交专利策划报告。

二是由技术管理部门根据策划报告，编制年度企业专利形成计划，明确各专利项目负责人，对计划的执行情况进行跟踪。同时，编制专利经费预算，专项用于：专利调查、申请、审查、维持，上年的专利评级和对专利项目小组（发明人）的奖惩、培训，以及专利代理、专利纠纷处理等开支。

三是由研发单位、试制车间等根据年度企业专利形成计划，组成专利项目小组（发明人），实施专利形成，起草专利技术文档。其中，发明或实用新型专利的技术文档应包括对技术领域、技术背景和发明内容的描述、附图、实施方式的说明等；外观设计专利的技术文档应包括彩色图片、外观设计简要说明等。在该技术文档起草完成后，研发单位、试制车间等组织内部评审，并根据内部评审的意见，修改、完善该技术文档后，向技术管理部门报送对该专利进行审查的建议。

四是由技术管理部门对该专利的技术文档进行形式审查，并在保密范围内，组织专家对该专利技术的先进性、原创性等进行内容审查。在形式审查和内容审查合格后，由技术管理部门向知识产权管理机关提交专利申请文件，并协调该专利的受理、实审、授予等事项。技术管理部门也可以根据需要，会同企业采购部门选择专利事务代理机构，由其代理企业在专利申请、受理、实审和授予等方面的具体事务。

在专利申请受理前，任何部门或员工个人不得公开发表、使用、展示和销售与该专利有关的论文、样品或产品。涉及职务发明创造的员工个人，应对企业尚未申请专利，或已申请专利但尚未公开的技术信息承担保密义务。

维护与利用专利，主要包括以下工作内容。

一是由技术管理部门在企业专利权的维持期间，统一负责与知识产权管理机关的联系，按时缴纳专利维持费用，并在企业某项专利丧失维持价值时及时提出处置建议，经审批同意后向知识产权管理机关提出放弃对该专利权维持的申请。

二是技术管理部门要加强对企业专利权的保护和对企业员工的宣传教育，在发现他人侵权行为时，应及时报企业法务部门，并配合做好调查取证工作，必要时可向法院提起诉讼。

三是技术管理部门应建立企业专利资源信息库，为企业产品研发、合资合作、对外技术转让等提供专利检索和专利研究服务。

四是根据需要，由技术管理部门会同资产投资部门等，对企业专利组织资产评估，确认某一专利所具有的商业价值，并在企业对外开展合资、合作时发挥该专利技术的积极作用，实现其无形资产价值的有效增值。

（2） 软件著作权

软件著作权指企业自主研发或合作研发、委托研发，但归企业拥有，或本企业员工职务开发但归企业拥有的某一软件源程序的全部权利，包括企业对该软件的拥有权、发表权、署名权、修改权、翻译权、复制权、发行权、出租权、向公众提供权等，是企业拥有的重要的知识产权。

软件著作权登记证书记载了该软件的名称、著作权人、软件开发完成时间、首次发表时间、权利取得方式、权利范围，以及登记号、登记依据等内容。

软件著作权自该软件首次发表之日起在50年内有效。

目前，中国仍实行软件著作权自动取得制度，即企业的软件著作权可以向、也可以不向知识产权管理机关申请登记并取得著作权登记证书而成立。当然，为更有效地保护自身软件著作权权益和更好地发挥其价值作用，企业通常还是会选择一些重要、关键的软件源程序去申请对该软件著作权的登记。

对企业软件著作权的管理，通常可以分为形成和申请软件著作权登记、维护与利用软件著作权两种情况。前者重在鼓励员工开发、创新，以促进技术创新和形成企业自身更多的知识产权；后者重在维护软件著作权的权益安全，以充分发挥软件成果在企业创新发展中的积极作用。

形成与申请软件著作权，主要包括以下工作内容。

一是由研发单位、试制车间等对在软件研制或试制中涉及的软件项目，组织如 9.1.4 节和 9.1.5 节所述的具体实施工作，包括完成该软件源程序的编写和形成相应的技术文档，并在完成项目验收或产品设计定型鉴定后，向企业技术管理部门报送对该软件著作权进行审查的建议。

二是由技术管理部门对该软件著作权的技术文档等进行形式审查，并在保密范围内，组织专家对软件著作权的先进性、原创性进行内容审查。在形式审查和内容审查合格后，由技术管理部门向知识产权管理机关提交软件著作权登记的申请文件，并协调该软件著作权的受理、实审、登记等事项。技术管理部门也可以根据需要，会同企业采购部门选择软件著作权事务代理机构，由其代理企业在软件著作权申请、受理、实审、登记等方面的具体事务。

在软件著作权登记的申请受理前，任何部门或员工个人不得公开发表、使用、展示、销售与该软件著作权有关的论文、样品、产品。涉及职务开发创新的员工个人，应对企业尚未申请软件著作权登记，或已申请软件著作权登记但尚未公开的技术信息承担保密义务。

维护与利用软件著作权，主要包括以下工作内容。

一是技术管理部门要加强对企业软件著作权的保护和对企业员工的宣传教育，在发现他人侵权行为时，应及时报企业法务部门，并配合做好调查取证工作，必要时可向法院提起诉讼。

二是技术管理部门应建立企业软件著作权资源信息库，为企业产品研发、合资合作、对外技术转让等提供软件著作权检索和软件著作权研究服务。

三是根据需要，由技术管理部门会同资产投资部门等，对企业软件著作权组织资产评估，确认某一软件技术所具有的商业价值，并在企业对外开展合资、合作时发挥该软件技术的积极作用，实现其无形资产价值的有效增值。

（3） 商标

正如 8.1.3 节提及，“商标是企业在提供的产品或服务上采用的图案标记（字母、数字、符号等）……商标经向商标注册管理机关提出申请，并经审查核准，被授予商标专用权的，则成为注册商标”。

企业对已注册商标享有商标专用权，包括企业对该商标的拥有权、实施使用权等，明确了未经商标注册人许可，他人不能在同一种或者类似产品或服务上使用与其注册商标相同或近似的商标。如果拥有驰名（注册）商标，企业还将会获得跨类别的商标专用权的法律保护。

商标注册证记载了该商标的图案、商标注册号、商标注册人名以及地址、注册商标核定使用的商品或服务项目及其类别、商标专用权的起止日期(有效期)等内容。

注册商标自该商标被核准注册之日起在10年内有效。在有效期满前12个月内，企业可以对该注册商标申请续展；在此期间内未申请续展的，可再给予6个月的宽展期。续展可无限重复进行，每次续展后的有效期都为10年。

对企业商标的管理，通常可以分为形成和申请商标、维护与利用商标两种情况。前者重在打造企业自身的品牌形象，以提高市场竞争力和形成企业自身更多的知识产权；后者重在维护商标的权益安全，以充分发挥商标成果在企业经营发展中的积极作用。

形成与申请商标，主要包括以下工作内容。

一是由企业技术管理部门或商标管理部门根据企业自身情况和市场竞争态势，会同市场营销部门等向公司经营管理层就形成和申请商标注册的必要性、目的性、商标类别范围、名称或图案构想、是否委托外部设计机构进行商标设计等提出建议。

二是经公司经营管理层审议同意后，由技术管理部门或商标管理部门自行组织或委托外部设计机构开展商标设计，并经审查、修改，再审查、再修改，直至形成最终的商标设计定稿。由技术管理部门或商标管理部门将商标设计定稿，以及对商标组成元素的说明文档、常用范例设计图样等报送公司经营管理层审核、批准。

三是在公司经营管理层审议批准后，由技术管理部门或商标管理部门向商标注册管理机关提出该商标注册的申请，并经形式审查、受理、实质审查、公告且无异议后，由商标注册管理机关颁发注册商标证。

在商标注册申请受理前，任何部门或员工个人不得公开发表、使用、展示或销售与该商标有关的论文、样品或产品。涉及职务设计创意的员工个人，应对企业尚未申请注册的商标，或已申请注册的商标但尚未公开的商标设计信息承担保密义务。

维护与利用商标，主要包括以下工作内容。

一是由技术管理部门或商标管理部门在企业注册商标的维持期间，统一负责与商标注册管理机关的联系，并在某一注册商标有效期满前12个月内及时提出办理续展的建议，经审批同意后向商标注册管理机关提出办理续展的申请。

二是技术管理部门或商标管理部门要加强对企业商标权的保护和对企业员工的宣传教育，在发现他人侵权行为时，应及时报企业法务部门，并配合做好调查取证工作，必要时可向法院提起诉讼。

三是技术管理部门或商标管理部门应建立企业商标的使用或授权使用认证制度，对各业务单元申请使用或授权使用某一注册商标的产品种类、产品质量保证体系、使用商标的形式——是采用单一商标，还是采用母子商标、复合商标等进行审查。

经批准同意后，各业务单元方能使用或授权使用该注册商标。

四是根据需要，由技术管理部门或商标管理部门会同资产投资部门等，对企业商标组织资产评估，确认某一商标所具有的商业价值，并在企业对外开展合资、合作时发挥该商标的积极作用，实现其无形资产价值的有效增值。

（4）标准

严格地说，标准分为技术标准和管理标准（含工作标准）两大类。

单就前者而言，技术标准可分为原材料和辅助材料标准、工艺工装标准、半成品标准、产成品标准、包装标准、检验标准等，是对某一种或某一类产品做出的技术、工艺、质量要求的统一规定——含指标、指标值或指标值区间、术语描述等，是企业开展产品研发、生产、检验、销售、运维服务活动等涉及的重要的技术依据。

在中国，技术标准按照覆盖范围分为国家标准、行业标准、地方标准和企业标准4个层次。凡已有国家标准、行业标准或地方标准的，必须符合该等标准；凡没有该等标准的，国家鼓励企业制订严于国家标准、行业标准或地方标准的企业标准，在企业范围适用，以保障企业提供的产品能够满足对人身、财产和环境安全的要求。

一些行业或地方的龙头企业、高新技术领导型企业等，有时也会接受委托，牵头承担或共同参与相关的政府标准的起草工作，把企业对某一种或某一类产品的技术、质量的理解和统一要求写入相应的政府标准之中，并经审定、发布后成为行业、地方甚至国家标准，从而把原本的企业标准提升到更高、更广的层面。

常见的企业标准由“汉语拼音字母‘QB’＋‘/’＋企业商号（中文或英文缩写字母）＋空格＋汉语拼音字母‘J’＋产品序列（数字）＋‘.’＋该序列标准的版本（数字）”等组成。如“QB/ABCD J3.2”：QB指企标，ABCD为某一黑色家电设备企业商号的缩写字母，J指产品技术，3为某类产品的序列号，2为该类产品的第2个标准。

对企业标准的管理，通常可以分为形成与发布标准、维护与利用标准两种情况。前者重在打造企业的标准体系，以提高自身产品技术、工艺、质量水平和企业的市场竞争力；后者重在维护企业标准的严肃性和权威性，以充分发挥标准成果在企业经营发展中的积极作用。

形成与发布标准，主要包括以下工作内容。

一是由研发单位、试制车间等对在产品研制或试制中可能涉及的产品标准开展技术调研和分析，对是否形成该标准进行策划，并向企业技术管理部门提交策划报告。

二是由技术管理部门根据策划报告，编制年度企业标准形成计划，明确各标准的项目负责人，对计划的执行情况进行跟踪。同时，编制标准经费预算，专项用于标准研究、审查、发布和对标准起草人员的奖惩、培训等。

三是由研发单位、试制车间等根据年度企业标准形成计划，组成标准制订项目小组，负责起草该标准的文档，包括对产品做出的技术、工艺、质量要求的统一规定——含指标、指标值或指标值区间、术语描述等。在该标准的文档起草完成后，由研发单位、试制车间等组织内部评审，并根据内部评审的意见，修改、完善该标准的文档后，向技术管理部门报送对该标准进行审查的建议。

四是由技术管理部门对该标准的文档进行形式审查，并在保密范围内，组织专家对该标准的先进性、合理性、规范性等进行内容审查。在形式审查和内容审查合格后，由技术管理部门向经营管理层提交对该标准予以发布的建议。

五是在经营管理层审议批准后，由技术管理部门将该标准纳入企业标准体系，并正式予以发布、应用。

维护与利用标准，主要包括以下工作内容。

一是技术管理部门要加强对企业标准的宣传、贯彻，对在产品研发、生产、检验、销售或运维服务中违反企业标准的行为予以制止。同时，在发现他人歪曲、诋毁企业标准或盗用企业名义时，应及时报告企业法务部门，并配合做好调查取证工作，必要时可向法院提起诉讼。

二是根据需要，由技术管理部门会同资产投资部门等，对企业标准组织资产评估，确认某一标准所具有的商业价值，并在企业对外开展合资、合作时发挥该标准的积极作用，实现其无形资产价值的有效增值。

9.1.6.3　技术档案管理

技术档案指企业在研发、生产，甚至销售、运维服务等活动中形成且按企业归档制度集中保管的、与产品有关的图纸、图表、硬件样机实物或模型、软件源程序、照片、音视频、其他文档资料——如研发计划、测试方案、措施手段、总结报告、审批文件、任务书、合同、协议、调查分析材料、设计参考资料、调试和生产工艺、验收、鉴定原始记录等。

技术档案是企业技术资源的一种储备，是企业具有保存价值的无形资产的组成部分，是企业开展各类技术工作，包括对外进行技术转让和交流合作的依据，既可以为现时，也可以为未来的技术工作服务。

由于技术档案也具有企业档案的一般特点，且已在5.1.2节中讨论过企业档案管理，因此在这里就不再对技术档案管理做具体讨论了。

9.1.6.4　质量、环境与职业健康安全管理

今天，能够持续向市场提供产品或服务，但不重视自身的质量、环境与职业健

康安全管理工作的企业，恐怕已较少进入人们的视野了。

（1）质量管理

正如 8.1.3 节提及，“产品或服务质量的好与坏，主要是看企业提供的产品或服务是否达到并保持了其宣称的产品技术性能和功能，或服务水平和功效……而要使产品或服务自身具备优秀的质量水平，企业必须在产品研发、生产或服务设计、培育阶段就采取适当的产品策略，包括进行决策选择、提出计划安排和具体措施，并切实加以落实”。

因此，在企业向市场提供具有一流质量的产品时，企业的研发质量、工艺质量、生产质量，甚至物流质量、安装质量、运维质量也应该是一流的。

继二十世纪七八十年代企业广泛开展全面质量管理（TQM）活动以后，国际标准化组织（International Standardization Organization，ISO）在 1987 年推出了 ISO 9000 质量管理标准，并先后推出了多个相关标准和修订发布了多个版本，形成了 ISO 9000 质量管理标准系列，又称标准族，包括 9001 ～ 9006 等，以及 1987 版、1994 版、2000 版、2008 版、2015 版等，使更多企业的质量管理活动有了质量管理的国际标准可依。今天，通过建立质量管理体系，按照该体系要求进行运行、控制和持续改进，并通过第三方的体系认证与外部审核，已成为企业实施质量管理活动的主基调，也促进了企业质量管理水平的普遍提高。

其一，建立质量管理体系。

建立质量管理体系通常包括制订或修订《质量手册》、体系运行控制文件、工作文件，以及形成体系运行记录等。

一是制订或修订《质量手册》。

《质量手册》是按照 ISO 9000 质量管理标准系列——在中国则为 GB/T 19000 质量管理标准系列的要求，由企业制订并发布的质量管理体系运行的普遍准则，是企业全体员工在经营活动中所必须遵守的质量管理的纲领性文件。

《质量手册》主要包括企业的质量方针、体系覆盖范围、引用的标准、术语定义、体系要求、管理者承诺、质量管理总目标（如产品合格率、工程项目初验一次通过率、客户满意度等）、体系策划、职责分工、内外部沟通、资源管理（人力、财金、信息、基础设施等）、产品实现（顾客需求、研发设计、采购、生产、销售和服务提供）、监视和测量、控制与改进措施、内审和管理评审等内容。

《质量手册》通常由企业技术管理部门组织自行制订或修订，或委托外部专业机构制订或修订，经企业经营管理层审议、批准，并由最高管理者签署后予以发布。

二是制订或修订体系运行控制文件。

体系运行控制文件是为保证体系运行所开展的、与体系运行直接相关的管理工作的程序性或规范性的文件，包括《质量目标管理程序》《质量文件控制程序》《外来文件识别与评估管理程序》《记录控制程序》《招标投标管理程序》《不合格品控制程序》或《不合格品控制规范》《顾客投诉处理程序》或《顾客投诉处理规范》《顾客满意度测评管理程序》或《顾客满意度测评管理规范》《监视和测量控制程序》或《监视和测量控制规范》《数据分析控制程序》《纠正措施控制程序》《内部审核控制程序》《管理评审控制程序》等。

其中，程序性文件适用于对企业自身体系运行的控制，而规范性文件适用于对分、子公司体系运行的控制——目的是对其提出要求和加以指导。

体系运行控制文件通常由企业技术管理部门组织相关职能部门和业务单元制订或修订，经企业经营管理层审议、批准后发布。

三是制订或修订工作文件。

工作文件是与体系运行间接相关的企业经营、管理的各类工作制度，包括《会议制度》《决策事项督办制度》《公文管理办法》《印章管理办法》《档案管理办法》《预算管理办法》《差旅费用管理办法》《投资管理规定》《固定资产管理办法》《利润分配管理规定》《职位管理办法》《招聘管理办法》《劳动合同管理办法》《薪酬管理办法》《考勤休假管理办法》《培训管理办法》《业绩考核管理办法》《采购管理规定》《合格供应商管理办法》《产品研发管理制度》《研发项目验收结项管理办法》《专利管理办法》《商标管理制度》《销售合同管理办法》《分销商和代理商管理办法》等。

对企业原本存在，但拟纳入质量管理体系的工作文件，往往需要按照质量管理体系的要求，对其中的术语、章节条点和文件编号等进行适当调整。

工作文件通常由企业相关职能部门和业务单元制订或修订，按照管理权限经审批后予以发布。

四是形成体系运行记录。

记录是按照体系运行的要求，对企业经营、管理活动的过程和结果情况进行的完整、清晰、易于识别和检索的记载。其作用包括可为产品是否符合体系要求和实现过程是否有效提供证据，所记录的信息、数据可成为对体系进行持续改进的输入，以及在需要时可用于对产品质量问题的追本溯源。

企业常见的记录包括会议通知、会议记录、会议纪要、会议决议、签到表（簿）、评审表、审批表、传签表、用印单、计划、报告、请示、文件附表、清单，以及各种函件、登记表、记录表、财务单证等。

其二，体系运行与控制。

体系运行与控制包括体系试运行与控制、体系正式运行与控制两种情形。

一是体系试运行与控制。

从《质量手册》和主要的体系运行控制文件发布、执行，至质量管理体系通过第三方认证、取得资格证书之前，体系的运行与控制为试运行与控制。

其主要包括以下工作内容。

有针对性地对质量管理体系进行宣传、教育，提高每一位员工对质量方针、质量总目标等质量管理体系要义的认识，认真学习国际和国家质量管理标准，了解和掌握体系确定的方法和措施。

各职能部门和业务单元在经营、管理活动中按照体系文件的规定要求，联系实际编制工作计划；责任到位、实施到位，切实完成分解后的质量管理目标；对试运行结果进行监视，对与计划之间出现的偏差进行测量和分析；对暴露出的问题及时进行调整，或对质量管理体系提出改进的建议等。显然，这一工作程序与1.1.2节所述的PDCA程序链基本一致——因为PDCA程序链本身就源自全面质量管理（TQM）活动。

在试运行一段时间（一般为3～12个月）后，由企业技术管理部门组织内审员对体系试运行情况进行内部审核，出具内审报告。内审重点是审核该体系是否符合GB/T 19000质量管理标准系列（即符合性），对提高企业的质量管理水平是否有效（即有效性），该体系对企业具体的经营、管理活动是否适宜（即适宜性），体系文件的规定要求是否得到了贯彻执行，是否发现了一般不合格项（或严重不合格、轻微不合格），以及对不合格项提出整改要求：限期进行改正等，并对体系试运行是否正常做出基本结论。

在质量内审得出体系试运行基本正常的结论后，由企业技术管理部门提请经营管理层对体系试运行情况进行管理评审，出具管理评审会议纪要、决议等。管理评审以质量内审报告的相关信息数据作为输入，评审重点与上述内审重点类似，但要确认内审中发现的不合格项是否已经改正，是否认可内审的基本结论等，并对是否启动第三方认证、取得体系资格证书做出决定。

二是体系正式运行与控制。

在质量管理体系通过第三方认证、取得资格证书以后，体系的运行与控制为正式运行与控制。

其主要包括以下工作内容。

各职能部门和业务单元在经营、管理活动中按照体系文件的规定要求，联系实际编制工作计划；责任到位、实施到位，切实完成分解后的质量管理目标；对运行结果进行监视，对与计划之间出现的偏差进行测量和分析；对暴露出的问题及时进行调整，或对质量管理体系提出改进的建议。即其工作程序与1.1.2节所述的

PDCA 程序链基本一致——因为 PDCA 程序链本身就源自 TQM 活动。

在一年内，由企业技术管理部门组织内审员对体系运行情况进行内部审核，出具内审报告。内审重点是审核该体系是否符合 GB/T 19000 质量管理标准系列，对提高企业的质量管理水平是否有效，该体系对企业具体的经营、管理活动是否适宜，体系文件的规定要求是否得到了贯彻执行，是否发现了一般不合格项（或严重不合格、轻微不合格），以及对不合格项提出整改要求：限期进行改正等，并对体系运行是否正常做出基本结论。

在质量内审得出体系运行基本正常的结论后，由企业技术管理部门提请经营管理层对体系运行情况进行管理评审，并出具管理评审会议纪要、决议等。管理评审以质量内审报告的相关信息数据作为输入，评审重点与上述内审重点类似，但要确认内审中发现的不合格项是否已经改正，是否认可内审的基本结论等，并对是否需要对质量方针、体系覆盖范围、质量管理总目标等进行调整、改进，是否启动第三方的监督审核、换证审核（包括有效期到期后的换证审核，或 GB/T 19000 质量管理标准系列转版后的换证审核等）做出决定。

其三，体系认证与外部审核。

体系认证与外部审核包括认证审核、监督审核和换证审核三种形式。

一是认证审核。

认证审核是由第三方认证审核机构，按照 GB/T 19000 质量管理标准系列的要求，对申请企业已试运行一段时间，且已通过内审和管理评审的质量管理体系进行审核，并在审核通过后对该企业颁发体系认证证书——企业经营的重要资质之一，同时公布该企业的认证注册信息的事项。

其主要包括以下工作内容。

企业向第三方认证审核机构提出认证审核的申请，经第三方认证审核机构审查批准，认证审核组向企业出具认证审核计划。

认证审核组进入企业，召开认证审核首次会议，对审核目的、审核方式、审核计划等予以说明。

在企业技术管理部门等配合支持下，认证审核组通过访谈、体系文件查验和现场巡视，重点审核该体系是否符合 GB/T 19000 质量管理标准系列，对提高企业的质量管理水平是否有效，该体系对企业具体的经营、管理活动是否适宜，体系文件的规定要求是否得到了贯彻执行，是否发现了一般不合格项（或严重不合格、轻微不合格）等，并根据审查情况，对体系试运行的基本情况进行评价，形成认证审核报告。

认证审核组召开认证审核末次会议，对体系试运行的基本情况、发现的问题及提出的整改要求等予以说明，并做出该体系是否通过认证审核的结论。

经第三方认证机构批准，对通过认证审核的企业颁发体系认证证书，同时公布该企业的认证注册信息，表明该企业的质量管理体系已符合 GB/T 19000 质量管理标准系列。

二是监督审核。

监督审核是由第三方认证审核机构，按照 GB/T 19000 质量管理标准系列的要求，对申请企业已正式运行一年时间，且已通过内审和管理评审的质量管理体系进行审核，并在审核通过后确认其已有的体系认证证书依然有效，企业能够继续使用的事项。

其工作内容与上述认证审核的工作内容类似，只是在经第三方认证机构批准，对通过审核的企业无需颁发体系认证证书，而是确认其已有的体系认证证书依然有效且企业能够继续使用。

三是换证审核。

换证审核又包括有效期（3 年）到期后的复评换证审核，以及 GB/T 19000 质量管理标准系列转版（如由 GB/T 19001—2008 变更为 GB/T 19001—2015）后的转版换证审核等两种类型。二者均是由第三方认证审核机构按照 GB/T 19000 质量管理标准系列的要求，对申请企业已正式运行一年时间，且已通过内审和管理评审的质量管理体系进行审核，并在审核通过后为该企业换发新的体系认证证书的事项。对前者，换发的证书上将标注新的有效期；对后者，换发的证书上将标注 GB/T 19000 质量管理标准系列新的版本号。

其工作内容与上述认证审核的工作内容类似，只是在经第三方认证机构批准，将对通过审核的企业换发新的体系认证证书。

（2）环境与职业健康安全管理

作为企业管理者，应该知道无论是企业的产品质量还是企业的工作质量，都离不开企业环境和员工职业健康安全对其的作用与影响。

因此，国际标准组织和英国标准协会（British Standards Institution，BSI）、挪威船级社（Det Norske Veritasdnv，DNV）等 13 个组织的联合体分别在 1996 年和 1999 年推出了 ISO 14000 环境管理标准和 OHSAS 18000 职业健康安全标准（Occupational Health and Safety Assessment Series，OHSAS），并先后推出了多个相关标准和修订发布了多个版本，形成了 ISO 14000 环境管理标准系列（包括 14001 ～ 14009，以及 1996、2004、2008、2015 版等）和 OHSAS 18000 职业健康安全标准系列（包括 18001 以及 1999、2007、2012 版等，至 2016 年，国际标准组织终于推出了自己的 ISO 45000 职业健康安全管理标准系列），使企业的环境和员工职业健康安全管理活动有了环境与职业健康安全管理的国际标准可依。今天，通过建立环境和职业健康安全管理体系，按照该等体系要求进行运行、控制和持续改进，并通过第三方的体系认证与外部审核，已成为企业实施环境和职业健康安全管理活动的主基调，也促进了企业环境和职业健康安全管理水平的普遍提高。

对企业的环境和（或）职业健康安全管理，与上述的质量管理的相关工作内容和程序大体相同。

其一，建立环境和（或）职业健康安全管理体系。

建立环境和（或）职业健康安全管理体系包括制订或修订《环境手册》和（或）《职业健康安全手册》、体系运行控制文件、工作文件，以及形成体系运行记录等。

其中，《环境手册》与《职业健康安全手册》分别是按照 ISO 14000 环境管理标准系列——在中国则为 GB/T 24000 环境管理标准系列，及 OHSAS 18000 职业健康安全管理标准系列——在中国则为 GB/T 28000 职业健康安全管理标准系列的要求，由企业制订并发布的环境与职业健康安全管理体系运行的普遍准则，是企业全体员工在经营活动中必须遵守的环境与职业健康安全管理的纲领性文件。

《环境手册》和《职业健康安全手册》分别包括企业的环境方针与职业健康安全方针、体系覆盖范围、引用的标准、体系要求、管理者承诺、环境与职业健康安全管理总目标（前者如人均用水、电、燃气等的限额，废弃物处理率或废水、废气等的排放率等；后者如职业病、传染病等的发病率，消防安全事故、电梯事故、食物中毒事故、工伤事故等的发生率等）、体系策划、职责分工、内外部沟通、资源管理（人力、财金、信息、基础设施等）、监视和测量、控制与改进措施、内审和管理评审等内容。

其二，体系运行与控制。

体系运行与控制包括体系试运行与控制、体系正式运行与控制两种情形。

其中，从《环境手册》和（或）《职业健康安全手册》、主要的体系运行控制文件等发布、执行，至环境和（或）职业健康安全管理体系通过第三方认证、取得资格证书之前，体系的运行与控制为试运行与控制；而在环境和（或）职业健康安全管理体系通过第三方认证、取得资格证书以后，体系的运行与控制为正式运行与控制。

其三，体系认证与外部审核。

体系认证与外部审核包括认证审核、监督审核和换证审核三种形式。

认证审核是由第三方认证审核机构，按照 GB/T 24000 环境管理标准系列和（或）GB/T 28000 职业健康安全管理标准系列的要求，对申请企业已试运行一段时间，且已通过内审和管理评审的环境和（或）职业健康安全管理体系进行审核，并在审核通过后对该企业颁发体系认证证书——企业经营的重要资质之一，同时公布该企业的认证注册信息的事项。

监督审核是由第三方认证审核机构，按照 GB/T 24000 环境管理标准系列和（或）GB/T 28000 职业健康安全管理标准系列的要求，对申请企业已正式运行一年时间，且已通过内审和管理评审的环境和（或）职业健康安全管理体系进行审核，并在审核通过后确认该企业的体系认证证书依然有效，企业能够继续使用的事项。

换证审核主要包括有效期（3 年）到期后的复评换证审核，以及 GB/T 24000 环境管理标准系列转版（如由 GB/T 24001—2008 变更为 GB/T 24001—2015）和（或）GB/T 28000 职业健康安全管理标准系列转版（如由 GB/T 28001—2007 变更为 GB/T 28001—2012）的转版换证审核两种类型。二者均是由第三方认证审核机构按照 GB/T 24000 环境管理标准系列和（或）GB/T 28000 职业健康安全管理标准系列的要求，对申请企业已运行一年时间，且已通过内审和管理评审的环境和（或）职业健康安全管理体系进行审核，并在审核通过后为该企业换发新的体系认证证书的事项。对前者，换发的证书上将标注新的有效期；对后者，换发的证书上将标注 GB/T 24000 环境管理标准系列和（或）GB/T 28000 职业健康安全管理标准系列新的版本号。

显然，企业环境和（或）职业健康安全管理与企业质量管理相比，除了在管理方针、覆盖范围、引用标准、管理总目标与具体分解目标，以及职责分工等方面有所不同外，在诸如按照 PDCA 程序链运行、进行内审、管理评审和外审等其他方面都是近似或一致的。也正因为如此，依据自己的管理实践，我建议将企业的环境和职业健康安全管理，与质量管理一起进行整体筹划，建立统一的质量、环境和职业健康安全管理体系，制订或修订合一的质量、环境与职业健康安全（Quality, Environment and Health Safety，QEHS）《管理手册》，实施整体的运行与控制，组织统一的内审、管理评审和外审，以减少工作量、简化工作程序，取得事半功倍的工作效果。

9.2　常见问题诊断

9.2.1　研发规划合理吗

开展研发活动而没有研发规划的企业其实不多，但企业编制研发规划不尽合理的并不鲜见。

一是研发规划偏离了市场需求，不是在对企业战略确定的目标市场进行全面、客观分析的基础上，针对目标市场的客户需求（包括当前需求、潜在需求和未来需求等）编制研发规划，而是片面、带着明显主观臆想地去“设计”自身的研发规划。这势必给研发埋下了祸根，往往使研发从一开始就偏离了正确的方向，最终的结果也就不可能好到哪里去了。

二是研发规划脱离了企业实际，忽视了企业的基础条件和研发能力，或者好高骛远、一味地追求“高大上”，总指望能有“划时代”的创造发明；或者贪大求全，这也想干、那也想干，从基础研究到应用研究、从当前研究到未来研究，几乎无所不包。长此下去，不但研发难以为继，连企业的生存都会成了问题。

三是一些研发规划只有笼统的产品研发目标，而缺少实现研发目标的详细的行动计划，也没有确保行动计划得以完成的具体措施等。这种“缺斤少两”的研发规划对企业的研发活动基本没有指导意义，也不具备可操作性。即便搞出来，也只能是嘴上说说、墙上挂挂，也就是骗骗自己罢了。

9.2.2 研发项目可行性研究安在

在某一研发项目立项后，企业也应该像对待投资项目一样，安排研发单位组织编制该项目的《可行性研究报告》，并经审议、批准后作为该项目启动实施的标志和依据。但的确有不少企业的管理者喜欢凭感觉做决定，忽视编制《可行性研究报告》这一对产品研发来说至关重要的环节，在未对研发项目进行完整、详尽的定性和定量分析论证的情况下，譬如未对项目涉及的知识产权状况、技术竞争情况、研发分解目标、研发周期、费用预算、主要风险及应对措施等进行可行性分析，就对该项目做出仓促上马的结论，结果是盲目搭建研发团队、盲目开支、盲目实施，最后的研发成果与这些企业管理者的“想象”往往差之千里，只能是“水中月”“镜中花”，更别提以研发成果的产业化来支撑企业长治久安、能够持续健康发展了。

9.2.3 研发项目的组织管理一塌糊涂

在研发项目实施中，组织管理十分重要。如果组织管理不到位，认识不清、操作不当，组织管理一塌糊涂，就势必给研发的有效实施造成困难。

在这方面，常常可以见到以下问题。

一是对不同的研发组织形式，尤其是合作研发或委托研发，不能进行有效把控，或者缺少各方责权利划分的“君子协定”，或者在实施中相互之间的沟通协调不力，都容易造成与合作单位或委托单位之间的矛盾，致使研发项目有始无终、半途而废。

二是对研发项目经常采用的矩阵管理架构不熟悉，对在双重指挥链中如何调动资源、如何协调横向关系、如何指挥管理员工，以及如何进行业绩考核和实施激励不擅长，由此造成了组织内部矛盾不断、领导焦头烂额、员工无所适从、研发效率低下等一系列问题。

9.2.4　研发成果产业化，路在何方

企业耗费巨大的人力、物力、财力，甚至是“呕心沥血”地进行产品研发，绝不仅仅是为了取得所谓的“研发成果”，其最终的目的都是要将研发成果直接或间接地转化为企业的新产品并推向市场，以在维持或提高自身产品的市场竞争力的同时，不断满足人们日益增长的物质和精神文化需求。但事与愿违的是，许多企业的研发成果产业化之路却往往举步维艰。

这主要包括以下三类问题。

一是初始的研发阶段中的问题。譬如，项目立项随意和可行性研究不严谨，导致研发的产品与市场需求脱节，研发成果产业化从一开始就先天不足；另有的是《实施方案》编制不合理，在产品设计环节其采用的软硬件就无成本优势，标准化、模块化以及通用性、可互换性程度也不高，结果势必影响研发成果产业化的成功率；再有的是研发团队管理不力，激励约束机制也不到位，致使研发效率低下，不能按计划时间表完成研发任务，导致已失去了将研发成果产业化的时间窗口；还有的是研发成果的技术成熟度不高、技术文档化率低，连开展试制和试产都困难重重，自然就更谈不上正式投产或对外进行技术转让了。

二是中间的转化阶段中的问题。譬如，试制或试产时的资金投入严重不足——试制或试产时的投入应该是产品研发时投入的数倍，而许多企业正好相反，在试制或试产时的投入要远小于其在产品研发时的投入，导致不是缺少加工设备、测试仪表，就是缺少配套零部件、开发工具，试制或试产经常是干干停停、进展缓慢，由此错过了将产品尽快推向市场的时间节点；另有的是试制计划或试产计划编制不合理，确定的产品工艺和生产工艺路线复杂，产品质量不稳定，还存在原材料供应和外协加工上的瓶颈，结果势必降低了研发成果产业化的可能性；再有的是一些试制车间或试产车间只重视现场问题的解决，而忽视将具体的实操进行记录，试制或试产中的经验教训无法得到总结、提炼，致使试制或试产无法形成完整的技术文档，正式投产或对外进行技术转让也自然就变得遥遥无期了。

三是最终的产业拓展阶段中的问题。譬如，接产或技术受让企业的基础条件存在短板——不具备相应的资金、设备、设施、技术人才、管理经验等，由此即便在形式上完成了接产或技术受让，该研发成果也只能是“胎死腹中”；另有的是接产或技术受让企业的整体能力不济，尤其是市场营销能力不强，也缺乏新产品市场导

入的激励机制，致使新产品迟迟打不开局面，无法获得应有的市场份额，新产品的生产和销售规模长期处在盈亏平衡点以下，最后企业只好“断臂自保”，做出该新产品产业化已失败的结论。

9.3 改进的方法措施

9.3.1 建立或完善产品研发制度体系

正如我们已在1.1.4节中提及的，“建立或完善企业的制度体系是解决各种经营、管理问题的一大法宝”。

因此，管理者应该做的：一是对企业的产品研发制度体系进行全面梳理；二是在梳理的基础上，进行“废、改、立”——对过期失效或完全不适用的产品研发制度予以作废、终止，对沿用的产品研发制度予以修改、完善，对尚未建立的产品研发制度予以订立、补充。

9.3.2 落实或提升产品研发的执行能力

正如我们已在1.1.5节中提及的，“落实或提升执行能力往往是解决企业各种经营、管理问题的一把金钥匙”。

因此，管理者应该做的：一是按照产品研发制度规定的内容、方法和工作程序，全面落实产品研发——编制研发规划、确定研发组织形式、实施研发（包括立项、可行性研究、编制《实施方案》、开展产品研制、测试和验收等）、推进研发成果产业化、建立技术保障体系等工作任务；二是搭建研发项目团队，落实责任人，做到责任明确、目标清晰、考核到位、奖罚分明；三是提供必要的资源保障和内外部关系的沟通协调等。

9.4 参考资料

9.4.1 某企业产品质量事故处理规范

为不断提升产品质量和服务质量（以下简称“产品质量”），及时、有效处理产品质量事故，减少企业的经济损失和维护公司的品牌形象，特制订本规范。

9.4.1.1　适用范围

本规范适用于公司所有产品质量事故的处理，不包括出现人身伤亡、设备和厂房设施损坏等安全生产事故。

9.4.1.2　相关释义

产品质量事故指在研发、设计、采购、生产、检验、运输、安装和服务等对外提供产品的过程中，因不当作业致使产品技术性能不合格或产品功能不能满足顾客需求，并给企业造成经济损失或品牌形象负面影响的过失性事件。

不当作业指未按已确定的操作流程和规范要求而工作，并造成过失的行为。

经济损失包括产品召回、返修、退货、换货、报废、“三包”开支、索赔和罚款等。

品牌形象负面影响包括被顾客投诉、出现负面舆情、被政府主管部门通报批评、影响企业品牌形象、重要客户流失，以及市场占有率和市场排名下降等。

9.4.1.3　产品质量事故分类

一般产品质量事故，指经济损失价值在 50 万元（含）以下，被顾客投诉、出现负面舆情等。

重大产品质量事故，指经济损失价值 50 万～ 200 万元（含）以下，被顾客多次投诉、出现大范围负面舆情、被政府主管部门通报批评、给企业品牌形象造成负面影响等。

特大产品质量事故，指经济损失价值在 200 万元以上，在全国范围内被政府主管部门通报批评、给企业品牌形象造成严重负面影响、年销售收入 1000 万元（含）以上的重要客户出现流失、公司市场占有率和市场排名下降等。

9.4.1.4　职责分工

技术质量部负责公司各类产品质量事故的归口管理：制订本规范，提出公司统一的产品质量事故应急处理预案，及时受理各类产品质量事故，对相关事业部的处理决定进行备案，或对相关事业部的处理建议进行批复，督促相关事业部立即采取措施，并协调企业内、外部资源，把该产品质量事故对公司可能造成的经济损失或品牌形象负面影响降至最小。

各事业部负责本事业部（包括采购、外协加工等环节引发的，下同）产品质量事故的处理：按照公司统一的产品质量事故应急处理预案，建立产品质量事故应急处理小组，及早识别、发现产品质量事故根源，一旦发生，及时报告、及时做出处理决定或提出处理建议，并迅速反应、立即采取措施，把该产品质量事故对本事业部可能造成的经济损失或品牌形象负面影响降至最小。

9.4.1.5 发生产品质量事故的处理程序

其一，一般产品质量事故。

首先，由相关事业部填报《产品质量事故登记表》，列明产品质量事故简况、类型、原因分析、处理措施决定等，在事发24小时内经事业部领导审批后执行，同时向技术质量部报备。

其次，由相关事业部将执行结果在3个月内向技术质量部报备。

其二，重大产品质量事故。

首先，由相关事业部完成《产品质量事故调查报告》，列明产品质量事故简况、类型、原因分析、处理措施建议等，在事发24小时内经事业部领导签字后报技术质量部。

其次，由技术质量部对该《产品质量事故调查报告》进行核查，提出批复意见，经主管公司领导审批后，在接到该《产品质量事故调查报告》的3个工作日内将处理决定下达相关事业部，并督促相关事业部立即执行。

最后，由相关事业部将执行结果在2个月内向技术质量部报备。

其三，特大产品质量事故。

首先，由相关事业部领导立即向主管公司领导报告，同时完成《产品质量事故调查报告》，列明产品质量事故简况、类型、原因分析、处理措施建议等，在事发24小时内经事业部领导签字后报技术质量部。

其次，由技术质量部对该《产品质量事故调查报告》进行核查，提出批复意见，经主管公司领导审批后，在接到该《产品质量事故调查报告》的1个工作日内将处理决定下达相关事业部，并督促相关事业部立即执行。

最后，由相关事业部将执行结果在1个月内向技术质量部报备。

9.4.1.6 对产品质量事故责任单位的处罚

发生一般产品质量事故的，对事业部年度经营业绩考核成绩扣3～10分。

发生重大产品质量事故的，对事业部年度经营业绩考核成绩扣10～30分。连续2年发生重大产品质量事故的，对事业部第2年的年度经营业绩考核成绩实行“一票否决”。

发生特大产品质量事故的，对事业部年度经营业绩考核成绩实行“一票否决”。

发生产品质量事故而隐匿不报的，一经查实，从重处罚。

9.4.1.7 对产品质量事故责任人的处罚

发生一般产品质量事故的，对直接责任人视情节轻重分别给予行政处分（包括通报批评、警告、记过、降级等），并按经济损失的1%～10%赔偿。

发生重大产品质量事故的，对直接责任人视情节轻重分别给予行政处分（包括记过、降级、撤职、解聘等），并按经济损失的 1% ～ 10% 赔偿；对相关责任领导视情节轻重分别给予行政处分（包括通报批评、警告、记过、降职等），并按经济损失的 0.5% ～ 5% 赔偿。

发生特大产品质量事故的，对直接责任人视情节轻重分别给予行政处分（包括撤职、解聘、责令辞职、开除等），并按经济损失的 1% ～ 10% 赔偿；对相关责任领导视情节轻重分别给予行政处分（包括记过、降职、撤职、解聘等），并按经济损失的 1% ～ 10% 赔偿。

9.4.1.8 解释与实行

本规范由技术质量部负责解释，自印发之日起实行。

9.4.2 某企业产品研发项目实施方案（简版）

公司总经理办公会已于近期审议、批准了“×× 企业网络培训软件研发项目”的《可行性研究报告》。在此基础上，由该项目组编制完成了该项目《实施方案》。

9.4.2.1 项目名称、代码和意义

项目名称：×× 企业网络培训软件

项目代码：研发 20090525（企业类）

项目意义：针对某一特定客户开发的一款简便、高效、人机界面友好的企业网络培训软件，交付客户使用后可为其带来培训教育的价值增值。同时，拓展公司相关软件产品和后期运维服务的市场占有率。

9.4.2.2 研发团队及职责

项目经理 ××× 及项目技术总监 ×××，负责组织项目开发，协调、安排项目资源，解决产品开发和测试中的关键技术问题。

开发小组由系统分析师 ×××、××× 及程序员 ×××、×××、××× 组成，负责对产品各子模块和系统总体进行开发，包括系统分析、概要设计、详细设计、程序编码，以及在调试验收期间对该系统做进一步的调整和优化。

测试小组由测试工程师 ×××、××× 组成，负责对产品各子模块和系统总体进行测试。

9.4.2.3 目标任务

其一，总体目标任务。

为客户定制开发“企业网络培训软件系统”。

其二，具体目标任务。

该系统的用户被分为三种类型：学员、教师（分为内部教师和外部教师）、培训管理人员。

一是系统为学员提供以下学习功能。

在线学习——学员可根据自己的学习计划对已选择的课程进行在线学习，同时可记笔记、查阅课程相关资料、完成作业、自测学习效果，并可通过 BBS 交流中心，分别在讨论区与其他学员或在答疑区与教师进行学习交流。

参加考核或考试——学员在学习完每一门课程之后，可参加该课程对应的考核或考试，并取得相应的考核或考试成绩。

自我学习管理——学员可选择课程（分为必修课程和选修课程、通用课程和专业课程），查看自己的课表、已考核或考试成绩、已完成的学业或已获得的培训证书等。

参与培训管理事务——学员可主动参与培训管理事务，通过填写培训调查表的方式，向培训管理人员反馈对培训的意见和建议。

二是系统为教师提供以下教学功能。

课件管理——教师可划分课件的课时、标注课程要义、理论出处和实质、关键知识点等。

作业管理——教师可布置课程作业，并为每个学员批改作业。

考核或考试管理——教师可预先创建考核或考试题库，通过手动组卷或定义组卷形成并发布考核或考试试卷（对单纯的选择性试卷要求单人单卷），并给出每一位学员的考核或考试成绩。

答疑辅导——教师可通过 BBS 交流中心，在答疑区为学员进行答疑，并就课程重点对学员做进一步的辅导。

参与培训管理事务——教师可主动参与培训管理事务，通过填写培训调查表的方式，向培训管理人员反馈对培训的意见和建议。

三是系统为培训管理人员提供以下培训事务管理功能。

培训计划管理——培训管理人员可以建立年度网络培训计划，安排培训课程（含相应的费用预算总额及明细）、学员和教师，按相关审批权限经批准后发布，并通过弹窗、邮件、短信等多种形式通知学员和教师。

培训教材管理——培训管理人员可以上传培训教材，包括企业采购的或教师提供的各种形式的课件和参考资料（SCROM、FLASH、网页、PDF 文件、OFFICE 文档、图片、音频等），并可以向接受某课程培训的学员分配相应的教材资源。

学员和教师管理——培训管理人员可查看学员和教师的基本情况（所有学员和内部教师的用户数据，如姓名、编号、所在部门、岗位、性别、学历、专业、联系电话、Email、通信地址、邮编等与企业 IMIS（Integrated Management Information System，综合管理信息系统）的用户数据保持一致，外部教师的数据可以单独生成），对学员的学习状态和教师的教学状态进行监控。

证书管理——培训管理人员可以查看学员已获证书情况，并为考核或考试成绩合格的学员在培训结束时颁发证书。

对培训项目的评估和改进——培训管理人员可以通过对某一课程创建的调查问卷，依据学员和教师对该课程的满意度情况对该课程进行评估。同时，对参与某课程的学员和教师反馈的意见和建议进行汇总、分类，形成对该课程统一的意见和建议，为日后该课程的改进提供帮助。

系统的应用管理——由培训管理人员审批后，系统支持所有用户在门户网站上自行注册。培训管理人员可进行灵活的用户权限设置和角色分配，对在线人员的活动情况进行适时监控，并可强制其退出系统。培训管理人员可利用本系统发布通知和公告，其中通知针对特定用户，公告针对所有用户。

9.4.2.4　关键技术

其一，技术路线。

考虑到本系统将开放给内部用户（包括所有学员、内部教师、培训管理人员）和外部用户（外部教师），而这些用户可能来自不同的地区，具有不同的身份和使用权限，因此本系统将依据 SUN 发布的 Java 编码规范，按照 J2EE 标准、采用多层组件技术进行开发，并具有完全的 B/S 架构，但集中设置和管理各类服务器等。

其二，系统技术性能指标。

响应时间：页面响应时间不超过 1.5 秒；搜索响应时间最长不超过 3 秒，平均时间在 2 秒以内。

数据吞吐量：每秒不少于 600 个业务数据的增、删、改、查等。

用户数：静态用户数（注册用户）无上限，动态用户数（在线用户）不低于 1000 人（其中并发用户不低于 100 人）。

运行时间：满足 7×24 小时不间断运行。

远程访问：系统支持 VPN 访问，可满足部分用户远程登录系统的需要。

兼容性：系统能够与企业现有的 IMIS 兼容，并具有很好的可删减和可扩充性。

安全需求，包括：代码安全——确保所有软件无恶意代码和后门；访问安全——防止非注册用户的非法入侵和授权用户的越权使用；控制安全，具有严格的浏览、上传、下载、备份、统计、评价等各种动作控制权限和流程，满足客户对系统的安全保密需求。

运行环境，包括：硬件——4 台 IBM 服务器（包括数据库、应用程序、Web、Email、容灾备份服务器等）；平台软件——与服务器配套的操作系统、如 Windows Server，分布式关系数据库软件、如 Oracle Database，以及中间件、如 WAS（WebSphere Application Server）等；外网带宽——不低于 200M。

9.4.2.5 研发周期和重要节点

其一，研发周期。

整个研发周期共150天。其中，开发及测试时长为120天，调试验收时长为30天。

其二，重要节点。

系统分析15天。系统分析师在对客户需求进行详细调研的基础上，绘制该软件系统的总体架构图，确定各功能模块及其相互之间的逻辑关系，完成对系统总体和各子模块功能实现的描述性文档等。

概要设计15天。系统分析师在系统分析的基础上，完成系统总体和各子模块的功能分配、运行设计、接口设计、数据结构设计、处理流程设计等。

详细设计30天。系统分析师在概要设计的基础上，明确系统总体和各子模块所涉及的主要算法，以及数据结构中表空间，段、区、块的定义和存储、调用关系，对系统总体和各个子模块中每一个程序加以详细的设计说明，以保证系统总体和各子模块实现的功能能够覆盖客户的全部需求。

程序编码及同步测试60天。程序员在详细设计的基础上，采用J2EE工具进行各个程序的具体编程，并同步安排对各子模块和系统总体进行测试。

调整和优化30天。项目团队在客户的配合下，结合系统的试运行情况，在调试验收期间对该系统做进一步的调整和优化，并在客户所在地举行项目验收会议，且通过项目验收时向客户提交该软件的全部源程序。

相应的项目研发计划的甘特图见图9.2。

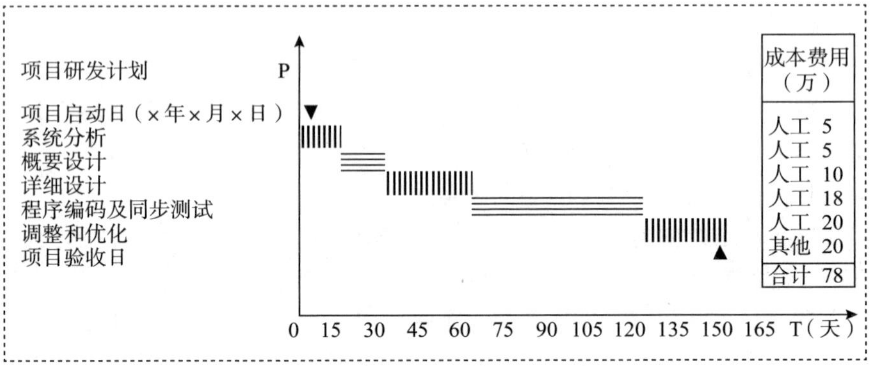

图9.2 项目研发计划甘特图

9.4.2.6 文档及保密管理（略）

9.4.2.7 业绩考核（略）

第 10 章

生产运营

10.1 主要内容

10.1.1 生产运营，企业基本的“看家本事”

随着产业链分工和经济全球化的趋势，今天越来越多的企业已不再考虑直接从事大量的生产运营活动。但除非企业已采取了如 4.1.2 节所述的外包集成式组织架构，否则，为了避免过度的“空心化”，大多数企业尤其是制造类企业，即使今天仍会或多或少地保留着一定的生产运营能力——这种生产运营能力虽然可能已不太完整，但自第一次工业革命以来，其的确是企业所具备的一种基本的“看家本事”。

生产运营，又称生产作业、生产管理，是对企业产品生产设施或服务培育设施进行配置，并开展产品生产或服务培育的计划、执行、控制等，以高效、经济、及时地为客户提供高品质产品或满意服务的经营、管理活动。

正如 8.1.3 节提及，由于服务这一特殊产品本身“……具有无形性、没有所有权、不可储存和转移、企业提供服务和客户接受服务在时间和空间上是同一的等特性”，所以，服务培育在基础设施和服务设施的配置，以及服务培育的计划、执行和控制的开放性、多样性和复杂性等方面通常都远不及产品生产，如服务就不用考虑供应链管理，因为服务就没有采购、物流和仓储。因此，在这里将以制造类企业产品的生产运营为重点进行讨论。事实上，一旦掌握了产品的生产之道，那么对服务的培育之法自然也就了如指掌了。

10.1.2 生产设施配置

生产设施主要由土地厂房、水电热力燃气等基础设施、生产设备以及相关的信息化系统等组成。生产设施配置，则既包括对生产设施做出投资性安排，也包括对厂房选址、生产设备布局（安装），以及信息化系统搭建等选择性安排。

由于已在7.1.3节中讨论过资产投资过程中的立项、可行性研究、项目实施（包括规划、设计、建设、竣工验收）和后评价等，且将在本书后面的章节中专门讨论信息化系统，所以，在此处只讨论生产设施配置中与厂房选址、生产设备布局等有关的内容。

10.1.2.1 厂房选址

厂房选址，即对生产厂房建在何处进行选择。

常见的情形，一种是企业行政总部与厂房建在同一个地方，另一种是企业行政总部与厂房分别建在不同的地方。前者多为产品线较短或产品面较窄的中小型企业或区域性企业，后者则多为产品线较长或产品面较宽的大型企业、跨国公司等。

单就厂房而言，选址应该考虑以下因素。

一是土地，包括面积大小是否满足需要，是否实现“七通一平”——通水、通电、通气、通路、通信、排污、排洪、土地平整，以及产业是否符合当地的环保要求等。

二是原材料，包括当地是否可以解决主要的主辅材料，如果需要异地采购，运输距离是否过长等。

三是人力，包括当地的劳动力、专业技术人才和管理人才资源是否充裕，以及人力成本水平高低等。

四是配套协作厂家，包括当地是否分布了相关配套协助厂家，其产能大小、产品质量声誉、经营状况等是否匹配。

五是政策支持，包括当地的财政和税收政策、银行信贷政策等是否有利。

在上述因素大体相同时，应该从若干个选址方案中选择经济性更佳的方案，譬如盈亏平衡点（产量）最小或单位产品成本最低等，作为最终厂房建设地点的选择依据。

10.1.2.2 生产设备布局

正如7.1.4节提及，生产工艺“指对原材料、零部件等硬件进行加工处理的方式方法和对软件进行复制、加载、运行的方式方法”，而生产设备如何布局（安装），与企业采取何种主要的生产工艺直接相关。

企业常见的生产工艺及设备布局主要分为五种，分别是项目分置堆叠生产、加工中心生产、制造单元生产、装配线生产和连续生产等。

不同的生产工艺及设备布局与产品批量（产量）和标准化程度之间的关系，可以用生产工艺及设备布局矩阵来表示（见图 10.1）。

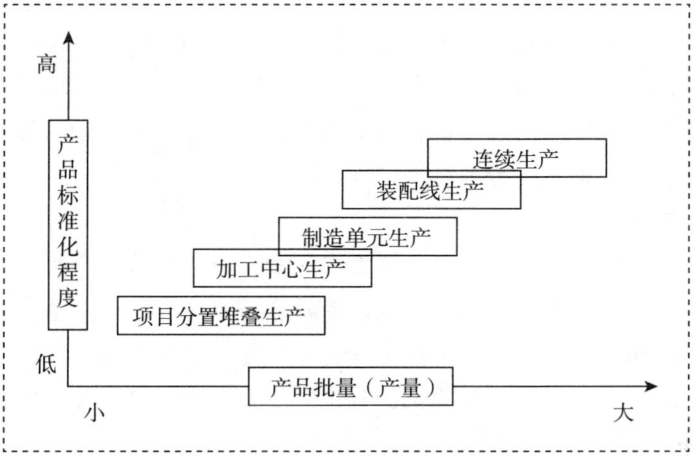

图 10.1　生产工艺及设备布局矩阵

显然，项目分置堆叠生产的产品批量（产量）最小、标准化程度最低——基本为定制生产，而连续生产的产品批量（产量）最大、标准化程度最高——基本为非定制生产。

在具体的生产运营活动中，某一企业可能只选择上述五种生产工艺及设备布局中的一种，也可能同时选择其中的若干种。这要视该企业生产运营系统的具体情况和企业主要产品（软硬件，尤其指硬件产品）的加工工艺特性而定。事实上，在企业主要产品的生产工艺及设备布局较为复杂或特殊时，企业往往会委托外部有专业资质的工业设计机构来担当该生产工艺及设备布局的设计重任，而不是非得自己“赤膊上阵”，去“亲力亲为”了。

（1）项目分置堆叠生产

项目分置堆叠生产是先将某一大型产品的基础部分固定在某一特定的位置上，譬如将船舶搭建在船台上、将飞机搭建在型架上……再以此为中心，将生产设备和零部件等分置在其周围或其上，然后按照生产工艺要求，不断在该产品基础上进行堆叠加工，直至完成该产品所有的加工（包括切割、镗铣、钻孔、焊接、铆接、螺接、打磨、喷涂、安装、加载等）任务。

项目分置堆叠生产的优点是产品主体在生产过程中不需要装卸和移动，零部件可以提前进行预制，生产进度和生产质量也可以时时得到监控等。其不足是产品批量最小、标准化程度最低，一般都为定制产品，因此其生产效率较低。项目分置堆叠生产较常见于大型产品的总装。

设计项目分置堆叠生产工艺及设备布局，通常需要考虑两个要素，一是应按照先下后上、先里后外、先粗后精、先去（切割、镗铣、钻孔等）后添（焊接、铆接、螺接、安装、下载等）的顺序进行加工；二是加工设备、零部件应按照其使用频率、需求数量和移动难度确定其分置位置的远近，譬如使用频繁的吊车、切割机、焊机等和需求数量大的铆钉、螺栓等应分置在离产品基础部分较近的地方，而需求数量小、移动难度大的，如船用柴油机、锅炉和蒸汽轮机、航空发动机等则应分置在离产品基础部分较远的地方，等等。

（2）加工中心生产

加工中心生产是将同一类加工设备集中配置在一起组成一个加工中心，譬如将所有车床配置在一起组成车床中心，将所有铣床配置在一起组成铣床中心，将所有钻床配置在一起组成钻床中心……然后根据生产工艺要求，当某一产品或零部件在一个加工中心加工完成后再装卸、移动到下一个加工中心进行加工，直至完成该产品或该零部件所有的加工任务。

加工中心生产的优点是可以承接不同种类的产品或零部件的生产任务，便于同一加工中心操作人员的互换调整和新老员工的“传帮带”，也便于对同一类加工设备进行统一的运维服务等。其不足是某一产品或零部件在不同的加工中心之间转换的间隔时间（包括产品或零部件的装卸和移动时间等）较长，因此其生产效率一般——现在，尽管越来越多的所谓“万能加工设备”“多用途加工中心”等已在广泛使用，的确大大减少了产品或零部件在不同加工中心间转换的间隔时间，但对种类多、批量小的产品或零部件生产来说，在不同加工中心之间转换时绝对不再装卸和移动，现在看来还只是一种美好的愿望。因此，加工中心仍常见于种类多，但批量小的产品或零部件的生产。

设计加工中心生产工艺及设备布局，通常需要考虑两个要素，一是某一产品或零部件在不同加工中心之间转换的间隔时间应该最短；二是各个加工中心之间，应该通过设备和人力的增减实现产能的大体均衡——避免出现某一加工中心的设备和操作人员闲置的时候，而另一加工中心的设备和操作人员却处于超负荷的工作状态。

譬如，需进行机械加工的零件 A、B、C、D 的加工工序和时间如表 10.1 所示。

表 10.1　零件 A、B、C、D 的加工工序和时间

产品	数量	工序1时间	小计时间	工序2时间	小计时间	工序3时间	小计时间
A	50	铣 50min	2500min	钻 10min	500min	磨 30min	1500min
B	50	铣 20min	1000min	钻 10min	500min	磨 30min	1500min
C	50	车 60min	3000min	磨 40min	2000min		
D	100	车 20min	2000min				

那么，采用如图 10.2 所示的加工中心生产工艺及设备布局，就不如采用如图

10.3 所示的加工中心生产工艺及设备布局更为合理。

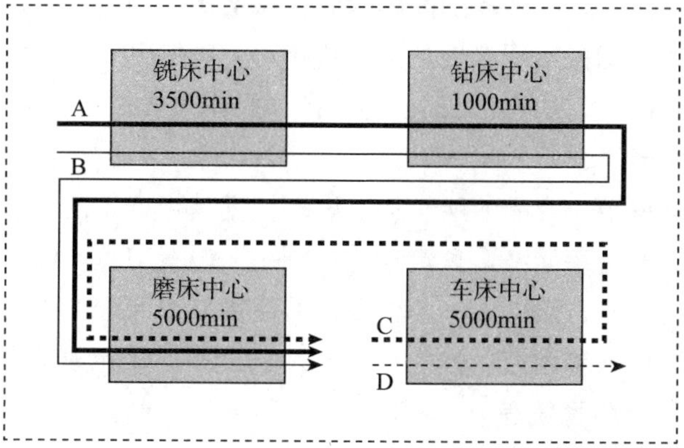

图 10.2　加工中心生产工艺及设备布局 1

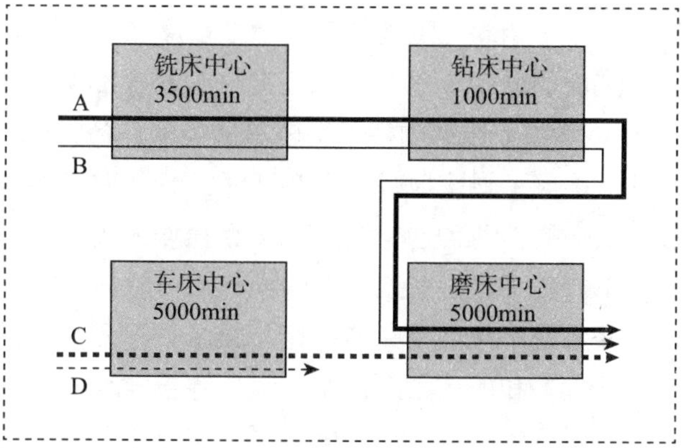

图 10.3　加工中心生产工艺及设备布局 2

（3）制造单元生产

制造单元生产是根据某一产品或零部件的生产工艺要求，将该产品或零部件涉及的所有加工设备集中配置在一起，组成一个制造单元，负责完成该产品或零部件所有的加工任务。譬如，按照汽车发动机缸盖的生产工艺要求，将所有刨床、铣床、插床、镗床、钻床、磨床等配置在一起，组成该零部件的制造单元，逐一对其铸件进行加工，直至完成该零部件所有的加工任务。

制造单元可以看成是若干个小型加工中心的集合体。其优点是减少了在不同的加工中心之间转换的间隔时间（包括产品或零部件的移动时间等），生产效率较高；其不足是不像加工中心那样，可以承接不同种类的产品或零部件的生产任务，而只能生产种类较为有限的产品或零部件。因此，制造单元较常见于种类少但批量较大的产品或零部件的生产。

设计制造单元生产工艺及设备布局，通常需要考虑两个要素，一是某一产品或零部件在不同加工工艺之间转换的间隔时间应该最短；二是各个加工工艺之间，应该通过设备和人力的增减实现产能的大体均衡——避免出现某一加工工艺的设备和操作人员闲置的时候，而另一加工工艺的设备和操作人员却处于超负荷的工作状态。

（4）装配线生产

装配线生产是将某一产品的所有加工设备根据其生产工艺要求进行配置，组成一条直线式或曲线式的装配线，负责对传动到每一位置节点（即工作站）上的各个产品依次完成装配任务。譬如，一条轿车总装线由底盘装配工作站、车厢装配工作站和内外饰装配工作站等组成，其中在底盘装配工作站要完成动力总成（包括传动系统、制动系统和转向系统等）、发动机、前后悬架、油箱、蓄电池、散热器等装配工作，在车厢装配工作站要完成顶棚、车门、仪表板、地板、车窗玻璃等装配工作，在内外饰装配工作站要完成前后保险杠、座椅、轮胎、管线、液体加注、电器及灯光检查、车轮定位、车辆动态测试及各类电控程序加载等装配工作；最终，通过各工作站上各装配工位的顺序工作（当高低工位或左右工位相错时，实行"并行工作"），依次完成在总装线上传动的每一辆轿车的装配任务。

装配线生产的优点是最大限度地减少了在不同的装配工艺之间转换的间隔时间（包括产品以及加工设备的移动、旋转时间等），且操作人员对装配工艺早已谙熟，可以大幅提高生产效率。其不足是各工位上的操作人员总做着简单化的重复工作，易发生工作倦怠，且一条装配线通常只能固定承接单一产品的装配任务——今天，随着越来越多的"机器人"和所谓"柔性装配线"等新技术的广泛使用，上述不足之处的确已得到了一定程度的改善。但总体来说，装配线仍较常见于单一种类、批量却很大的产品的装配。

设计装配线生产工艺及设备布局，通常需要考虑两个要素，一是某一产品在各工作站和各装配工位之间隔时间应该最短；二是各工作站和各装配工位之间，应该通过设备和人力的增减实现产能的大体均衡——避免出现某一工作站或某一装配工位的加工设备和操作人员闲置的时候，而另一工作站或另一装配工位的加工设备和操作人员却在超负荷工作。

（5）连续生产

连续生产又称流水作业，是将某一产品的所有加工设备根据其生产工艺要求进行配置，组成一条全封闭的自动化生产线，通常是 24 小时不停机、不间断地对连续"流动"中的各个产品依次完成加工任务。譬如，炼油企业通过脱盐、脱水、常压蒸馏、减压蒸馏装置等对原油进行"一次加工"，生成气体、石脑油、柴油、蜡油及渣油（根据生产工艺要求的不同，可能还有煤油、溶剂油）等馏分产品；然后，根据生产工艺要求，通过催化、裂化装置等对馏分产品进行“二次加工”，生成汽油、轻质柴油、干气、液化气等油气组分……显然，从原油注入到最终油气产品生成，通常都是 24 小时不停机、不间断地对在各种加热、加压、冷凝、减压、催化和裂化装置，以及各种管道、阀门中连续“流动”的各种原辅材料，依次完成全部的加工任务。

连续生产其实可以看成是装配线生产的一种极端形式。其优点是全自动化运行，没有不同生产工艺之间转换的间隔时间，一般也没有中途开停机时间，可以极大地提高生产效率；其不足是通常只能固定承接单一种类、批量却很大的产品的加工。今天，常见的连续生产主要集中在石化、煤化、化工、冶金、水泥、玻璃、制糖等液体、气体和粉末类产品的制造行业。

设计连续生产工艺及设备布局，通常需要考虑的要素只有一个，就是通过对各个加工工艺时间的控制或原辅材料“流动”距离的调节，来保证全部生产过程不间断地连续进行。

10.1.3 生产计划

生产计划是企业年度生产运营工作的总体安排，是企业组织产品（软硬件）生产分层次、分步骤、有序进行的依据，是企业开展生产运营活动的首要一环。

生产计划曾经是一个单一概念，而随着产业链分工和经济全球化的趋势，今天越来越多的企业涉及的生产计划已变成了一个体系概念（见图 10.4），具体已包括了主生产计划（Master Production Schedule，MPS）、生产能力计划（Production Capacity Planning，CAP）和物料需求计划（MRP），而生产能力计划又包括了劳动力组织计划、生产工艺计划和外协加工计划等内容，物料需求计划又包括了采购计划、库存计划和物流运输计划等内容。

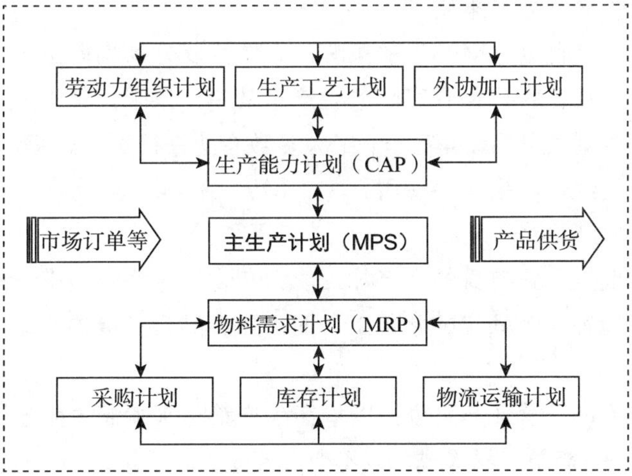

图 10.4 生产计划体系

在生产计划体系中，主生产计划处于核心地位，生产能力计划和物料需求计划等则处于配套地位，彼此相互影响、相互作用，共同保证了企业能够向市场提供满足客户关于品质、价格、交货期等重要关切的产品。

显然，在今天，尤其是在产品种类多、批量小、交货期短、客户个性化要求又越来越高的情形下，企业要想编制较为完美的生产计划，如一份生产工艺相对合理，加工瓶颈或停工待料现象相对最少，生产成本和制造费用相对最低，通过外协或零部件采购比自己加工相对更为合适，且能够保质、保量、按期向市场提供让客户满意的产品的生产计划，如果没有计算机信息化系统的支持，往往并非一桩易事。

10.1.3.1　主生产计划

主生产计划（MPS）是企业根据年度预算、营销计划、研发规划和研发成果产业化进度等，对企业每年生产的产品（软硬件）的数量、质量和交货期等做出的总体工作安排。

（1）主生产计划的拆分

企业年度主生产计划（MPS）可以按具体产品的生产周期长度的不同——可能是半年、季、月、半月、周、日、班，甚至小时等，进行拆分，即企业年度主生产计划实际是众多具体产品的主生产计划的集合。而具体产品生产周期的长度，主要取决于客户对不同种类的产品，或同一种类的产品但订单批次不同的交货期要求。

通常，年度或半年、季度、月度的主生产计划由企业层级的生产运营部门负责编制，而半月、周、日、班，甚至每小时的主生产计划则由企业更低层级的、承接具体生产任务的制造执行体系（Manufacture Execution System，MES），包括生产车间、制造分厂等在企业下达的主生产计划的基础上予以编制。此时，该主生产计划往往又被称为“生产作业计划”或“排产计划”。

（2）编制主生产计划的策略

企业编制主生产计划（MPS）的策略，大体可以分为均衡生产策略、订单追随策略和弹性安排策略三种。但在实际的生产运营中，只采用其中一种策略来编制主生产计划的企业可谓“凤毛麟角”——绝大多数企业往往都会在编制主生产计划时，将这几种策略进行组合、搭配后使用。

其一，均衡生产策略。

均衡生产指根据企业自身的生产加工能力和物料保障能力来安排生产，使产品生产数量始终保持在一个固定的水平上，而不随产品订货量的波动而发生什么变化（见图 10.5）。

显然，单就生产运营环节来说，以均衡生产策略来编制主生产计划可能是企业最愿意做的事情——简单、易操作、以不变应万变。其不足之处是企业通常需要保持很大的库存量，以应对市场需求的起伏变化。

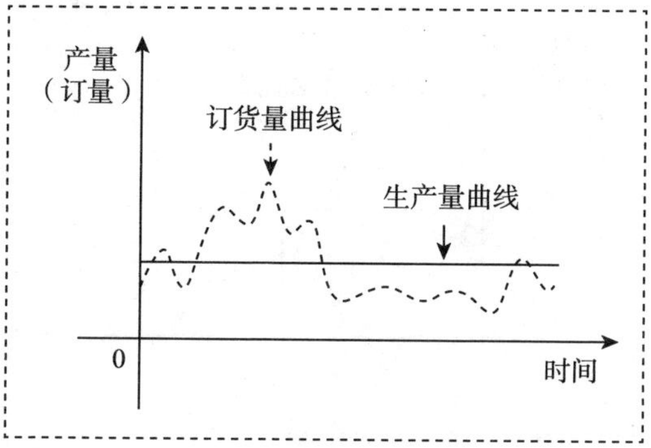

图 10.5　均衡生产策略

其二，订单追随策略。

顾名思义，订单追随指根据销售订单的情况来安排生产，使产品生产数量始终跟随着产品订货量的波动而变化，即遵循“照单生产”原则——订货量增加，则生产量增加；订货量降低，则生产量也降低（见图 10.6）。

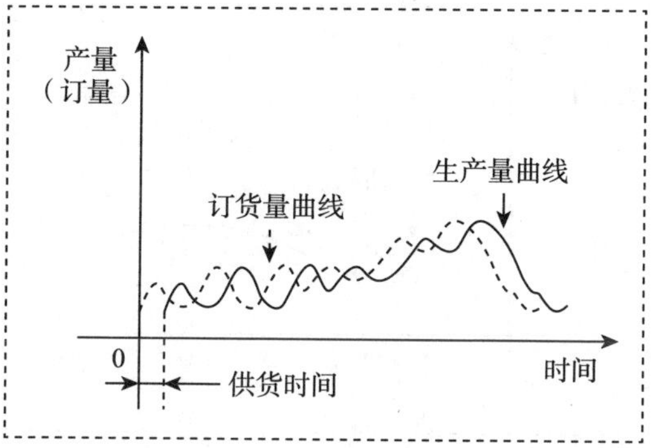

图 10.6　订单追随策略

其优点是市场需要多少就生产多少，企业基本不需要积压太多的库存量，甚至理论上可以实现库存量为零。其不足是由于没有什么库存量，所以在面对客户的紧急供货要求时，企业往往会措手不及、难于应对，只能选择放弃这样的市场“急单”。

其三，弹性安排策略。

为解决上述均衡生产策略或订单追随策略存在的问题，企业通常会选择所谓的“弹性安排策略”。

常见的弹性安排策略又分为以下两种。

一种是在采取均衡生产策略时，依据企业对市场订货量的预测情况，实行随市场订货量预测情况起伏而分段的“弹性均衡生产策略”——合理地减少库存量，以

减小存货资金占压或招致存货损失的风险（见图 10.7）

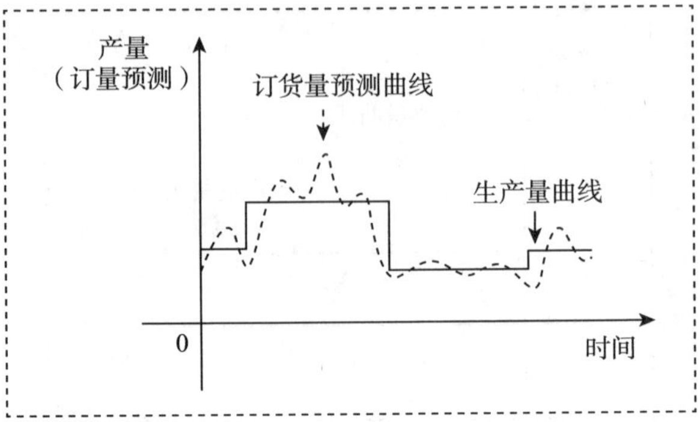

图 10.7　弹性安排策略——弹性均衡生产策略

另一种是在采取订单追随策略时，依据企业的生产加工能力和物料保障能力的富余情况，实行兼顾企业的生产加工能力和物料保障能力的“弹性订单追随策略”——合理地增加库存量，包括安排适当的预产等，以避免放弃市场“急单”，甚至丢失市场的风险（见图 10.8）。

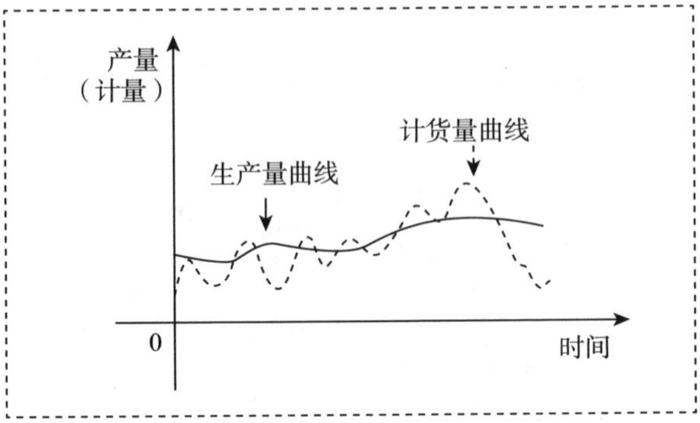

图 10.8　弹性安排策略——弹性订单追随策略

弹性安排策略的优点是企业可以通过该策略较好地平衡生产量（库存量）与订货量之间的矛盾。其不足是增加了主生产计划编制，甚至在执行和控制中的难度——这也是要发生成本费用的，但与均衡生产策略下的存货成本和订单追随策略下的丢单风险相比，就只能算是“九牛一毛”了。

（3）编制主生产计划的工作内容和程序

首先，由生产运营部门根据企业年度预算、营销计划、研发规划和研发成果产业化进度等，编制企业层级的主生产计划（MPS）草案。其主要内容，一是生产的产品种类、数量、质量和交货期等计划目标；二是完成该等目标的路线图和时间表；三是相应的保障措施，包括明确责任单位和责任人，建立激励约束机制，实施配套的生产能力计划（CAP）和物料需求计划（MRP）等。

其次，由财务部门、人力资源部门、市场营销部门、产品研发部门、技术管理部门等参与，对生产运营部门提交的企业层级的主生产计划草案等进行会议质询。

然后，由生产运营部门根据会议质询提出的意见对企业层级的主生产计划草案进行修改，并在数次质询、修改后形成最终企业层级的主生产计划和相应的甘特图。

最后，对该主生产计划和相应的甘特图，按管理权限经审批后连同与其配套的生产能力计划和物料需求计划，分别下达各生产车间、制造分厂，以及采购、仓储和物流部门等生产任务承接单位予以实施。

10.1.3.2　生产能力计划

生产能力计划（CAP）是保证主生产计划（MPS）得以完成的配套计划之一，具体由劳动力组织计划、生产工艺计划、外协加工计划等组成。

（1）劳动力组织计划

劳动力组织计划是为落实主生产计划（MPS）而对生产系统的组织架构方案，以及具体的职位设置、人员招聘或调配、安排必要的加班和倒班、开展薪酬管理与业绩考核、组织培训等做出的配套安排。

由于已在第 4 章和第 6 章中分别讨论过组织架构和人力资源管理，因此，在这里就不再对劳动力组织计划做具体讨论了。

（2）生产工艺计划

生产工艺计划是在生产设备布局基本不变的前提下，为完成主生产计划（MPS）目标而对具体产品（软硬件，尤其指硬件产品）的生产工艺在路线和时间上做出的优化安排，并附相应的甘特图。

显然，这种优化安排主要见诸于 10.1.2 节所述的项目分置堆叠生产、加工中心生产和制造单元生产之中，却很少涉及装配线生产和连续生产——除非发生大的工艺革新，否则，因为其生产工艺在路线和时间上早就成熟、定型，已不太可能再进行什么变化了。

编制生产工艺计划的方法主要包括计算法、试验法、优选法等。

一是计算法。

计算法是利用数学中的排列组合理论，首先将每一种产品按加工工位进行全排列，得出各个工位的排列数（通常有数种至数十种可能）；其次将各个工位的排列数进行连乘后得出总的排列数（通常有成千上万种可能），再分别计算每一种排列下总的加工时间（包括装卸、移动时间等）；最后是选取总的加工时间最短的某一种工艺路线——默认其相应的生产成本和制造费用也最小，作为经过优化的生产工艺计划。

显然，由于其计算量通常都十分巨大，因此，在计算机信息化系统普及之前，企业真正使用计算法来编制生产工艺计划的，往往只存在理论上的可能。

二是试验法。

试验法是生产工艺计划的编制人员凭借自己的工作经验，先列出几种可能的生产工艺路线，然后用手工进行试算，从中找出总的加工时间（包括装卸、移动时间等）最短的某一种生产工艺路线——默认其相应的生产成本和制造费用也最小，作为经过优化的生产工艺计划。

相对于上述的计算法，倒是采用试验法来编制生产工艺计划的企业更为常见——尤其是那些产品线较短或产品面较窄的中小型企业。我自己刚进入企业工作时就亲眼见过有经验的“老师傅”伏在案子上，用一支笔、一张纸、写写画画，一会儿工夫就确定了要插单的某种产品的生产工艺计划。

三是搜索法。

搜索法又称优先法，是对可能存在的生产工艺路线，依据企业认定的产品生产的关键因素进行搜索，优先安排那些符合关键因素的产品生产，最终以此生产工艺路线作为经过优化的生产工艺计划。

企业认定的产品生产的关键因素通常包括：价值量大——可能资金占压也大的产品、交货期短的产品、加工周期长的产品、交货期与加工周期的比较大——即代表交货期宽余度高的产品、不按时交货的违约罚金大的产品、客户资信好或提供商业信用大的产品，等等。

这些关键因素可以只选其一，也可以先选其一，再选其二、其三……但显然，选择的关键因素越多，确定生产工艺计划的过程就越复杂。

（3）外协加工计划

外协加工计划是在企业自身的劳动力组织计划和生产工艺计划无法满足主生产计划（MPS）的要求时，所采取的依靠外部企业协助完成部分加工任务的配套安排。

通常，当自身的生产能力长期无法满足主生产计划的要求时，企业一般会通过增加人员与设备的投入，即扩产来提高自身的生产能力，以满足主生产计划的要求。因此，所谓外协加工计划，一般只是在自身的生产能力短期无法满足主生产计划的要求时，譬如遭遇产品订货量偶发性增加、紧急插单等，企业所采取的一种临时性的配套安排。

对外协加工计划，企业需要关注的重点，一是应从已通过认证的企业“白名单”中，通过招标或比价方式择优选择外协厂家；二是应与外协厂家签署外协加工协议，并附外协加工计划和相应的甘特图，明确各方的责、权、利；三是应对外协加工计划的执行过程进行监控，包括对外协厂家的生产进度、产品质量、产品及加工中的环境和职业健康安全情况等开展必要的监控。

10.1.3.3　物料需求计划

物料需求计划（MRP）也是保证主生产计划（MPS）得以完成的配套计划之一，具体由采购计划、库存计划、物流运输计划等组成。

很长时间以来，企业都曾是分别编制采购计划、库存计划和物流运输计划。但由于产品（软硬件，尤其指硬件产品）的生产量与已领用量、库存量和原材料、零部件等的采购量之间存在一定的数量关系，而产品的交货期与原材料、零部件等的采购时间、订货周期、物流运输时间之间也存在一定的满足条件，因此，在计算机信息化系统普及之后，企业已基本上不再分别编制采购计划、库存计划和物流运输计划，而是对采购、库存和物流运输等问题予以通盘考虑，统一编制物料需求计划，在路线和时间上对物料需求做出整体的优化安排，并附相应的甘特图。

也正因为如此，在这里不再分别讨论采购计划、库存计划、物流运输计划等，而是直接对物料需求计划进行讨论。

（1）编制物料需求计划的前提

一是已编制主生产计划（MPS）——包括已确定生产的产品种类、数量、质量（产品合格率或成品率）和交货期等，以及与之相匹配的生产能力计划（CAP）。

二是已确定生产产品的结构图并对其进行分解，形成包括原材料、零部件等组成的物料清单（BOM），并获得需采购的各种原材料、零部件等的数量（如件数、重量、容积量等）。

三是已确定现有原材料、零部件等的领用量和库存量，以及需采购的原材料、零部件等的耗损率和验收合格率。

四是已确定需采购的原材料、零部件等的订货周期、物流运输时间等。

（2）物料需求计划中的逻辑运算关系

其一，数量关系。

净采购量 =[（毛需求量 − 已领用量 − 实际库存量）×（1+ 损耗率）] × [1+（1− 验收合格率）]

其中，毛需求量 = 物料清单（BOM）所列的某一原材料、零部件的数量 × 产品产量 ×[1+（1− 产品合格率）]

其二，时间关系。

采购时间 = 交货期 −（生产周期 + 生产准备时间 + 物流运输时间 + 订货周期）

显然，上述的逻辑运算关系只满足了主生产计划（MPS）以及生产能力计划（CAP）确定的企业产品生产的最低的物料采购需求，却没有考虑如 7.1.4 节所述的经济订货批量问题。而在实际的物料采购中，企业应该将二者予以通盘考虑后再做出具体的采购决策。

（3）编制物料需求计划的工作内容和程序

首先，按照已确定生产产品的结构图并对其进行分解，形成包括原材料、零部件等组成的物料清单（BOM）。

其次，对物料清单所列原材料、零部件等进行编码，粘贴、打印或刻印识别标签，通过扫码录入与之相关的库存、采购、生产、销售数据等的物料需求计划（MRP）的主数据库。

最后，根据上述物料需求计划中的逻辑运算关系，由计算机信息化系统进行运算，生成物料需求计划和相应的甘特图。

10.1.4 生产执行

生产执行是在生产计划——包括主生产计划（MPS）以及配套的生产能力计划（CAP）和物料需求计划（MRP）下达后，各生产车间、制造分厂，以及采购、仓储和物流部门等生产任务承接单位对生产计划的贯彻、实施。

10.1.4.1 生产执行的工作内容和程序

一是由各生产车间、制造分厂，以及采购、仓储和物流部门等生产任务承接单位对企业下达的生产计划进行分解，布置具体的生产任务，包括适时下达采购单、物流运输单、入库单、领料单或出库单、生产作业单、外协加工单、检验或验收单等，并落实生产任务业绩考核与激励机制，做到目标到人、责任到人。

二是管理者，尤其是主要领导要通过指挥、辅导和激励员工，并协调各生产任务承接单位的内外部关系，上下共同努力去完成生产计划确定的各项目标任务。

10.1.4.2 生产执行的方式方法

较为普遍的生产执行的方式方法有标准化管理、看板管理、目视管理等。

其一，标准化管理。

标准化管理指制订生产执行中的标准规程，并依据标准规程对生产运营行为予以相应的规范。

这些标准规程包括各种规定、规则、指引、说明、操作手册等，大都是经过实践验证的、具有普遍合理性的生产作业流程。通过指导、培训和自身的实践，使这些标准规程能够潜移默化地融入生产作业人员的工作行为之中，使其少犯错误、少走弯路，避免在生产过程中出现的各种瞎干、蛮干现象，从而提高企业的产品质量和生产效率。

其二，看板管理。

看板管理是通过各种公开化、可视化的标语、横幅、宣传画、公告栏、趋势图、数据表、张贴版、电子屏等形式，把制度、文件、生产计划等对生产作业的要求与生产作业的实际情况揭示出来，使任何一位生产作业人员都能够随时掌握二者之间存在的差距，从而能够及时提出应对措施并加以实施和改进。因此，看板管理是及时发现问题、解决问题的非常直观、有效的一种现场管理工具。

显然，除了应用于生产执行，看板管理也被广泛应用于企业管理的其他领域，如计划管理、项目管理和质量、环境与职业健康安全管理（QEHS）体系建设当中。

其三，目视管理。

目视管理是利用视觉（广义上也包括听觉、嗅觉、味觉、触觉等）的多种感知信息——操作流程提示板、标志牌、设备运转灯、装配进度灯、异常告警灯、标识线、区域线、行进箭头等，对生产作业进行组织、指导，让作业人员能够完全理解、接受和执行各种感知信息的要求，以减少操作失误和避免安全事故，达到提高生产效率目的的一种管理手段。我个人喜欢将生产现场的目视管理称为“标识化管理”——这与目视管理的另一称谓“可视化管理”近似。

目视管理中使用的各种标识，应该具有三个基本特性：一是能迅速判断；二是能判断好坏——作业人员的操作是否符合流程、设备运转是否异常、工具摆放是否合理、原材料和零部件是否缺货、产品堆放是否入位、叉车等运输工具的行驶路线是否正确等；三是判断结论不会因人而异。这就要求企业在进行标识设计时要简明、扼要、便于记忆，要通俗易懂、不产生歧义、为一线操作所理解，要醒目、易于发现和辨识，不会与周围环境发生混淆，等等。

10.1.5　生产控制

生产控制是通过对生产执行中出现的与生产计划之间有较大偏差的问题进行分析，找出根源成因，并提出解决措施，及时加以干预和调整，使生产执行符合生产计划要求，在生产成本费用可控的条件下完成企业预期生产的产品种类、数量、质量和交货期等生产计划目标的系列工作。

10.1.5.1　生产控制的关键点

生产控制应主要关注以下关键点。

第一，数量。一是对各种原材料和零部件等的采购量、入库量、领用量或出库量、库存量等的控制；二是对各种产品的生产量、外协加工量、入库量、出库量或发货量、库存量等的控制。

第二，质量。一是对各种原材料和零部件等的质量，以及供应商生产过程中的质量因素、环境因素和员工职业健康安全因素等的控制；二是对各种产品的质量，以及生产过程、外协加工过程中的质量因素、环境因素和员工职业健康安全因素等的控制。

第三，时间。一是对各种原材料和零部件等的采购时间、订货周期、物流运输时间、到货时间等的控制；二是对各种产品生产的准备时间、生产周期、产品交货期等的控制。

第四，成本费用。一是对各种原材料和零部件等的采购成本、订货费用、物流运输费用、仓储成本、缺货成本等的控制；二是对各种产品的生产成本、制造费用，以及外协加工成本、费用等的控制。

10.1.5.2 生产控制的工作内容和程序

生产控制主要包括以下工作内容和程序。

第一，各生产车间、制造分厂，以及采购、仓储和物流部门等生产任务承接单位要定期（每周或每月）组织生产分析例会，围绕自身生产控制的关键点，分析问题、找出差距、提出解决的措施，同时将自身生产分析会的会议纪要报送生产运营部门。

第二，生产运营部门要定期（每月或每季度）组织生产分析例会，围绕企业生产控制的关键点，分析问题、总结成绩、找出差距，协调、处理各生产任务承接单位之间的矛盾，并提出解决问题的措施和要求，同时将企业生产分析会的会议纪要分送参加会议的各相关职能部门和业务单元。

第三，各生产任务承接单位要根据自身生产分析会会议纪要和企业生产分析会会议纪要的要求，对生产执行中出现的偏差进行调整，使生产执行重回生产计划的轨道，确保自身和企业产品的数量、质量、交货期等生产计划目标得以实现。

第四，各相关职能部门和业务单元应根据企业生产分析会会议纪要的要求，解决诸如生产组织架构调整、劳动力配置、薪酬管理与业绩考核、设备运维服务、生产资金保障，以及与客户进行需求沟通等事关生产控制成效的具体问题，做好生产运营的配合、支持工作。

10.2 常见问题诊断

10.2.1 生产设施配置不合理

生产设施配置是否合理，直接影响着某一企业的生产运营是否高效和生产计划是否能够顺利完成。但在实际的生产运营中，生产设施配置不合理的问题并不少见。

譬如，有的企业在厂房选址时，只考虑了土地面积大小、“七通一平”状况，以及当地做出的财政和税收优惠政策的承诺，而没有考虑当地的劳动力资源和人才资源如何，主辅材料和零部件的物流运输距离怎样，周围是否具有符合要求的配套协作厂家等，这导致厂房建好后或者根本无法开工投产；或者虽然开工投产了，但生产成本和制造费用长期居高不下，产品价格完全没有市场竞争力，在亏损多年后只能以惨淡收场而告终。

再如，有的企业忽略自身产品的标准化程度和批量大小，也不对自身主要产品的加工工艺特性进行认真推敲，不是依据自己的习惯、经验，就是照搬照抄其他企业的做法来进行自身的生产设备布局（安装）。结果或者是装配生产线总是改改停停，长期处于半瘫痪状态；或者是加工路线很长、重复交叉过多，不同的加工工艺、工位间产能大小不均衡，无法实现以低廉的生产成本和制造费用，生产更多、更好的适销对路产品的目标。

10.2.2　编制主生产计划的策略呢

不少企业在编制主生产计划（MPS）时，不重视甚至完全忽视其策略问题，不是根据企业的年度预算、营销计划、研发规划和研发成果产业化的进度等，对企业应该基于何种策略来编制主生产计划进行认真分析判断、做出选择，而是采取习惯性做法，或完全凭主观臆断来编制主生产计划。其结果，一是可能造成生产量（库存量）巨大，与订货量的需求脱节，致使存货资金占压严重，甚至造成大额的存货减值损失；二是可能出现生产量（库存量）严重不足，无法应对市场“急单”，甚至出现连正常的订货合同也不能满足的现象，严重影响了企业的市场信誉。

10.2.3　缺乏生产计划的严肃性

生产计划是企业年度生产运营工作的总体安排，是企业组织产品（软硬件）生产的一种“命令”。既然是命令，就必须具备一定的严肃性，下达了就不能随意更改！

而不少企业把生产计划视为“儿戏”。其主要表现：在编制主生产计划（MPS）时，不进行认真分析，不通盘考虑企业的生产能力和物料保障能力，也不安排上下沟通和会议质询；下达生产计划后，又朝令夕改，不经分析、论证，也不履行授权范围内的相关审批程序就随意调整生产计划。其结果或者是生产计划本身就挂一漏万、顾此失彼；或者是各生产任务承接单位不知所以、无所适从，干也不是，不干也不是，对生产计划的执行结果要想好恐怕就只能是一种“痴人说梦”的奢望了。

10.2.4　作业现场管理混乱不堪

事实上，进入很多企业的行政中心，往往可以见到窗明几净、环境优美，好一幅井井有条、管理规范的惬意景象；但到生产作业一线一看，却让人瞠目结舌——

先前留下的美好印象可能立刻就被其作业现场管理的混乱状况彻底地颠覆了。

譬如，在某一制造单元，可能会发现其地面上粘着油渍、污垢，到处都是切屑和随意扔弃的垃圾；昂贵的进口加工设备由于不按规定进行维护保养，导致其加工精度大幅下降，使用寿命明显缩短；木槌、垫片、套筒、扳子、测量器具等被任意摆放，各种加工刀具卸下来以后也居无定所；零部件和包装箱等乱堆乱放，半成品和产成品的堆放完全看不出头绪；吊车、天车等在狭窄的空间里游走，拖车、叉车等在机台和生产线的缝隙中随意穿行；在作业现场看不见管理看板，也看不见各种目视管理应有的操作流程板、信号灯、标志牌、区域线、行进箭头等；作业人员未接受过标准操作规程的培训，也没有安排例行的班前安全教育和班后工作交接，致使该制造单元出现大量的产品质量问题，甚至财产和人身安全事故频发，等等。

10.2.5 生产分析会上的“老生常谈”应该休矣

对很多企业而言，组织生产分析会是开展生产控制的重要的工作方式之一。但的确有不少企业的生产分析会变成了一场反复上演的“务虚会”“扯皮会”“抱怨会”。

在这些企业的生产分析会上，能够看见的仅仅是各家汇报一下生产执行的结果，而看不见对存在问题的认真分析，没有总结生产执行的成绩，并找出与生产计划的差距；或者也指出了生产执行中存在的问题，却把根源统统归结为外部客观原因，都是其他生产任务承接单位、其他职能部门或业务单元的责任，与自己“一毛钱关系”也没有，有的只是相互间的扯皮和抱怨。

这样的生产分析会，不可能真正找到问题的症结，不可能协调、处理各生产任务承接单位、相关职能部门或业务单元之间的矛盾，也不可能提出解决问题的措施和要求，其结果只能是会议照常开，问题照样有，而且问题还会越来越多、越来越大了。

10.3 改进的方法措施

10.3.1 建立或完善生产运营制度体系

正如我们已在1.1.4节中提及的，“建立或完善企业的制度体系是解决各种经营、管理问题的一大法宝”。

因此，管理者应该做的，一是对企业的生产运营制度体系进行全面梳理；二是在梳理的基础上，进行“废、改、立”——对过期失效或完全不适用的生产运营制度予以作废、终止，对沿用的生产运营制度予以修改、完善，对尚未建立的生产运营制度予以订立、补充。

10.3.2　落实或提升生产运营的执行能力

正如我们已在 1.1.5 节中提及的，“落实或提升执行能力往往是解决企业各种经营、管理问题的一把金钥匙”。

因此，管理者应该做的，一是按照生产运营制度规定的内容、方法和工作程序，全面落实生产运营——配置生产设施、编制生产计划［包括主生产计划（MPS）、生产能力计划（CAP）和物料需求计划（MRP）等］、实施生产加工、开展控制监督等工作任务；二是搭建生产运营管理机构，落实责任人，做到责任明确、目标清晰、考核到位、奖罚分明；三是提供必要的资源保障和内外部关系的沟通协调等。

10.4　参考资料

10.4.1　某企业采购管理办法

为进一步提高采购管理水平，使采购活动满足公司经营发展的需要，特制订本办法。

10.4.1.1　适用范围

本办法适用于公司各类采购活动，包括但不限于：物资类采购（如原材料、零件、部件、低值易耗品等）、资产类采购（如计算机、仪器仪表、加工设备、空调、锅炉、风机等），以及服务类采购（如开展战略咨询、媒介或广告招聘、审计、资产评估、信息化服务项目等）。

10.4.1.2　采购管理体系

第一，采购中心及其职责。

制订采购管理制度。

编制公司采购计划，经批准后实施。

负责具体采购洽商、招标、集采、采购合同或订单（包括单一的采购合同或采购主合同下的分批次订单，以下简称“采购合同”或“合同”）评审、签订、跟踪执行、付款，以及相关供应链环节操作等采购活动。

第二，各事业部及其职责。

向采购中心提出采购申请。

向采购中心提供与自身采购申请相关的技术、商务支持。

协助采购中心，参与自身采购合同验收、入库等采购活动。

第三，各职能部门及其职责。

向采购中心提出采购申请。

向采购中心提供与自身采购申请相关的技术、商务支持。

协助采购中心，参与自身采购合同验收、入库等采购活动。

其中，财务部还应负责对采购合同审批环节中的财务评审、合同执行中的资金支付，以及资金、资产的风险控制；综合管理部的法务部门还应负责采购合同审批环节中的法律评审、合同签订及执行过程中相关法律事务的支持，以及涉及法律事项的处理；技术质量部还应向采购中心提供全部采购合同中有关技术、质量要求的技术支持。

10.4.1.3 采购管理控制程序

第一，提出采购申请。

一是各事业部根据自身完成生产运营任务的采购需求，向采购中心提出物资类、资产类和服务类采购申请，并附采购申请的相应依据，如已批准的年度预算，已批准的主生产运营计划，已签订的销售合同或销售订单，相应的物料需求清单及数量，现有物料的领用量和库存量，以及已批准开展的专项基建或技改项目，已批准实施的战略咨询项目的工作计划等。

二是各职能部门根据自身开展经营管理工作的采购需要，向采购中心提出物资类、资产类和服务类采购申请，并附采购申请的相应依据，如已批准的年度预算，已批准开展的专项基建或技改项目，已批准实施的战略咨询、媒介或广告招聘、审计评估、信息化服务项目的工作计划等。

第二，编制和审批采购计划。

采购中心根据各事业部和各职能部门的采购申请，编制公司采购计划，并履行审批程序。其中，对未纳入年度预算的采购项目，由提出采购申请的事业部或职能部门按照公司《预算管理办法》的相关规定，履行相应的预算审批程序。

第三，确定合格供应商名单。

采购中心按照《供应商管理流程》（具体另文发布），开展供应商的查询、开发、评审和选择，确定公司的合格供应商名单。

第四，评审和选择供应商。

一是对小额采购（金额3000元以下，不需要签订采购合同，主要在商场、超市等零售商处购买的），一般不进行评审和选择供应商，由各事业部和各职能部门在已审批的采购计划范围内自行执行，并按公司《费用管理办法》凭正式发票进行结算、报销。

二是对需要进行招标或邀标的采购项目（工程施工单项金额在200万元以上，工程勘察、设计、监理、审计等服务类单项金额在50万元以上，工程总投资额在

3000 万元以上，或重要物资类和资产类单项金额在 100 万元以上，软件和服务类单项金额在 50 万元以上，且参与竞争的潜在投标人在 3 家以上，以及满足相关法规要求的其他情形的），由采购中心依据《招标投标法》《招标投标法实施条例》，组织编制招标文件，开展公开发标或一定范围内邀标、收标、开标、评标等采购活动，在满足技术质量与功能需求的前提下，按“合理低价”和“性价比最优原则”，从合格供应商名单中选择供应商，并经审批后确认。

三是对需要进行竞争性谈判或比质比价或询价议价的采购项目（不符合招标或邀标条件，但采购金额等又超出小额采购范围的），由采购中心组织编制谈判文件，开展竞争性谈判、报价或比质比价或询价议价等采购活动，在满足技术质量与功能需求的前提下，按“合理低价”和“性价比最优原则”，从合格供应商名单中选择供应商，并经审批后确认。

第五，洽谈、评审与签订采购合同。

一是由采购中心负责与供应商洽谈采购合同，并优先采用公司的标准合同文本。涉及重大采购合同的，采购中心或事先商相关事业部、职能部门、技术质量部，或组织相关事业部、职能部门、技术质量部直接参加与供应商就采购合同的洽谈活动。

二是由采购中心负责提交经洽谈并初步达成一致的采购合同及相关附件，供财务部和综合管理部的法务部门分别进行该合同的财务评审和法务评审。

三是对最终通过评审的采购合同，由公司法人代表或公司授权代表批准，并经买卖双方签订后生效。

第六，采购合同的执行与验收。

一是由采购中心负责采购合同的执行，包括跟踪合同履行的进展情况、在必要时控制合同履行的进度等。

二是采购合同验收的地点，包括在我方现场验收、在供方现场验收、在公司客户方现场验收等，具体由采购中心依据该合同的具体约定执行。必要时，采购中心可组织相关事业部、职能部门、技术质量部参加验收工作。

三是采购合同验收的依据，主要以该合同约定的条款为准。对于没有明确约定的可以参照国家有关产品标准或供应商出具的产品检验报告、产品说明书或服务指南等执行。对于无法确认产品或服务质量，以及买卖双方对产品或服务质量有争议的，可请第三方检测机构进行检验。

四是采购合同通过验收后，由采购中心填写合同验收单，作为该合同的付款依据。

五是采购合同无法通过验收的，由采购中心与供应商协商提出解决方案和措施建议，并反馈相关事业部、职能部门确认。对需要退货的，应立即办理退货手续，并按照合同约定，追索供应商相应的赔偿责任；必要时，应将相关案件提交综合管理部的法务部门，对其采取法律措施进行处置。

第七，交付采购合同标的。

一是对物资类或资产类采购合同标的，在通过合同验收后，由采购中心组织向相关事业部或相关职能部门交付，包括办理商务、财务和实物的移交手续，物资或资产入库等。

二是对服务类采购合同标的，在通过合同验收后，由采购中心组织向相关事业部或相关职能部门交付，包括办理商务、财务的移交手续，由供应商向相关事业部或相关职能部门提供相应的服务等。

第八，办理采购合同付款。

由采购中心根据采购合同的付款约定，以及合同执行与验收情况提出采购付款申请，填制付款申请单，并提交合同验收单、发票等作为付款依据，按公司财务管理制度，在经审核批准后由财务部办理付款手续。

10.4.1.4　其他相关采购事项的管理控制程序

第一，变更采购计划。

对事业部因生产运营任务变化，或职能部门因经营管理工作变化而要求变更采购计划的，相关事业部、职能部门应及时通知采购中心，由采购中心对采购计划进行调整，经履行相关审批程序后，按新的采购计划执行。

第二，变更采购合同。

对事业部因生产运营任务变化，或职能部门因经营管理工作变化而要求变更采购合同的，相关事业部、职能部门应在第一时间通知采购中心，并配合采购中心与供应商协商，对已签订或已执行的采购合同进行处理，对已验收或已交付的标的进行处置，同时由相关事业部、职能部门承担由此可能引发的全部采购损失。

10.4.1.5　解释与实行

本办法由采购中心负责解释，自印发之日起实行。

10.4.2　某企业主生产计划

为整体安排公司 ×××× 年度的生产运营工作，包括相应的物料采购和外协生产，生产运营部编制完成了以下公司 ×××× 年度主生产计划（MPS）。

10.4.2.1　编制依据

公司 ×××× 年度预算、市场营销计划，以及新产品研发及试制、试产计划。

两次专题办公会的质询意见［见专题办公会纪要（××××）第 ××× 期和

第 ××× 期]。

10.4.2.2　主生产计划

具体见表 10.2。

表 10.2　XTX 有限公司 ×××× 年度 主生产计划

产品货号	销售单号	交货时间	订货数	库存数	合格率	生产数	配件比例	配件套数	开始日期	生产周期（天）	结束日期	备注	
												采购单号	外协单号
PA-28-2017A	XTX-XS-2018-147	2019-01-15	9000	500	0.96	8875	0.04	355	01-04	4	01-09	147	
	XTX-XS-2019-002	2019-05-15	7100		0.96	7396	0.04	296	05-07	3	05-09	002	
	XTX-XS-2019-093	2019-08-31	9400		0.96	9792	0.04	392	08-16	4	08-21	093	
PA-28-2017B	XTX-XS-2018-179	2019-03-15	8000	300	0.96	8033	0.04	321	03-06	4	03-11	179	
	XTX-XS-2019-023	2019-06-30	6000		0.96	6250	0.04	250	06-26	3	06-28	023	
	XTX-XS-2019-136	2019-10-15	6500		0.96	6771	0.04	271	10-08	3	10-10	136	
PB-24-2017A	XTX-XS-2018-175	2019-02-28	9300	150	0.96	9538	0.04	382	02-22	4	02-27	175	
	XTX-XS-2018-207	2019-04-30	8600		0.96	8958	0.04	358	04-25	4	04-30	207	
PB-26-2017A	XTX-XS-2018-148	2019-01-15	8000	400	0.96	7933	0.04	317	01-10	3	01-14	148	
	XTX-XS-2019-003	2019-05-15	9400		0.96	9792	0.04	392	05-10	4	05-15	003	
PB-24-2017B	XTX-XS-2018-180	2019-03-15	10000	900	0.96	9517	0.04	381	03-12	4	03-15	180	
	XTX-XS-2019-022	2019-06-30	9000		0.96	9375	0.04	375	06-20	4	06-25	022	
PB-26-2017B	XTX-XS-2018-181	2019-03-31	8000	620	0.96	7713	0.04	309	03-18	3	03-20	181	
	XTX-XS-2019-024	2019-07-15	9500		0.96	9896	0.04	396	07-04	4	07-09	024	
…	…	…	…	…	…	…	…	…	…	…	…	…	
	…	…	…	…	…	…	…	…	…	…	…	…	
S-24-2017A	XTX-XS-2018-153	2019-01-31	8000	300	0.97	7947	0.08	636	01-15	4	01-18	153	
	XTX-XS-2019-019	2019-06-30	7100		0.97	7320	0.08	586	06-17	3	06-19	019	
S-26-2017A	XTX-XS-2018-185	2019-03-31	10000	180	0.97	10129	0.08	810	03-21	4	03-26	185	
	XTX-XS-2019-028	2019-07-15	8000		0.97	8247	0.08	660	07-10	4	07-15	028	
S-27.5-2017A	XTX-XS-2018-154	2019-01-31	8000	500	0.97	7747	0.08	620	01-21	3	01-23	154	
	XTX-XS-2019-006	2019-05-31	11000		0.97	11340	0.08	907	05-16	5	05-22	006	
	XTX-XS-2019-106	2019-09-15	9000		0.97	9278	0.08	742	09-03	4	09-06	106	
…	…	…	…	…	…	…	…	…	…	…	…	…	
	…	…	…	…	…	…	…	…	…	…	…	…	
G-700-2018A	XTX-XS-2018-171	2019-02-28	8400	440	0.98	8131	0.06	488	02-18	4	02-21	171	
	XTX-XS-2019-016	2019-06-15	10000		0.98	10204	0.06	612	06-11	4	06-14	172	
	XTX-XS-2019-082	2019-08-15	8000		0.98	8163	0.06	490	08-12	4	08-15	173	

续表

产品货号	销售单号	交货时间	订货数	库存数	合格率	生产数	配件比例	配件套数	开始日期	生产周期（天）	结束日期	备注	
												采购单号	外协单号
G-700-2018B	XTX-XS-2018-158	2019-01-31	10000	700	0.98	9504	0.06	570	01-24	4	01-29	174	
	XTX-XS-2019-010	2019-05-31	9300		0.98	9490	0.06	569	05-23	4	05-28	175	
	XTX-XS-2019-112	2019-09-15	8000		0.98	8163	0.06	490	09-09	4	09-12	176	
…	…	…	…	…	…	…	…	…	…	…	…	…	
	…	…	…	…	…	…	…	…	…	…	…	…	
ET-12-2018A	XTX-XS-2018-168	2019-02-15	8000	320	0.98	7843	0.02	157	02-13	0	02-15	168	WX-A-01
	XTX-XS-2018-198	2019-04-30	7600		0.98	7755	0.02	155	04-22	3	04-24	198	
	XTX-XS-2019-077	2019-08-15	6200		0.98	6327	0.02	127	08-07	3	08-09	077	
ET-14-2018A	XTX-XS-2018-191	2019-03-31	6000	200	0.98	5922	0.02	118	03-27	3	03-29	191	
	XTX-XS-2019-047	2019-07-31	7300		0.98	7449	0.02	149	07-16	3	07-18	047	
ET-16-2018A	XTX-XS-2019-013	2019-06-15	9000	340	0.98	8844	0.02	177	06-04	4	06-10	013	
	XTX-XS-2019-124	2019-10-15	6000		0.98	6122	0.02	122	10-11	3	10-15	124	
ET-18-2018A	XTX-XS-2018-197	2019-04-30	11000	600	0.98	10624	0.02	212	04-15	5	04-19	197	
…	…	…	…	…	…	…	…	…	…	…	…	…	
	…	…	…	…	…	…	…	…	…	…	…	…	
ZD-20-2018A	XTX-XS-2018-163	2019-02-15	7500	150	0.97	7582	0.05	379	02-01	3	02-03	163	
	XTX-XS-2019-074	2019-05-31	6000		0.97	6186	0.05	309	05-29	3	05-31	074	
ZD-22-2018A	XTX-XS-2018-162	2019-01-31	4600	230	0.97	4512	0.05	226	01-30	2	01-31	163	
	XTX-XS-2018-195	2019-04-15	6500		0.97	6701	0.05	335	04-10	3	04-12	195	
	XTX-XS-2019-053	2019-07-31	5000		0.97	5155	0.05	258	07-19	2	07-22	053	
ZD-24-2018A	XTX-XS-2018-194	2019-04-15	6800	300	0.97	6710	0.05	336	04-04	3	04-09	194	
…	…	…	…	…	…	…	…	…	…	…	…	…	
	…	…	…	…	…	…	…	…	…	…	…	…	
	…	…	…	…	…	…	…	…	…	…	…	…	
GX-24-2018A	XTX-XS-2019-067-1	2019-07-31	15000		0.95	15789			07-23	7	07-31	067-1	
	XTX-XS-2019-067-2	2019-08-31	15000		0.95	15789			08-22	7	08-30	067-2	
	XTX-XS-2019-067-3	2019-09-30	15000		0.95	15789			09-19	7	09-27	067-3	
	XTX-XS-2019-067-4	2019-10-31	15000		0.95	15789			10-23	7	10-31	067-4	

10.4.2.3　主生产计划相应的甘特图

具体见图 10.9。

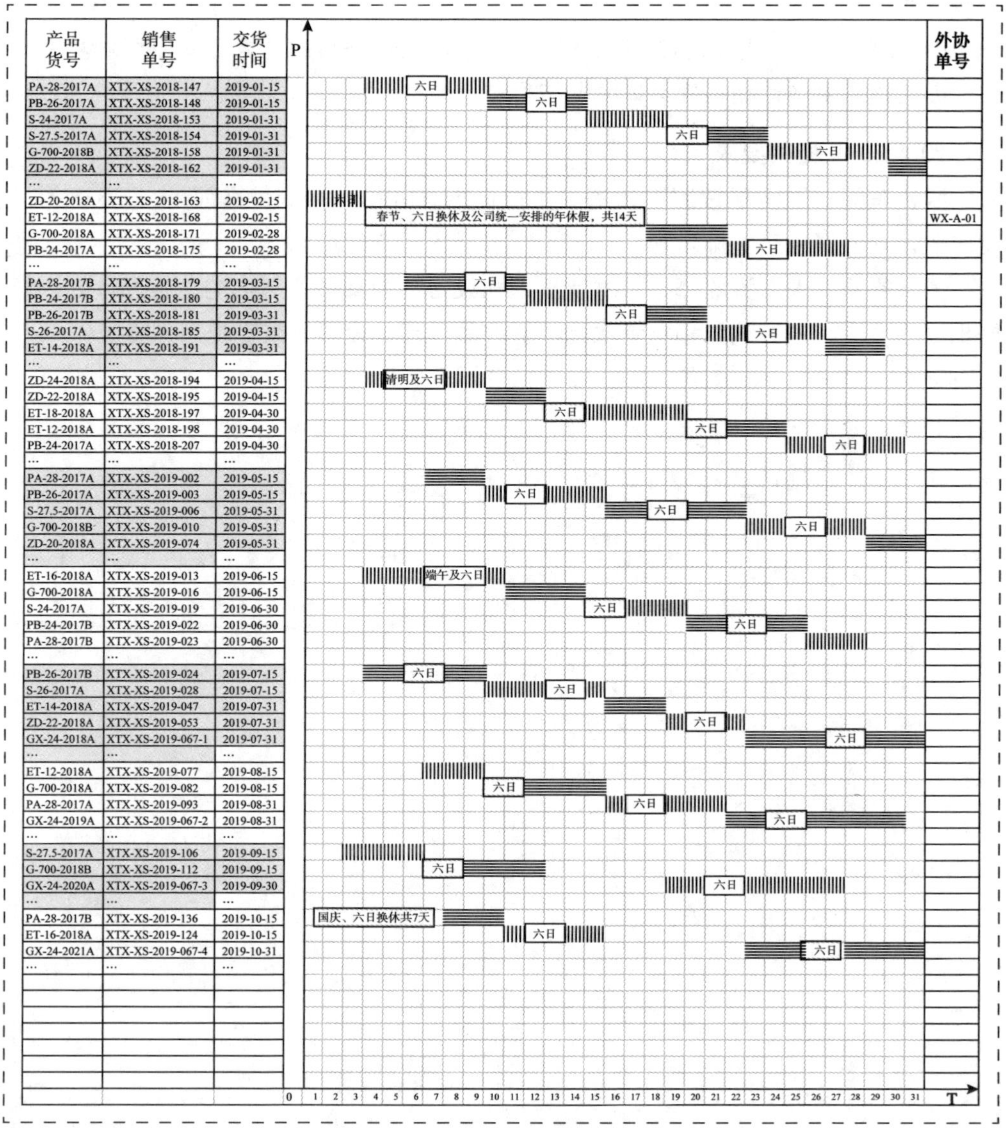

图 10.9　主生产计划相应的甘特图

10.4.2.4　对主生产计划的说明

整体产能按公司年产各类自行车 60 万辆、月均产能 5 万辆、日均产能 2294 辆计算。其中，生产配件所需的产能已按经验值折算后计入相应的生产周期。

当生产量超过日均 2300 辆的，对超出部分的生产任务，生产运营部计划通过外协方式或加班方式完成。

在编制主生产计划（MPS）时，已避开周末双休日、年休假集中休息日和预计的法定节假日。

由于××××年11、12月尚无销售订单，其他各月的销售订单也可能发生变化，因此该主生产计划将视具体情况按月进行调整。

10.4.2.5 相关要求

请各车间、采购部按照下达的主生产计划（MPS）和每月提前15日下达的月度作业计划做好生产安排。

请财务部、人力资源部、技术质量部和设备动力部按照下达的主生产计划，做好相应的资金、人力调配和业绩激励、新产品工艺、设备运维等基础保障工作。

第 11 章

信息化

11.1　主要内容

11.1.1　信息正影响和改变着一切

信息即资讯，是以文字、音讯、图片、视频等形式反映并传播的、有关自然界和人类社会各种事物的特征和变化情况的资料。随着信息的全面数据化，即使信息成为计算机可识别的二进制码，可进行汇集、加工、处理、分析和提炼等，信息从来没有像今天这样广泛而深刻地影响和改变着一切，包括管理者管理的各类企业。

今天，信息在企业中扮演的角色，尽管说法不一，但我认为主要是构成了新的生产力。

一是劳动者。信息使传统意义上的劳动者转化成了拥有和掌握信息知识与技能的劳动者，并在越来越多的工作领域由“生物人”转化成了具有人工智能的形形色色的“机器人”。

二是劳动工具。信息除了对传统产业中的设备、仪表，甚至土地、厂房的占用与使用方式等进行改造，使劳动工具的自动化程度更高、效率更高，也更加智能、绿色和环保以外，信息还为企业搭建了认识自己和认识世界的桥梁——随着经济全球化、产品与服务需求个性化的趋势，今天的企业已完全处于一个对内和对外日益开放的系统之中，已不可能再仅仅依靠信函、电话或面对面沟通、交流的方式来满足不断的物质或精神交换的需要，而更多的是通过移动通信网、数据通信网、卫星通信网、互联网、移动互联网等，使用诸如电子邮件、电子公告、QQ、微信、微博、公众服务号、条形码、二维码、电子芯片，以及各种探测器、传感器和智能手机、计算机、服务器、运算中心等信息工具，来融入这个万物互联、相互感知和彼此作用的世界。

三是劳动对象。信息除了参与对传统产业的原材料、零部件等物质资料进行更为高效的开发、利用，向市场推出诸如各类计算机、通信、其他电子信息产品，以及在电气装备、仪器仪表、通用和专用设备、汽车、船舶、飞机等中大量采用电子信息软硬件产品以外，企业还通过直接对信息进行汇集、加工、处理、分析和提炼等，使信息本身也成了电信、广播、电视、卫星传输、互联网服务等信息技术服务业重要的劳动对象。今天，甚至在批发零售、金融保险、水电热力燃气、文教卫生体育、住宿餐饮，以及农林牧渔、采矿、建筑建材和房地产等产品与服务领域中，也随处可见“信息”的身影。

显然，这些直接或间接地对信息产品与服务的需求已经并将继续催生、繁衍出一个极其庞大的市场——大到我们今天还无法去想象和估量。而对企业管理者来说，这不正是自己应该不断去开拓的蓝色或红色的疆域吗？

11.1.2　企业需要怎样的信息化系统

企业信息化系统是由各类信息组成的信息数据资源、计算机软硬件和网络设施、用户信息门户，以及该系统的制度体系等组成的，能应用于企业经营、管理活动，可进行信息的汇集、加工、处理、分析和提炼，并帮助企业改进业务和管理流程，以提升企业价值创造能力的工作平台（见图 11.1）。

通常，可以按信息资源的不同，将企业信息化系统划分为业务处理信息系统和职能管理信息系统——前者如市场营销的合同、订单、价格、客户信用、运维服务信息系统，生产运营的主生产计划（MPS）、生产能力计划（CAP）、物料需求计划（MRP）信息系统等；后者如人力资源管理的劳动合同关系、考勤与休假、业绩考核、薪酬与福利、培训管理系统，财务管理的收付、账务、报表、投融资、资产负债、预算管理系统等。

当然，也可以按用户的不同，将企业信息化系统划分为通用信息系统和专用信息系统——前者如邮件、公文、会议、档案、出差、加班、休假管理信息系统等；后者如外贸进出口单证、税费、汇兑、客户负面清单、国别风险、涉外法律管理信息系统等。

同样，还可以按用户的不同，将企业信息化系统划分为基层操作系统、中层管理系统、高层决策系统等。

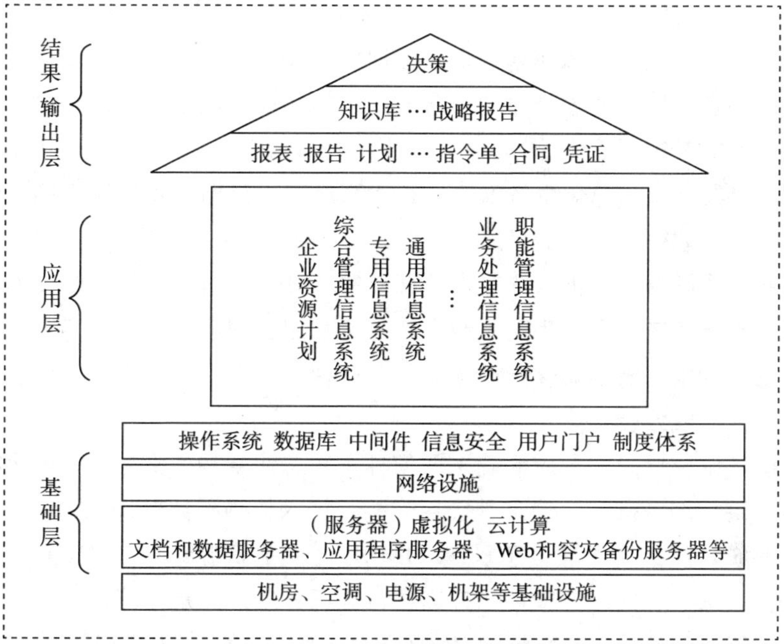

图 11.1　企业信息化系统

显然，不同的企业战略以及不同的组织架构和业务运行模式，往往决定了其不同的信息化系统的组成内容与形式。

在这里，依据自己的管理实践，我建议可以根据企业战略、组织架构和业务运行模式等，采取先做总体规划再逐步推进的方式来搭建某种适合企业自身情况的信息化系统，譬如综合管理信息系统（IMIS）和企业资源计划（ERP）等。

综合管理信息系统常见于职能管理和通用领域，包括办公自动化（Office Automation，OA）模块和战略管理、人力资源管理、财务管理、研发等模块，以及决策支持系统（Decision Support System，DSS）等。

企业资源计划最初常见于业务处理和专用领域，但现在其覆盖的领域正在不断地扩大，一些较为完整的企业资源计划已包括了市场营销、研发、生产运营模块——涵盖主生产计划、生产能力计划、物料需求计划，以及人力资源管理、财务管理、战略管理模块和决策支持系统等。

11.1.3　信息化系统建设

企业开展信息化系统建设可以分为对信息化系统进行总体规划、组织实施和优化完善三个阶段。

11.1.3.1 总体规划

对信息化系统进行总体规划是企业根据自身战略、组织架构和业务运行模式，按照系统用户在经营、管理工作中信息流的内容和程序，以及具体需求，编制的信息化系统建设的中短期工作计划。

总体规划具体由信息化系统调查分析、系统建设目标、实现目标的行动计划，以及确保行动计划得以完成的措施等构成。

对信息化系统调查分析，要在广泛调查的基础上，对企业的组织架构和运行模式，现有信息化系统或人工手动系统用户的经营、管理信息流的内容、程序及具体需求，企业基础条件及信息化建设能力——资金、资产、信息化人才队伍等进行全面的分析，并形成分析结论。

对系统建设目标，一是应明确采取何种系统总体架构，要在考虑企业组织架构和业务运行架构的基础上，确定其应用架构、技术架构和数据架构，包括决定建设哪些应用系统，如综合管理信息系统（IMIS）、企业资源计划（ERP）等，是自主开发还是通过采购、由外部软件供应商进行委托开发；二是计算机硬件设施是采用自建还是利用虚拟云，操作系统如 Windows Server、Netware 或 Linux、UNIX 等，以及中间件如何选择；三是确定数据类型、数据定义、数据格式、数据编码，编制数据字典，以及数据的采集、存储、转换、传输和发布方式等。

企业可以自行组织信息化部门等编制总体规划，也可以委托外部专业机构承担总体规划中涉及信息技术部分的编制工作。

在该总体规划经论证、修改、再论证、再修改并最终确定后，应按照管理权限经审批后予以发布、执行。

11.1.3.2 组织实施

组织实施是对信息化系统总体规划的贯彻、执行。

对总体规划所列的某一信息化项目组织实施的过程一般可分为立项、可行性研究、编制《实施方案》、项目开发、测试、项目验收、试运行和正式运行八个环节，以及可能涉及的项目变更、中止结项等环节。

当然，这里讨论的是一个完整的信息化项目的实施过程。对一些人力、物力、财力投入不大的信息化项目，企业也可以根据实际情况，对组织实施过程予以适当的简化，以提升企业信息化系统建设的效率。

企业可以自行承担某一信息化项目全部的实施工作，也可以选择外部信息化专业供应商，通过采购信息化产品或服务的方式来完成实施任务。此时，企业只是按照采购合同的约定，承担己方应付的相应职责和义务，尤其是组织、配合、协调和支持工作等。

由于信息化项目经常涉及对机房进行改造，对空调、电源、各类服务器、网络设备、系统软件和中间件等进行采购、安装和调试，也经常涉及对某一应用软件系统，如综合管理信息系统（IMIS）、企业资源计划（ERP）等进行开发，因此，信息化项目通常被视作企业的资产投资项目或“自用产品”研发项目，其实施过程中的立项、可行性研究、编制《实施方案》、项目开发、测试、项目验收，以及可能涉及的项目变更、中止结项等环节，与 7.1.3 节所述的资产投资过程的相应内容和 9.1.4 节所述的研发实施的相应内容近似。也正因为如此，在这里就不再对信息化项目的这些环节做具体讨论了——仍会重点讨论其试运行和正式运行环节。

（1）试运行

试运行是按照某一信息化项目《实施方案》，在完成涉及的对机房进行改造，对空调、电源、各类服务器、网络设备、系统软件和中间件等进行采购、安装和调试，或对某一应用软件系统进行开发、测试和验收后，对该信息化系统逐步投入使用的环节。

其中，“逐步投入使用”通常又分为用户范围逐步扩大至全部用户上线，数据逐步导入至全部数据切换，功能逐步开放至功能全部应用，工作时间逐步增加至连续 24 小时工作等几种方式。这也表明：如果企业曾运行着某一老的信息化系统或人工手动系统，则在该新的信息化系统试运行期间，其老的信息化系统或人工手动系统通常并不会完全停止运行。

某一信息化系统试运行主要包括以下工作内容和程序。

一是在试运行启动之前，企业需要根据实际情况，编制该系统的试运行方案、制度规定和使用手册等；涉及业务和管理流程变动的，还需要进行相应的组织和人员调整；开展用户培训，完成相应的路由调整和用户端配置等工作，并印发试运行通知——对该系统的试运行功能、试运行用户范围、试运行时间和试运行周期、系统登录方式和主要功能使用方法，以及技术支持部门和技术支持人员的联系方式等予以发布。

二是在试运行期间，企业需要随时监控该系统的试运行情况，及时处置系统异常，形成问题处置记录、试运行日常记录、周报和月报等；同时，要及时回复用户咨询，开展广泛、深入的用户调查，形成用户反馈记录、用户使用报告等，并根据用户的合理化建议对该系统进行初步的优化、完善。

三是在试运行结束之前，企业需要完成试运行报告，对该系统试运行的情况进行总结，给出该系统试运行的结论——正常且可以按期结束试运行，较正常但需要延长试运行，不正常且需要中止试运行，即仍需切换回老的信息化系统或人工手动系统，并对该新的信息化系统进行较大的调整等。

四是企业依据该试运行报告做出该信息化系统是否可以结束试运行，并转入正式运行的决定。

（2）正式运行

正式运行是按照某一信息化项目《实施方案》，在试运行正常结束后，对该信息化系统正式投入使用的环节，也是信息化系统建设的组织实施阶段最后一个环节。

与试运行不同的是，如果企业曾运行着某一老的信息化系统或人工手动系统，则在该新的信息化系统正式运行后，其老的信息化系统或人工手动系统通常会完全停止运行。

某一信息化系统正式运行主要包括以下工作内容和程序。

一是在正式运行启动之前，企业需要印发正式运行通知，对该系统由试运行转入正式运行的时间、提请注意的事项、提出的相关要求，以及技术支持部门和技术支持人员的联系方式等予以发布。

二是在正式运行后，企业仍需随时监控该系统的运行情况，及时处置系统异常，形成问题处置记录、运行记录，定期完成运行报告，对该系统运行的情况进行总结；同时，要及时回复用户咨询，开展用户服务，并根据用户的合理化建议对该系统进行进一步的优化、完善。

11.1.3.3　优化完善

对企业信息化系统进行优化完善通常体现在以下两个方面。

一是对现有信息化系统进行正常的运行维护，及时解决系统使用中可能出现的问题，进行持续的优化、完善，包括对软件系统进行升级、换代，对硬件平台进行例行的更新、改造等。

二是根据企业战略、组织架构和业务运行模式等的实际变化情况，对原有的信息化系统总体规划进行调整，编制新的信息化系统总体规划，并按照新的总体规划组织实施，建设一个新的信息化系统，以此不断推动企业信息化系统建设上升到一个新的水平。

11.1.4　发挥信息化系统价值创造的作用

建设信息化系统，无论对什么企业来说，通常都是一笔“造价不菲”的投入。因此，如何很好地利用信息化系统，充分发挥其对企业价值创造的作用，就成为某一信息化系统建成后其应用工作的重中之重。

这方面通常涉及以下具体工作。

一是提升信息化系统的覆盖率和使用率。要落实制度要求和使用推广计划，使该信息化系统建成后能快速覆盖应覆盖的用户，并逐步推广至企业控股的分、子公司，扩大其覆盖面；要落实用户培训计划和使用核查监督，使该信息化系统运行后其功能可在用户的业务和管理工作中得到全面使用，使内外沟通更加流畅，使各项工作更加高效。

二是提高用户满意率。要通过用户跟踪、及时回馈用户的合理诉求，并对该信息化系统进行持续的优化、完善，使每一位用户都能对其功能的适用性、操作的便捷性、成果的显著性，以及服务的及时性与周到性等感到满意或基本满意。

三是扩大数据挖掘和应用能力。要通过数据的汇总、分类、排序、归纳和分解等多种数据整理、处置方法，深入挖掘数据资源，不断拓展数据应用范围，提高该信息化系统的投入产出比，改善各层级分析与决策的效率和质量，提高企业获取资源和配置资源的能力，让一些以前可能无法实现的“奢望”成为今天的现实——如追溯和跟踪每一种原材料、零部件和产成品的“前世今生”，精确实施每一个员工的职业发展计划，哪怕是单一客户也能为其提供定制化的产品或服务等，使企业信息化系统的价值创造作用真正发挥到极致。

11.2　常见问题诊断

11.2.1　缺乏总体规划

许多企业在建设信息化系统时，缺乏总体规划。没有根据自身战略、组织架构和业务运行模式，按照系统用户在经营、管理工作中的信息流的内容和程序，以及具体需求，对建设一个怎样的信息化系统进行顶层设计，以编制适合企业现实和未来发展需要的总体规划。

存在这种问题的企业，建成的信息化系统往往缺乏合理性和系统性：或者是其数据流程不清晰、技术架构不正确、使用功能残缺不全，有的甚至根本就无法通过项目验收和试运行；或者是其职能管理部门或业务单元“各自为政”，分别建立了人力资源、财务管理、市场营销、研发和生产运营等应用系统，但采取了不同的实施单位、硬件平台、系统软件和中间件，采用了不同的数据定义，结果导致不同的应用系统间自始至终都无法实现互联互通和数据资源共享，只能是“你敲你的锣、我打我的鼓、他唱他的调”了。

11.2.2　“贪大求全”、与实际需求脱节

对信息化系统，按理说应该本着“有用的，就是最好的”原则进行建设，但的

确有不少企业忽视对自身的组织架构、运行模式、人力物力财力，以及业务和管理的信息化需求等进行客观分析，不是结合企业的实际编制信息化系统总体规划，并有计划、循序渐进地推进信息化系统建设，而是只想着“贪大求全”，一味强调建设信息化系统应“全覆盖”“高起点”“一次到位”，或者是照搬照抄别人的信息化系统，或者是花费重金采购所谓“全套”“大牌”的信息化系统……

这样做的结果，往往是“花了钱而办不成事”：或者因人力物力财力不匹配、捉襟见肘，导致某一信息化系统不是硬件平台残缺，就是软件系统不配套，根本无法完成搭建；或者虽然能够建成某一信息化系统，但建成的信息化系统不适合企业的实际需求，无法改进企业的业务和管理流程，无法提升数据处理能力和应用能力，只能被用户成天诟病，开通不久就惨遭被“摈弃”的下场。

11.2.3 建设与使用“两张皮”

建设信息化系统的目的原本是为了使用，但一些企业的信息化系统在建成并开通运行后，其中为数不少的功能却基本没有或很少被使用。究其原因，其一可能是在建设前期，对该信息化系统的调研分析不够，可行性研究和《实施方案》等存在缺陷，导致设计功能与用户实际需求脱节，用户可用可不用此功能或根本就不需要此功能；其二可能是在建成开通后，对该信息化系统的推广不力，培训不到位，导致许多用户不熟悉此功能或根本就不知道还有此功能；其三可能是缺乏的制度管理机制，没有对用户使用该信息化系统提出具体的规定要求，导致用户对使用此功能不重视或根本就忽视了此功能的存在。

譬如，我就见过某些企业在其综合管理信息系统（IMIS）中提供了“工作日志管理”模块，但真正使用此功能的用户可谓“凤毛麟角”——大部分用户不需要写“工作日志”，即便个别需要写的，企业也没有对必须使用“工作日志管理”模块做出“硬性”规定，于是员工就只在自己的计算机上利用 Excel 等写完后，通过电子邮件提交给直接领导即可。

11.3 改进的方法措施

11.3.1 发挥信息化系统总体规划的引领作用

企业管理者应该意识到总体规划对信息化系统建设的重要意义，认真分析、深入研究、通盘考虑企业信息化系统的总体架构，开展顶层设计，部署编制总体规划，把握好信息化系统建设的发展方向，发挥总体规划对企业信息化系统建设的引领作用。

一是对尚无信息化系统总体规划的，要立即着手编制总体规划。

二是对已经编制信息化系统总体规划的，要定期对总体规划进行修订完善，包括根据企业战略、组织架构和业务运行模式的变化，按照系统用户在经营、管理工作中的信息流的内容、程序和具体需求，对企业信息化系统的建设目标、实现目标的行动计划，以及确保行动计划得以完成的措施等进行调整，以保证企业的信息化系统始终沿着正确的发展轨道建设和运行。

三是对已编制或已修订完善总体规划的，要按照管理权限经审议批准后予以发布、执行。

11.3.2　提升信息化系统建设的组织实施能力

管理者应该知道信息化系统不是企业拿来装饰门面或用以表明其管理水平如何"高大上"的理由，而是企业实实在在的发展需要所致。因此，除了编制或修订完善信息化系统的总体规划之外，还要认真组织实施信息化系统的建设任务，使之真正成为企业新的生产力，发挥其价值创造的作用。

一是按照已发布、执行的总体规划，有计划、循序渐进地推进某一信息化系统的立项、可行性研究和编制《实施方案》工作。

二是切实履行计划、组织、指挥、协调、控制职能，按照某一信息化系统的《实施方案》，落实总体目标和分解目标，以及人员、资金、开发工具、业绩考核和奖惩激励等措施，开展项目开发、测试、项目验收、试运行、正式运行，以及可能涉及的项目变更、中止结项等工作，按期完成该信息化系统的建设与开通运行任务。

11.4　参考资料：某企业信息化系统总体规划（简版）

根据 ×× 集团发展战略、组织架构和业务运行模式，信息化办公室在 ×× 公司提供的技术支持下，组织编制了 ×× 集团信息化系统总体规划（2016—2020）。现特提请总经理办公会审议、批准后，予以发布、执行。

11.4.1　适用范围

本总体规划适用于 2016—2020 年间 ×× 集团（含集团总部和集团全资、控股的二级企业，以下简称"集团企业"）信息化系统的建设工作。

11.4.2 信息化系统现状分析

对集团信息化系统现状分析涉及现有的应用情况、组织与队伍、软硬件平台，以及主要问题和分析结论等方面。

11.4.2.1 应用情况

一是集团总部。

已建成和投入使用的信息化系统（以项目名称进行划分，以下同）共13个。

综合管理层：公文管理、档案管理、信息发布、电子邮件、电子传真、即时通信、手机短信、视频会议等8个。

业务管理层：劳动合同管理、考勤休假管理、业绩考核、财务核算、（销售）合同管理等5个。

二是集团企业。

21家集团企业中有17家企业共已建成和投入使用的信息化系统共109个。

综合管理层：公文管理、电子邮件、电子传真、即时通信、视频会议、办公自动化（OA）、综合管理信息系统（IMIS）等。

业务管理层：人力资源、财务核算、项目管理、流程管理、产品版本与测试、研发文档管理、客户服务、企业资源计划（ERP）（包括自主开发或采用SAP、Oracle、用友、金蝶等的产品）、决策支持系统（DSS）等。

11.4.2.2 组织与队伍

一是××集团设立信息化工作领导小组，由公司总经理担任组长、信息化总监担任副组长。

二是集团总部设立信息化办公室，配备11名信息化专职人员，其工作职责包括：编制××集团信息化系统建设总体规划，制订集团总部信息化管理制度，组织实施集团总部信息化系统建设及运维（含数据中心机房和用户桌面运维），指导集团企业开展信息化系统建设工作。

三是21家集团企业中有9家企业设立信息化工作领导小组，有14家企业设立信息化工作机构（包括2级或3级机构），有17家企业共配备104名信息化专职人员。

11.4.2.3 软硬件平台

一是集团总部。

建有数据中心机房1个，位于集团总部，面积255平方米。

互联网带宽300M（中国联通200M、中国电信100M）；与集团企业仍通过互联网链接（包括采用VPN加速设备链接），未租用光纤专线。

硬件包括：服务器 67 台、存储设备 11 台、网络设备 55 个。

软件包括：操作系统 Windows Server、Linux、UNIX（SUN Solaris、IBM-AIX）；中间件 IBM Websphere；数据库 Oracle Database、MS SQL Server；防病毒 Symantec Norton Security；备份与数据恢复 Symantec Backup Exec。

上述资产原值 1685 万元，净值 908 万元。

二是集团企业。

建有数据中心机房共 9 个，位于有关企业，面积 1711 平方米。

硬件包括：服务器共 239 台，存储设备共 44 台、网络设备共 273 个。

软件包括：操作系统 Windows Server、Linux、UNIX（SUN Solaris、IBM-AIX）等；中间件 IBM Websphere、Weblgoic、JBoss；数据库 Oracle Database、MS SQL Server、MYSQL、MS Access 等；防病毒 Symantec Norton Security、Avira Antivirus Pro、MS Windows Defender 等；备份与数据恢复 Symantec Backup Exec、EMC Networker、IBM Tivoli Storage Manager 等。

上述资产原值 3017 万元，净值 1611 万元。

11.4.2.4 主要问题

一是企业间信息化水平参差不齐。

从信息化领导力、信息化队伍、信息化基础设施、信息化应用效果、IT 运维服务等 5 个方面进行自我评价（按百分制打分，90 分以上为优秀、90 ～ 76 分为良好、75 ～ 50 分为合格，50 分以下为不合格），其评价结果：集团总部为良好（85.2 分）；在 21 家集团企业中，有 4 家集团企业为良好（81.7 ～ 76.6 分），有 12 家集团企业为合格（72.8 ～ 51.33 分），5 家集团企业为不合格（低于 50 分）。

二是缺少有效的总体规划。

除集团总部和少数集团企业分别编制了自身信息化系统总体规划外，多数集团企业均未编制信息化系统总体规划，×× 集团也缺少既含集团总部，又含集团企业的整体的信息化系统总体规划，由此导致 ×× 集团信息化系统建设存在较多的盲目性、随意性和不合理性。

三是投资偏少且重硬件轻软件。

集团总部和集团企业的信息化净资产相加只有 2000 多万元，尚不及 ×× 集团全部净资产的 1%，明显投资偏少；且在这 2000 多万元的信息化净资产中硬件设备占了 2/3 强，在投资上重硬件轻软件的现象较为普遍。

四是分散建设致信息化系统资源的共享性不高。

集团总部和集团企业的大部分信息化系统均为“单打独斗”，属于分散建设、自己投资、自己拥有、自己使用——在已建成和投入使用的共 122 个信息化应用系统中，在2家以上集团企业（包括集团总部）间共享的仅有5个（公文管理、视频会议、电子邮件、即时通信、业绩考核等），由此造成了××集团信息化系统资源在人力、物力、财力上的严重浪费，也无法实现系统的对接和数据的交互使用。

11.4.2.5 分析结论

一是取得了一定成效，如已建成和投入使用了上百个信息化应用系统，培养了上百人的信息化专职人员队伍，形成了2000多万元的信息化软硬件平台基础，信息化应用系统的使用已在一定程度上规范了业务流程，提高了工作效率。

二是仍存在一些突出问题（如上所述）。

为此，对下一步信息化系统建设的意见和建议是，××集团信息化系统宜采用“统一规划、集中建设、分步实施、共享资源与服务”的发展模式，才能更好地发挥信息化系统对××集团经营、发展的支撑作用。

11.4.3 信息化系统的建设目标（2016—2020）

统一规划、集中建设、分步实施，至2020年，信息化系统要实现对所有层级和主营业务的全覆盖，实现信息资源和服务的充分共享，使信息化与综合管理、生产运营、业务协同、风险防控、决策支持进一步融合，使信息化系统的组织体系、基础设施、应用水平、安全保障、运维能力进一步加强，使××集团信息化系统的整体评价结果达到优秀（90分以上），真正发挥信息化系统对××集团经营、发展的重要的支撑作用。

11.4.4 建设原则

符合××集团战略、组织架构和业务运行模式的要求。

满足所有用户对经营、管理信息流的内容和形式的需要。

统一规划、集中建设、分步实施、共享资源和服务。

充分利用现有的信息系统和数据资源，厉行节约，注重实效，确保建设一个、应用一个、用好一个。

根据集团企业的用户情况，合理收费，提高资源占用效率。

11.4.5 应用体系

将在2016—2020年间建成如图11.2所示的、以综合管理信息系统（IMIS）和企业资源计划（ERP）系统为主的信息化应用体系。

11.4.6　技术体系

将在 2016—2020 年间建成如图 11.3 所示的、以集团“私有云”，即设施云（Infrastructure as a Service，IaaS）、平台云（Platform as a Service，PaaS）和软件云（Software as a Service，SaaS）等 3 层结构组成的信息化技术体系。

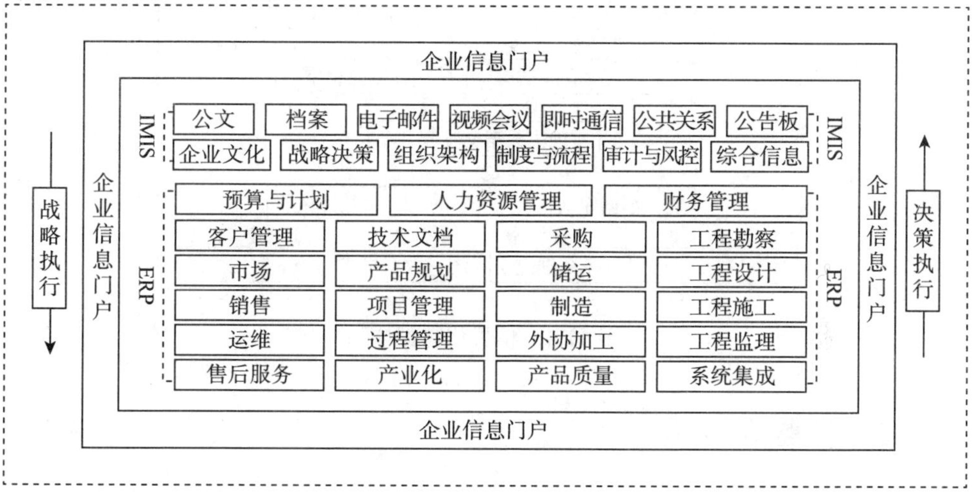

图 11.2　信息化应用体系

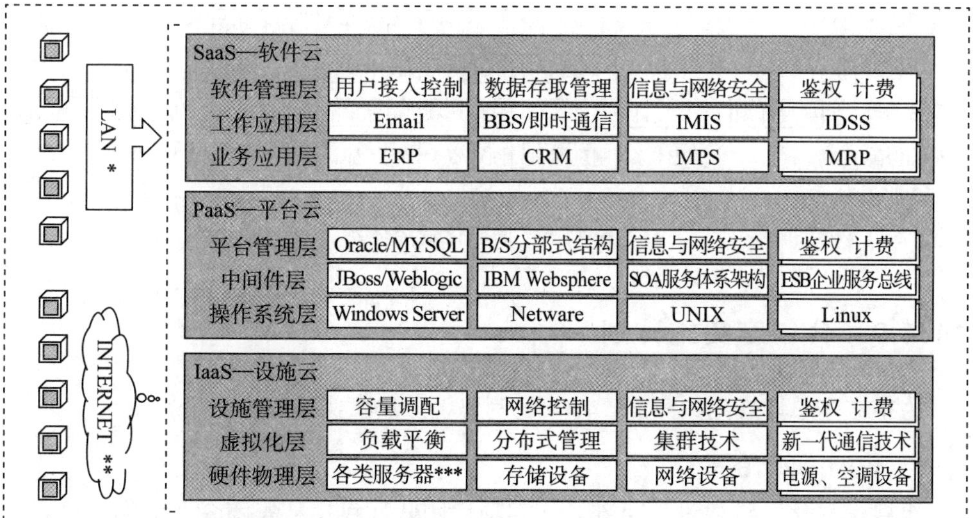

* 集团总部用户通过局域网访问企业云系统。
** 集团企业用户通过互联网访问企业云系统。根据实际需要适时增加互联网带宽，在必要时租用光纤专线。
*** 主要包括Web服务器、数据库服务器和应用服务器等。

图 11.3　信息化技术体系

11.4.7 数据体系

将在 2016—2020 年间建成如图 11.4 所示的信息化数据体系。

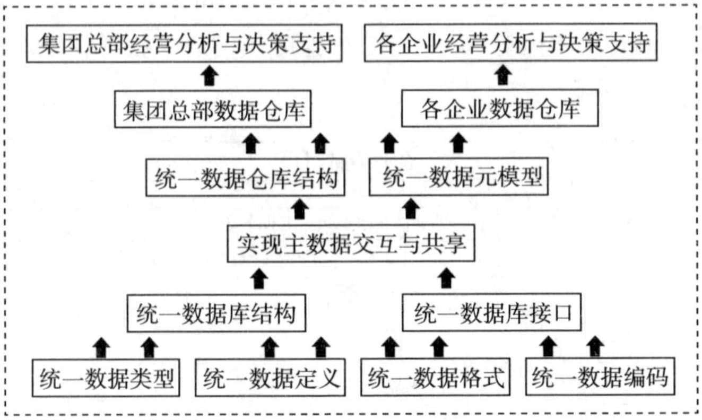

图 11.4　信息化数据体系

11.4.8 管控体系

将在 2016—2020 年间建成如图 11.5 所示的信息化管控体系。

图 11.5　信息化管控体系

11.4.9 分年度实施计划

为推进本总体规划的实施工作，编制以下分年度实施计划。

11.4.9.1　2016 年

组建信息化系统建设项目部，充实项目团队（包括从集团企业借调人员），完善信息化制度流程，编制项目计划和项目预算。

确定数据标准体系（数据类型、数据定义、数据格式、数据编码）。

组织项目招标，完成项目技术方案设计，确定数据库结构和接口标准，以及数据仓库结构和数据元模型，开展软件、硬件选型。

启动集团“私有云”IaaS、PaaS、SaaS 第一期（计划分为三期）项目建设。

11.4.9.2 2017 年

完成集团“私有云”的 IaaS、PaaS、SaaS 第一期项目建设。

在集团总部和第一批集团企业进行试运行后，完成数据导入和新旧系统切换，实现主数据交互与共享。

集团总部和第一批集团企业使用新系统，进一步规范业务流程、提高工作效率；并利用数据仓库的数据元信息，对经营状况开展深入分析，对重要事项提供决策支持。

对集团“私有云”的 IaaS、PaaS、SaaS 第一期建设项目进行总结、评估，并提供日常的技术支持和运维服务。

启动集团“私有云”的 IaaS、PaaS、SaaS 第二期项目建设。

11.4.9.3 2018 年

完成集团“私有云”的 IaaS、PaaS、SaaS 第二期项目建设。

在第二批集团企业进行试运行后，完成数据导入和新旧系统切换，实现主数据交互与共享。

第二批集团企业使用新系统，进一步规范业务流程、提高工作效率；并利用数据仓库的数据元信息，对经营状况开展深入分析，对重要事项提供决策支持。

对集团“私有云”的 IaaS、PaaS、SaaS 第二期建设项目进行总结、评估，并提供日常的技术支持和运维服务。

启动集团“私有云”的 IaaS、PaaS、SaaS 第三期项目建设。

11.4.9.4 2019 年

完成集团“私有云”的 IaaS、PaaS、SaaS 第三期项目建设。

在第三批（即最后一批）集团企业进行试运行后，完成数据导入和新旧系统切换，实现主数据交互与共享。

第三批集团企业使用新系统，进一步规范业务流程、提高工作效率；并利用数据仓库的数据元信息，对经营状况开展深入分析，对重要事项提供决策支持。

对集团“私有云”的 IaaS、PaaS、SaaS 第三期建设项目进行总结、评估，并提供日常的技术支持和运维服务。

11.4.9.5 2020 年

对信息化系统建设项目（2016—2020）进行全面总结和系统评估，实施项目考核奖励。

撤销信息化系统建设项目部，项目结束。

集团总部信息化办公室着手制订新的信息化系统总体规划（2021—2025）。

11.4.10 保障措施（略）

11.4.11 其他

本总体规划由集团总部信息化办公室负责制订，经 ×× 集团总经理办公会审议、批准后实施。

后　记

作为西方先贤的苏格拉底们，早就提出了哲学的三大终极问题：我是谁？我从哪里来？我要到哪里去？

而在读过这本书以后，您一定知道我在这里显然并不想与您讨论哲学问题。

我只希望您知道：不管您曾经是谁，但现在您是一位读者；您从某个组织，尤其是某家企业中来——当然您也可能还是莘莘学子，或刚从某所高校毕业，即将踏上某一工作岗位；您需要了解管理理论与方法，尤其是企业经营的实际，并以一名企业管理者或立志成为一名企业管理者的角色，为提升管理水平、管理效率和企业竞争力去努力。

于是，您读了这本书，而我由衷地轻轻对您说："谢谢！"

如冬去春来，草又绿、花又开……

张晓成

二零一九年冬